भारतीय नौसेना

ट्रेड्समैन मेट

नवीनतम संस्करण

अभ्यास किट

20 टेस्ट्स

12 सेक्शनल टेस्ट्स

08 मॉक टेस्ट्स

वास्तविक परीक्षा प्रारूप पर आधारित टेस्ट

✓ पूर्णतः संशोधित और अद्यतन

✓ सभी बहुविकल्पीय प्रश्नो का विस्तृत विश्लेषण

शीर्षक : भारतीय नौसेना ट्रेड्समैन मेट

लेखक का नाम : **Mr. Rohit Manglik**

प्रकाशक : **EduGorilla Community Pvt. Ltd.**

प्रकाशक का पता : 12/651 प्रथम तल, अरविन्दो पार्क के सामने, निकट जामा मस्जिद, इंदिरा नगर लखनऊ, उत्तर प्रदेश, 226016, भारत।

कॉपीराइट EduGorilla

ISBN : 978-93-90893-80-5

द्वितीय संस्करण

अस्वीकरण EduGorilla

Compiled and created by EduGorilla Community Pvt. Ltd

EduGorilla Community Pvt. Ltd. द्वारा मुद्रित

संपादक की कलम से

रोहित मांगलिक
सीईओ, EduGorilla

प्रिय छात्रों,

एक बहुत ही प्रचलित कहावत है कि "सफलता उन्हीं को मिलती है जो उसके लिए कड़ी मेहनत करते हैं।" लेकिन मैंने लोगों को उनकी परीक्षाओं के लिए दिन-रात एक करके मेहनत करते हुए देखा है, पर फिर भी वे सफल नहीं हो पाते। तो वहीं दूसरी ओर, कुछ लोग बस आधी मेहनत करके परीक्षा में सफलता प्राप्त करते हैं। तो, क्या वे किस्मत वाले हैं? नहीं मेरा मानना है, कि ऐसा इसलिए है क्योंकि वे सिर्फ कड़ी नहीं बल्कि कुशल तरीके से अपनी तैयारी करते हैं। इसी तरह आपको भी अपनी परीक्षाओं की तैयारी के लिए अपनी योजना बनानी चाहिए, ताकि आपकी भी सफलता की संभावना बढ़ सके। तो तैयार हो जाइये EduGorilla के साथ अपनी परीक्षा में चयन होने की संभावना को 16 गुना बढ़ाने के लिए।

EduGorilla आपको न केवल कड़ी मेहनत करने में मदद करता है, बल्कि एक स्मार्ट और योजनाबद्ध तरीके से तैयारी करने में भी सहायता प्रदान करता है। EduGorilla की तैयारी पैकेज के साथ आप अपने परीक्षा में चयन होने के रास्ते को सहज और मनोरंजक बना सकते हैं। अपनी तैयारी के लिए सही रास्ता खोजना मुश्किल हो सकता है, यदि आप ये नहीं जानते कि आपको किस दिशा में जाना है। चिंता न करें हम आपके साथ खड़े हैं! EduGorilla आपकी सफलता में आपका मार्गदर्शक बनेगा। हमारे तैयारी पैकेज के साथ आप रणनीतिक रूप से तैयारी कर, अपनी परीक्षा में सिर्फ एक ही प्रयास में सफल हो सकते हैं।

EduGorilla के तैयारी पैकेज में शामिल हैं-

- टेस्ट सीरीज़
- किताबें

हमारे तैयारी पैकेज को सभी तरह के नये बदलवों, विशेषज्ञों की राय एवं छात्रों के प्रतिक्रिया के अनुसार तैयार किया गया है। जो आपको परीक्षा के प्रत्येक चरण की चयन प्रक्रिया को पार करने के योग्य बनाता है।

हमारी किताबें शिक्षकों और विशेषज्ञों द्वारा आपकी परीक्षा के लिए तैयार की गई हैं, 150+ वर्षों के अनुभव के साथ; ताकि आपको आसान, कुशल और प्रभावी शिक्षण प्रदान किया जा सके। हमारी स्मार्ट किताबें न सिर्फ आपको प्रश्नों के उत्तर देने की समझ देती हैं, अपितु आपके अभ्यास के लिए समान रूप के प्रश्न भी प्रदान करती हैं।

EduGorilla की सक्षम टेस्ट सीरीज आपको वास्तविक अनुभव और आत्मविश्वास प्रदान करती हैं, जिसके माध्यम से आप केवल एक प्रयास में अपनी ऑफलाइन अथवा ऑनलाइन परीक्षा पास कर सकते हैं। वर्तमान में हम 83,000+ मॉक टेस्ट्स और 1,440+ प्रतियोगी एवं शैक्षणिक परीक्षाओं की तैयारी कराते हैं।

अर्थात, EduGorilla आपकी तैयारी में आपकी सहायता करने का कोई भी मौका नहीं छोड़ता है और परीक्षा के सभी चरणों को कवर करता है, ताकि परीक्षा की तैयारी के लिए आपको कहीं और भटकना ना पड़े।

हम आपको डिफेन्स, बैंकिंग, टीचिंग और अन्य राष्ट्रीय एवं राज्य स्तरीय परीक्षाओं के लिए सम्पूर्ण तैयारी पैकेज प्रदान करते हैं। अतः इससे कोई फर्क नहीं पड़ता कि आप किस परीक्षा के लिए तैयारी कर रहे हैं, क्योंकि आप सफलता हासिल करेंगे।

आपको परीक्षा की शुभकामनाएं!

रोहित मांगलिक,
संस्थापक और मुख्य कार्यकारी अधिकारी, EduGorilla

प्रस्तावना

EduGorilla छात्रों को उनकी परीक्षा में सफल होने के लिए मार्गदर्शन प्रदान करता है। जिसको ध्यान में रखते हुए हमारे कुल 150+ वर्षों का अनुभव रखने वाले प्रतिष्ठित विशेषज्ञों ने कड़े प्रयासों के द्वारा "भारतीय नौसेना : ट्रेड्समैन मेट" को तैयार किया है। इस किताब के प्रश्नों को हाल ही में परीक्षा के पाठ्यक्रम और पैटर्न में हुए सभी बदलावों को ध्यान में रखकर बनाया गया है। वो प्रश्न जिनकी Indian Navy Tradesman Mate परीक्षा में आने कि संभवना काफी प्रबल है, उनको इस किताब मे रखा गया है। आप EduGorilla की "भारतीय नौसेना : ट्रेड्समैन मेट" के माध्यम से अपनी सफलता की संभावना को 16 गुना बढ़ा सकते हैं।

EduGorilla ये अपनी संपूर्ण तैयारी पैकेज के माध्यम से साकार करता है। इस किट में आपको प्रश्न अच्छी तरह अवधारित एवं संरचित रूप मे मिलेंगे जिन्हे आपकी जरूरतों के अनुसार बनाया गया है। इसके माध्यम से आपको स्मार्ट तरीके से परीक्षा के लिए अभ्यास करने में मदद मिलेगी। साथ ही आपको सहायक, समाधान और स्मार्ट उत्तर पत्रिका भी प्रदान की जायेंगी। जिससे आप अपना मूल्यांकन स्वयं कर सकते हैं। आप स्वयं की समीक्षा कर, उन सभी बिन्दुओं पर खुद को बेहतर तरीके से तैयार कर सकते हैं।

EduGorilla आपको अपनी परीक्षा में सफ़लता दिलाने और आपके लक्ष्य को हासिल करने में आपकी सहायता करने का वादा करता हैं। हम अपने प्रतिभागियों पर पूरा भरोसा करते हैं और उन्हें मेरिट सूची के शीर्ष पर देखते हैं। शीर्ष स्थान की ओर आपका पहला कदम है हमारे साथ तैयारी शुरू करना। EduGorilla की "भारतीय नौसेना : ट्रेड्समैन मेट" की विशेषताएं कुछ इस प्रकार हैं।

➤ अच्छी तरह से शोध किया हुआ पाठ्यक्रम

➤ उच्च गुणवत्ता

➤ विस्तृत उत्तर और विश्लेषण

➤ स्मार्ट उत्तर पत्रिका

➤ परीक्षा सुसंगत प्रश्न

इस प्रकार EduGorilla आपकी तैयारी को मजबूत और आपको परीक्षा में सफल होने के योग्य बनाता है।

Indian Navy Tradesman Mate
परीक्षा की योग्यता, परीक्षा पैटर्न, विषय को जानने के लिए QR कोड को स्कैन करें।

Book ID: 0597

विषय-सूची

मॉक टेस्ट 01

General Intelligence and Reasoning

Q.1 केशव दक्षिण की ओर 15 किमी चलता है। वह दायीं ओर मुड़ता है और 25 किमी चलता है। वह दायीं ओर मुड़ता है और 10 किमी चलता है। वह अपने प्रारंभ बिंदु से किस दिशा में है?

A. दक्षिण-पश्चिम **B.** दक्षिण
C. दक्षिण-पूर्व **D.** पश्चिम

Q.2 निर्देश: नीचे दिए गए प्रश्न में दो कथन और उसके बाद दो निष्कर्ष दिए गये हैं। आपको दिए गये कथन को सत्य मानना है, भले ही वे ज्ञात तथ्यों से अलग प्रतीत होते हों। सभी निष्कर्षों को पढ़िए और निर्धारित कीजिये कि दिए गये निष्कर्षों में से कौन-सा निष्कर्ष दिए गये कथनों का तार्किक रूप से अनुसरण करता है।

कथनः

I. कुछ गाजर, लाल हैं।

II. सभी लाल, रंग हैं।

निष्कर्षः

I. कुछ रंग, गाजर हैं।

II. कोई गाजर, रंग नहीं हैं।

A. केवल I अनुसरण करता है
B. केवल II अनुसरण करता है
C. या तो I या फिर II अनुसरण करता है
D. कोई अनुसरण नहीं करता

Q.3 यदि किसी निश्चित भाषा में PROSE को PPOQE के रूप में कोडित किया जाता है, तो उस कोड में LIGHT को कैसे कोडित किया जाता है?

A. LIGFT **B.** LGGHT **C.** LGGFT **D.** LLGFE

Q.4 यदि एक दर्पण को AB रेखा पर रखा जाए, तो दी गई उत्तर आकृतियों में से कौन सी आकृति प्रश्न आकृति की सही छवि होगी?

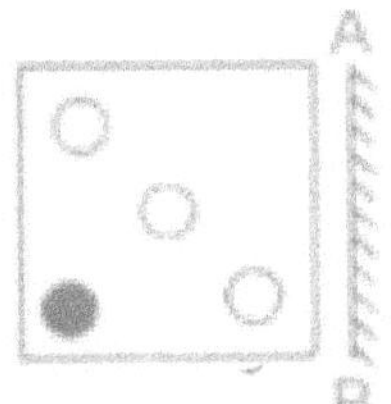

A. 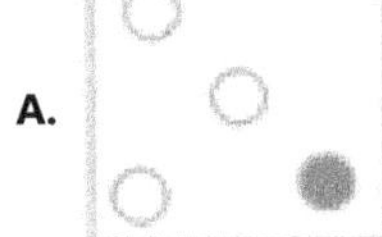

B. 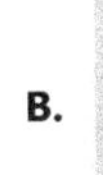 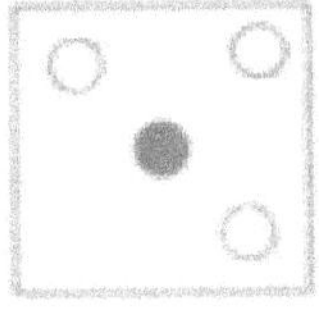

C. 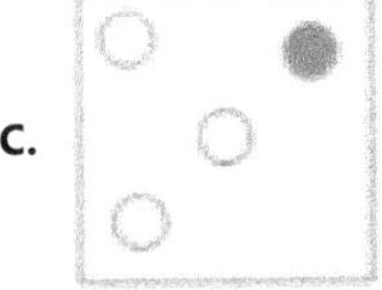

D. 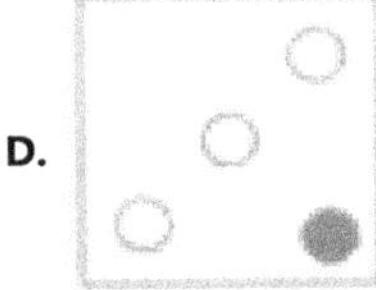

Q.5 दिए गए शब्दों को ऐसे क्रम में लगाइये जैसे वह शब्दकोश के उल्टे क्रम में आते हैं और तीसरे स्थान पर आने वाले शब्द को चुनिए।

1. Accouterment
2. Accoutered
3. Accouter
4. Accountancy
5. Accounted

A. Accounted **B.** Accoutered
C. Accouter **D.** Accountancy

Q.6 निम्नलिखित प्रश्न में, दिए गए विकल्पों में से विषम अक्षर को चुनिए।

A. mop **B.** prs **C.** tvw **D.** xyz

Q.7 यदि बादल को हवा कहा जाता है, हवा को पानी कहा जाता है, पानी को सफ़ेद कहा जाता है, सफ़ेद को अच्छा कहा जाता है, अच्छा को हरा कहा जाता है और हरा को वृक्ष कहा जाता है, तो पंक्षी कहाँ उड़ेंगे?

A. पेड़ **B.** बादल **C.** अच्छा **D.** पानी

Q.8 दिए गये समीकरण को संतुलित करने के लिए $ चिह्नों को बदलने के लिए गणितीय चिह्नों के सही संयोजन का चयन कीजिए।

70 $ 5 $ 2 $ 7

A. ÷, -, = **B.** ÷, =, × **C.** ×, =, × **D.** ×, =, ÷

Q.9 दिए गए विकल्पों में से संबंधित संख्या को चुनिए।

17 : 102 : : 23 : ?

A. 112 **B.** 138 **C.** 216 **D.** 413

Q.10 दीपक को याद है कि उसकी परीक्षा 23 दिसंबर के बाद है। जबकि उसकी माता को याद है कि उसकी परीक्षा 25 दिसंबर से पहले है। परीक्षा दिसंबर की किस दिनांक को है?

A. 24 **B.** 23 **C.** 25 **D.** 26

Q.11 निम्नलिखित में से कौन सा अव्यवस्थित शब्द कंप्यूटर के लिए हानिकारक (थ्रेट) नहीं है?

A. RIVUS TANI **B.** RIUVS
C. PSAM **D.** WARMALE

Q.12 एक श्रृंखला दी गई है जिसमें एक पद लुप्त है। दिए गये विकल्पों में से वह सही विकल्प चुनिए, जो श्रृंखला को पूरा करेगा।

LM, OP, RS, UV,?

A. WY **B.** WX **C.** XY **D.** XZ

Q.13 निम्नलिखित प्रश्न में, दिए गए विकल्पों में से अलग शब्द को चुनिए।

A. विद्यालय **B.** मजदूर **C.** चालक **D.** बैरा

Q.14 निम्नलिखित प्रश्न में, दो संख्याओं को परस्पर बदलकर दिए गये समीकरण को सही कीजिये।

28 + 6 × 9 ÷ 3 × 8 ÷ 2 - 5 = 31

A. 6 और 9 **B.** 3 और 6 **C.** 6 और 2 **D.** 6 और 5

Q.15 एक निश्चित कूट भाषा में, CAMPHOR को 6$3&@52 लिखा जाता है और SAKE को #$98 लिखा जाता है। उस भाषा में HORSE को क्या लिखा जायेगा?

A. @5#28 **B.** 5@#28 **C.** @528# **D.** @52#8

Q.16 कौन सी आकृति बैडमिंटन, टेनिस और रैकेट में संबंध दर्शाती है?

A. 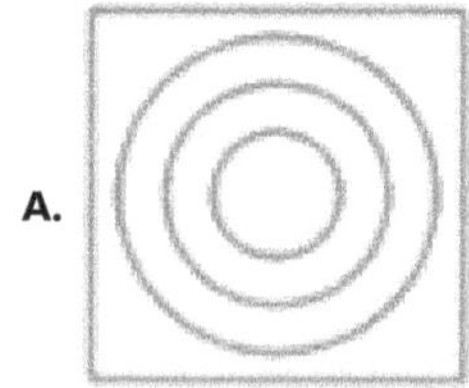

B. 

C. 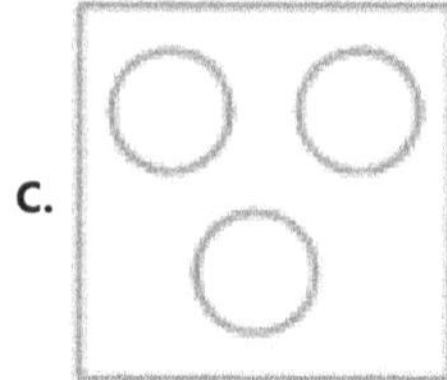

D. 

Q.17 एक आदमी ने एक औरत से कहा, "तुम्हारे माँ के पति की बहन मेरी माँ है।" तो वह आदमी उस औरत से कैसे संबंधित है?

A. फुफेरा भाई **B.** भाई
C. बेटा **D.** भतीजा

Q.18 निम्नलिखित प्रश्न में दिए गए विकल्पों में से संबंधित अक्षरों को चुनिए?

NPSA : PRUC :: BLUE : ?

A. CMVH **B.** DNWG **C.** DNVH **D.** CMWG

Q.19 दी गई उत्तर आकृतियों में से, उस उत्तर आकृति का चयन कीजिये जिसमें प्रश्न आकृति छिपी/निहित है।

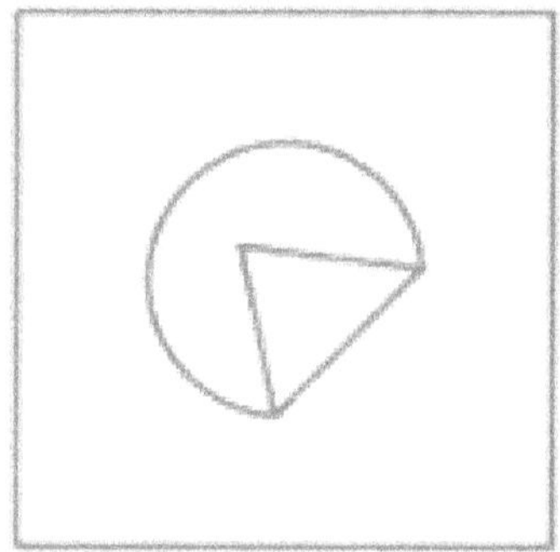

[SSC Stenographer Grade C & D, 2019]

A. 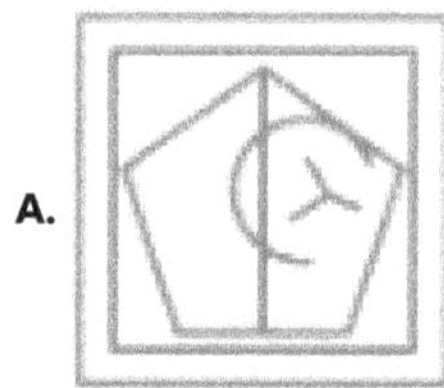

B. 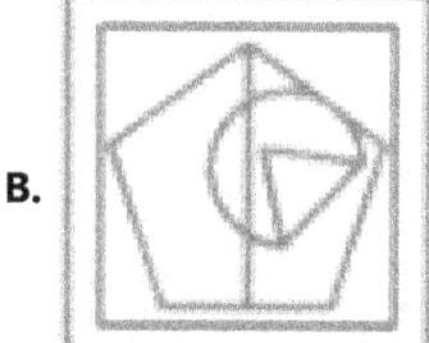

C. 

D. 

Q.20 रजत, संजय का भाई है और मनीष, रजत का पिता है। जय, श्रेया का भाई है श्रेया, संजय की बेटी है। जय का चाचा/मामा कौन है?

A. रजत

B. संजय

C. मनीष

D. निर्धारित नहीं किया जा सकता है

Q.21 प्रश्न आकृति में दिए गए खुले घन के आधार पर निम्न उत्तर आकृति में से कौन सा घन नहीं बनाया जा सकता है?

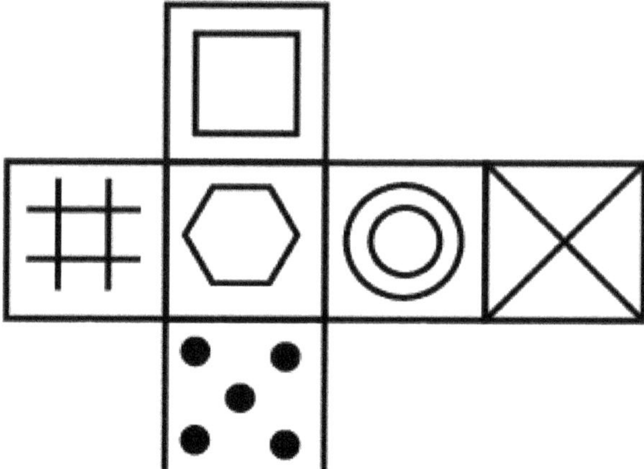

A. 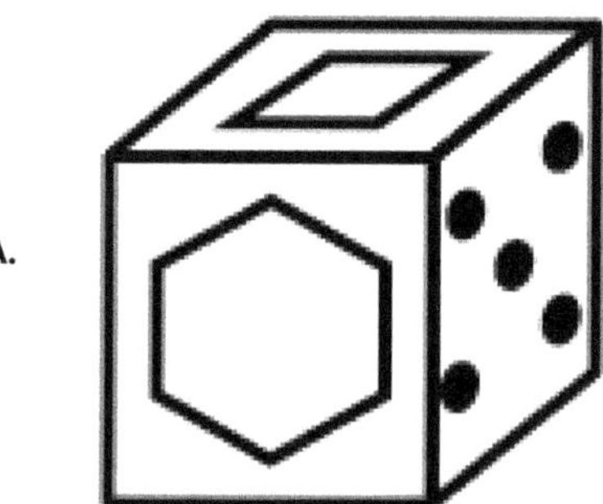

B. 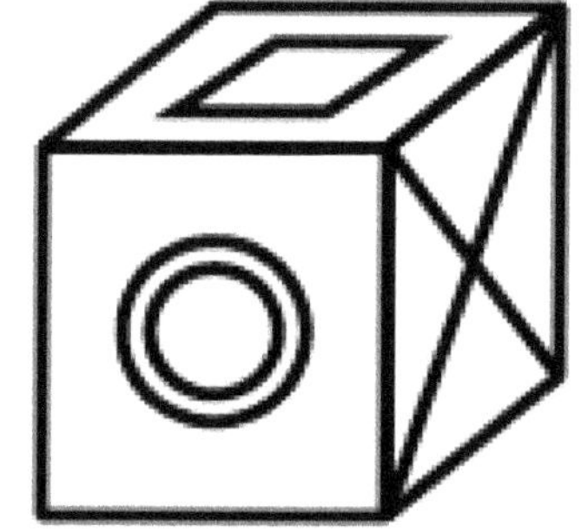

C. 

D. 

Q.22 निम्नलिखित प्रश्न में दी गयी श्रृंखला में से लुप्त संख्या को चुनिए।
1912, 2012, 2133, 2277, 2446, ?

A. 2642 **B.** 2964 **C.** 2738 **D.** 2858

Q.23 दी गयी आकृति में कितने त्रिभुज हैं?

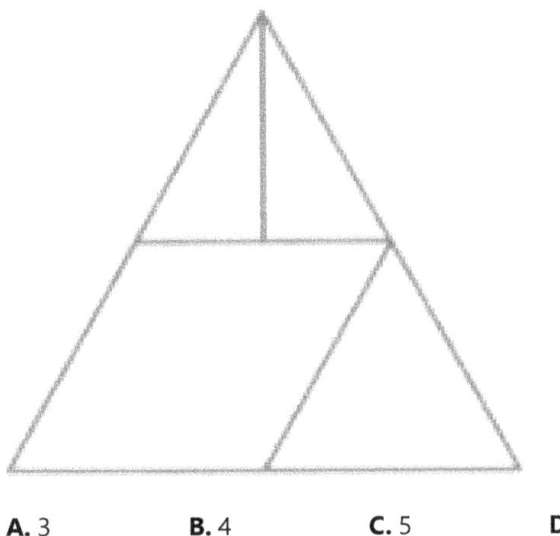

A. 3 **B.** 4 **C.** 5 **D.** 2

Q.24 निम्नलिखित प्रश्न में, दिए गये विकल्पों में से वह चुनिए जिसे प्रश्न चिह्न (?) के स्थान पर रखा जा सकता है।

6	5	22
2	3	10
6	2	?

A. 18 **B.** 16 **C.** 15 **D.** 13

Q.25 एक कागज़ के टुकड़े को निम्न प्रश्न आकृतियों में दर्शाए गये अनुसार मोड़ा जाता है और उसमें छेद किया जाता है। खोलने के बाद वह किस उत्तर आकृति के समान दिखाई देगा?

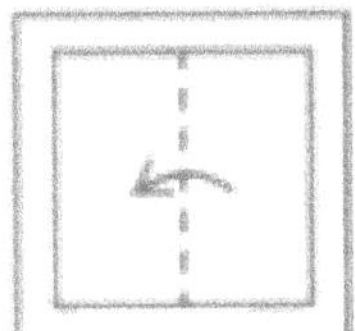 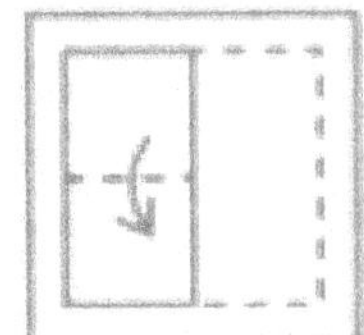 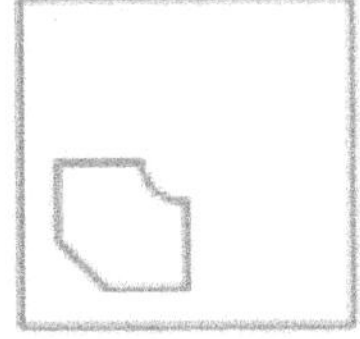

[SSC MTS, 2019], [UP Police Constable, 2019]

A. 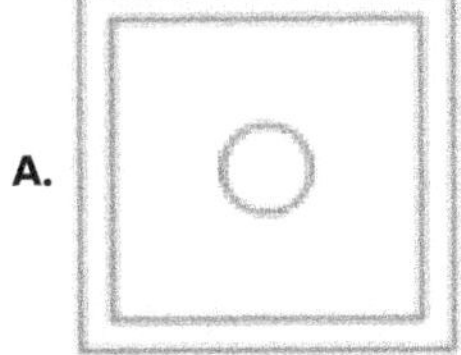 B. 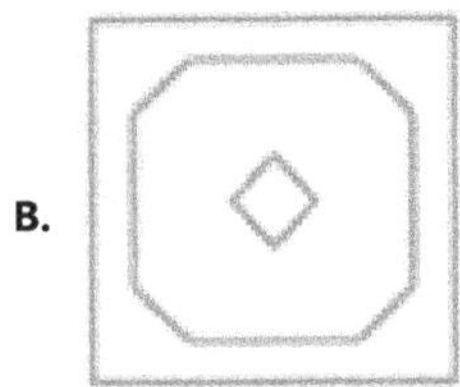

C. 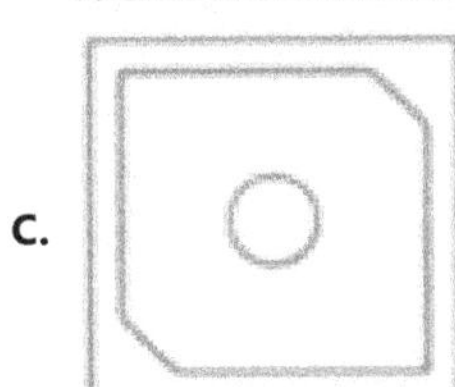 D. 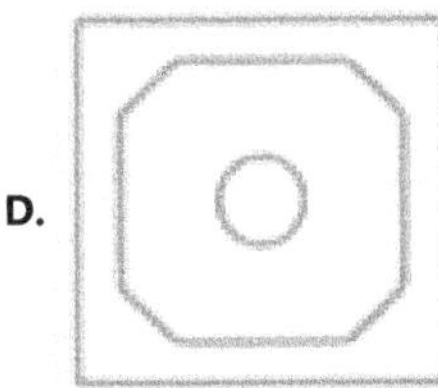

Numerical Aptitude/ Quantitative Ability

Q.26 जब एक मशीन का मूल्य 20% से बढ़ गया, तो बेची गई संख्या में 25% की कमी हुई। कुल होने वाली कमी में होने वाला प्रतिशत परिवर्तन क्या होगा?

A. 5% **B.** 20% **C.** 15% **D.** 10%

Q.27 राज को 35% डिस्काउंट मे एक नई कुर्सी मिली। अगर राज को कोई डिस्काउंट नहीं मिला होता तो राज को 224 रुपए ज्यादा देने पड़ते। राज ने कुर्सी के लिए कितना भुगतान किया?

A. 416 रुपए **B.** 640 रुपए **C.** 208 रुपए **D.** 224 रुपए

Q.28 एक चाय की कीमत 4% से कम हो गई। जो पैसा पहले 48 किग्रा चाय खरीदने के लिए पर्याप्त था उससे कोई व्यक्ति कितने किग्रा चाय खरीद सकता था?

A. 49 किग्रा **B.** 50 किग्रा **C.** 51 किग्रा **D.** 54 किग्रा

Q.29 10 संख्याओं का औसत X है और उनमें से एक संख्या 38 है। यदि 38 को 19 से बदल दिया जाता है, तो नया औसत क्या होगा?

A. $X-\frac{1}{2}$ **B.** $X-\frac{1}{19}$ **C.** $X-\frac{19}{10}$ **D.** $X-\frac{19}{9}$

Q.30 ब्लैकबेरी ने अपने पतलून पर 25% की छूट की घोषणा की। विवेक शॉपिंग करने चला गया। वह डिस्काउंट में 400 रुपए बचाना चाहता था। ऐसा करने के लिए उसे कितने पतलून खरीदने चाहिए, अगर प्रत्येक पतलून की कीमत 320 रुपए हो ?

A. 5 **B.** 4 **C.** 10 **D.** 15

Q.31 यदि किसी राशि पर 5% वार्षिक दर से 3 वर्ष के चक्रवृद्धि ब्याज और साधारण ब्याज में अंतर 11.40 रु. है, तो मूलधन क्या होगा?

A. 1900 रु. **B.** 1750 रु. **C.** 1095 रु. **D.** 1495 रु.

Q.32 41 से विभाजित सबसे छोटी 5-अंकीय संख्या _______ है।

A. 10054 **B.** 10041 **C.** 10004 **D.** 41000

Q.33 A 10% नुकसान पर B को एक कार बेचता है। अगर B इसे 54000 रुपये में बेचता है और 20% लाभ प्राप्त करता है, तो A के लिए कार की लागत मूल्य थी

A. 25000 रुपये **B.** 50000 रुपये
C. 37500 रुपये **D.** 60000 रुपये

Q.34 पेपर चार्ज 60 रुपए प्रति किलो है। यदि एक किलो कागज 20 वर्ग मीटर क्षेत्र को कवर करता है, तो एक कागज के साथ 10 मीटर के किनारे को कवर करने के लिए कितना खर्च होगा?

A. 2250 रुपए **B.** 3600 रुपए
C. 2700 रुपए **D.** 1800 रुपए

Q.35 एक पेड़ आंशिक रूप से काटा जाता है और जमीन पर गिरने के लिए बनाया जाता है। पेड़ हालांकि पूरी तरह से गिरता नहीं है और अभी भी अपने कटे हुए हिस्से से जुड़ा हुआ है। पेड़ की चोटी $30°$ का कोण बनाने के पेड़ के पैर से एक बिंदु 10 मीटर पर जमीन को छूती है । पेड़ की लंबाई क्या है?

A. $10\sqrt{3}$ मीटर **B.** $\frac{10}{\sqrt{3}}$ मीटर
C. $\frac{\sqrt{2}-1}{10}$ मीटर **D.** $\frac{10}{\sqrt{2}}$ मीटर

Q.36 लगातार 5 संख्याओं का योग 335 पाया जाता है। यदि हम सबसे बड़ी और छोटी संख्या जोड़ते हैं तो हमें क्या मिलेगा?

A. 134 **B.** 150 **C.** 174 **D.** 226

Q.37 एक वस्तु को 25% हानि पर बेचा गया। यदि उसे 60 रु. अधिक में बेचा जाता तो 5% लाभ होता। वस्तु का क्रय मूल्य ज्ञात कीजिये।

A. 150 रु. **B.** 200 रु. **C.** 250 रु. **D.** 300 रु.

Q.38 ठहरे पानी में नाव की गति 9 किमी/घंटा है। वह 6 घंटों में धारा के विरुद्ध 42 किमी की दूरी तय करती है। प्रवाह की गति (किमी/घंटा में) क्या है?

A. 1.2 **B.** 1.5 **C.** 1.6 **D.** 2

Q.39 दो रेलगाडियां, जिनकी गति का अनुपात $3:4$ है, सामानान्तर पटरियों द्वारा विपरीत दिशा में जा रही हैं। यदि प्रत्येक रेलगाड़ी 3 सेकेण्ड में एक टेलीग्राफ पोस्ट को पार करती है तो एक दूसरे को पार करने में उन्हें कितना समय लगेगा?

A. 3 सेकेण्ड **B.** 4 सेकेण्ड
C. 7 सेकण्ड **D.** 21 सेकेण्ड

Q.40 तीन नल $A, B,$ और C एक टंकी को क्रमशः $180,20,$ और 90 मिनट में भर सकते हैं। यदि सभी नल एक साथ खोले जाते हैं, तो टंकी कितने मिनट में भर जाएगी?

A. 15 **B.** 25 **C.** 30 **D.** 35

Q.41 A किसी काम को 12 दिनों में पूरा कर सकता है। B, A की तुलना में 60% अधिक दक्ष है, तो B उस काम को कितने दिनों में पूरा करेगा?

A. $7\frac{1}{2}$ दिनों मे **B.** 8 दिनों में
C. $8\frac{1}{2}$दिनों में **D.** 7 दिनों में

Ques (42-45):निर्देश: नीचे दिया गया दंड आलेख फरवरी 2015 से जून 2015 के महीने तक 2 शहरों, दिल्ली और जयपुर, में मोबाइल फ़ोनों की चोरी की संख्या को दर्शाता है।

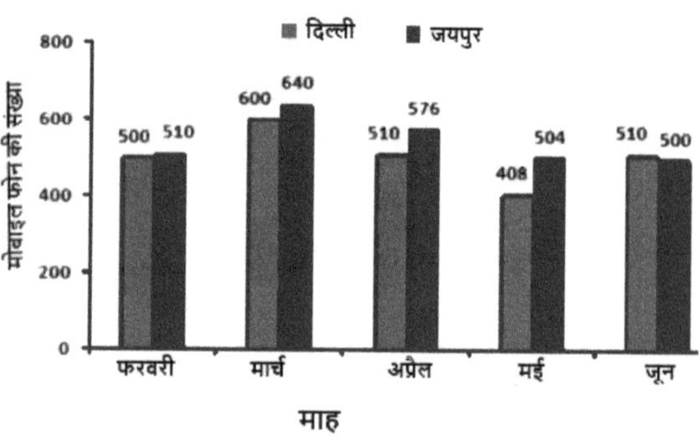

Q.42 कितने महीनों में जयपुर में मोबाइल फोनों की चोरी की संख्या दिल्ली में मोबाइल फोनों की चोरी की संख्या से अधिक थी?

A. 5 **B.** 4 **C.** 0 **D.** 3

Q.43 फरवरी 2015 से अप्रैल 2015 तक जयपुर में मोबाइल फ़ोनों की चोरियों की संख्या में प्रतिशत बदलाव क्या है?

A. 66 **B.** 15.15 **C.** 12.94 **D.** 50

Q.44 दिल्ली में अप्रैल 2015 से मई 2015 तक मोबाइल फ़ोनों की चोरियों की संख्या में प्रतिशत बदलाव क्या था?

A. 30% **B.** 28% **C.** 20% **D.** 25%

Q.45 फरवरी 2015 से जून 2015 तक जयपुर में मोबाइल फ़ोनों की चोरियों की औसत संख्या क्या थी?

A. 550 **B.** 576 **C.** 408 **D.** 546

Q.46 एक रेखा का ढ़लान $\frac{-1}{3}$ एवं y-निर्देशांक 6 हैं, उसकी समीकरण क्या है?

A. $x + 3y = 18$ **B.** $x - 3y = 6$
C. $x + 3y = -18$ **D.** $x - 3y = -6$

Q.47 $\left(\tan 60° + \frac{1}{3}\right)$ का मान क्या है?

A. $\frac{(2\sqrt{2}+1)}{2}$ **B.** $\frac{(\sqrt{3}+1)}{\sqrt{3}}$ **C.** $\frac{(3\sqrt{3}+1)}{3}$ **D.** $\frac{(3+\sqrt{2})}{3\sqrt{2}}$

Q.48 एक त्रिभुज में, उनमें से एक कोण, सबसे छोटे का तीन गुना है और दूसरा, सबसे छोटे का दोगुना है। सबसे छोटे की गणना कीजिये।

A. 60° **B.** 30° **C.** 90° **D.** 45°

Q.49 एक धातु वाला अर्धगोला स्टील से बना है। कटोरे को बनाने में कुल इस्तेमाल की गई स्टील 342π सेमी ^{3} है। कटोरे में 144π सेमी ^{3} पानी आ सकता है। कटोरे की मोटाई (सेमी में) और बाहरी भाग का वक्र पृष्ठीय क्षेत्रफल (सेमी ^{2} में) क्या है?

A. $6,162\pi$ **B.** $3,162\pi$ **C.** 6.81π **D.** $3,81\pi$

Q.50 एक टंकी का $\frac{1}{5}$भाग पानी से भरा है, उसमें से 8 लीटर पानी निकालने के बाद उसमें $\frac{1}{6}$भाग पानी रह जाता है, तो टंकी की क्षमता क्या है?

A. 240 लीटर **B.** 280 लीटर
C. 320 लीटर **D.** 520 लीटर

General English & Comprehension

Ques (51-52):Direction: Find the part with an error in the given sentence.

Q.51 Clues were (A)/ left to guiding the (B)/ team to the next task (C)/. No Error (D)

A. A **B.** B **C.** C **D.** D

Q.52 It being a long day (A)/ she craved home (B)/ even more than usual (C)/. No Error (D)

A. A **B.** B **C.** C **D.** D

Ques (53-54):Direction: Improve the bracketed part of the sentence.

Q.53 Faded backgrounds in the room had (hint) at abandonment for a long time.

A. Hinting **B.** Hints
C. Hinted **D.** No Improvement

Q.54 Rustling leaves made her look up to (finds) that the clear sky was now turning clouded and heavy.

A. Finding **B.** Find
C. Found **D.** No Improvement

Ques (55-57):Direction: The sentence given with blanks is to be filled with an appropriate word. Four alternatives are suggested for each question. For each question, choose the correct alternative and click the button corresponding to it.

Q.55 Things continued to burden and she continued to _______ undeterred.

A. Being **B.** Be **C.** Have **D.** Was

Q.56 A good day's work is never felt _______ draining.

A. As **B.** Of **C.** Being **D.** To

Q.57 Sitting _______ the beach, she felt herself becoming the one with the surroundings.

A. On **B.** Along **C.** By **D.** Beside

Ques (58-59):Direction: In the following question, out of the four alternatives, select the word similar in meaning to the word given.

Q.58 Discreet

A. Indiscreet **B.** Cautious
C. Loud **D.** Open

Q.59 Essential

A. Optional **B.** Necessary
C. Unimportant **D.** Essence

Ques (60-61):Direction: In the following question, out of the four alternatives, select the word opposite in meaning to the word given.

Q.60 Abandon

A. Leave **B.** Continue **C.** Desert **D.** Absolve

Q.61 Negligence

A. Inability **B.** Irresponsibility
C. Negligent **D.** Conscientious

Ques (62-64):Direction: In the following question, out of the four alternatives, select the best alternative which best expresses the meaning of the Idiom/Phrase.

Q.62 Let the cat out of the bag.

A. Reveal a secret
B. Free the cat of the bag
C. Let go of something
D. None of the above

Q.63 Ball is in your court.

A. Your chance to hit the ball in that is kept in your court
B. The ball is just lying in your court
C. Your chance to make a decision or a move
D. Your chance to keep the ball in your court

Q.64 Cut corners.

A. Cut the corners of something
B. Corners are sharp
C. Cut down on the basic things to save money
D. Cut down the price of something

Ques (65-66):Direction: In the following question, out of the four alternatives, select the alternative which is the best substitute for the phrase.

Q.65 A person who is shy and reserved.

A. Stoic **B.** Introvert **C.** Recluse **D.** Ascetic

Q.66 One who runs away from captivity.

A. Fugitive **B.** Heretic **C.** Henpeck **D.** Lunatic

Ques (67-71):Direction: Read the passage carefully and choose the best answer to each question out of the four alternatives.

This week has seen rounds of tit-for-tat tariffs between the US and China set off by U.S. President Donald Trump levying import duties of 25% and 10% on American steel and aluminum imports, respectively, in early March. Mr. Trump, who has repeatedly used the U.S. trade deficit of over $500 billion as a barometer for the country's lot in the international trade order, has railed against the U.S. being treated "unfairly" by its trading partners, often singling out China. While it is true that China produces approximately half the world's steel and that the European Union, India, and other countries have complained about international steel markets being flooded with Chinese steel, only 3% of U.S. steel is sourced from China. Interestingly, among those exempted from the tariffs are Canada and Mexico, top sources for U.S steel imports. Mr. Trump has linked the threat of tariffs to the North American Free Trade Agreement, a trade deal among the U.S., Canada, and Mexico that Mr. Trump has pried open for renegotiation. Earlier this week China retaliated with tariffs that would impact $3 billion worth of American goods. This was followed by the U.S. proposing tariffs on more than $50 billion of Chinese goods, including in the aerospace, robotics, and communication industries — the outcome of an investigation of several months into whether Chinese policies were placing unreasonable obligations on U.S. companies to transfer technology and hand over the intellectual property while setting up shop in China. Beijing responded with a second round of proposed tariffs impacting a similar value of U.S. imports into China. Mr. Trump has now asked the U.S. Trade Representative to examine if an additional $100 billion worth of goods can be taxed. Since the proposed tariffs have not kicked off, there may be room for negotiation. The economic ties between the countries are deep; China holds some $1.2 trillion in U.S. debt, and it is in everyone's interest to avoid escalating matters. However, the larger cause for concern here is that Mr. Trump continues to undermine the World Trade Organisation and the international world trade order, now that it has served the West well and developing countries are in a significantly stronger position than when the WTO came into existence in 1995. Mr. Trump has pulled out of the Trans-Pacific Partnership, is pushing changes to NAFTA, and has withdrawn from the Paris Agreement to combat climate change. While large-scale protectionism and unilateralism may please some of Mr. Trump's constituents in the short run, undermining existing rules arbitrarily serves no nation, including the U.S., in the long run. In the current climate, it is therefore especially important for India to be a good steward for responsible globalization.

Q.67

Which of the following words is opposite in meaning to the word 'arbitrary'?

A. Erratic **B.** Rational
C. Capricious **D.** Whimsical

Q.68

Which of the following words is similar in meaning to the word 'escalate'?

A. Deteriorate **B.** Intensify
C. compress **D.** Decline

Q.69

Why has the author called it 'tit-for-tat tariffs'?

A. Because, in the past a lot of other countries including China have levied duties on imports to support the local industry
B. Because immediately after the US levying import duties China retaliated with tariffs on goods worth 3 billion dollars themselves
C. Because, almost all countries have retaliated to US import tariffs by levying heavy charges on US goods themselves
D. None of the above

Q.70

Why according to the author, America levying high import duties on Chinese steel doesn't quite add up?

A. Because, the US imports only about 3% of steel requirements from other countries and the rest produced domestically itself
B. Because, the US exports much more steel to China and the Chinese have already exempted American steel from import duties
C. It is because most of America's steel imports come from Canada and Mexico and both countries are exempted from tariffs
D. None of the above

Q.71

What led the US President Donald Trump levy heavy import duties particularly on the imports from China?

A. Because the US President was very disappointed withe fact that despite sanctions, China and a few other countries continued to trade with North Korea
B. America's trade deficit with its partners specially China was growing and they felt that the US was being treated unfairly by its trading partners
C. Because the President of America was fearful of the fact that China and a handful of other countries are trying to push America into a debt trap
D. None of the above

Ques (72-73):Direction: In the following question, the first and the last parts of the sentence/passage are numbered (1) and (6). The rest of the sentence/passage is split into four parts and named (P), (Q), (R), (S). These four parts are not given in their proper order. Read the sentence/passage and find out which of the four combinations is correct.

Q.72 1. In the broadest sense, economic development might be viewed as "any growth in real income per capita from whatever source".

(P) And Novack has referred to a very old definition of economic growth, according to which it is "continuous substantial increase in per capita consumption of goods and services".

(Q) Bach has described it as "growth in the total output of goods and services in the economy".

(R) Substantial production these days depends upon greater use of technologies.

(S) The substantial consumption of economic goods is possible only when there is substantial production of economic goods.

6. In a narrower sense, therefore, it may be said that economic development refers to "the extensive application of inanimate power and other technologies to the production and distribution of economic goods".

A. PQRS **B.** QPSR **C.** SPQR **D.** RQPS

Q.73 1. We were not born with wings.

(P) Science has given us what God has not.

(Q) Today we can fly to any corner of the world. Rivers and mountains cannot stand in the way.

(R) But we always wished to fly like birds.

(S) How cheap and how easy it is to travel now!

6. Today we can travel even to the moon. Our jets and rockets will carry us there. What a change from bullock cart to aero plane!

A. PQRS **B.** QPSR **C.** RPQS **D.** RQPS

Q.74 Direction: Select the wrongly spelled word

A. Horizontal **B.** Plateau
C. Bureaucrecy **D.** Fomentation

Q.75 Direction: Select the correctly spelt word.

A. Manageble **B.** Manageable
C. Managable **D.** Manegeable

General Awareness

Q.76 निम्नलिखित लोग किस खेल से जुड़े हैं- माना पटेल, सलोनी दलाल, ऋचा मिश्रा?

A. मुक्केबाज़ी **B.** तैराकी
C. शूटिंग **D.** बास्केटबाल

Q.77 BBC स्पोर्ट्स पर्सनालिटी ऑफ़ द ईयर 2020 किसे चुना गया है?

A. सेबस्टियन वेट्टेल **B.** लुईस हैमिल्टन
C. डैनियल रिकार्डो **D.** मैक्स वेरस्टैपेन

Q.78 एयर इंडिया लिमिटेड का निजीकरण आगामी वित्तीय वर्ष 2021-22 के दौरान पूरा किया जाएगा। सरकार की योजना एयर इंडिया में कितनी प्रतिशत हिस्सेदारी बेचने की है?

A. 100 **B.** 90 **C.** 80 **D.** 70

Q.79 निम्नलिखित में से किस फिल्म ने 'बेस्ट मोशन पिक्चर - ड्रामा' के लिए गोल्डन ग्लोब 2020 पुरस्कार जीता?

A. जोकर **B.** 1917
C. द आयरिशमेन **D.** द टू पोप्स

Q.80 वर्तमान में, भारतीय संविधान द्वारा कितने मौलिक अधिकारों को मान्यता दी गई है?

A. पाँच मौलिक अधिकार **B.** छह मौलिक अधिकार
C. सात मौलिक अधिकार **D.** आठ मौलिक अधिकार

Q.81 'लॉ, जस्टिस एंड ज्यूडिशियल पावर - जस्टिस पीएन भगवती का दृष्टिकोण' का लेखक कौन है ?

A. फरीद जकारिया **B.** वंदना शिव
C. मूलचंद शर्मा **D.** राजीव मल्होत्रा

Q.82 पत्थर की मस्जिद भारत में निम्नलिखित में से किस राज्य में स्थित एक प्रसिद्ध पर्यटन स्थल है?

A. बिहार **B.** तेलंगाना **C.** आंध्र प्रदेश **D.** मध्य प्रदेश

Q.83 दिसंबर 2020 में TIME द्वारा 'बिजनेसपर्सन ऑफ द ईयर' का खिताब किसे दिया गया है?

A. एरिक युआन **B.** एड्रयू यांग
C. मार्क जकरबर्ग **D.** जैक डोरसी

Q.84 इंदरकिला राष्ट्रीय उद्यान_______ में है।

A. हिमाचल प्रदेश **B.** उत्तराखंड
C. छत्तीसगढ़ **D.** झारखंड

Q.85 'धम्म' संस्कृत शब्द 'धर्म' का एक _______ शब्द है।

A. हिन्दी **B.** प्राकृत **C.** पालि **D.** उर्दू

Q.86 1527 के खानवा के युद्ध में बाबर ने किसे पराजित किया?

A. इब्राहिम लोदी **B.** राणा सांगा
C. शेर खान **D.** मिर्जा हकीम

Q.87 अरुणाचल प्रदेश की राजधानी ______ है।

A. आइज़ोल **B.** अगरतला **C.** शिलोंग **D.** ईटानगर

Q.88 शीर्षक "गवर्नर जनरल" को किस वर्ष वायसराय में बदल दिया गया था?

A. 1858 ईस्वी **B.** 1885 ईस्वी
C. 1905 ईस्वी **D.** 1917 ईस्वी

Q.89 शक्ति की इकाई क्या है?

A. एम्पियर **B.** वोल्ट
C. वाट **D.** किलोवाट-घंटा

Q.90 भारत में राज्यसभा के लिए निर्धारित सीटों की अधिकतम संख्या क्या है?

A. 245 सीटें **B.** 252 सीटें **C.** 260 सीटें **D.** 250 सीटें

Q.91 निम्नलिखित का मिलान कीजिए|

	स्मारक		देश
(1)	गीज़ा की विशाल पिरमिड	(a)	मक्सिको
(2)	चीन की विशाल दीवार	(b)	इटली
(3)	कोलोसियम	(c)	मिस्र
(4)	चिचेन	(d)	चीन

A. (1)-(b), (2)-(d), (3)-(a), (4)-(c)
B. (1)-(c), (2)-(d), (3)-(b), (4)-(a)
C. (1)-(a), (2)-(d), (3)-(b), (4)-(c)
D. (1)-(b), (2)-(a), (3)-(d), (4)-(c)

Q.92 मतभेद और संघर्ष से निपटने के लिए किस तरह की सरकार एक विधि प्रदान करती है?

A. एकतंत्रिय **B.** कुलीनतंत्रीय
C. राजकीय **D.** प्रजातान्त्रिक

Q.93 एशियाई खेल 2022 किस देश में आयोजित किये जाएंगे?

A. चीन **B.** बहरीन
C. इंडोनेशिया **D.** दक्षिण कोरिया

Q.94 कारों के हेडलैंप में उपयोग किये जाने वाले दर्पण का प्रकार क्या होता है?

A. परवलयिक अवतल **B.** समतल
C. गोलाकार उत्तल **D.** बेलनाकार अवतल

Q.95 स्विमिंग पूल की गहराई वास्तविक गहराई से कम दिखाई देने का कारण क्या है?

A. अपवर्तन **B.** प्रकाश का फैलाव
C. प्रतिबिंब **D.** व्यवधान

Q.96 बन्दर लड्डू को _______ का भौगोलिक संकेतक मिला है।

A. आंध्र प्रदेश **B.** हिमाचल प्रदेश
C. उत्तर प्रदेश **D.** अरुणाचल प्रदेश

Q.97 धातुओं के वेल्डन और कटाई में प्रयुक्त गैस _______ होता है।

A. ईथेन **B.** मीथेन
C. एसिटिलीन **D.** ब्यूटेन

Q.98 संख्या मान 6.022×10^{23} को _______ भी कहा जाता है।

A. परमाणु क्रमांक **B.** द्रव्यमान संख्या
C. ऐवोगाड्रोज़ संख्या **D.** डाल्टन संख्या

Q.99 MICR का पूर्ण रूप क्या है?

A. मैग्नेटिक इंक क्रेडिट रिकग्निशन
B. मैग्नेटिक इंक कार्ड रिकग्निशन
C. मैग्नेटिक इंक कैरेक्टर रिकग्निशन
D. मैग्नेटिक इंक कोड रिकग्निशन

Q.100 कौन सी पंचवर्षीय योजना का मकसद 'तेज, अधिक समावेशी और सतत विकास' था?

A. दसवी **B.** बारहवी **C.** सातवी **D.** ग्यारहवी

// स्मार्ट उत्तर पुस्तिका //

सही उत्तर उन छात्रों का प्रतिशत जिन्होंने प्रश्नों का सही उत्तर दिया था। **छोड़ दिया** उन छात्रों का प्रतिशत जिन्होंने प्रश्नों को छोड़ दिया था।

प्रश्न संख्या	उत्तर	सही उत्तर	छोड़ दिया	प्रश्न संख्या	उत्तर	सही उत्तर	छोड़ दिया	प्रश्न संख्या	उत्तर	सही उत्तर	छोड़ दिया	प्रश्न संख्या	उत्तर	सही उत्तर	छोड़ दिया	प्रश्न संख्या	उत्तर	सही उत्तर	छोड़ दिया	प्रश्न संख्या	उत्तर	सही उत्तर	छोड़ दिया
1	A	87.3 %	0.0 %	18	B	68.81 %	2.0 %	35	A	51.22 %	1.96 %	52	D	84.43 %	0.0 %	69	B	44.91 %	1.06 %	86	B	85.51 %	0.0 %
2	A	44.93 %	1.51 %	19	B	50.28 %	1.47 %	36	A	46.56 %	1.49 %	53	C	83.16 %	0.0 %	70	C	81.46 %	0.0 %	87	D	87.86 %	0.0 %
3	C	52.36 %	1.53 %	20	A	64.45 %	1.22 %	37	B	60.43 %	1.63 %	54	B	86.49 %	0.0 %	71	B	86.89 %	0.0 %	88	A	20.67 %	3.19 %
4	D	88.97 %	0.0 %	21	A	69.04 %	1.08 %	38	D	44.99 %	1.54 %	55	B	52.8 %	1.76 %	72	B	32.38 %	3.03 %	89	C	85.76 %	0.0 %
5	C	40.43 %	1.76 %	22	A	69.43 %	1.53 %	39	A	54.76 %	1.42 %	56	A	82.6 %	0.0 %	73	C	58.81 %	1.99 %	90	D	40.35 %	1.72 %
6	D	63.4 %	1.79 %	23	C	59.99 %	1.17 %	40	A	26.61 %	4.26 %	57	C	65.63 %	1.75 %	74	C	40.06 %	1.53 %	91	B	45.24 %	1.68 %
7	D	80.74 %	0.0 %	24	B	42.13 %	1.92 %	41	A	52.3 %	1.25 %	58	B	49.36 %	1.98 %	75	B	80.54 %	0.0 %	92	D	65.49 %	1.81 %
8	B	59.95 %	1.53 %	25	D	49.94 %	1.9 %	42	B	85.05 %	0.0 %	59	B	81.37 %	0.0 %	76	B	22.02 %	4.09 %	93	A	82.47 %	0.0 %
9	B	68.48 %	1.7 %	26	D	27.25 %	4.91 %	43	C	64.23 %	1.23 %	60	B	41.36 %	1.66 %	77	B	57.17 %	1.36 %	94	A	68.61 %	1.51 %
10	A	64.69 %	1.13 %	27	A	42.7 %	1.46 %	44	C	68.65 %	1.86 %	61	D	79.95 %	0.0 %	78	A	64.61 %	1.88 %	95	A	78.15 %	0.0 %
11	A	15.83 %	3.66 %	28	B	68.08 %	1.24 %	45	D	11.71 %	3.12 %	62	A	89.73 %	0.0 %	79	B	49.98 %	1.38 %	96	A	65.73 %	1.47 %
12	C	68.6 %	1.61 %	29	C	47.75 %	1.26 %	46	A	48.33 %	1.59 %	63	C	76.08 %	0.0 %	80	B	83.01 %	0.0 %	97	C	80.89 %	0.0 %
13	A	80.44 %	0.0 %	30	A	65.55 %	1.48 %	47	C	42.8 %	1.4 %	64	C	63.67 %	1.53 %	81	C	48.18 %	1.54 %	98	C	29.0 %	4.97 %
14	C	47.6 %	1.8 %	31	D	43.12 %	1.48 %	48	B	61.81 %	1.93 %	65	B	79.93 %	0.0 %	82	A	51.05 %	1.92 %	99	C	62.01 %	1.61 %
15	D	56.13 %	1.55 %	32	C	41.33 %	1.36 %	49	B	54.27 %	1.51 %	66	A	50.99 %	1.89 %	83	A	65.38 %	1.86 %	100	B	19.16 %	4.73 %
16	B	80.92 %	0.0 %	33	B	41.9 %	1.08 %	50	A	67.45 %	1.33 %	67	B	40.94 %	1.31 %	84	A	68.47 %	1.39 %				
17	A	76.79 %	0.0 %	34	D	51.0 %	1.87 %	51	B	81.78 %	0.0 %	68	B	84.57 %	0.0 %	85	C	64.28 %	1.38 %				

//संकेत और समाधान//

1. केशव के पथ को निम्न प्रकार दर्शाया जा सकता है:

- केशव दक्षिण की ओर 15 किमी चलता है।
- वह दायीं ओर मुड़ता है और 25 किमी चलता है।
- वह दायीं ओर मुड़ता है और 10 किमी चलता है।

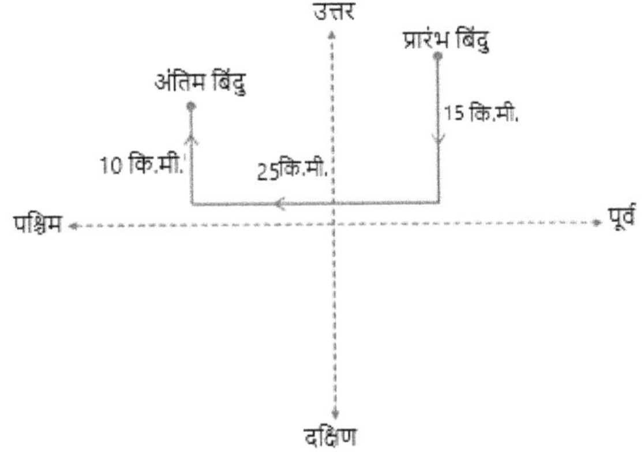

आरेख का ध्यानपूर्वक अध्ययन करने पर हम कह सकते हैं कि केशव अपने प्रारंभ बिंदु से दक्षिण-पश्चिम दिशा में है।

अतः विकल्प (A) सही है।

2. दिया है:

I. कुछ गाजर, लाल हैं।

II. सभी लाल, रंग हैं।

इन कथनों से निम्न संभव आरेख नीचे दिखाया गया है:

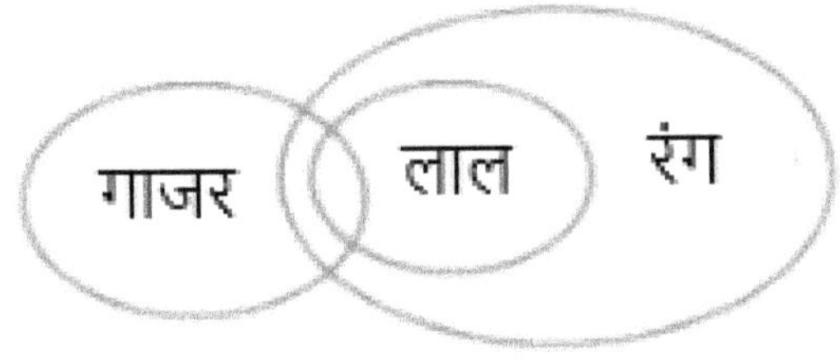

निष्कर्ष:

I. कुछ रंग, गाजर हैं → अनुसरण करता है (यह निश्चित रूप से सत्य है।)

II. कोई गाजर, रंग नहीं हैं → अनुसरण नहीं करता (क्योंकि कुछ गाजर निश्चित रूप से रंग हैं।)

अतः विकल्प (A) सही है।

3. दिया है:

PROSE को PPOQE के रूप में कोडित किया गया है।

पहले, तीसरे और पांचवें अक्षर समान हैं लेकिन दूसरे और चौथे अक्षर के स्थान पर पिछले दो अक्षरों का उपयोग किया जाता है।

इसलिए, LIGHT को LGGFT के रूप में कोडित किया गया है।

अतः विकल्प (C) सही है।

4. प्रश्न आकृति की दर्पण छवि:

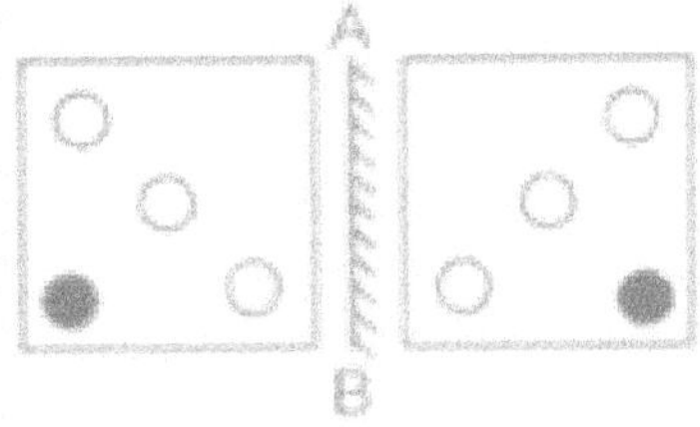

अतः विकल्प (D) सही है।

5. शब्दकोष क्रम के अनुसार,

1) Accountancy

2) Accounted

3) Accouter

4) Accoutered

5) Accouterment

शब्दकोष का उत्क्रम:

1) Accouterment, 2) Accoutered, 3) Accouter, 4) Accounted, 5) Accountancy

इसलिए 'Accouter' शब्दकोष के उलटे क्रम में तीसरा आयेगा।

अतः विकल्प (C) सही है।

6. यहाँ अनुसरित स्वरुप निम्न प्रकार है,

1) mop: m + 2 → o + 1 → p

2) prs: p + 2 → r + 1 → s

3) tvw: t + 2 → v + 1 → w

4) xyz: x **+ 1** → y + 1 → z

इसलिए, 'xyz' विषम अक्षर हैं।

अतः विकल्प (D) सही है।

7. स्पष्ट है कि, पंक्षी 'हवा' में उड़ते हैं और 'हवा' को पानी कहा गया है।

इसलिए, पंक्षी 'पानी' में उड़ेंगे।

अतः विकल्प (D) सही है।

8. प्रत्येक विकल्पों की जाँच करने पर:

(A). ÷, -, = → 70 ÷ 5 – 2 = 7 → असत्य

(B). ÷, =, × → 70 ÷ 5 = 2 × 7 → सत्य

(C). ×, =, × → 70 × 5 = 2 × 7 → असत्य

(D). ×, =, ÷ → 70 × 5 = 2 ÷ 7 → असत्य

इसलिए, गणितीय चिह्नों का सही संयोजन '÷, =, × ' है।

अतः विकल्प (B) सही है।

9. 17 : 102 में

⇒ 17 × 6 = 102

उसी प्रकार,

⇒ 23 × 6 = 138

अतः विकल्प (B) सही है।

10. दीपक के अनुसार = 23 दिसंबर < परीक्षा

दीपक की माता के अनुसार = परीक्षा < 25 दिसंबर

स्पष्टतः मध्य में केवल एक दिनांक उपस्थित है = 24 दिसंबर।

अतः विकल्प (A) सही है।

11. 1) RIVUS TANI = ANTI VIRUS (यह वायरस हटाने के लिए उपयोग किया जाने वाला एक प्रोग्राम है)

2) RIUVS = VIRUS

3) PSAM = SPAM

4) WARMALE = MALWARE

अतः विकल्प (A) सही है।

12. अनुसरण किया गया स्वरूप निम्न प्रकार है:

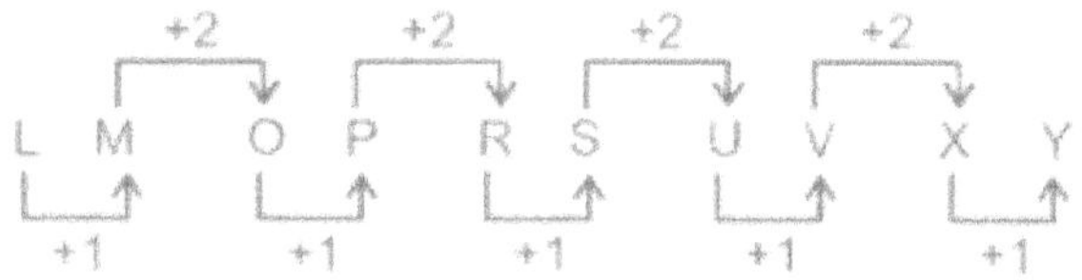

इसलिए, 'XY' दी गई श्रृंखला को पूरा करेगा।

अतः विकल्प (C) सही है।

13. विद्यालय को छोड़कर सभी आदमी है।

इसलिए, विद्यालय सही उत्तर है।

अतः विकल्प (A) सही है।

14. दिया गया समीकरण है: 28 + 6 × 9 ÷ 3 × 6 ÷ 2 - 5 = 31

प्रत्येक विकल्प का अवलोकन करने पर,

(A). 6 और 9 को बदलने पर

समीकरण बनेगा, 28 + 9 × 6 ÷ 3 × 8 ÷ 2 - 5 = 95 ≠ 31

(B). 3 और 6 को बदलने पर

समीकरण बनेगा, 28 + 3 × 9 ÷ 6 × 8 ÷ 2 - 5 = 41 ≠ 31

(C). 6 और 2 को बदलने पर

समीकरण बनेगा, 28 + 2 × 9 ÷ 3 × 8 ÷ 6 - 5 = 31

(D). 6 और 5 को बदलने पर

समीकरण बनेगा, 28 + 5 × 9 ÷ 3 × 8 ÷ 2 - 6 = 82 ≠ 31

इसलिए, 6 और 2, को बदलने पर, हमें सही उत्तर प्राप्त होता है।

अतः विकल्प (C) सही है।

15. कूट निम्न प्रकार से हैं,

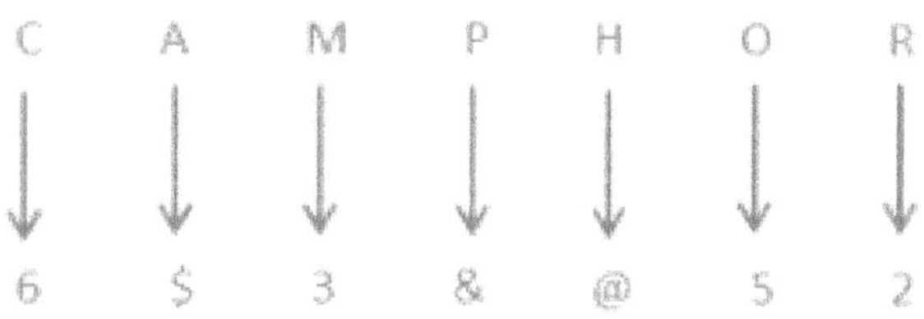

और

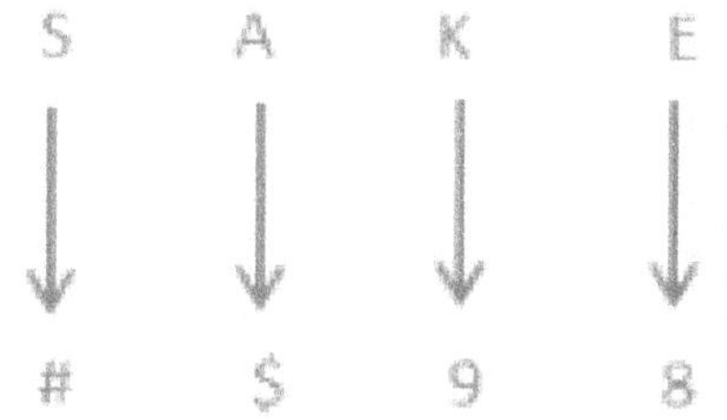

उसी प्रकार,

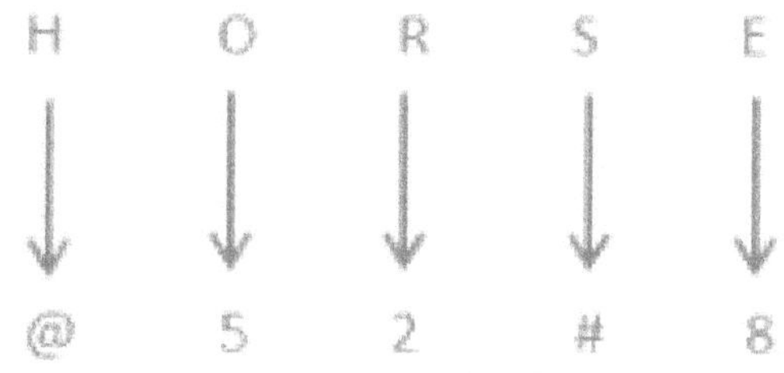

इसलिये HORSE का कूट @52#8 है।

अतः विकल्प (D) सही है।

16. रैकेट का प्रयोग बैडमिंटन और टेनिस दोनों में किया जाता है लेकिन रैकेट को अन्य खेलों में भी प्रयोग किया जाता है।

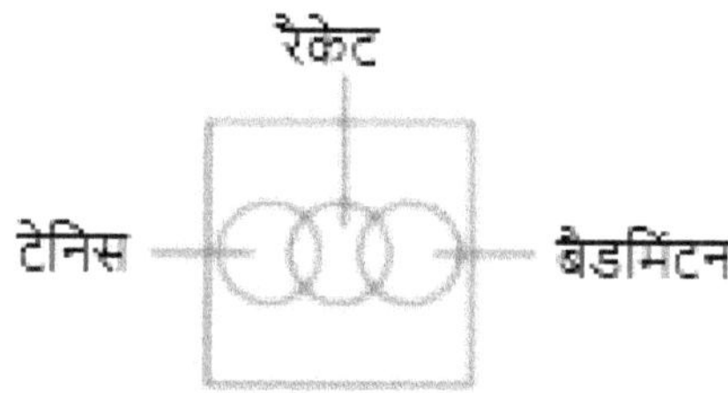

अतः विकल्प (B) सही है।

17. तुम्हारे माँ के पति: औरत के पिता

तुम्हारे पिता की बहन: औरत की बुआ

औरत की बुआ आदमी की माँ है इसका अर्थ है कि आदमी और औरत फुफेरे भाई - बहन हैं।

अतः विकल्प (A) सही है।

18. यहाँ अनुसरण किया गया तर्क इस प्रकार है,

N + 2 = P, P + 2 = R, S + 2 = U, A + 2 = C

इसी प्रकार,

B + 2 = **D**, L + 2 = **N**, U + 2 = **W**, E + 2 = **G**

अतः विकल्प (B) सही है।

19. प्रश्न आकृति, निम्न आकृति में छिपी हुई है;

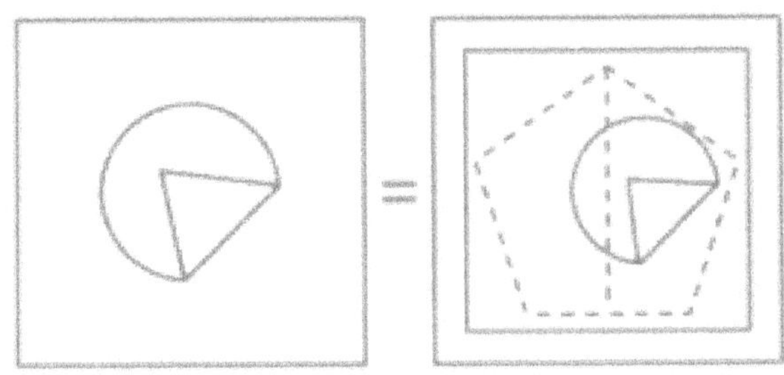

अतः विकल्प (B) सही है।

20.

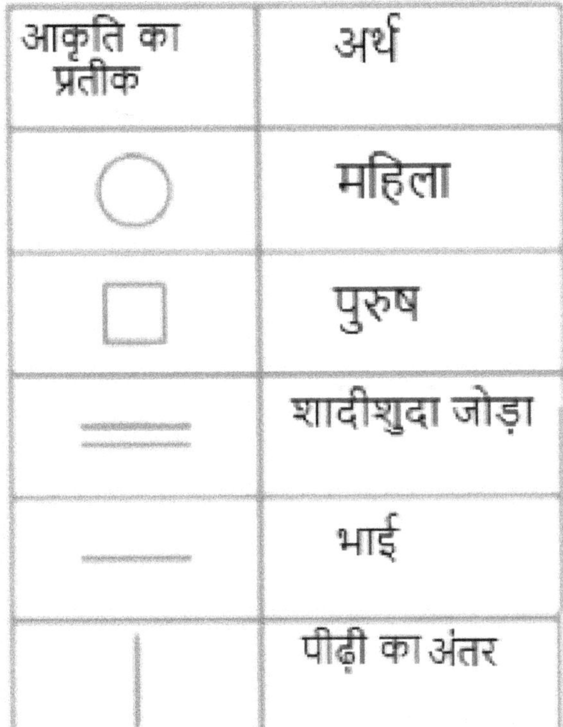

आकृति का प्रतीक	अर्थ
○	महिला
□	पुरुष
═	शादीशुदा जोड़ा
—	भाई
|	पीढ़ी का अंतर

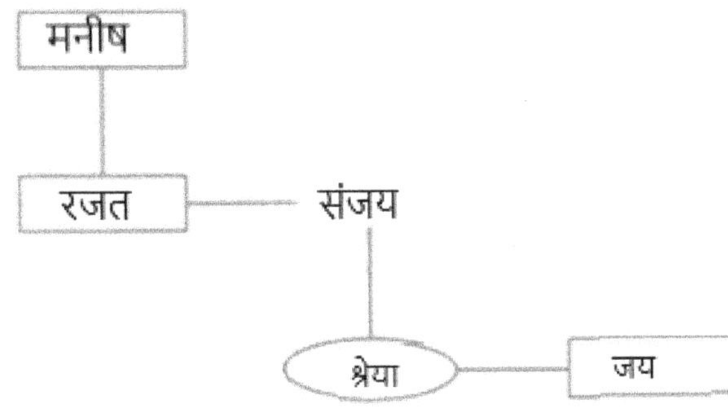

इसलिए, रजत, जय का चाचा है।

अतः विकल्प (A) सही है।

21. पांच डॉट्स और एक वर्ग युक्त फलक विपरीत होना चाहिए। इसलिए विकल्प (1) नहीं बनाया जा सकता है।

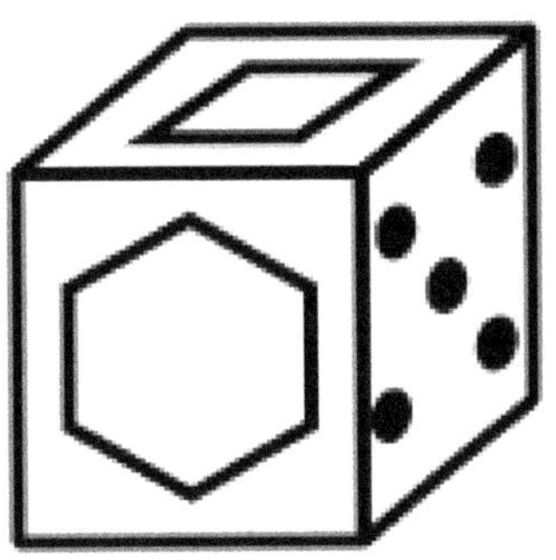

अतः विकल्प (A) सही है।

22. यहाँ अनुसरण किया गया तर्क निम्न प्रकार है:

1912 + 100 = 2012

2012 + 121 = 2133

2133 + 144 = 2277

2277 + 169 = 2446

2446 + 196 = **2642**

तो, उत्तर '2642' है।

अतः विकल्प (A) सही है।

23.

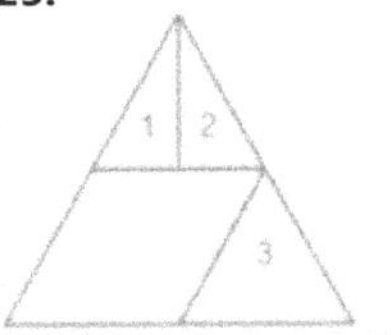

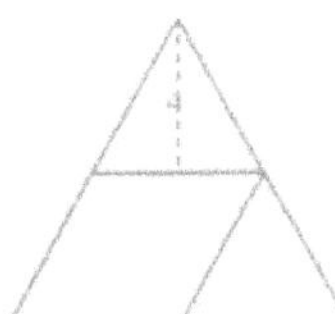

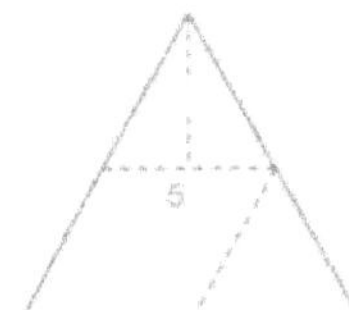

इसलिए, दी गयी आकृति में 5 त्रिभुज है।

अतः विकल्प (C) सही है।

24. अनुसरित स्वरूप निम्न प्रकार है,

पहले और दूसरे स्तम्भ को जोड़िये और तीसरे स्तम्भ को प्राप्त करने के लिए परिणाम को 2 से गुणा करें।

पंक्ति 1 में,

6 + 5 = 11, 11 × 2 = 22

पंक्ति 2 में,

2 + 3 = 5, 5 × 2 = 10

इस प्रकार, पंक्ति 3 में,

6 + 2 = 8, 8 × 2 = 16

अतः विकल्प (B) सही है।

25.

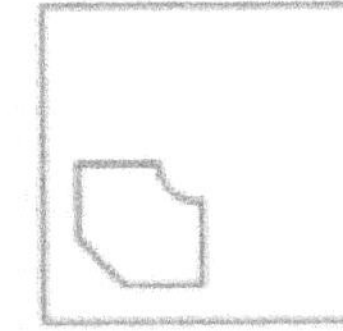

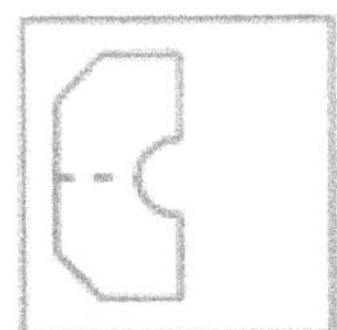

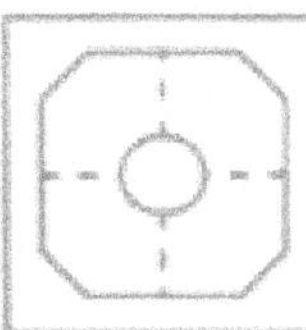

अतः विकल्प (D) सही है।

26. माना कि मशीन का मूल्य 100 रुपए है और माना कि वास्तविक बिक्री 100 है।

क्योंकि मशीन का मूल्य 20% बढ़ गया।

और बेची गई संख्या 25% घट गई।

नया मूल्य $= 100 + \frac{20}{100} \times 100 = 120$

मूल्य बढ़ने के बाद बिक्री की संख्या $= 100 - 100 \times \frac{25}{100} = 75$

प्रारंभिक राजस्व $= 100 \times 100 = 10000$

नया राजस्व $= 120 \times 75 = 9000$

राजस्व में कमी

$= \left(\frac{(10000-9000)}{10000}\right) \times 100$

$= 10\%$

$\therefore$ राजस्व में 10% की कमी हुई।

अतः विकल्प (D) सही है।

27. दिया है:

राज को 35% की छूट मिली

यदि कोई छूट नहीं होती, तो राज को 224 रुपए भुगतान करना पड़ता।

इसका मतलब है 35% की छूट देना $= 224$ रुपए की छूट

$\therefore 35\%$ का अंकित मूल्य $= 224$ रुपए

$\therefore \frac{35}{100} \times$ अंकित मूल्य $= 224$

$\therefore$ अंकित मूल्य $= 640$ रुपए

$\therefore$ राज ने भुगतान किया $640 - 224 = 416$ रुपए

अतः विकल्प (A) सही है।

28. माना कि 1 किग्रा चाय का वास्तविक मूल्य 100 रुपए है।

48 किग्रा चाय खरीदने के लिए आवश्यक कुल धन

$= 48 \times 100$

$= 4800$

चाय का नया मूल्य क्योंकि मूल्य प्रति किग्रा 4% से घट गया है,

1 किग्रा चाय का नया मूल्य $= 100 - 100 \times \frac{4}{100} = 96$

खरीदी गई चाय की मात्रा

$= \frac{4800}{96}$

$= 50$

$\therefore$ क्योंकि 1 किग्रा के मूल्य में कमी आयी है, कोई व्यक्ति उतनी ही कीमत में 50 किग्रा चाय खरीद सकता है।

अतः विकल्प (B) सही है।

29. 10 संख्याओं का औसत $= X$

यदि 38 को 19 से बदल दिया जाता है, फिर

$\therefore$ नया औसत होगा $= X - \frac{38-19}{10} = X - \frac{19}{10}$

अतः विकल्प (C) सही है।

30. पतलून की लागत $= 320$ रु.

320 रु. पर 75% की छूट $= 80$ रु.

1 पतलून के लिए छूट है $= 80$ रु.

अगर विवेक 400 रु.बचाना चाहता है

तो,

उसे खरीदने की जरूरत है $= \frac{400}{80} = 5$ पतलून

अतः विकल्प (A) सही है।

31. माना $P =$ मूलधन, $R =$ ब्याज की दर और $N =$ समय अवधि

साधारण ब्याज $= \frac{P \times N \times R}{100}$

चक्रवृद्धि ब्याज $= P\left(\frac{1+R}{100}\right)^n - P$

तो,

$\Rightarrow 11.40 = P\left(\frac{1+5}{100}\right)^3 - P - \left(\frac{P \times 5 \times 3}{100}\right)$

$\Rightarrow 228 = 20P\left(\frac{21}{20}\right)^3 - 20P - 3P$

$\Rightarrow P = \frac{228}{0.1525}$

$\Rightarrow P = 1495$

$\therefore$ मूलधन 1495 रु. होगा।

अतः विकल्प (D) सही है।

32. भाज्य = भाजक × भागफल + शेषफल

जब 10,000 को 41 से विभाजित किया जाता है, तो शेषफल 37 प्राप्त होता है।

10000 = 41 × 243 + 37

अब जब (41 - 37 = 4) को संख्या में जोड़ा जाता है, तो यह 41 का गुणज हो जाता है जैसेकि 41 × 244 = 10004

अतेव, 10004 सबसे छोटी 5-अंकीय संख्या है जो 41 से विभाजित है।

अतः विकल्प (C) सही है।

33. दिया है:

B, 20% लाभ के लिए बेचता है।

यदि लाभ $A\%$ है, तो विक्रय मूल्य $=$ क्रय मूल्य का $(100 + A)\%$

विक्रय मूल्य $= 54000$ रुपये $= CP$ का $(100 + 20)\% = \frac{120}{100} \times CP$

B का क्रय मूल्य $= 54000 \times \frac{100}{120} = 54 \times 9 = 45000$ रुपये $=$ A का विक्रय मूल्य

यदि नुकसान $A\%$ है, तो विक्रय मूल्य $=$ क्रय मूल्य का $(100 - A)\%$

A का विक्रय मूल्य $= 45000$ रुपये $=$ क्रय मूल्य का $(100 - 10)\% = \frac{90CP}{100}$

$\therefore CP = \frac{45000 \times 100}{90} = 50000$ रुपये

अतः विकल्प (B) सही है।

34. घन का कुल सतही क्षेत्रफल $= 6a^2$

जहाँ, $a =$ भुजा/ घन का किनारा

घन का कुल सतही क्षेत्रफल $= 6 \times 10^2 = 600$ वर्ग मीटर

1 किग्रा 20 वर्गमीटर को कवर करता है, 600 के लिए हमें चाहिए $= \frac{600}{20} = 30$ किग्रा

व्यय $=$ दर $\times$ मात्रा $= 60$ रुपए $\times 30$ किग्रा $= 1800$ रुपए

अतः विकल्प (D) सही है।

35.

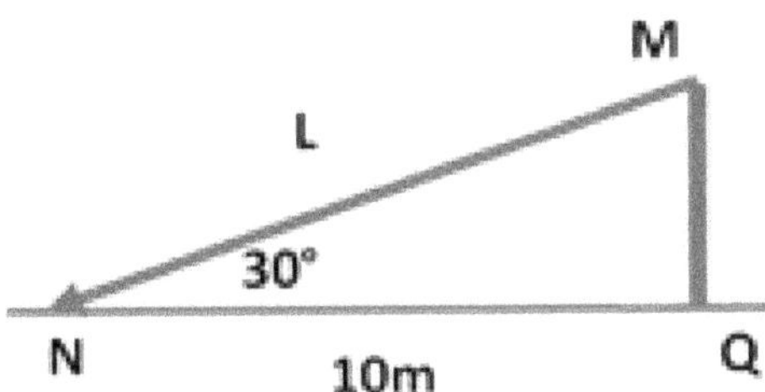

$\triangle MNQ$ में, $Tan30^\circ = \frac{MQ}{NQ}$

$\therefore \frac{1}{\sqrt{3}} = \frac{MQ}{10}$

तथा, पाइथागोरस प्रमेय द्वारा, $MN^2 = MQ^2 + NQ^2$

$\therefore MQ = \frac{10}{\sqrt{3}}$

$\therefore L^2 = \frac{100}{3} + 100$

$\therefore L = \frac{20}{\sqrt{3}}$

$\therefore$ पेड़ की ऊंचाई $= L + MQ$

$= \frac{20}{\sqrt{3}} + \frac{10}{\sqrt{3}} = \frac{30}{\sqrt{3}} = \frac{3 \times 10}{\sqrt{3}} = 10\sqrt{3}$ मीटर

अतः विकल्प (A) सही है।

36. माना 5 लगातार संख्याएँ $N, N+1, N+2, N+3, N+4$ है।

योग $= N + (N+1) + (N+2) + (N+3) + (N+4) = 5N + 10 = 335$

$\therefore N = 65$

सबसे बड़ी और सबसे छोटी संख्या का योग:

$N + (N+4) = 65 + 65 + 4$

$= 134$

अतः विकल्प (A) सही है।

37. माना वस्तु का क्रय मूल्य M रु. है

दिया गया है,

हानि प्रतिशत $= 25\%$

तो,

$\Rightarrow 25 = \left[\frac{(M - S.P)}{M}\right] \times 100$

$\Rightarrow M = 4M - 4\,S.P$

$\Rightarrow 3M = 4\,S.P$

$\Rightarrow S.P = \frac{3M}{4}$

5% लाभ के लिए

$\Rightarrow S \cdot P = \frac{3M}{4} + 60 = \frac{(240 + 3M)}{4}$

$\Rightarrow 5 = \left[\frac{\left(\frac{20+3M}{4} - M\right)}{M}\right] \times 100$

$\Rightarrow M = 1200 + 15M - 20M$

$\Rightarrow 6M = 1200$

$\Rightarrow M = 200$

$\therefore$ वस्तु का क्रय मूल्य 200 रु. है।

अतः विकल्प (B) सही है।

38. माना, प्रवाह की गति = x किमी/घंटा

नाव की गति = 9 किमी/घंटा

धारा के विरुद्ध गति = (9 - x) किमी/घंटा

प्रश्न के अनुसार,

$\Rightarrow 6(9 - x) = 42$

$\Rightarrow 9 - x = 7$

$\Rightarrow x = 2$

$\therefore$ प्रवाह की गति = 2 किमी/घंटा

अतः विकल्प (D) सही है।

39. माना दोनों ट्रेनों की गति क्रमशः $3a$ और $4a$ है।

ट्रेन की लम्बाई $= 3a \times 3 = 9a$ मीटर

दूसरी ट्रेन की लम्बाई $= 4a \times 3 = 12a$ मीटर

तो,

एक दूसरे को पार करने में लगा समय =

$= \frac{(9a+12a)}{(3a+4a)}$

$= \frac{21}{7}$

$= 3$ सेकेण्ड

$\therefore$ एक दूसरे को पार करने में 3 सेकंड का समय लगेगा।

अतः विकल्प (A) सही है।

40. नल A टंकी को भर सकता है $= 180$ मिनट

नल A का एक मिनट का कार्य $= \frac{1}{180}$

नल B टंकी को भर सकता है $= 20$ मिनट

नल B का एक मिनट का कार्य $= \frac{1}{20}$

नल C टंकी को भर सकता है $= 90$ मिनट

नल C का एक मिनट का कार्य $= \frac{1}{90}$

जब सभी नल एक साथ खोले जाते हैं:

$A+B+C = \left(\frac{1}{180}+\frac{1}{20}+\frac{1}{90}\right) = \frac{(1+9+2)}{180} = \frac{12}{180} = \frac{1}{15}$

$(A+B+C)$ के एक साथ खोले जाने पर पूरी टंकी को 15 मिनट में पूरा भर सकते हैं।

अतः विकल्प (A) सही है।

41. दिया हुआ है,

A और B द्वारा लिए गए समय का अनुपात $= 160:100$

तो,

$\Rightarrow \frac{12}{B} = \frac{160}{100}$

$\Rightarrow B = \frac{12\times5}{8}$

$\Rightarrow B = \frac{15}{2}$

$\therefore B$ उस काम को $7\frac{1}{2}$ दिनों में पूरा करेगा।

अतः विकल्प (A) सही है।

42. फरवरी, मार्च, अप्रैल, मई और जून के लिए दिल्ली में चोरियों की संख्या क्रमशः 500,600,510,408, और 510 है।

फरवरी, मार्च, अप्रैल, मई और जून के लिए जयपुर में चोरियों की संख्या क्रमशः 510,640,576,504, और 500 है।

उपरोक्त जानकारी से:

$\therefore$ ऐसे चार महीने हैं जहां जयपुर में मोबाइल फ़ोनों की चोरियों की संख्या दिल्ली से अधिक है।

अतः विकल्प (B) सही है।

43. फरवरी में जयपुर में चोरियों की संख्या $= 510$

अप्रैल में जयपुर में चोरियों की संख्या $= 576$

प्रतिशत बदलाव:

$= \left[\frac{(576-510)}{510}\right] \times 100$

$= 12.94\%$

अतः विकल्प (C) सही है।

44. अप्रैल में दिल्ली में चोरियों की संख्या $= 510$

मई में दिल्ली में चोरियों की संख्या $= 408$

प्रतिशत बदलाव:

$= \left[\frac{(510-408)}{510}\right] \times 100$

$= 20\%$

अतः विकल्प (C) सही है।

45. औसत = पदों का योग/पदों की संख्या

फरवरी, मार्च, अप्रैल, मई और जून के लिए जयपुर में चोरियों की संख्या क्रमशः 510,640,576,504, और 500 है।

फरवरी 2015 से जून 2015 तक जयपुर में मोबाइल फ़ोनों की चोरियों की औसत संख्या

$= \frac{(510+640+576+504+500)}{5}$

$= \frac{2730}{5}$

$= 546$

$\therefore$ फरवरी 2015 से जून 2015 तक जयपुर में मोबाइल फ़ोनों की चोरियों की औसत संख्या 546 है।

अतः विकल्प (D) सही है।

46. माना रेखा की समीकरण $y = mx + c$ है

यहाँ, $m = \frac{-1}{3}$ एवं $c = 6$

$\Rightarrow y = \left(\frac{-1}{3}\right)x + 6$

उपरोक्त समीकरण को 3 से गुणा करने पर

$\Rightarrow 3y = -x + 18$

$\therefore x + 3y = 18$

अतः विकल्प (A) सही है।

47. दिया हुआ है:

$\tan 60° + \frac{1}{3}$

$= \sqrt{3} + \frac{1}{3}[\because \tan 60^\circ = \sqrt{3}]$

$= \frac{(3\sqrt{3}+1)}{3}$

अतः विकल्प (C) सही है।

48. माना सबसे छोटा कोण (माना, ∠A) a° है

प्रश्नानुसार,

⇒ ∠B = 3a°

⇒ ∠C = 2a°

अब, त्रिभुज के कोण योग गुणधर्म से,

⇒ ∠A + ∠B + ∠C = 180°

⇒ a + 3a + 2a = 180°

⇒ 6a = 180°

∴ a = 30°

अतः विकल्प (B) सही है।

49. अर्धगोलाकार कटोरे का अंतः आयतन $= 144\pi$ सेमी ^{3}

$\Rightarrow \frac{2}{3}\pi r^3 = 144\pi$

$\Rightarrow r = 6$ सेमी

अर्धगोलाकार कटोरा बनाने में इस्तेमाल सामग्री $= 342\pi$सेमी ^{3}

$\Rightarrow \frac{2}{3}\pi(R^3 - r^3) = 342\pi$

$\Rightarrow (R^3 - r^3) = 513$

चूंकि $r = 6$ सेमी

$\Rightarrow R^3 = 513 + 216 = 729$

$\Rightarrow R = 9$ सेमी

∴ कटोरे की चौड़ाई $= R - r = 9 - 6 = 3$ सेमी

∴ बाहरी भाग का वक्र पृष्ठीय क्षेत्रफल $= 2\pi R^2$

$\Rightarrow 2 \times \pi \times 81 = 162\pi$ सेमी ^{2}

अतः विकल्प (B) सही है।

50. दिया है:

माना टंकी की क्षमता A लीटर है।

पानी से भरा टैंक का हिस्सा $= \frac{A}{5}$

टंकी से 8 लीटर पानी निकालने के बाद बचे हुये पानी की मात्रा $= \frac{A}{6}$

प्रश्न के अनुसार:

$\Rightarrow \frac{A}{5} - 8 = \frac{A}{6}$

$\Rightarrow 6A - 240 = 5A$

$\Rightarrow A = 240$

∴ टंकी की क्षमता 240 लीटर है।

अतः विकल्प (A) सही है।

51. The error lies in the second part of the sentence. The error is in the wrong form of the word, that is, 'guiding' where it should instead be 'guide'.

Correct sentence: Clues were left to guide the team to the next task.

Hence, the correct option is (B).

52. There is no observed error in the given sentence.

All the parts of the sentences are in the correct form and order.

Hence, the correct option is (D).

53. Correct sentence: Faded backgrounds in the room had hinted at abandonment for a long time.

The verb before the bracketed part is had which suggests the sentence to be in the past tense. Thus, hinted here is the right word for improvement.

The formula for the past perfect tense is had + [past participle]. It doesn't matter if the subject is singular or plural; the formula doesn't change.

Hence, the correct option is (C).

54. Finding and found do not hold grammatical sense in the given sentence. This is because the subject must agree with the verb. Here, the subject 'rustling leaves' agrees with the verb 'find'. It maintains the grammar with proper meaning. Thus, made is the right word to be used as improvement in the given sentence.

Correct sentence: Rustling leaves made her look up to find that the clear sky was now turning clouded and heavy.

Hence, the correct option is (B).

55. 'Be' is the only suitable word from the given options that makes meaningful and grammatical sense in the given sentence.

Correct sentence: Things continued to burden and she continued to be undeterred.

Hence, the correct option is (B).

56. The last three options do not fit in grammatically and are incorrect answers. 'As' makes the right fit because it provides the right meaning.

Correct sentence: A good day's work is never felt as draining.

Hence, the correct option is (A).

57. 'On' the beach refers to the place geographically and not the action of sitting 'by' it. 'Along' does not fit here as it usually defines movement or direction while the action here is sitting still. In comparison with 'by', 'beside' does not fit in very well.

Thus, 'by' is the right word for the given blank.

Correct sentence: Sitting by the beach, she felt herself becoming the one with the surroundings.

Hence, the correct option is (C).

58. Discreet means careful and prudent in one's speech or actions, especially in order to keep something confidential or to avoid embarrassment.

Cautious means careful to avoid potential problems or dangers.

Hence, the correct option is (B).

59. Essential means absolutely necessary; extremely important.

Necessary means needed to be done, achieved, or present; essential.

Hence, the correct option is (B).

60. Abandon means cease to support or look after (someone); desert.

Continue means persist in an activity or process.

Thus 'continue' is the correct antonym of 'abandon'.

Hence, the correct option is (B).

61. Negligence means failure to take proper care of something.

Conscientious means wishing to do one's work or duty well and thoroughly.

Hence, the correct option is (D).

62. Let the cat out of the bag means to reveal a secret by mistake or by carelessness.

Sentence Usage: He let the cat out of the bag by telling us about his extra ways of income.

Hence, the correct option is (A).

63. The ball is in your court means that one has an opportunity to make a decision or take the next step.

Sentence Usage: It is Hina's decision if she would file a case against her boss for being dishonest as the ball is in her court now.

Hence, the correct option is (C).

64. Cut corners means cutting down on the basic necessities to save money.

Sentence Usage: He cut corners to give his children the basic education.

Hence, the correct option is (C).

65. Introvert- A person who does not freely express himself.

Other options:

Stoic- A person who endures pain without expressing it.

Recluse- A person who lives in solitude.

Ascetic- A person who leads a highly disciplined life.

Hence, the correct option is (B).

66. Fugitive- One who escapes from captivity.

Other options:

Heretic- A person whose actions are against religion.

Henpeck- A person who is controlled by his wife.

Lunatic- A person who is mentally ill.

Hence, the correct option is (A).

67. Arbitrary means based on random choice or personal whim, rather than any reason or system.

Rational means based on or in accordance with reason or logic.

Thus, 'Rational' is the correct opposite of 'Arbitary'

Hence, the correct option is (B).

68. Escalate means increase rapidly.

Intensify means become or make more intense or increase the capacity of something.

Hence, the correct option is (B).

69. Tit-for-tat means 'actions done intentionally to punish other people because they have done something unpleasant to you.' So option (B) explains this between the US and China in which the US's heavy tariff on Chinese goods was met with China levying tariffs on US products.

Hence, the correct option is (B).

70. The author has stated that though America is not the only country to have complained about markets flooding with Chinese steel, its decision to levy heavy tariffs on Chinese Steel is interesting considering the fact that it imports only 3% of steel from the Chinese.

Hence, the correct option is (C).

71. In the first part of the passage, this is very strongly discussed. But the most significant statement is "who has repeatedly used the U.S. trade deficit of over $500 billion as a barometer for the country's lot in the international trade order, has railed against the U.S. being treated "unfairly" by its trading partners."

Hence, the correct option is (B).

72. The passage starts with defining economic development. The next sentence must obviously be Q. it is the only one continuing to describe economic development without referring to any previously un-introduced terms.

And the next sentence must be P because it starts with 'and' and also gives an interpretation of economic development from the point of view of Novack. Novack now introduces consumption into the discussion, which is taken up by sentence S.

And S introduces the concept of substantial production, which is taken up by sentence R.

The term 'technologies', introduced in sentence R, is then utilized to redefine economic development in the concluding statement of the passage.

Thus the correct sequence will be QPSR.

Hence, the correct option is (B).

73. The passage starts with stating that we were not born with wings, and then must naturally point to how we always wished to fly like birds. Thus 1 is followed by R.

The next sentence must now transition us from what we don't have to what we have or how we got it. Thus sentence P is the next sentence ideally. The passage begins to talk about how science has given us what God has not. After this, the passage can talk about what flight is possible today. Thus, the next sentence must be Q.

This can be followed by more information on these flights i.e. S. It ends by saying that today science can even take us to the moon.

Thus the correct sequence will be RPQS.

Hence, the correct option is (C).

74. The wrongly spelled word is Bureaucrecy.

Correct spelling: Bureaucracy

Meaning of Bureaucracy: a system of government in which most of the important decisions are taken by state officials rather than by elected representatives

Hence, the correct option is (C).

75. The correct spelling is manageable.

Meaning of Manageable: Something that can be managed.

Hence, the correct option is (B).

76. माना पटेल, सलोनी दलाल, ऋचा मिश्रा सभी राष्ट्रीय स्तर के तैराक हैं। उन्होंने एशियन एज ग्रुप चैंपियनशिप, इंडियन चैंपियनशिप आदि में भारत का प्रतिनिधित्व किया है सार्वभौमिकता कोटे के माध्यम से टोक्यो 2020 के लिए भारत की तीसरी प्रवेशी माने पटेल ने 50 मीटर, 100 मीटर और 200 मीटर बैकस्ट्रोक दौड़ में राष्ट्रीय अंक हासिल किए हैं। दिल्ली की ऋचा मिश्रा के नाम पांच भारतीय तैराकी रिकॉर्ड हैं।

अतः विकल्प (B) सही है।

77. विश्व चैंपियन लुईस हैमिल्टन को बीबीसी स्पोर्ट्स पर्सनैलिटी ऑफ द ईयर 2020 चुना गया है।

- एफ 1 के सर्वकालिक महान ड्राइवरों में से एक, उन्होंने 2020 में अपनी लगातार चौथी चैंपियनशिप के साथ माइकल शूमाकर के सात विश्व खिताब के रिकॉर्ड की बराबरी की।
- यह दूसरी बार हैमिल्टन को वर्ष की खेल व्यक्तित्व का ताज पहनाया गया है , उन्होंने पहली बार 2014 में पुरस्कार जीता था।

अतः विकल्प (B) सही है।

78.

- एयर इंडिया लिमिटेड का निजीकरण आगामी वित्तीय वर्ष 2021-22 के दौरान पूरा किया जाएगा।
- सरकार की योजना एयर इंडिया में अपनी पूरी 100% हिस्सेदारी बेचने की है, जिसने 2007 में इंडियन एयरलाइंस के साथ विलय के बाद से मुनाफा नहीं कमाया है।
- विजेता बोली लगाने वाले को राष्ट्रीय वाहक की कम लागत वाली एयर इंडिया एक्सप्रेस में 100% हिस्सेदारी और एयर इंडिया SATS (AISATS) में 50% हिस्सेदारी भी मिलेगी।

अतः विकल्प (A) सही है।

79.

- फिल्म '1917' ने 'बेस्ट मोशन पिक्चर - ड्रामा' के लिए गोल्डन ग्लोब 2020 पुरस्कार जीता।
- 1917 , वास्तविक समय में प्रकट होता है, एक ब्रिटिश सैनिकों की एक जोड़ी पर नज़र रखने के रूप में वे एक हताश बचाव मिशन पर पश्चिमी मोर्चे को पार करते हैं।

अतः विकल्प (B) सही है।

80. संविधान के भाग-III (अनुच्छेद 12 - 35) के तहत प्रत्येक नागरिक को 6 मौलिक अधिकार प्रदान किए गए हैं।

- कुल सात अधिकार मूल रूप से संविधान द्वारा प्रदान किए गए थे। 44वें संशोधन (1978 ई.) ने संपत्ति के अधिकार को हटा दिया और एक कानूनी अधिकार (300A) बना दिया।
- मौलिक अधिकार सभी नागरिकों के प्राकृतिक अधिकारों को सुरक्षित करते हैं और इसे अमरीका के संविधान से लिया गया था।

अतः विकल्प (B) सही है।

81.

- भारत के राष्ट्रपति, राम नाथ कोविंद ने 8 फरवरी, 2019 को 'लॉ, जस्टिस एंड ज्यूडिशियल पावर - जस्टिस पीएन भगवती का दृष्टिकोण' पुस्तक की पहली प्रति प्राप्त की।
- किताब को मूलचंद शर्मा ने लिखा है।
- जस्टिस भगवती को भारत में जनहित याचिका का जनक कहा जाता है।

अतः विकल्प (C) सही है।

82.

- पत्थर की मस्जिद पटना, बिहार में स्थित है।
- इसकी स्थापना 1621 में मुगल सम्राट जहांगीर के पुत्र परवेज शाह ने की थी।
- इसका नाम यह इसलिए रखा गया है क्योंकि इसकी संरचना पूरी तरह से पत्थरों से निर्मित है।

अतः विकल्प (A) सही है।

83.

- वीडियो कॉन्फ्रेंसिंग प्लेटफॉर्म ज़ूम के CEO,एरिक युआन को एक महामारी में ज़ूम के विकास के लिए टाइम द्वारा 'बिज़नेसपर्सन ऑफ द ईयर' नामित किया गया है।
- उन्होंने WebEx पर एक कोडर के रूप में शुरुआत की और जल्द ही अपने वीडियो-कॉन्फ्रेंससिंग प्लेटफॉर्म के निर्माण के लिए अलग हो गया।
- ज़ूम का सॉफ्टवेयर 2013 में जारी किया गया था, जो कई भुगतान स्तरों के साथ-साथ विभिन्न आकार के संगठनों के लिए एक मुफ्त बुनियादी सेवा को बढ़ावा देता है।

अतः विकल्प (A) सही है।

84. इंदरकिला राष्ट्रीय उद्यान हिमाचल प्रदेश में है।

हिमाचल प्रदेश के सबसे महत्वपूर्ण राष्ट्रीय उद्यान तालिका में निम्नलिखित है:

राष्ट्रीय उद्यान	ट्रिक
सिंबल बड़ा राष्ट्रीय उद्यान	सिम्बा
ग्रेट हिमालयन राष्ट्रीय उद्यान	ग्रेट हिमालय
पिन घाटी राष्ट्रीय उद्यान	घाटी
इंदरकिला राष्ट्रीय उद्यान	इंदर

खीरगंगा राष्ट्रीय उद्यान	खीर

ट्रिक : सिंबा ने ग्रेट हिमालय की घाटी में इंदर के साथ खीर खाई।

अतः विकल्प (A) सही है।

85. पालि भाषा में संस्कृत शब्द 'धर्म' को 'धम्म' कहा जाता है।

- बौद्ध धर्म में धर्म का अर्थ 'कॉस्मिक लॉ एंड ऑर्डर' या बुद्ध का शिक्षण है। पाली में 'धर्म' का उच्चारण 'धम्म' के रूप में किया जाता है।
- पालि मध्य भारत-आर्यन भारतीय उपमहाद्वीप की मूल भाषा है। इसे 'मागधी' भी कहा जाता है।

अतः विकल्प (C) सही है।

86.

- 1527 की खानवा की लड़ाई पानीपत की लड़ाई के बाद मेवाड़ के राणा साँगा और मुगल सम्राट बाबर के बीच लड़ी गई थी।
- युद्ध में राणा सांगा की हार हुई। बाबर की जीत ने भारत में नए मुगल वंश को समेकित किया।

अतः विकल्प (B) सही है।

87. ईटानगर भारतीय राज्य अरुणाचल प्रदेश की राजधानी और सबसे बड़ा शहर है।

- ईटानगर का स्थानीय भोजन तिब्बती व्यंजनों से प्रेरित है।
- पूर्वोत्तर भारत के चीन से सटे राज्य अरुणाचल प्रदेश में ईसाई धर्म सबसे बड़ा धर्म है।

अतः विकल्प (D) सही है।

88.

- 1858 में 'गवर्नर-जनरल' शीर्षक को वायसराय में बदल दिया गया था।
- अगस्त 1858 में, ब्रिटिश संसद ने एक अधिनियम पारित किया जिसने कंपनी के शासन को समाप्त कर दिया।
- भारत के ब्रिटिश गवर्नर-जनरल को वायसराय की उपाधि दी गई जिसका मतलब सम्राट का प्रतिनिधि था।

अतः विकल्प (A) सही है।

89. शक्ति की मानक मीट्रिक इकाई वाट है। जैसा कि शक्ति के लिए समीकरण द्वारा निहित है, शक्ति की एक इकाई समय की एक इकाई द्वारा विभाजित कार्य की एक इकाई के बराबर है। इस प्रकार, एक वाट जूल / सेकंड के बराबर है।

अतः विकल्प (C) सही है।

90. भारत में, अधिकतम क्षमता: राज्यसभा में 250 सीटें तय की गई हैं।

- जिनमें से 238 चुने गए तथा
- 12 राष्ट्रपति द्वारा मनोनीत सदस्य होते हैं।

अतः विकल्प (D) सही है।

91.

गिजा की विशाल पिरामिड	गीज़ा पिरामिड परिसर में तीन पिरामिडों में सबसे पुराना और सबसे बड़ा	स्थान – मिस्र
चीन की विशाल दीवार	यूरेशियन स्टेपे के विभिन्न भिक्षु समूहों के छापे और हमलों के खिलाफ चीनी राज्यों और साम्राज्यों की रक्षा के लिए बनाया गया था	स्थान – चीन
कालोसियम	रोम शहर के केंद्र में एक अंडाकार रंगभूमि है	स्थान – इटली
चीचेन इटज़ा	टर्मिनल क्लासिक अवधि के माया लोगों द्वारा निर्मित एक बड़ा पूर्व-कोलंबियाई शहर	स्थान – मैक्सिको

अतः विकल्प (B) सही है।

92. प्रजातान्त्रिक सरकार अर्थात लोकतंत्र मतभेदों और संघर्षों से निपटने के लिए एक तरीका प्रदान करता है क्योंकि विभिन्न लोगों की अलग-अलग राय और रुचियां होती हैं। लोकतंत्र में स्वतंत्र और निष्पक्ष चुनाव होते हैं। विभिन्न समूह एक दूसरे के साथ सद्भाव और शांति से रह सकते हैं।

अतः विकल्प (D) सही है।

93.

- चीनी शहर हांग्जो 2022 एशियाई खेलों की मेजबानी करेगा जो एक बहु-खेल आयोजन है। बीजिंग और गुआंगज़ौ के बाद, हांग्जो एशियाई खेलों की मेजबानी करने वाला तीसरा चीनी शहर होगा।
- एशियाई खेल 2018 (18वां एशियाई खेल) 18 अगस्त से 2 सितंबर, 2018 तक दो इंडोनेशियाई शहरों, पालेम्बैंग और जकार्ता में आयोजित किए गए।

अतः विकल्प (A) सही है।

94. परवलयिक अवतल दर्पण, नाभी से आने वाली प्रकाश किरणों को लंबी समानांतर किरणों में अभिसरित करते हैं।

- परवलयिक दर्पण परवलयिक एंटीना और ऑटोमोबाइल हेडलाइट्स, साथ ही कुछ मेगाफोन और टेलीस्कोपिक दर्पण का आधार हैं।
- एक परवलयिक परावर्तक एक परावर्तक सतह है जिसका उपयोग प्रकाश, ध्वनि या रेडियो तरंगों जैसे ऊर्जा एकत्र करने या परियोजना के लिए किया जाता है।

अतः विकल्प (A) सही है।

95. ऐसा प्रकाश के अपवर्तन के कारण होता है। जब प्रकाश एक माध्यम से दूसरे माध्यम में जाता है, तो यह मुड़ती है। जब प्रकाश की किरणें पानी की सतह से बाहर निकलती हैं तो पूल के नीचे जाते ही थोड़ी झुक जाती हैं। हमारी आंखें अपवर्तन को देख नहीं पाती हैं इसलिए स्विमिंग पूल वास्तविक से कम गहरा दिखाई देता है।

अतः विकल्प (A) सही है।

96.

- बंदर लड्डू एक मिठाई है, जिसे आंध्र प्रदेश का भौगोलिक संकेतक मिला है।
- आंध्र प्रदेश का मुख्य भोजन चावल है, जिसे सांबर के साथ परोसा जाता है। यह सब्जियों के साथ अन्य मसूर की तैयारी के साथ भी परोसा जाता है।

अतः विकल्प (A) सही है।

97. एसिटिलीन का उपयोग धातुओं के वेल्डन और कटाई में किया जाता है। इसमें ऑक्सीजन और एसिटिलीन गैसों (ऑक्सीएसीटीलीन) का उपयोग किया जाता है और इस प्रक्रिया को ऑक्सीटेसिलीन वेल्डन कहा जाता है।

वेल्डन के लिए एसिटिलीन का उपयोग करना एक पुरानी प्रक्रिया है। हाल के दशकों में यह प्रक्रिया आधुनिक आर्क वेल्डन विधियों के कारण अप्रचलित हो गई है जो बेहतर और सुसंगत यांत्रिक गुण प्रदान करते हैं।

अतः विकल्प (C) सही है।

98. संख्या मान 6.022×10^{23} को ऐवोगाड्रोज़ संख्या भी कहा जाता है।

यह किसी पदार्थ के प्रति मोल कणों की संख्या है।

इसे N_A से व्यक्त किया गया है।

अतः विकल्प (C) सही है।

99. MICR का पूर्ण रूप मैग्नेटिक इंक कैरेक्टर रिकॉग्निशन है।

- MICR का उपयोग चेक और अन्य दस्तावेजों की प्रसंस्करण और निकासी को कम करने के लिए बैंकिंग उद्योग द्वारा किया जाता है।
- चेक के नीचे लिखी जाने वाली संख्या और शब्दों को मैग्नेटिक इंक का उपयोग करके मुद्रित किया जाता है।
- जब इस स्याही वाले दस्तावेज़ को पढ़ने की आवश्यकता होती है, तो यह एक मशीन के माध्यम से किया जाता है, जो स्याही को चुंबकित करती है और फिर चुंबकीय जानकारी का वर्णों में अनुवाद करती है।

अतः विकल्प (C) सही है।

100.

- दिसंबर 2012 में, योजना आयोग ने अंतिम मसौदा बारहवी पंचवर्षीय योजना - तेज, अधिक समावेशी और सतत विकास प्रकाशित किया।
- योजना आयोग (अब नीती अयोग) भारत सरकार का एक संस्थान है, जो अन्य कार्यों के बीच भारत की पंचवर्षीय योजनाएँ तैयार करता है।

अतः विकल्प (B) सही है।

मॉक टेस्ट 02

General Intelligence and Reasoning

Q.1 प्रश्न चिह्न के स्थान पर क्या आएगा?

2, 3, 6, 15, ?, 123

A. 47 **B.** 42 **C.** 45 **D.** 50

Q.2 निर्देश: निम्नलिखित प्रश्न में, दिए गये विकल्पों में से संबंधित शब्द/अक्षर/संख्या का चयन कीजिये।

GREAT : 12 :: TEXTBOOK : ?

A. 23 **B.** 22 **C.** 24 **D.** 21

Q.3 निर्देश: दिए गए विकल्पों में से भिन्न आकृति ज्ञात कीजिये।

A. 

B. 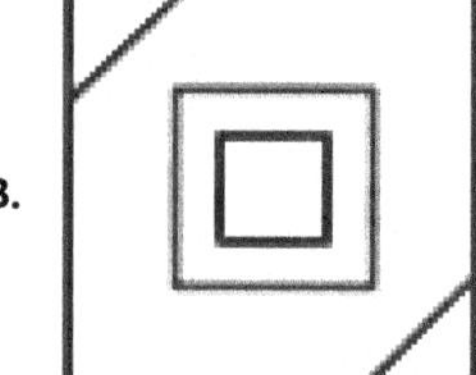

C. 

D. 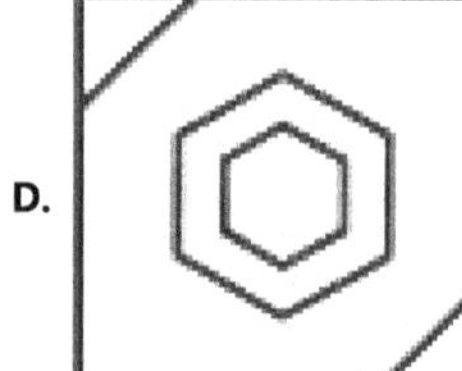

Q.4 निर्देश: निम्नलिखित शब्दों को शब्दकोश क्रम के अनुसार व्यवस्थित कीजिये।

1. Terrible
2. Thaw
3. Thank less
4. Testify
5. Terrain

A. 3, 4, 5, 1, 2 **B.** 2, 1, 5, 4, 3
C. 5, 1, 4, 3, 2 **D.** 2, 1, 3, 4, 5

Q.5 रविवार, सोमवार, बुधवार, शनिवार, बुधवार, सोमवार, __________ निम्नलिखित प्रश्न में दी गयी श्रृंखला में से लुप्त संख्या को चुनिए।

A. रविवार, **B.** सोमवार **C.** बुधवार **D.** शनिवार

Q.6 निर्देश: दिए गए उत्तरों में से लुप्त संख्या को चुनें।

346	96	738
432	18	237
521	?	329

A. 42 **B.** 36 **C.** 44 **D.** 58

Q.7 प्रश्न चिह्न के स्थान पर क्या आएगा?

8, 6, 9, 23, 87,?

A. 128 **B.** 226 **C.** 324 **D.** 429

Q.8 एक निश्चित कोड में, THEN को VFGL के रूप में कोडित किया जाता है। WORD को कैसे कोडित किया जा सकता है?

A. UQPF **B.** YMVB **C.** YMVB **D.** VQFP

Q.9 निम्न में से कौन सा आरेख हाथियों, भेड़ियों, जानवरों का सही प्रतिनिधित्व करता है?

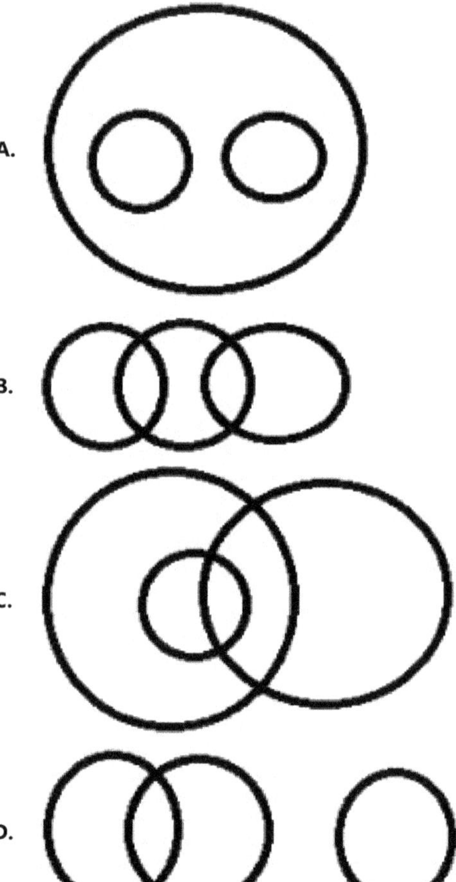

Q.10 यदि PALAM को कोड संख्या 43 दी जाती है, तो PERMIT को क्या कोड संख्या दी जाएगी?

A. 75 **B.** 85 **C.** 81 **D.** 71

Q.11 निर्देश: इस प्रश्न में एक श्रृंखला दी गई है, जिसका एक पद लुप्त है। दिए गए विकल्पों में से सही विकल्प चुनिए, जो श्रृंखला को पूरा करेगा।

A, DE, IJK, ?, YZABC

A. LMNO **B.** PQR **C.** PQRS **D.** NOPQ

Q.12 यदि TOUR को 1234, CLEAR को 56784 के रूप में, और SPARE को 90847 कोड में लिखा जाता है, तो उसी कोड में SCULPTURE के लिए 5वां अंक क्या होगा?

A. 6 **B.** 3 **C.** 0 **D.** 1

Q.13 दिए गए विकल्प में से विषम संख्या ज्ञात कीजिए।

A. 5720 **B.** 6710 **C.** 2640 **D.** 4270

Q.14 दिए गए विकल्पों में से विषम संख्या का चयन करें।

A. 169 **B.** 421 **C.** 529 **D.** 289

Q.15 निर्देश: दिए गए विकल्पों में से वह शब्द चुनिए जिसे दिए गए शब्द के अक्षरों का प्रयोग करके नहीं बनाया जा सकता है।

CORPORATION

A. PAINT **B.** ROPE
C. PORTION **D.** POTION

Q.16 एक निश्चित कोड भाषा में, ALTERED को ZOGVIVW लिखा जाता है। उसी कोड भाषा में JUSTICE शब्द किस प्रकार लिखा जाएगा?

A. QFHHSWV **B.** PFGHRXV
C. QFHGRXV **D.** PFHGSVX

Q.17 दिए गए विकल्पों में से विषम संख्या ज्ञात कीजिए।

A. 626 **B.** 841 **C.** 962 **D.** 1090

Q.18 नीचे दिए गए शब्दों को सार्थक क्रम में व्यवस्थित करें।

1. Rainbow
2. Rain
3. Sun
4. Happy
5. Child

A. 4, 2, 3, 5, 1 **B.** 2, 3, 1, 5, 4
C. 4, 5, 1, 2, 3 **D.** 2, 1, 4, 5, 3

Q.19 निर्देश: निम्नलिखित प्रश्न में, दिए गए विकल्पों में से सम्बंधित शब्द चुनिए।

गणित : सूत्रों :: रसायन विज्ञान : ?

A. प्रतिक्रियाएं **B.** जीव
C. प्रमेय **D.** गुरुत्वाकर्षण

Q.20 * संकेतों को बदलने और दिए गए समीकरण को संतुलित करने के लिए गणितीय संकेतों के सही संयोजन का चयन करें:

18 * 6 * 3 * 12 * 24

A. ÷ − = × **B.** × ÷ − = **C.** + ÷ × = **D.** × = ÷ +

Q.21 * संकेतों को बदलने और निम्नलिखित समीकरण को संतुलित करने के लिए गणितीय संकेतों के सही संयोजन का चयन करें:

8 * 8 * 1 * 7 = 8

A. × ÷ + **B.** + × ÷ **C.** ÷ × + **D.** - × ÷

Q.22 नीचे दिए गए शब्दों को सार्थक क्रम में व्यवस्थित करें।

1. Reading
2. Composing
3. Writing
4. Printing

A. 1, 3, 2, 4 **B.** 2, 3, 4, 1 **C.** 3, 1, 2, 4 **D.** 3, 2, 4, 1

Q.23 निर्देश: निम्नलिखित आकृति में, वर्ग आहार विशेषज्ञों को दर्शाता है, त्रिभुज वनस्पतिज्ञों को दर्शाता है, वृत्त मनोवैज्ञानिकों को दर्शाता है और आयत भारतियों को दर्शाता है। कौन सा अक्षरों का समूह उन मनोवैज्ञानिकों को दर्शाता है जो वनस्पतिज्ञ नहीं हैं?

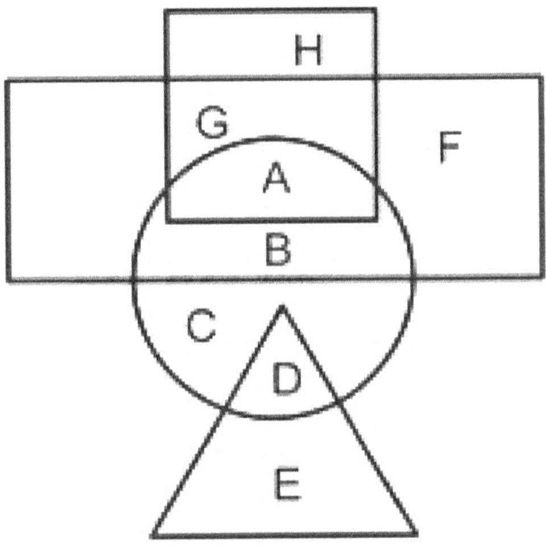

A. D, G, A **B.** A, B, C **C.** F, E, C **D.** H, B, D

Q.24 निर्देश: निम्नलिखित प्रश्न में एक कथन दिया गया है, उसके बाद दो निष्कर्ष दिए गए हैं।

कथन: जब तक हमारा देश आर्थिक समानता प्राप्त नहीं करता, तब तक राजनीतिक स्वतंत्रता और लोकतंत्र निरर्थक होगा।

निष्कर्ष:

I. राजनीतिक स्वतंत्रता और लोकतंत्र हाथ से जाते हैं।

II. आर्थिक समानता वास्तविक राजनीतिक स्वतंत्रता और लोकतंत्र की ओर ले जाती है।

A. केवल निष्कर्ष I अनुसरण करता है
B. केवल निष्कर्ष II अनुसरण करता है
C. या तो I या II अनुसरण करता है
D. न तो I या II अनुसरण करता है

Q.25 निर्देश: नीचे दिए गये प्रत्येक प्रश्न में दो कथन और उसके बाद दो निष्कर्ष I और II दिए गये हैं। आपको दिए गये कथनों को सत्य मानना है, भले ही वे ज्ञात तथ्यों से अलग प्रतीत होते हो, सभी निष्कर्षों को पढ़िए और फिर निर्णय कीजिये कि दिए गये निष्कर्षों में से कौन-सा/कौन-से निष्कर्ष ज्ञात तथ्यों को नजरअंदाज करने पर कथनों का तार्किक रूप से अनुसरण करता है/करते हैं।

कथन:

I: कोई लाइटर आग नहीं है।

II: सभी माचिस लाइटर हैं।

निष्कर्ष:

I: कोई आग माचिस नहीं है।

II: सभी माचिस आग हैं।

A. केवल निष्कर्ष I अनुसरण करता है।
B. केवल निष्कर्ष II अनुसरण करता है।
C. दोनों निष्कर्ष I और II अनुसरण करते हैं।
D. न तो निष्कर्ष I और न ही II अनुसरण करता है।

Numerical Aptitude/ Quantitative Ability

Q.26 यदि $2A = 3B = 8C$, तो $A:B:C$ का मान क्या होगा?

A. 8 : 3 : 2 **B.** 8 : 4 : 3
C. 2 : 3 : 8 **D.** 12 : 8 : 3

Q.27 एक कोण अपने पूरक कोण का तीन गुना है। कोण की माप क्या है?

A. 22.5° **B.** 135° **C.** 45° **D.** 67.5°

Q.28 एक वस्तु का अंकित मूल्य इसके क्रय मूल्य से 50% अधिक है। यदि इस पर 10% की छूट दी जाती है, तो लाभ प्रतिशत क्या होगा?

A. 35% **B.** 40% **C.** 45% **D.** 30%

Q.29 9 क्रमागत संख्याओं का औसत 26 है। इन 9 में से सबसे बड़ी संख्या कौन सी है?

A. 42 **B.** 30 **C.** 32 **D.** 31

Q.30 एक व्यक्ति 120 रुपये प्रति क्विंटल की दर से एक निश्चित मात्रा में चीनी खरीदता है। चीनी का 10% खराब हो जाता है। शेष चीनी किस भाव (प्रति क्विंटल) से बेचे कि 20% का लाभ हो।

A. 210 रु **B.** 150 रु **C.** 220 रु **D.** 144 रु

Q.31 एक कक्षा का औसत भार 52 किग्रा है। यदि 118 किग्रा भार वाला एक छात्र कक्षा में शामिल होता है, तब नया औसत भार 58 किग्रा हो जाता है। कक्षा में कुल कितने छात्र हैं?

A. 19 **B.** 10 **C.** 21 **D.** 18

Q.32 $397\times397+104\times104+2\times397\times104$ का मान ज्ञात कीजिए।

A. 250001 **B.** 251001 **C.** 260101 **D.** 261001

Q.33 10000 रुपये पर 5% वार्षिक रूप से संयोजित होने वाली ब्याज की दर से 2 वर्ष का चक्रवृद्धि ब्याज (रुपये में) क्या है?

A. 1000 रु **B.** 1025 रु **C.** 1500 रु **D.** 1250 रु

Q.34 लंब वृत्तीय बेलन के वक्र पृष्ठ क्षेत्रफल (सेमी ^{2} में) को ज्ञात कीजिए जिसका व्यास 7 सेमी है और ऊँचाई 6 सेमी है।

A. 132 सेमी ^{2} **B.** 110 सेमी ^{2}
C. 92 सेमी ^{2} **D.** 154 सेमी ^{2}

Q.35 यदि $12\cos^2\theta + 8\sin^2\theta = 9$ है, तो $\tan\theta$ का मान क्या है?

A. $\sqrt{7}$ **B.** $\frac{7}{3}$ **C.** 3 **D.** $\sqrt{3}$

Q.36 दो संख्याओं का ल.स.प. और म.स.प. क्रमशः 168 और 6 है। यदि एक संख्या 24 है, तो दूसरी संख्या ज्ञात कीजिए।

A. 36 **B.** 38 **C.** 40 **D.** 42

Q.37 दो पाइप P और Q अकेले एक टंकी को क्रमशः 120 और 80 घंटे में भर सकते हैं। यदि उन्हें साथ में खोला जाता है, तब टंकी कितने घंटे में भर जाएगी?

A. 24 **B.** 48 **C.** 100 **D.** 120

Q.38 यदि P, Q से 25% कम है, तो Q, P से कितने प्रतिशत अधिक है?

A. 20% **B.** 16.66% **C.** 33.33% **D.** 12.5%

Q.39 $\left(\frac{\sin30^\circ}{\cos45^\circ}\right)\times\left(\frac{\sin45^\circ}{\cos30^\circ}\right)$ गणना कीजिये।

A. $\frac{\sqrt{2}}{\sqrt{3}}$ **B.** $\frac{2}{\sqrt{3}}$ **C.** $\frac{1}{\sqrt{3}}$ **D.** $\frac{1}{\sqrt{2}}$

Q.40 800 रुपए की एक राशि 2 वर्षों में साधारण ब्याज पर 1000 रुपए हो जाती है। तो वार्षिक ब्याज की दर (प्रतिशत में) क्या है?

A. 12.5% **B.** 25% **C.** 8.5% **D.** 17%

Q.41 A, B और C एक कार्य को क्रमशः 5, 10 और 30 दिन में पूरा करते हैं। A, B और C एक साथ मिलकर कार्य कितने दिन में पूरा कर सकते हैं?

A. 4 **B.** 2 **C.** 3 **D.** 3.5

Q.42 एक त्रिभुज का सबसे छोटा कोण सबसे बड़े कोण से 40° कम है। यदि सबसे बड़ा कोण 80° है, तो त्रिभुज का तीसरा कोण ज्ञात कीजिये।

A. 40° **B.** 90° **C.** 80° **D.** 60°

Q.43 150 मीटर लंबी एक ट्रेन की गति 45 किमी/घंटा है। तो 500 मीटर लंबे एक प्लेटफार्म को पार करने में कितना समय लगेगा?

A. 52 सेकंड **B.** 15 सेकंड **C.** 9 सेकंड **D.** 18 सेकंड

Q.44 चार वर्ष पूर्व, दो बहनों की आयु का अनुपात $7:9$ था। यदि 4 वर्ष पश्चात् उनकी आयु का अनुपात $9:11$ होगा, तो उनकी वर्तमान आयु ज्ञात कीजिये।

A. 11 वर्ष, 13 वर्ष **B.** 18 वर्ष, 22 वर्ष
C. 25 वर्ष, 31 वर्ष **D.** 32 वर्ष, 40 वर्ष

Q.45 12600 का कितना प्रतिशत 2898 है?

A. 19% **B.** 21% **C.** 23% **D.** 27%

Q.46 प्रेम से 6.64 किमी की दूरी पर एक बंदूक चलाई जाती है। वह ध्वनि 20 सेकंड बाद सुनता है। तो ध्वनि की गति है:

A. 664 मी/से **B.** 664 किमी/से
C. 332 मी/से **D.** 332 किमी/से

Ques (47-50):निर्देश: चार्ट का अध्ययन करें और प्रश्न का उत्तर दें।

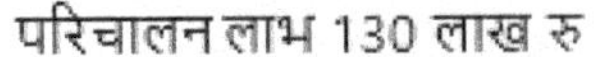

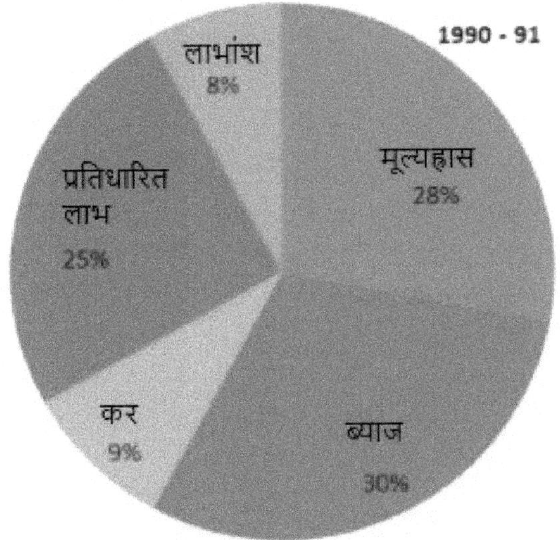

परिचालन लाभ 160 लाख रु

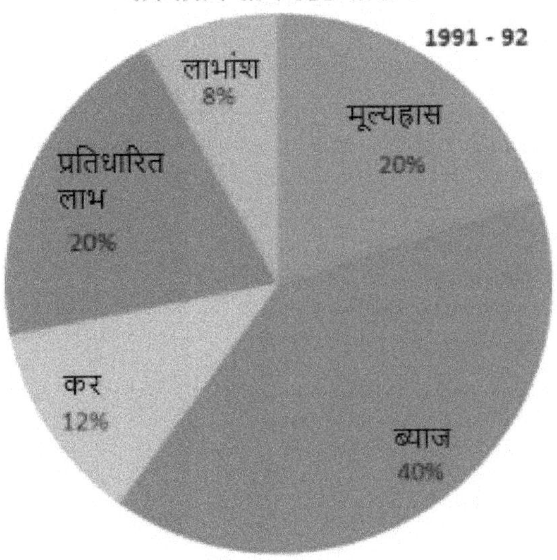

Q.47 1991 – 92 परिचालन लाभ मे 1990 – 91 से कितने % की वृद्धि हुई:

A. 23% **B.** 22% **C.** 25% **D.** 24%

Q.48 1991 – 92 में ब्याज दर 1990 – 91 से कितने प्रतिशत अधिक था:

A. 50%
B. 25 लाख रु
C. 90%
D. 41 लाख रु

Q.49 यदि औसतन, उधार ली गई धनराशि पर 20% की दर से ब्याज लिया जाता है, तो इस कंपनी द्वारा उपयोग किए गए कुल उधार राशि पर 2% राशि दी जाती है:

A. 221 लाख रु
B. 195 लाख रु
C. 368 लाख रु
D. 515 लाख रु

Q.50 1990 – 91 की तुलना में 1991 – 92 में बरकरार लाभ था:

A. 2.5% से अधिक
B. 2.5% से अधिक
C. 2.5% से कम
D. 1.5% से कम

General English & Comprehension

Q.51 Direction: In the following question, some parts of the sentence may have errors. Find out which part of the sentence has an error and select the appropriate option. If a sentence is free from error, select 'No Error'.

The army have been(1)/ called to aid(2)/ in the relief operation.(3)/ No error(4)

A. 1 **B.** 2 **C.** 3 **D.** 4

Q.52 Direction: In the following question, some parts of the sentence may have errors. Find out which part of the sentence has an error and select the appropriate option. If a sentence is free from error, select 'No Error'.

There was no money (1)/ in Rahul's and Roshan's(2)/ joint account. (3)/ No error(4)

A. 1 **B.** 2 **C.** 3 **D.** 4

Q.53 Direction: In the question below, a part of the sentence is underlined. Below are given alternatives to the underlined part which may improve the sentence. Choose the correct alternative. In case no improvement is needed choose 'No improvement.'

Having driving down the lane, I saw a quaint house with green walls and a red roof.

A. Because I was driving down the lane
B. As I was driving down the lane
C. I was driving down the lane
D. No improvement

Q.54 Direction: In the question below, a part of the sentence is underlined. Below are given alternatives to the underlined part which may improve the sentence. Choose the correct alternative. In case no improvement is needed choose 'No improvement.'

Sheena is the most cleverest girl in our class.

A. The cleverest girl
B. The cleverer girl
C. The more clever girl
D. No improvement

Q.55 Direction: In the following question, the sentence is given with a blank to be filled in with an appropriate word. Select the correct alternative out of the four and indicate it by selecting the appropriate option.

I am awful ______ picking vegetables.

A. for **B.** at **C.** of **D.** as

Q.56 Direction: In the following question, the sentence is given with a blank to be filled in with an appropriate word. Select the correct alternative out of the four and indicate it by selecting the appropriate option.

Career _______ the kind of lifestyle one will lead and his/her position in society.

A. determined
B. determines
C. deter

D. has been determined

Q.57 Direction: In the following question, a sentence has been given in direct/indirect speech. Out of the four alternatives suggested, select the one which best expresses the same sentence in indirect/direct speech.

He said to her, "What a hot day it is!"

A. He exclaimed sorrowfully that it was a very hot day.
B. He told her that it was a hot day.
C. He exclaimed that it was a very hot day.
D. He said that it was a hot day.

Q.58 Direction: In a sentence has been given in Active/Passive Voice. Out of the four alternatives suggested, select the one which best expresses the same sentence in Passive/Active Voice.

This strategy permits investors to buy shares from unlisted companies.

A. Under this strategy, the investors may be permitted to buy shares from unlisted companies.
B. Under this strategy, the investors have been permitted to buy shares from unlisted companies.
C. Under this strategy, the investors are permitted to buy shares from unlisted companies.
D. Under this strategy, the investors were permitted to buy shares from unlisted companies.

Q.59 Direction: Fill in the blank with the proper form of the verb.

Last month, he __________ in debt if not for my help.

A. would have been B. had been
C. was D. None of these

Q.60 Direction: Out of the four alternatives, choose the one which best expresses the opposite meaning of the given word.

Foremost

A. Mature B. Premature
C. Unimportant D. Disposed

Q.61 Direction: Out of the four alternatives, choose the one which best expresses the opposite meaning of the given word.

Protects

A. Defends B. Deprives C. Devises D. Deserts

Q.62 Direction: Out of the four alternatives, choose the one which best expresses the meaning of the given word.

Fostering

A. Safeguarding B. Neglecting
C. Ignoring D. Nurturing

Q.63 Direction: Out of the four alternatives, choose the one which best expresses the meaning of the given word.

Transient

A. Permanent B. Brief
C. Momentary D. Both (B) and (C)

Q.64 Direction: Out of the four alternatives, choose the one which best expresses the opposite meaning of the given word.

Recalcitrant

A. Obedient B. Obstinate
C. Stubborn D. Unruly

Q.65 Direction: Out of the four alternatives, choose the one which best expresses the opposite meaning of the given word.

Obliterate

A. Protect B. Destroy
C. Eradicate D. Delete

Q.66 Direction: Out of the four alternatives, choose the one which best expresses the meaning of the given word.

Equitable

A. Partial B. Prejudiced
C. Biased D. Neutral

Q.67 Direction: In the following question, an idiomatic expression or a proverb is highlighted. Select the alternative which best describes its use in the sentence.

After he had atoned for his crimes he **kept his nose clean** and lived a sedate life, till the day he died.

A. To wash his face regularly
B. To maintain personal hygiene
C. To live alone
D. To live a good life and avoid trouble

Q.68 Direction: In the following question, an idiomatic expression or a proverb is highlighted. Select the alternative which best describes its use in the sentence.

She asked him to join their band tour with no strings attached.

A. By following their rules
B. By signing a document
C. By tying up the agreement with a string
D. Without any preconditions

Q.69 Direction: In the following question, an idiomatic expression or a proverb is given. Select the alternative which best describes its use in the sentence.

To hit the sack

A. To vent out anger
B. To hit a sack on the floor
C. To go to bed
D. To repress anger

Q.70 Direction: In the following question, an idiomatic expression or a proverb is given. Select the alternative which best describes its use in the sentence.

To hit the nail on the head.

A. To say the correct thing
B. To fool someone
C. To deceive someone
D. Get hurt on your nail

Ques (71-75):Direction: Read the passage given below and then answer the question given below the passage. Some words may be highlighted for your attention. Read carefully.

It's rough when you realize that the true saboteur of your dreams is an insider. If you aren't living up to your highest potential and achieving your goals, blame your brain's own negativity bias. Positive emotions give us access to the control center in the brain that initiates action toward our goals. Yet, the human brain has evolved to prioritize negative emotions, experiences, and memories.

There's a scientific reason why negative inner voices get more air time in your head than positive ones. Our brains are hard-wired to continuously scan for potential threats. Such focus on the possible worst-case scenario contributed to the survival of our early ancestors. Those who were nervous, tense, and attentive to possible danger had a better chance of living to see another day.

As a result, the human brain evolved with a bias towards the negative. Studies show that we recognize and respond more quickly to an angry or sad face, than a happy face. Negative ads and headlines draw more of our attention. Our own shortcomings are far more apparent to us than our achievements. We notice lack more than abundance.

Q.71 Human brains have evolved to focus more on negative emotions. Which of the following is a possible explanation for this?

A. Our conscience finds it easier to believe in negativity
B. Over the years, humans have survived taking in note the worst case scenarios
C. Over the years, we have responded quickly to something joyful as compared to something sad
D. Both (A) and (B)

Q.72 'We notice lack more than abundance'. Which of the following quotes by famous personalities suit this context?

A. Everybody is a genius. But if you judge a fish by its ability to climb a tree, it will live its whole life believing that it is stupid - Albert Einstein
B. If you are born poor, it's not your mistake. But if you die poor, it's your mistake - Bill Gates
C. I cried because I had no shoes, then I met a man who had no feet - Mahatma Gandhi
D. Successful people don't fear failure but understand that it's necessary to learn and grow from. – Robert Kiyosaki

Q.73 Which of the following is the closest synonym of the word saboteur as used in the passage?

A. Promoter **B.** Facilitator
C. Destroyer **D.** Architect

Q.74 According to the passage, what is the effect of having positive emotions?

A. They allow us to deal with depression and anxiety
B. They help us to feel and act confident
C. They warn us of various threats and challenges
D. They help us in initiating action towards our goals

Q.75 Which of the following best describes the tone of the author?

A. Nonchalant **B.** Illuminating
C. Vindictive **D.** Depressed

General Awareness

Q.76 कबड्डी की किस शैली को "पंजाबी कबड्डी" के नाम से जाना जाता है?

A. कबड्डी की मानक शैली **B.** कबड्डी की चौकोर शैली
C. कबड्डी की आयत शैली **D.** कबड्डी की सर्किल शैली

Q.77 सैयद मुश्ताक अली ट्रॉफी किस खेल से संबंधित है?

A. हॉकी **B.** क्रिकेट **C.** फुटबॉल **D.** गोल्फ़

Q.78 निम्न में से कौन से मुद्रा पूर्ति के माप को 'व्यापक मुद्रा' कहा जाता है?

A. M_1 **B.** M_2 **C.** M_3 **D.** M_4

Q.79 निम्नलिखित में से कौन सा अप्रत्यक्ष कर का उदाहरण है?

A. आयकर **B.** धन कर
C. बिक्री कर **D.** निगमित कर

Q.80 नाबार्ड की स्थापना कब की गई थी?

A. 1975 **B.** 1980 **C.** 1982 **D.** 1990

Q.81 विंडोज टास्क मैनेजर खोलने के लिए निम्न में से किन कुंजी संयोजनों का प्रयोग किया जाता है?

A. Alt + F4 **B.** Alt + Shift
C. Alt + Enter **D.** Ctrl + Shift + Esc

Q.82 18 फरवरी 2019 को शुरू होने वाले 10 दिवसीय ताज महोत्सव का विषय क्या है?

A. संस्कृति **B.** परम्परा **C.** धर्म **D.** धरोहर

Q.83 स्वच्छ सर्वेक्षण 2020 के तहत किस शहर को सबसे स्वच्छ शहर का पुरस्कार मिला है?

A. मैसूर **B.** कोच्चि **C.** इंदौर **D.** बेंगलुरु

Q.84 किस देश ने अपनी पहली महिला संचार टीम का गठन किया है?

A. न्यूज़ीलैंड **B.** म्यांमार
C. संयुक्त राज्य अमेरिका **D.** जर्मनी

Q.85 केंद्र सरकार द्वारा "मिशन कोविड सुरक्षा" के तहत किस राशि का आवंटन किया गया है?

A. 100 करोड़ रु **B.** 500 करोड़ रु
C. 900 करोड़ रु **D.** 1000 करोड़ रु

Q.86 विश्व हिंदी दिवस कब मनाया जाता है?

A. 10 जनवरी **B.** 11 जनवरी **C.** 12 जनवरी **D.** 13 जनवरी

Q.87 यूएस एयर क्वालिटी इंडेक्स के अनुसार, दुनिया का सबसे प्रदूषित शहर कौन सा है?

A. दिल्ली **B.** न्यूयॉर्क **C.** बीजिंग **D.** लाहौर

Q.88 सोनई रूपई वन्यजीव अभयारण्य एक संरक्षित क्षेत्र है जो किस राज्य में स्थित है?

A. हिमाचल प्रदेश **B.** हरियाणा
C. जम्मू और कश्मीर **D.** असम

Q.89 किस शहर को भारत का पिट्सबर्ग कहा जाता है?

A. जबलपुर **B.** जमशेदपुर **C.** जामनगर **D.** जूनागढ़

Q.90 जल वाष्प है:

A. एक गैस **B.** एक बादल की बूंद
C. एक बारिश की बूंद **D.** एक हिमखंड

Q.91 दर्द आर्यन जनजाति किस राज्य से है?

A. जम्मू और कश्मीर **B.** कर्नाटक
C. तेलंगाना **D.** झारखंड

Q.92 किस नदी को बिहार का सोरो कहा जाता है?

A. गंगा **B.** गंडक **C.** कोसी **D.** बेटा

Q.93 चन्द्रगुप्त मौर्य की मृत्यु निम्नलिखित में से किस स्थान पर हुई थी?

A. कलिंग, ओडिशा
B. श्रवणबेलगोला, कर्नाटक
C. पाटलिपुत्र, बिहार
D. राजगृह, बिहार

Q.94 सामान्य रूप से न्यूनतम आर्द्रता दिन के किस समय होती है?
A. जब हवा का तापमान सबसे अधिक होता है
B. सूर्योदय से पहले
C. लगभग आधी रात
D. जब हवा का तापमान सबसे कम होता है

Q.95 भारत छोड़ो आंदोलन पहली बार कब शुरू हुआ था?
A. 1931 B. 1942 C. 1920 D. 1935

Q.96 निम्नलिखित में से किसने आज़ाद हिंद फौज की स्थापना की थी?
A. जवाहर लाल नेहरू
B. सुभाष चंद्र बोस
C. महात्मा गांधी
D. लाला लाजपत राय

Q.97 ट्रांस-हिमालयी नदियाँ ________ हैं।
A. सतलज, सिंधु, गंगा
B. ब्रह्मपुत्र, सिंधु, सतलज
C. ब्रह्मपुत्र, सिंधु, गंगा
D. ब्रह्मपुत्र, सतलज, गंगा

Q.98 प्रतिरोधकता की SI इकाई क्या है?
A. ओम मीटर
B. ओम मीटर$^{-1}$
C. ओम$^{-1}$
D. ओम मीटर^{2}

Q.99 परमाणु का वाटर मेलन मॉडल निम्नलिखित में से किसके द्वारा दिया गया था?
A. नील्स बोर
B. रदरफोर्ड
C. थॉमसन
D. इनमें से कोई नहीं

Q.100 अवोगाद्रो की संख्या _______ है।
A. 6.023 × 1023
B. 6.052 × 10-23
C. 6.022 × 1020
D. 6.032 × 1023

// स्मार्ट उत्तर पुस्तिका //

सही उत्तर — उन छात्रों का प्रतिशत जिन्होंने प्रश्नों का सही उत्तर दिया था। छोड़ दिया — उन छात्रों का प्रतिशत जिन्होंने प्रश्नों को छोड़ दिया था।

प्रश्न संख्या	उत्तर	सही उत्तर	छोड़ दिया	प्रश्न संख्या	उत्तर	सही उत्तर	छोड़ दिया	प्रश्न संख्या	उत्तर	सही उत्तर	छोड़ दिया	प्रश्न संख्या	उत्तर	सही उत्तर	छोड़ दिया	प्रश्न संख्या	उत्तर	सही उत्तर	छोड़ दिया	प्रश्न संख्या	उत्तर	सही उत्तर	छोड़ दिया
1	B	46.52 %	1.76 %	18	B	69.26 %	1.13 %	35	D	41.5 %	1.02 %	52	B	62.77 %	1.12 %	69	C	51.75 %	1.63 %	86	A	80.12 %	0.0 %
2	D	68.67 %	1.3 %	19	A	45.37 %	1.4 %	36	D	64.84 %	1.06 %	53	B	65.78 %	1.23 %	70	A	56.29 %	1.03 %	87	D	47.19 %	1.98 %
3	C	49.72 %	1.12 %	20	B	50.7 %	1.6 %	37	B	54.14 %	1.67 %	54	A	64.43 %	1.88 %	71	B	20.67 %	4.55 %	88	D	65.24 %	1.6 %
4	C	41.33 %	1.5 %	21	C	84.85 %	0.0 %	38	C	78.02 %	0.0 %	55	B	69.28 %	1.17 %	72	C	21.95 %	3.32 %	89	B	65.8 %	1.58 %
5	A	79.18 %	0.0 %	22	D	41.11 %	1.31 %	39	C	11.92 %	4.31 %	56	B	58.23 %	1.46 %	73	C	26.22 %	3.64 %	90	A	51.04 %	1.99 %
6	C	53.56 %	1.29 %	23	B	42.2 %	1.06 %	40	A	46.38 %	1.55 %	57	C	63.55 %	1.78 %	74	D	15.68 %	3.36 %	91	A	59.06 %	1.58 %
7	D	42.34 %	1.3 %	24	B	69.01 %	1.95 %	41	C	43.74 %	1.49 %	58	C	41.93 %	1.38 %	75	B	21.83 %	4.96 %	92	C	47.73 %	1.36 %
8	B	49.91 %	1.18 %	25	A	47.17 %	1.05 %	42	D	69.03 %	1.62 %	59	A	40.98 %	1.08 %	76	D	26.49 %	3.21 %	93	B	64.65 %	1.04 %
9	A	80.47 %	0.0 %	26	D	60.88 %	1.24 %	43	A	51.43 %	1.16 %	60	C	46.35 %	1.15 %	77	B	22.53 %	4.32 %	94	A	64.25 %	1.53 %
10	C	47.66 %	1.78 %	27	D	46.57 %	1.4 %	44	D	52.83 %	1.88 %	61	D	46.75 %	1.17 %	78	C	87.26 %	0.0 %	95	B	56.3 %	1.22 %
11	C	47.22 %	1.28 %	28	A	63.14 %	1.04 %	45	C	84.69 %	0.0 %	62	D	67.31 %	1.74 %	79	C	89.53 %	0.0 %	96	B	61.83 %	1.49 %
12	C	41.83 %	1.7 %	29	B	42.11 %	1.04 %	46	C	59.73 %	1.76 %	63	D	68.11 %	1.08 %	80	C	88.93 %	0.0 %	97	B	50.42 %	1.94 %
13	D	51.9 %	1.91 %	30	D	68.6 %	1.78 %	47	A	63.49 %	1.3 %	64	A	59.58 %	1.04 %	81	D	45.72 %	1.91 %	98	A	56.86 %	1.9 %
14	B	57.15 %	1.54 %	31	B	41.42 %	1.6 %	48	B	50.21 %	1.02 %	65	A	51.08 %	1.84 %	82	A	59.44 %	1.61 %	99	C	15.0 %	3.65 %
15	B	56.73 %	1.62 %	32	B	82.02 %	0.0 %	49	D	58.28 %	1.96 %	66	D	58.91 %	1.5 %	83	C	50.31 %	1.54 %	100	A	66.98 %	1.7 %
16	C	43.9 %	1.21 %	33	B	41.12 %	1.57 %	50	D	50.36 %	1.74 %	67	D	43.88 %	1.38 %	84	C	47.5 %	1.7 %				
17	B	60.59 %	1.75 %	34	A	47.45 %	1.49 %	51	A	67.69 %	1.8 %	68	D	52.34 %	1.02 %	85	C	44.51 %	1.39 %				

//संकेत और समाधान//

1. पहला पद → 2

दूसरा पद → (2×3-3) = 3

तीसरा पद → (3×3-3) = 6

चौथा पद → (6×3-3) = 15

पांचवां पद → (15×3-3) = 42

छठा पद → (42×3-3) = 123

अतः विकल्प (B) सही है।

2. जैसा कि प्रश्न में दिया गया है,

GREAT → अक्षरों की संख्या = 5

इसलिए, 5 × 3 - 3 = 12

उसी प्रकार,

TEXTBOOK → अक्षरों की संख्या = 8

इसलिए, 8 × 3 - 3 = 21

अतः विकल्प (D) सही है।

3. यहां दोनों आकार, छोटे और बड़े एक समान हैं लेकिन विकल्प (C) में दोनों आकार भिन्न हैं।

इसलिए, विकल्प (C) भिन्न आकृति है।

अतः विकल्प (C) सही है।

4. शब्दकोश अनुक्रम है:

Terrain → **Terri**ble → **Tes**tify → **Than**k less → **Thaw**.

इसलिए, 5, 1, 4, 3, 2 सही अनुक्रम होगा।

अतः विकल्प (C) सही है।

5. रविवार से सोमवार = कोई अंतराल नहीं

सोमवार से बुधवार = एक दिन का अंतर

बुधवार से शनिवार = दो दिन का अंतर

शनिवार से बुधवार = तीन दिन का अंतर

बुधवार से सोमवार = चार दिन का अंतर

अगले कार्यकाल में पांच दिन का अंतर होना चाहिए।

इसलिए, अगला शब्द रविवार होगा।

अतः विकल्प (A) सही है।

6. तर्क: अकों के उत्पाद का अंतर मध्य स्तंभ है

[अंको का गुणनफल तीसरे स्तंभ में - अंको का गुणनफल पहले स्तंभ में = बीच वाला स्तंभ]

पहले पंक्ति में: (7 × 3 × 8) - (3 × 4 × 6) = 168 - 72 = 96

दूसरे पंक्ति में: (2 × 3 × 7) - (4 × 3 × 2) = 42 - 24 = 18

इस प्रकार,

तीसरे पंक्ति में: (3 × 2 × 9) - (5 × 2 × 1) = 54 - 10 = 44

स्पष्ट रूप से, लुप्त संख्या 44 है।

अतः विकल्प (C) सही है।

7. दिया है:

8, 6, 9, 23, 87, ?

दी गई श्रृंखला निम्नलिखित प्रतिरूप का अनुसरण करती है:

8 × 1 - 2 = 6

6 × 2 - 3 = 9

9 × 3 - 4 = 23

23 × 4 - 5 = 87

87 × 5 - 6 = 429

अतः विकल्प (D) सही है।

8. दिया है:

THEN को VFGL के रूप में कोडित किया गया है।

दी गई श्रृंखला निम्नलिखित प्रतिरूप का अनुसरण करती है:

T + 2 = V

H - 2 = F

E + 2 = G

N - 2 = L

इसलिए,

W + 2 = Y

O - 2 = M

R + 2 = T

D - 2 = B

अतः विकल्प (B) सही है।

9. हाथियों और भेड़ियों का एक दूसरे से कोई संबंध नहीं है। लेकिन, ये दोनों ही जानवर हैं।

अतः विकल्प (A) सही है।

10.

A	B	C	D	E	F	G	H	I	J	K	L	M
1	2	3	4	5	6	7	8	9	10	11	12	13

N	O	P	Q	R	S	T	U	V	W	X	Y	Z
14	15	16	17	18	19	20	21	22	23	24	25	26

PALAM = 16 + 1 + 12 + 1 + 13 = 43

इसी प्रकार, PERMIT = 16 + 5 + 18 + 13 + 9 + 20 = 81

अतः विकल्प (C) सही है।

11. सर्वप्रथम, क्रमागत पदों में अक्षरों की संख्या 1 बढ़ जाती है. इसलिए, '?' के स्थान पर 4 अक्षर होंगे।

अब दिए गए पद निम्नलिखित प्रतिरूप का अनुपालन करते हैं:

A - BC - DE - FGH - IJK - LMNO - PQRS,

इस प्रकार, आवश्यक शब्द PQRS होगा।

अतः विकल्प (C) सही है।

12. प्रश्नानुसार,

यदि TOUR को 1234, CLEAR को 56784 के रूप में, और SPARE को 90847 कोड में लिखा जाता है, तो उसी कोड में SCULPTURE के लिए 5वां अंक होगा-

अक्षरों और अंकों की तुलना करके, हम प्राप्त करते हैं-

T = 1

O = 2

U = 3

R = 4

C = 5

L = 6

E = 7

A = 8

S = 9 और

P = 0

तोह फिर,

S = 9

C = 5

U = 3

L = 6

P = 0

T = 1

U = 3

R = 4

E = 7

जैसे कि SCULPTURE में 5वां अक्षर P है और '0' का उपयोग P के लिए किया जाता है, इसलिए, 5वें अंक आवश्यक कोड '0' है।

अतः विकल्प (C) सही है।

13. दी गई श्रृंखला निम्नलिखित प्रतिरूप का अनुसरण करती है:

(D) 4270 → 4+7+0 = 11 (सभी तीन अंकों का योग बाईं ओर से दूसरे अंक के बराबर नहीं है।)

(A) 5720 → 5+2+0 = 7 (सभी तीन अंकों का योग बाईं ओर से दूसरे अंक के बराबर है।)

(B) 6710 → 6+1+0 = 7 (सभी तीन अंकों का योग बाईं ओर से दूसरे अंक के बराबर है।)

(C) 2640 → 2+4+0 = 6 (सभी तीन अंकों का योग बाईं ओर से दूसरे अंक के बराबर है।)

अतः विकल्प (D) सही है।

14. 421 को छोड़कर, अन्य सभी संख्या के वर्ग हैं

$13^2 = 169$, $23^2 = 529$ और $17^2 = 289$

इसलिए, विषम संख्या 421 है।

अतः विकल्प (B) सही है।

15. 2) ROPE: CORPORATION, में 'E' नहीं है, इसलिए शब्द नहीं बनाया जा सकता है।

1) PAINT: COR**P**OR**ATI**O**N**, इसलिए शब्द नहीं बनाया जा सकता है।

3) PORTION: COR**POR**A**TION**, इसलिए शब्द बनाया जा सकता है।

4) POTION: COR**PO**RA**TION**, इसलिए शब्द बनाया जा सकता है।

इसलिए, दिये गए शब्द से 'ROPE' नहीं बनाया जा सकता है।

अतः विकल्प (B) सही है।

16. कोड ZOGVIVW प्राप्त करने के लिए ALTERED शब्द के प्रत्येक अक्षर को एक-दूसरे के विपरीत अक्षर से प्रतिस्थापित किया गया हैं। संबंध निम्नानुसार दिया गया है:

यदि,

$$\begin{array}{ccccccc} A & L & T & E & R & E & D \\ \downarrow & \downarrow & \downarrow & \downarrow & \downarrow & \downarrow & \downarrow \\ Z & O & G & V & I & V & W \end{array}$$

इसी प्रकार,

$$\begin{array}{ccccccc} J & U & S & T & I & C & E \\ \downarrow & \downarrow & \downarrow & \downarrow & \downarrow & \downarrow & \downarrow \\ Q & F & H & G & R & X & V \end{array}$$

इसलिए, सही उत्तर QFHGRXV है।

अतः विकल्प (C) सही है।

17. पैटर्न इस प्रकार है,

$626-1 = 625 = 25^2$

$962-1 = 961 = 31^2$

$1090-1 = 1089 = 33^2$

इसी प्रकार,

841-1 = 840, एक पूर्ण वर्ग नहीं है।

अतः विकल्प (B) सही है।

18. सही क्रम है:

Rain	2
Sun	3
Rainbow	1
Child	5
Happy	4

अतः विकल्प (B) सही है।

19. गणित में हम सूत्रों का अध्ययन करते हैं और रसायन विज्ञान में हम रासायनिक प्रतिक्रियाओं का अध्ययन करते हैं।

इसलिए, उत्तर 'प्रतिक्रियाएं' है।

अतः विकल्प (A) सही है।

20. दिया है:

18 * 6 * 3 * 12 * 24

दूसरे विकल्प से, हमें प्राप्त होता है:

18 × 6 ÷ 3 – 12 = 24

⇒ 18 × 2 – 12 = 24

⇒ 36 – 12 = 24

अतः विकल्प (B) सही है।

21. दिया है:

8 * 8 * 1 * 7 = 8

विकल्प (C) से हम प्राप्त करते हैं:

⇒ 8 ÷ 8 × 1 + 7 = 8

⇒ 1 × 1 + 7 = 8

अतः विकल्प (C) सही है।

22. सही क्रम है:

Writing	3
Composing	2
Printing	4
Reading	1

अतः विकल्प (D) सही है।

23. वर्ग → आहार विशेषज्ञ

त्रिभुज → वनस्पतिज्ञ

वृत्त → मनोवैज्ञानिक

आयत → भारतीय

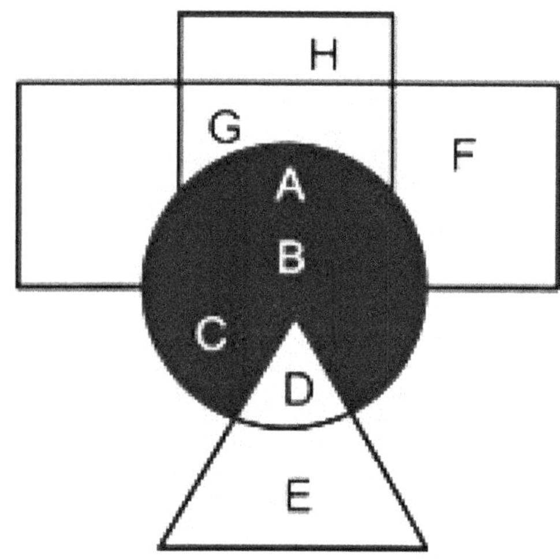

जो मनोवैज्ञानिकों को दर्शाते हैं, जो वनस्पतिज्ञ नहीं हैं, ऐसे अक्षर वृत्त में होने चाहिए लेकिन त्रिभुज में नहीं। ABC दी गई स्थिति को संतुष्ट करता है।

अतः विकल्प (B) सही है।

24. राजनीतिक स्वतंत्रता और लोकतंत्र के बीच संबंध के बारे में कुछ भी उल्लेख नहीं किया गया है। इसलिए, I का अनुसरण नहीं करता है। लेकिन निष्कर्ष II दिए गए कथन का अनुसरण करता है

अतः विकल्प (B) सही है।

25. इस प्रश्न के लिए न्यूनतम संभावित वेन आरेख इस प्रकार है,

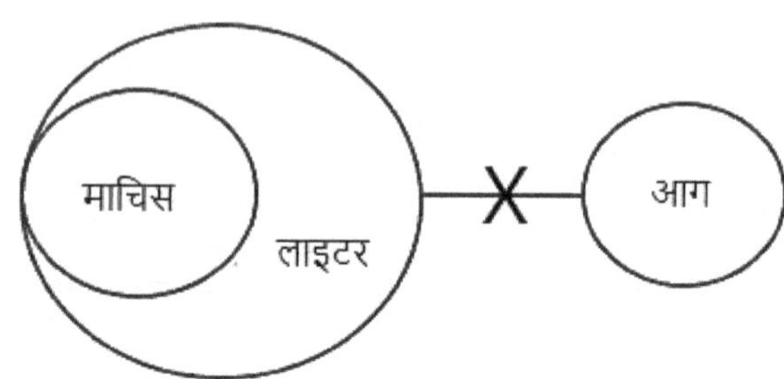

निष्कर्ष:

I. कोई आग हैं माचिस नहीं हैं → सही (यह निश्चित रूप से सत्य है कि कोई आग माचिस नहीं है)।

II. सभी माचिस आग हैं → असत्य (यह निश्चित रूप से असत्य है क्योंकि यह संभव नहीं है)।

इसलिए, केवल निष्कर्ष I अनुसरण करता है।

अतः विकल्प (A) सही है।

26. दिया है,

$2A: 3B: 8C$

माना, $2A = 3B = 8C = k$

$\therefore\ A: B: C = \frac{k}{2}: \frac{k}{3}: \frac{k}{8}$

$\Rightarrow\ A: B: C\ =\ 12: 8: 3$

अतः विकल्प (D) सही है।

27. एक कोण अपने पूरक कोण का तीन गुना है।

माना कि कोण x है।

तो, पूरक कोण की माप = (90° - x)

दिया है,

x = 3(90° - x)

x = 270° - 3x

4x = 270°

⇒ x = 67.5°

∴ कोण की माप = x = 67.5° है

अतः विकल्प (D) सही है।

28. दिया है:

अंकित मूल्य $= 50$

छूट $= 10\%$

सूत्र के अनुसार:

छूट $\%$ = (अंकित मूल्य − विक्रय मूल्य) /अंकित मूल्य × 100

विक्रय मूल्य = अंकित मूल्य − (छूट %/100) × अंकित मूल्य

माना कि क्रय मूल्य X रुपए है।

अंकित मूल्य $= X + \left(\frac{50}{100}\right) \times X = 1.5X$

छूट $= 10\%$

विक्रय मूल्य $= 1.5X - \left(\frac{10}{100}\right) \times 1.5X = 1.35X$

लाभ % = (विक्रय मूल्य − क्रय मूल्य) /क्रय मूल्य × 100

लाभ % $= \frac{(1.35X-X)}{X} \times 100 = 35\%$

अतः विकल्प (A) सही है।

29. माना कि, 9 क्रमागत संख्याएं निम्न प्रकार हैं,

$\Rightarrow (x-4),\ (x-3),\ (x-2),\ (x-1),\ x,\ (x+1),\ (x+2),\ (x+3),\ (x+4)$

$\therefore$ 9 क्रमागत संख्याओं का योग,

$\Rightarrow (x-4)+(x-3)+(x-2)+(x-1)+x+(x+1)+(x+2)+(x+3)+(x+4)$

$\Rightarrow 9x$

$\therefore$ 9 क्रमागत संख्याओं का औसत,

$\Rightarrow \frac{9x}{9}$

$\Rightarrow x$

प्रश्न के अनुसार,

$\Rightarrow x = 26$

$\therefore$ इनमें सबसे बड़ी संख्या है,

$\Rightarrow x + 4 = 26 + 4 = 30$

अतः विकल्प (B) सही है।

30. माना कि व्यक्ति द्वारा खरीदी गई चीनी की मात्रा M क्विंटल है।

1 क्विंटल चीनी का मूल्य = 120 रुपये

M क्विंटल चीनी का कुल मूल्य $= 120M$

10% चीनी खराब हो जाती है।

अच्छी चीनी की शेष मात्रा $= M$ का $90\% = \frac{9M}{10}$ क्विंटल

लाभ प्रतिशत $= 20\%$

$\Rightarrow 20 = \left[\frac{(S.P.-120\ M)}{120M}\right] \times 100$

$\Rightarrow 120M = 5\ S.P. - 600M$

$\Rightarrow 720M = 5\ S.P.$

$\Rightarrow S.P. = 144$ रुपये

इसलिए, 1 क्विंटल चीनी का विक्रय मूल्य 144 रुपये है।

अतः विकल्प (D) सही है।

31. सूत्र से:

औसत = पदों का योग /पदों की संख्या

दिया है,

एक कक्षा का औसत भार 52 किग्रा है।

माना कक्षा में छात्रों की कुल संख्या n है।

कक्षा का कुल भार $= 52n$

प्रश्नानुसार,

118 किग्रा भार वाला एक छात्र कक्षा में शामिल होता है तब औसत भार 58 किग्रा हो जाता है।

नए छात्र के बाद कक्षा का कुल भार $= 52n + 118$

$\Rightarrow 58 = \frac{(52n+118)}{(n+1)}$

$\Rightarrow 58(n+1) = 52n + 118$

$\Rightarrow 58n + 58 = 52n + 118$

$\Rightarrow 6n = 60$

$\Rightarrow n = 10$

$\therefore$ कक्षा में छात्रों की कुल संख्या 10 है।

अतः विकल्प (B) सही है।

32. दिया है:

397×397+104×104+2×397×104

सूत्र के अनुसार,

$(a+b)^2 = a^2+b^2+2ab$

$= (397)^2+(104)^2+2×397×104$

$= (397+104)^2$

$= (501)^2$

= 251001

अतः विकल्प (B) सही है।

33. दिया है:

$P = 10000$ रु, $t = 2$ वर्ष, $r = 5\%$

सूत्र से,

राशि $= P\left(1 + \frac{r}{100}\right)^t$

राशि = मूलधन + चक्रवृद्धि ब्याज

अब,

राशि $= 10000\left(\frac{1+5}{100}\right)^2$

राशि $= 11025$

चक्रवृद्धि ब्याज $= 11025 - 10000 = 1025$ रु

अतः विकल्प (B) सही है।

34. लंब वृत्तीय बेलन हेतु जिसका व्यास " r" और ऊँचाई " h",

वक्र पृष्ठ क्षेत्रफल $= 2\pi rh$

दिया है,

बेलन का व्यास $= \frac{7}{2} = 3.5$ सेमी

ऊँचाई $= 6$ सेमी

$\therefore$ दिए गए बेलन का वक्र पृष्ठ क्षेत्रफल $= 2 \times \left(\frac{22}{7}\right) \times 3.5 \times 6$

$= 132$ सेमी ^{2}

अतः विकल्प (A) सही है।

35. दिया है:

$12\cos^2\theta + 8\sin^2\theta = 9$

$\Rightarrow 4\cos^2\theta + 8(\cos^2\theta + \sin^2\theta) = 9$

$\Rightarrow 4\cos^2\theta = 1 \qquad (\because \sin^2\theta + \cos^2\theta = 1)$

$\Rightarrow \cos^2\theta = \frac{1}{4}$

$\Rightarrow \theta = 60°$

$\therefore \tan\theta = \tan 60° = \sqrt{3}$

अतः विकल्प (D) सही है।

36. हम जानते हैं कि,

दो संख्याओं का गुणनफल = संख्याओं का ल.स.प. × संख्याओं का म.स.प.

माना कि दूसरी संख्या x है।

24 × x = 168 × 6

x = 6 × 7

x = 42

अतः विकल्प (D) सही है।

37. दिया है,

पाइप P टंकी भर सकता है $= \frac{1}{120}$ घंटे

पाइप Q टंकी भर सकता है $= \frac{1}{80}$ घंटे

यदि दोनों पाइप साथ में खोले जाते हैं, तब टंकी भर जाएगी,

$= \left(\frac{1}{120}\right) + \left(\frac{1}{80}\right)$

$= \frac{20}{960}$

$= \frac{1}{48}$

$\therefore$ यदि दोनों पाइपों को साथ में खोला जाता है, तब टंकी 48 घंटे में भर जाएगी।

अतः विकल्प (B) सही है।

38. दिया है:

P, Q से 25% कम है।

माना कि Q का मान x है

P का मान $= x - \frac{25}{100} \times x = 0.75x$

सूत्र से,

प्रतिशत मान जो Q का P से अधिक है = (मान में अंतर) /(P का मान) $\times 100$

प्रतिशत मान जो Q का P से अधिक है $= \frac{(x-0.75x)}{0.75x \times 100} =$ 33.33%

अतः विकल्प (C) सही है।

39. दिया है:

$\left(\frac{\sin 30°}{\cos 45°}\right) \times \left(\frac{\sin 45°}{\cos 30°}\right)$ .....(i)

जैसा कि हम जानते हैं,

$sin45° = \cos 45° = \frac{1}{\sqrt{2}}$

$sin30° = \frac{1}{2}$

$\cos 30° = \frac{\sqrt{3}}{2}$

उपरोक्त का मान समीकरण (i) में रखने पर-

$\left(\frac{\sin 30°}{\cos 45°}\right) \times \left(\frac{\sin 45°}{\cos 30°}\right)$

$= \frac{\frac{1}{2}}{\frac{1}{\sqrt{2}}} \times \frac{\frac{1}{\sqrt{2}}}{\frac{\sqrt{3}}{2}}$

$= \frac{\frac{1}{2}}{\frac{\sqrt{3}}{2}}$

$= \frac{1}{\sqrt{3}}$

अतः विकल्प (C) सही है।

40. दिया है:

मूलधन $= 800$ रु; राशि $= 1000$ रु; समय $= 2$ वर्ष

माना कि दर $r\%$ है

साधारण ब्याज = (मूलधन $\times$ समय $\times$ दर) $/100$

$= \frac{(800 \times 2 \times r)}{100}$

$= 16r$

सूत्र से,

राशि $=$ मूलधन $+$ साधारण ब्याज

$\Rightarrow 1000 = 800 + 16r$

$\Rightarrow 16r = 200$

$\therefore\ r = 12.5\%$

अतः विकल्प (A) सही है।

41. A अकेले कार्य कर सकता है $= 5$ दिन

A का एक दिन का कार्य $= \frac{1}{5}$

B अकेले कार्य कर सकता है $=$ 10 दिन

B का एक दिन का कार्य $= \frac{1}{10}$

C अकेले कार्य कर सकता है $=$ 30 दिन

C का एक दिन का कार्य $= \frac{1}{30}$

$A,\ B$ और C एक साथ मिलकर एक कार्य पूरा कर सकते हैं,

$(A + B + C)$ का एक दिन का कार्य $= \left(\frac{1}{5} + \frac{1}{10} + \frac{1}{30}\right)$

$= \frac{(6+3+1)}{30}$

$= \frac{10}{30} = \frac{1}{3}$

इसलिए, $A + B + C$ कुल कार्य 3 दिन में पूरा कर सकते हैं।

अतः विकल्प (C) सही है।

42. दिया है,

सबसे बड़ा कोण = 80°

सबसे छोटा कोण = सबसे बड़ा कोण - 40° = 80° - 40° = 40°

हम जानते हैं कि,

एक त्रिभुज के तीनों कोणों का योग = 180°

तीसरा कोण = 180° - (सबसे बड़े और सबसे छोटे कोण का योग)

= 180° - (80° + 40°)

= 180° - 120° = 60°

∴ तीसरा कोण = 60°

अतः विकल्प (D) सही है।

43. दिया है:

ट्रेन की गति $= 45$ किमी/घंटा $= 45 \times \frac{5}{18} = 12.5$ मीटर/सेकंड

ट्रेन की लम्बाई $= 150$ मीटर

प्लेटफार्म की लम्बाई $= 500$ मीटर

सूत्र से,

गति $=$दूरी /समय

कुल लंबाई जिसे पार करने की आवश्यकता $= 500 + 150 = 650$ मीटर

अब,

$12.5 = \frac{650}{\text{समय}}$

समय $= \frac{650}{12.5} =$ 52 सेकंड

अतः विकल्प (A) सही है।

44. माना उनकी वर्तमान आयु 'x' और 'y' वर्ष है

चार वर्ष पूर्व, उनकी आयु का अनुपात,

$\Rightarrow (x - 4):(y - 4) = 7:9$

$\Rightarrow 9(x - 4) = 7(y - 4)$

$\Rightarrow 9x - 36 = 7y - 28$

$\Rightarrow 9x - 7y = 8 \quad ---- (i)$

चार वर्ष बाद, उनकी आयु का अनुपात,

$\Rightarrow (x + 4):(y + 4) = 9:11$

$\Rightarrow 11(x + 4) = 9(y + 4)$

$\Rightarrow 11x + 44 = 9y + 36$

$\Rightarrow 11x - 9y = -8 \quad ---- (ii)$

समीकरण (i) को 11 से और समीकरण (ii) को 9 से गुणा करने पर तथा समीकरण (ii) को समीकरण (i) में से घटाने पर,

$\Rightarrow 99x - 77y - 99x + 81y = 88 + 72$

$\Rightarrow 4y = 160$

$\Rightarrow y = \frac{160}{4} = 40$ वर्ष

y का मान समीकरण (i) में रखने पर,

$\Rightarrow x = \frac{(8+7\times40)}{9}$

$= 32$ वर्ष

∴ उनकी वर्तमान आयु 32 वर्ष और 40 वर्ष है।

अतः विकल्प (D) सही है।

45. सूत्र से,

प्रतिशत सूत्र $=$ (मान / कुल मान) $\times 100$

प्रश्नानुसार,

$\Rightarrow 12600\ \times x\% = 2898$

$\Rightarrow 12600 \times \frac{x}{100} = 2898$

$\Rightarrow x = \frac{2898\times100}{12600} = 23\%$

अतः विकल्प (C) सही है।

46. 20 सेकेंड में बंदूक के शॉट की दूरी 6.64 किमी है।

दुरी = 6.64 किमी = 6.64 × 1000 = 6640 मीटर

गति = दूरी/समय

गति $= \frac{6640}{20}$

= 332 मी/से

अतः विकल्प (C) सही है।

47. दिए गए आंकड़ों के अनुसार,

आवश्यक % वृद्धि $= \frac{(160-130)}{130} \times 100$

$= 23.07\% \approx 23\%$

अतः विकल्प (A) सही है।

48. दिए गए आंकड़ों के अनुसार,

1990 − 91 में ब्याज

= 130 का 30%

= 39 लाख

1991 − 92 में ब्याज

= 160 का 40%

= 64 लाख

इसलिए, अंतर = 25 लाख रु

अतः विकल्प (B) सही है।

49. दिए गए आंकड़ों के अनुसार,

कुल ब्याज

$= (39 + 64)$

= 103 लाख रु

इस ब्याज की गणना उधार ली गई निधि के 20% पर की जाती है।

इसलिए, उधार लिया गया धन

$= \frac{103 \times 100}{20}$

= 515 लाख रु

अतः विकल्प (D) सही है।

50. दिए गए आंकड़ों के अनुसार,

1990 − 91 में प्रतिधारित लाभ,

= 130 का 25%

= 32.5 लाख रु

1991 − 92 में प्रतिधारित लाभ,

= 160 का 20%

= 32 लाख रु

∴ कमी $= \frac{32.5-32}{32.5} \times 100$

$= 1.53\% \approx 1.5\%$

अतः विकल्प (D) सही है।

51. The correct sentence is:

The army has been called to aid in the relief operation.

Part 1 is incorrect. Army here is a collective noun and therefore should take the verb 'has' instead of 'have'.

Hence, the correct option is (A).

52. The correct sentence is:

There was no money in Rahul and Roshan's joint account.

Since it is a joint account, so using two possessives is wrong. It should be used only with the latter noun. So, "Rahul and Roshan's". is the correction.

Hence, the correct option is (B).

53. The correct sentence is:

As I was driving down the lane, I saw a quaint house with green walls and a red roof.

The first part of the sentence is a dangling modifier and in order to make complete sense it needs to be corrected, option (B) is the right way of writing it, as 'because' is used for showing reason and 'before' refers to time. Both are inept here, 'as' means 'while', showing us an ongoing action.

Hence, the correct option is (B).

54. The correct sentence:

Sheena is the cleverest girl in our class.

The double superlative adjective cannot be used in one sentence like in the given "most cleverest", in such cases, only the adjective is used and the antecedent is done away with.

Hence, the correct option is (A).

55. I am awful at picking vegetables.

The correct preposition here is 'at' as someone is awful 'at' an action.' Being awful means 'too bad at doing that thing.'

Hence, the correct option is (B).

56. Career determines the kind of lifestyle one will lead and his/her position in society.

The correct form of the verb here is present tense thus 'determines' which means 'decides; controls' fits here correctly. The word 'deter' means 'discourage.'

Hence, the correct option is (B).

57. The sentence is an exclamation but we cannot add the word 'sorrowfully' here as it is not apt. Also, present tense (it is) changes to past tense (it was). Also, the structure of the sentence changes as 'subject (it) + verb (was) + object (a very hot day)'.

Hence, the correct option is (C).

58. The given sentence is in the active voice. It is a simple form of present tense. The structures for active/passive voices are:

Active: Subject + verb ("s" or "es" with singular noun) + object.

Passive: Object + Is/are/am + verb (IIIrd form) + by + subject.

So, based on the above structures, we can convert the given sentence into passive voice: Under this strategy, the investors are permitted to buy shares from unlisted companies.

Hence, the correct option is (C).

59. Last month, he would have been in debt if not for my help.

This statement requires a present perfect continuous tense and so other options do not fit in the context.

Hence, the correct option is (A).

60. Foremost: Most prominent in rank, importance, or position.

Unimportant: Lacking in importance or significance.

Mature: Fully developed physically, full-grown.

Premature: Occurring or done before the usual or proper time, too early.

Disposed: Inclined or willing.

So, the antonym is Unimportant.

Hence, the correct option is (C).

61. Protects: Keep safe from harm.

Deserts: To abandon that is to stop supporting or looking after.

Defends: Protect from harm or danger.

Deprives: Prevent (a person or place) from having or using something.

Devises: Plan or invent (a complex procedure, system, or mechanism) by careful thought.

So, the antonym is Deserts.

Hence, the correct option is (D).

62. Fostering: Encourage the development of (something, especially something desirable).

Nurturing: Care for and protect (someone or something) while they are growing.

Safeguarding: A measure taken to protect someone or something or to prevent something undesirable.

Neglecting: Fail to care for properly.

Ignoring: Refuse to take notice of or acknowledge; disregard intentionally.

So, The synonym of Fostering is Nurturing.

Hence, the correct option is (D).

63. Transient: Lasting only for a short time; impermanent; temporary.

Brief: Of short duration; not lasting for long.

Momentary: Lasting for a very short time; brief.

Permanent: Lasting or intended to last or remain unchanged indefinitely.

So, the option (B) and (C) are the synonyms of "Transient".

Hence, the correct option is (D).

64. Recalcitrant: A person who is obstinate, stubborn, and unruly, i.e. a self-centered person.

Obedient: A person who follows what is said.

Obstinate: Stubbornly refusing to change one's opinion or chosen course of action, despite attempts to persuade one to do so.

Stubborn: Having or showing dogged determination not to change one's attitude or position on something, especially in spite of good arguments or reasons to do so.

Unruly: Disorderly and disruptive and not amenable to discipline or control.

So, option (A) is the one that best expresses the opposite meaning of the given word.

Hence, the correct option is (A).

65. Obliterate: Destroy utterly; wipe out.

Protect: keep safe from harm or injury.

Destroy: End the existence of (something) by damaging or attacking it.

Eradicate: Destroy completely; put an end to.

Delete: Remove or obliterate (written or printed matter), especially by drawing a line through it.

So, option (A) best expresses the opposite meaning of the given word.

Hence, the correct option is (A).

66. Equitable: Fair and just; impartial.

Neutral: Not engaged on either side specifically; not aligned with a political or ideological grouping a neutral nation.

Partial: Existing only in part; incomplete.

Prejudiced: Having or showing a dislike or distrust that is derived from prejudice; bigoted.

Biased: Unfairly prejudiced for or against someone or something.

So, option (D) best expresses the meaning of the given word.

Hence, the correct option is (D).

67. 'Kept his nose clean' means to behave well and not get into trouble of any kind.

Hence, the correct option is (D).

68. 'With no strings attached' means without any rules or demands or restrictions attached.

Hence, the correct option is (D).

69. The idiom "Hit the sack" means to go to bed in order to sleep.

Example: I've got a busy day tomorrow, so I think I'll hit the sack.

Hence, the correct option is (C).

70. The phrase "Hit the Nail on the Head" refers to doing or saying something that is precisely right.

Example: "You've spotted the flaw, Sally. You hit the nail on the head."

Hence, the correct option is (A).

71. According to the passage, the line in the second paragraph "Such focus on the possible worst-case scenario contributed to the survival of our early ancestors" suggests the reason for humans to focus more on negative emotions rather than on positive ones. Among all the options, option (B) is the correct answer.

Note: We can approach this question by using the method of elimination. Clearly, option (A) is not mentioned in the passage. There is no discussion on conscience – the part of us that makes a moral sense of right and wrong. When we eliminate option (A), option (D) also gets eliminated. Now, we have narrowed down our options to two – option (C) is incorrect as indicated by the line 'Studies show that we recognize and respond more quickly to an angry or sad face, than a happy face'. Thus, we are left with option (B).

Hence, the correct option is (B).

72. The line 'We notice lack more than abundance' means that we don't notice what we have. We tend to focus on what we don't have often by making comparisons with others. In this process, we lose sight of contentment and end up having a negative outlook.

Option (A) is about judging someone on his/her abilities rather than by using some common yardstick available for everyone.

Option (B) is more about taking charge and having the will to come out of our misfortunes.

Option (D) talks about the learning we can get from our failures.

Option (C) seems appropriate for the context of the discussed line. It talks about how we focus on what we don't have (shoes) until we realize what we do have (feet) which is more important than what we don't have (shoes).

Hence, the correct option is (C).

73. From the context of the passage, we can understand that the word saboteur is used in a negative light. The line 'It's rough when you realize the true saboteur of your dreams is an insider' suggests the negative connotation associated with the highlighted word. The meaning of the word saboteur is a person who sabotages – who destroys things (or makes a mess of a situation) on purpose.

So, we can eliminate option (A) as it is opposite to the word. A promoter is a supporter of an aim or cause.

A facilitator helps us to achieve something by making the action easier. So, option (B) is incorrect as it sheds a positive light if used. An architect is someone who designs buildings and advises in their construction. So, option (D) is out of context.

Hence, the correct option is (C).

74. Option (C) is related to the effect of having negative emotions, as indicated in the passage. So, we can eliminate option (C). Options (A) and (B) seem to be possible effects of positive emotions but this is not mentioned anywhere in the passage. We need to stick to the context.

We can infer from the line 'Positive emotions give us access to the control center in the brain that initiates action toward our goals'. that option (D) seems to be the correct answer.

Hence, the correct option is (D).

75. Illuminating means providing clarity, insight, or understanding in order to explain the subject being discussed. This seems the best option because the author does explain why humans are hard-wired to focus more on negative emotions. The points and views presented in the passage are an attempt to make us explain our bias towards negativity.

The tone of the author tells us how the author feels towards the subject being discussed. To be precise – it is the attitude of the author. Clearly, the author is not sad or depressed. One cannot infer that he/she is expressing grief towards the topic of discussion. So, we can eliminate option (D).

Vindictive means having a strong desire for revenge. This is not what the attitude of the author reflects. So, we can eliminate option (C) as well.

Nonchalant is used to describe a person who is behaving in a calm and relaxed way often because he/she is not interested. But to say that the author has not expressed interest in the subject would be incorrect. So, option (A) is also eliminated.

Hence, the correct option is (B).

76. पंजाबी कबड्डी, जिसे सर्कल स्टाइल कबड्डी भी कहा जाता है, एक संपर्क खेल है जो भारतीय उपमहाद्वीप के उत्तरी भाग में पंजाब क्षेत्र में उत्पन्न हुआ है। पारंपरिक रूप से पंजाब क्षेत्र में कई पारंपरिक पंजाबी कबड्डी शैलियाँ खेली जाती हैं।

अतः विकल्प (D) सही है।

77. सही उत्तर क्रिकेट है। सैयद मुश्ताक अली ट्रॉफी एक भारतीय घरेलू क्रिकेट चैंपियनशिप है जो भारतीय क्रिकेट कंट्रोल बोर्ड (बीसीसीआई) द्वारा आयोजित किया जाता है। चैंपियनशिप का नाम प्रसिद्ध भारतीय क्रिकेटर सैयद मुश्ताक अली के नाम पर रखा गया है।

अतः विकल्प (B) सही है।

78. M_3 मुद्रा पूर्ति के माप को 'व्यापक मुद्रा' कहा जाता है।

M_3 पैसे की आपूर्ति का एक उपाय है जिसमें M_2 के साथ-साथ बड़ी सावधि जमा, संस्थागत मुद्रा बाजार निधि, अल्पकालिक पुनर्खरीद समझौते (रेपो), और बड़ी तरल संपत्ति शामिल हैं।

M_3 माप में ऐसी संपत्तियां शामिल हैं जो मुद्रा आपूर्ति के अन्य घटकों की तुलना में कम तरल हैं और उन्हें "निकट धन" के रूप में संदर्भित किया जाता है, जो छोटे व्यवसायों और व्यक्तियों की तुलना में बड़े वित्तीय संस्थानों और निगमों के वित्त से अधिक निकटता से संबंधित हैं।

अतः विकल्प (C) सही है।

79. अप्रत्यक्ष कर का उदाहरण बिक्री कर है।

अप्रत्यक्ष कर एक व्यक्ति या संस्था पर लगाया जाने वाला कर है जो अन्य व्यक्तियों को दिया जाता है।

यह उन उत्पादों या सेवाओं पर लगाया जाता है जो ग्राहक द्वारा उपयोग किए जाते हैं।

अतः विकल्प (C) सही है।

80. नाबार्ड भारत में क्षेत्रीय ग्रामीण बैंकों और शीर्ष सहकारी बैंकों के समग्र विनियमन और लाइसेंस के लिए एक शीर्ष नियामक निकाय है। इसकी स्थापना 12 जुलाई 1982 को संसद के एक अधिनियम द्वारा की गई थी।

अतः विकल्प (C) सही है।

81.

- विंडोज टास्क मैनेजर खोलने के लिए Ctrl + Shift + Esc का प्रयोग किया जाता है।
- यह एक कार्य प्रबंधक, सिस्टम मॉनीटर और स्टार्टअप प्रबंधक है जो माइक्रोसॉफ्ट विंडोज सिस्टम के साथ शामिल है।

अतः विकल्प (D) सही है।

82. 10 दिवसीय ताज महोत्सव की शुरुआत 18 फरवरी 2020 को भारत के जीवंत और विविध संस्कृतियों और परंपराओं को दर्शाते हुए "संस्कृती के रंग, ताज के संग" थीम के साथ हुई। हर साल कार्निवल का एक अलग विषय होता है जो कार्निवल में आयोजित सांस्कृतिक कार्यक्रमों का आधार बनता है।

अतः विकल्प (A) सही है।

83. स्वच्छ भारत मिशन के तहत स्वच्छता पर केंद्र के वार्षिक सर्वेक्षण, स्वच्छ सर्वेक्षण 2020 के तहत मध्य प्रदेश के इंदौर को लगातार चौथे वर्ष सबसे स्वच्छ शहर का दर्जा दिया गया है। गुजरात के सूरत और महाराष्ट्र के नवी मुंबई को दूसरे और तीसरे स्थान पर रखा गया।

अतः विकल्प (C) सही है।

84. अमेरिकी राष्ट्रपति-चुनाव जो बिडेन ने हाल ही में देश की पहली सभी महिला व्हाइट हाउस संचार टीम नियुक्त की है।

उन्होंने जेन साकी को भी नियुक्त किया, जिन्होंने पहले बराक ओबामा प्रशासन में प्रवक्ता के रूप में व्हाइट हाउस के प्रेस सचिव के रूप में कार्य किया था। आधिकारिक प्रेस टीम में महत्वपूर्ण पदों पर आसीन छह अन्य महिलाओं को नियुक्त किया गया था।

अतः विकल्प (C) सही है।

85. केंद्र सरकार ने "मिशन कोविड सुरक्षा" लॉन्च किया है और इसके लिए 900 करोड़ रुपये का पैकेज आवंटित किया है। केंद्र सरकार द्वारा अनुदान भारतीय कोविड-19 टीकों के अनुसंधान और विकास के लिए जैव प्रौद्योगिकी विभाग (DBT) को दिया जाएगा।

मिशन का लक्ष्य लगभग 5 या 6 कोविड-19 वैक्सीन उम्मीदवारों के विकास और जनता के लिए उनकी तेज उपलब्धता सुनिश्चित करना है।

अतः विकल्प (C) सही है।

86.

- विश्व हिंदी दिवस हर वर्ष 10 जनवरी को मनाया जाता है।
- विश्व हिंदी दिवस 10 जनवरी 1975 को नागपुर में आयोजित प्रथम विश्व हिंदी सम्मेलन की वर्षगांठ के रूप में मनाया जाता है।
- सम्मेलन का उद्घाटन तत्कालीन प्रधानमंत्री इंदिरा गांधी ने नागपुर में किया था।
- यह पहली बार 2006 में पूर्व प्रधानमंत्री डॉ. मनमोहन सिंह द्वारा मनाया गया था।

अतः विकल्प (A) सही है।

87. यूएस एयर क्वालिटी इंडेक्स: वायु प्रदूषण पर यूएस एयर क्वालिटी इंडेक्स (AQI) द्वारा जारी आंकड़ों के अनुसार लाहौर दुनिया का सबसे प्रदूषित शहर बन गया, पाकिस्तान की सांस्कृतिक राजधानी लाहौर दुनिया के सबसे प्रदूषित शहर के रूप में शीर्ष पर है। लाहौर को पार्टिकुलेट मैटर (पीएम) रेटिंग में 423 रेटिंग मिली।

अतः विकल्प (D) सही है।

88. सोनई रूपई वन्यजीव अभयारण्य, भारत के असम राज्य में स्थित संरक्षित क्षेत्र है। यह वन्यजीव अभयारण्य 175 वर्ग किमी की दूरी में फैला है। यह ग्रेट हिमालयन रेंज की तलहटी में स्थित है। इसे 1998 में एक अभयारण्य के रूप में घोषित किया गया था।

अतः विकल्प (D) सही है।

89.

- जमशेदपुर को खनिज संपदा में समृद्ध होने कारण भारत के स्टील शहर या पिट्सबर्ग के रूप में जाना जाता है।
- यहाँ टाटा मोटर्स, टाटा स्टील्स, उषा मार्टिन इंडस्ट्रीज, इस्पात और तार उत्पाद, टाटा पिगमेंट, टायो रोल्स लिमिटेड और कई अन्य कंपनियाँ मौजूद हैं।
- इस शहर को टाटानगर भी कहा जाता है।

अतः विकल्प (B) सही है।

90. जल वाष्प, जल वाष्प या जलीय वाष्प जल का गैसीय चरण है। यह जलमंडल के भीतर पानी की एक अवस्था है। जल वाष्प का उत्पादन वाष्पीकरण या तरल पानी के उबलने से या बर्फ के उच्चीकरण से किया जा सकता है। पानी के अन्य रूपों के विपरीत, जल वाष्प अदृश्य है। विशिष्ट वायुमंडलीय परिस्थितियों में, वाष्पीकरण द्वारा जल वाष्प लगातार उत्पन्न होता है और संघनन द्वारा हटाया जाता है।

अतः विकल्प (A) सही है।

91. दर्द आर्यन मुख्य रूप से पूर्वी अफगानिस्तान में, उत्तरी क्षेत्रों में और पाकिस्तान के उत्तर पश्चिमी सीमांत प्रांत और भारतीय राज्य जम्मू और कश्मीर में पाए जाते हैं।

भारी फर वेशभूषा में, फूलों के गुलदस्ते उनके सिर पर सुशोभित करते हैं, जम्मू और कश्मीर के लद्दाख क्षेत्र के दर्द आर्यन जनजाति के सदस्य राजधानी में एक सेमिनार के हिस्से के रूप में थे, जिसमें उनकी विरासत को संरक्षित करने की आवश्यकता पर विस्तार से चर्चा की गई थी।

अतः विकल्प (A) सही है।

92. कोसी नदी को "सोरो ऑफ बिहार" के रूप में जाना जाता है क्योंकि वार्षिक बाढ़ से लगभग 21,000 किमी² (8,100 वर्ग मील) उपजाऊ कृषि भूमि प्रभावित होती है जिससे ग्रामीण अर्थव्यवस्था परेशान होती है।

इसने नेपाल में बिहार से बहने के दौरान बाढ़ और पिछले कुछ समय में लगातार बदलाव के कारण व्यापक रूप से मानव पीड़ा का सामना किया है।

अतः विकल्प (B) सही है।

93.

- चंद्रगुप्त मौर्य जैन बन गए और अपने जैन गुरु भद्रबाहु के साथ कर्नाटक के श्रवणबेलगोला चले गए।
- चन्द्रगिरि हिल, श्रवणबेलगोला में धीमी गति से भुखमरी से उनकी मृत्यु हो गई।

- वह कुछ वर्षों तक एक तपस्वी के रूप में रहे और स्वैच्छिक भुखमरी से मर गए।
- वह भारत में मौर्य राजवंश के संस्थापक थे।

अतः विकल्प (B) सही है।

94. सापेक्ष आर्द्रता किसी दिए गए तापमान पर हवा की जल वाष्प सामग्री का एक उपाय है। हवा में नमी की मात्रा की तुलना उस अधिकतम मात्रा से की जाती है जो हवा में एक ही तापमान पर हो सकती है और प्रतिशत के रूप में व्यक्त की जाती है।

अतः विकल्प (A) सही है।

95.

नाम	भारत छोड़ो आंदोलन
प्रारम्भिक तिथि	8 अगस्त 1942
किसने शुरू किया	महात्मा गांधी
आंदोलन का अन्य नाम	अगस्त आंदोलन
यह कहाँ शुरू किया गया	अखिल भारतीय कांग्रेस समिति के बॉम्बे सत्र में
आंदोलन से संबंधित नारा	करो या मरो

अतः विकल्प (B) सही है।

96.

- सुभाष चंद्र बोस ने आजाद हिंद फौज की स्थापना की थी।
- आजाद हिंद फौज की स्थापना 1942 में की गयी थी।
- इसका उद्देश्य ब्रिटिश शासन से भारतीय स्वतंत्रता को सुरक्षित करना था।

अतः विकल्प (B) सही है।

97. ट्रांस-हिमालयी नदियाँ वो होती हैं जो हिमालय के बाद उत्पन्न होती हैं। ये नदियाँ, हिमालय में गहरी घाटियाँ काटने के बाद, भारतीय हिस्सों में बहती हैं।

उदाहरण: सिंधु, सतलुज, ब्रह्मपुत्र

अतः विकल्प (B) सही है।

98. अनुप्रस्थ-काट की इकाई लंबाई और इकाई क्षेत्र के एक तार द्वारा प्रस्तुत प्रतिरोध को प्रतिरोधकता या विशिष्ट प्रतिरोध (r) कहा जाता है।

$p = R\frac{A}{l} =$ (ओम) (मीटर^2/मीटर) = ओम मीटर

जहाँ,

R = तार का प्रतिरोध है

A = तार के अनुप्रस्थ-काट का क्षेत्र है

l = तार की लंबाई है।

अतः विकल्प (A) सही है।

99.

- वाटर मेलन मॉडल या प्लम-पुडिंग मॉडल थॉमसन द्वारा दिया गया था।
- इस मॉडल के अनुसार, एक परमाणु को 10-8 सेमी त्रिज्या के क्षेत्र के रूप में माना जाता है जिसमें सकारात्मक रूप से चार्ज किए गए कण समान रूप से वितरित होते हैं, जबकि इलेक्ट्रॉन उनके बीच में एम्बेडेड होते हैं।
- रदरफोर्ड ने बाद में परमाणु के न्यूक्लीयर एटॉमिक मॉडल का प्रस्ताव रखा।

अतः विकल्प (C) सही है।

100.

- 6.023×10^{23} संख्या को अवोगाद्रो संख्या के रूप में जाना जाता है।
- यह पदार्थ के एक-मोल मात्रा में निहित घटक कणों की संख्या है।
- यह किसी पदार्थ के मोलर द्रव्यमान और दिए गए नमूने के द्रव्यमान के बीच संबंधों को समझने में मदद करता है।

अतः विकल्प (A) सही है।

मॉक टेस्ट 03

General Intelligence and Reasoning

Q.1 दिए गये विकल्पों में से कौन-सा विकल्प निम्नलिखित का अर्थपूर्ण क्रम होगा?

1. परिणाम
2. सीखना
3. परीक्षा
4. दोहराना
5. अध्ययन

A. 4, 3, 5, 2, 1 **B.** 2, 5, 3, 1, 4
C. 5, 2, 4, 3, 1 **D.** 1, 4, 2, 3, 5

Q.2 कौन-सी उत्तर आकृति, निम्न प्रश्न आकृति के स्वरुप को पूर्ण करेगी?

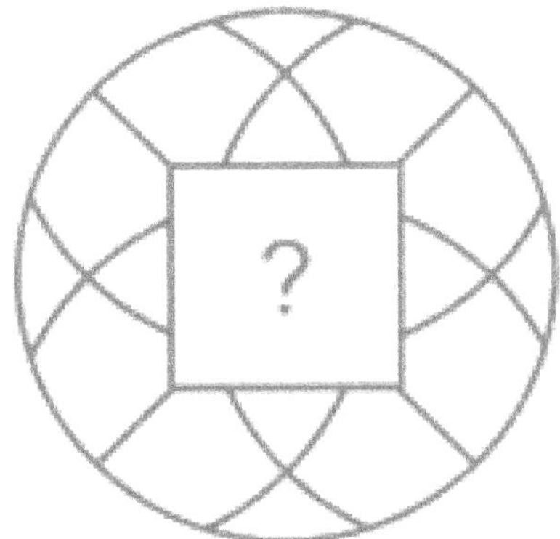

[AFCAT, 2021]

A. 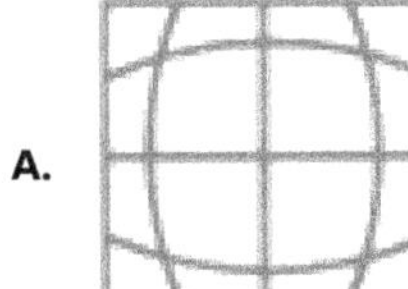

B. 

C. 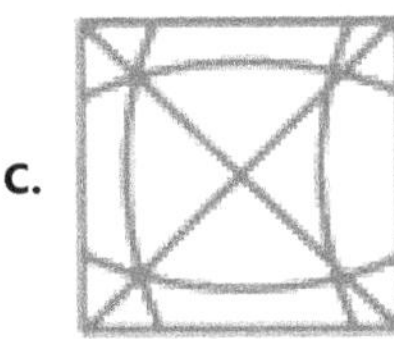

D. 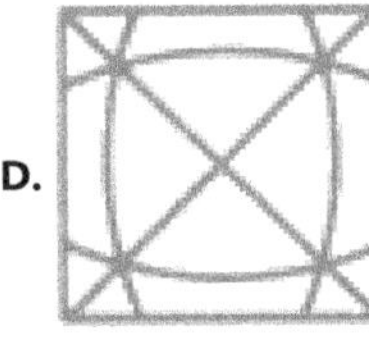

Q.3 एक निश्चित कूट भाषा में MACBOOK को BCAMKOO के रूप में लिखा जाता है, तो उस कूट भाषा में SIBLING किस प्रकार लिखा जायेगा?

A. LBISGIN **B.** INGSIBL
C. LBSING **D.** LBSIGIN

Q.4 निर्देश: नीचे दिए गए प्रश्न में दो कथन और उसके बाद दो निष्कर्ष दिए गये हैं। आपको दिए गये कथन को सत्य मानना है, भले ही वे ज्ञात तथ्यों से अलग प्रतीत होते हों। सभी निष्कर्षों को पढ़िए और निर्धारित कीजिये कि दिए गये निष्कर्षों में से कौन-सा निष्कर्ष दिए गये कथनों का तार्किक रूप से अनुसरण करता है

कथन:

I. कुछ गाजर, लाल हैं।
II. सभी लाल, रंग हैं।

निष्कर्ष:

I. कुछ रंग, गाजर हैं।
II. कोई गाजर रंग नहीं हैं।

A. केवल I अनुसरण करता है।
B. केवल II अनुसरण करता है।
C. या तो I या फिर II अनुसरण कर्ता है।
D. कोई अनुसरण नहीं करता।

Q.5 एक श्रृंखला दी गई है जिसमें एक पद लुप्त है। दिए गये विकल्पों में से वह सही विकल्प चुनिए, जो श्रृंखला को पूरा करेगा।

15, 20, 30, 40, 45, ____, 60, 80, 75, 100, 90

A. 50 **B.** 60 **C.** 55 **D.** 45

Q.6 दी गयी आकृति में कितने लाल कलम हैं?

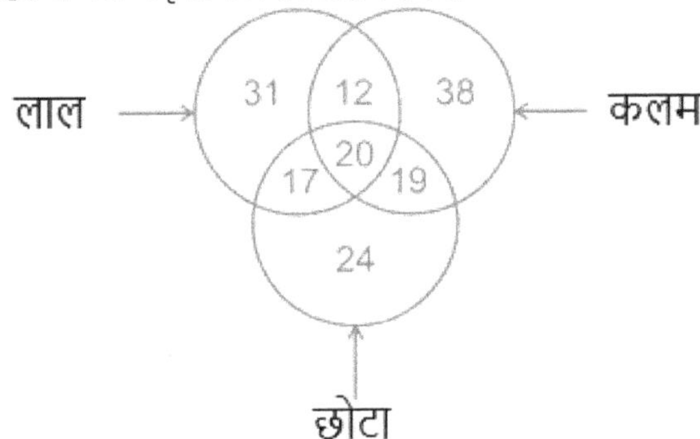

A. 12 **B.** 32 **C.** 20 **D.** 29

Q.7 निम्नलिखित प्रश्न में, दिए गए विकल्पों में से विषम अक्षर युग्म का चयन करें।

A. AP - EQ **B.** IS - MT **C.** OC - UB **D.** EK - IL

Q.8 यदि 'sit orn tik' का अर्थ 'he is handsome' है;
'not tik pmr' का अर्थ 'she is beautiful' है
और 'pmr tnt nit' का अर्थ 'she likes mangoes' है,
तो 'beautiful' का अर्थ क्या होगा?

A. pmr **B.** tik
C. not **D.** can't be determined

Q.9 निम्नलिखित प्रश्न में, दिए गये विकल्पों में से वह संख्या चुनिए जिसे प्रश्न चिह्न (?) के स्थान पर रखा जा सकता है।

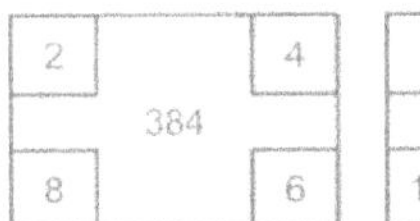

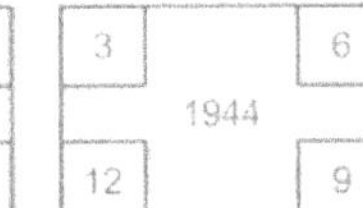

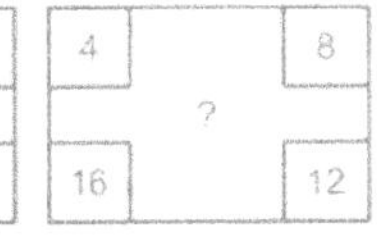

A. 6248 **B.** 7144 **C.** 6144 **D.** 2844

Q.10 चित्रों की एक श्रृंखला दी हुई है जिन्हें श्रेणीयों में वर्गीकृत किया जा सकता हैं। दिए हुए विकल्पों में से उस समूह को चुनिए जिसमें चित्र वर्गीकृत किए जा सकते हैं।

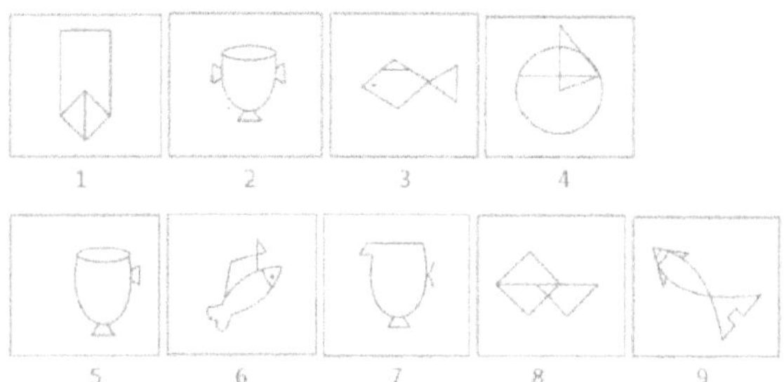

A. 1 3 4, 4 2 5, 6 7 8
B. 1 4 8, 2 5 7, 3 6 9
C. 2 5 6, 3 4 8, 1 7 9
D. 3 4 8, 2 3 5, 1 6 7

Q.11 अपने बेटे से नायरा का परिचय करवाते हुए मानसी ने कहा, "उसका पति मेरी माँ का सन-इन-लॉ है।"
तो मानसी, नायरा के पति से किस प्रकार सम्बंधित है?

A. बेटी
B. बहन
C. सिस्टर-इन-लॉ
D. ब्रदर-इन-लॉ

Q.12 एक कागज़ के टुकड़े को निम्न प्रश्न आकृतियों में दर्शाए गये अनुसार मोड़ा जाता है और उसमें छेद किया जाता है। तो दिए गए चित्रों में से, यह खोलने के बाद किस उत्तर आकृति के समान दिखाई देगा?

 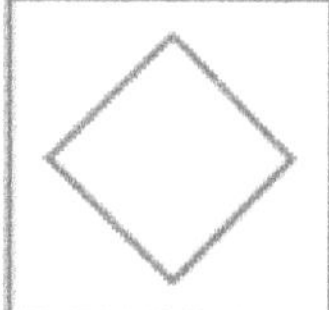 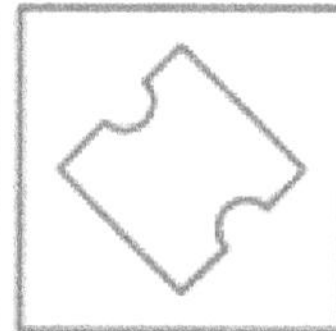

[SSC MTS, 2019], [UP Police Constable, 2019]

A. 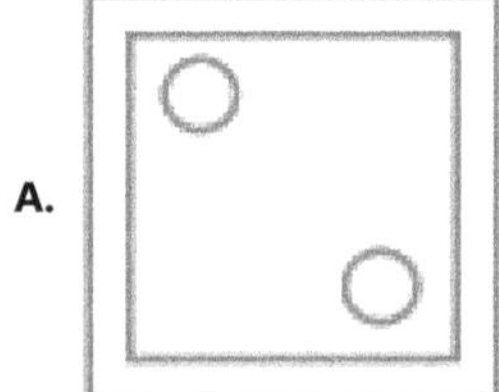
B. 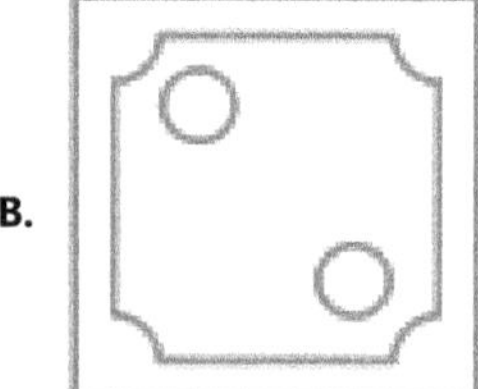
C. 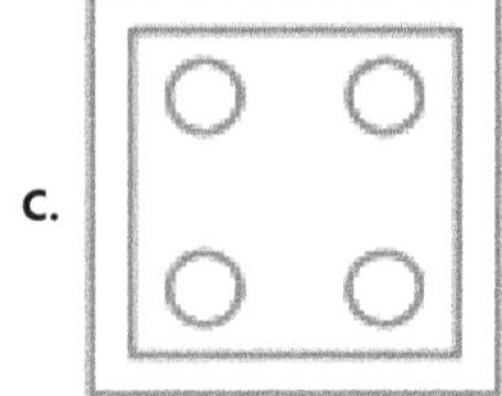
D. 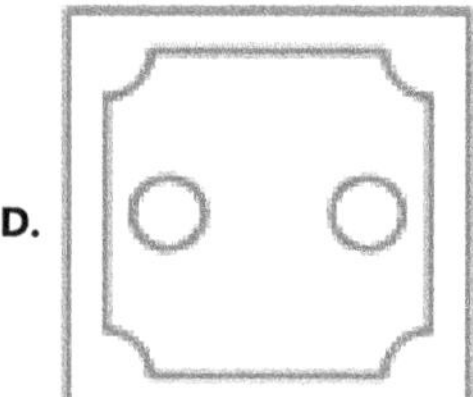

Q.13 निर्देश: दिए गये विकल्पों में से भिन्न आकृति चुनिए।

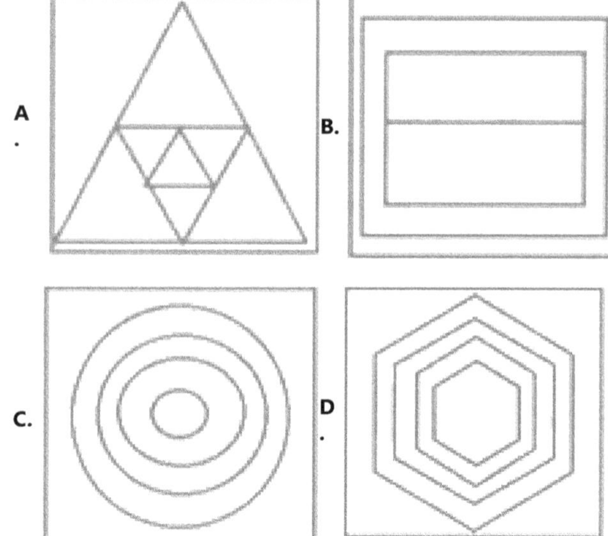

A. B. C. D.

Q.14 निम्नलिखित में से कौन सी उत्तर आकृति में, दिए गए प्रश्न का आकृति छिपा हुआ है/एम्बेडेड है।

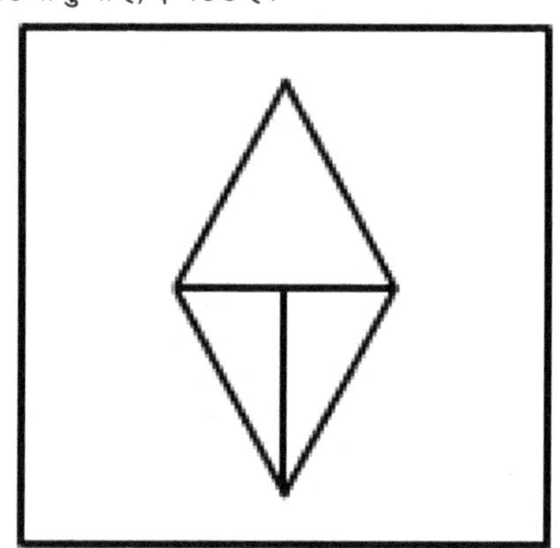

A. 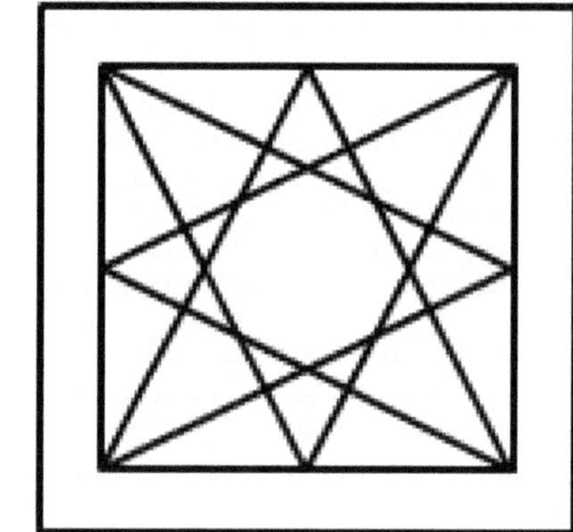

B.

C.
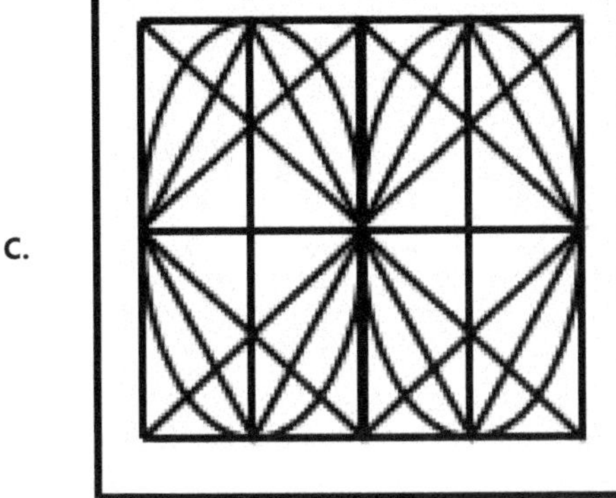

D.
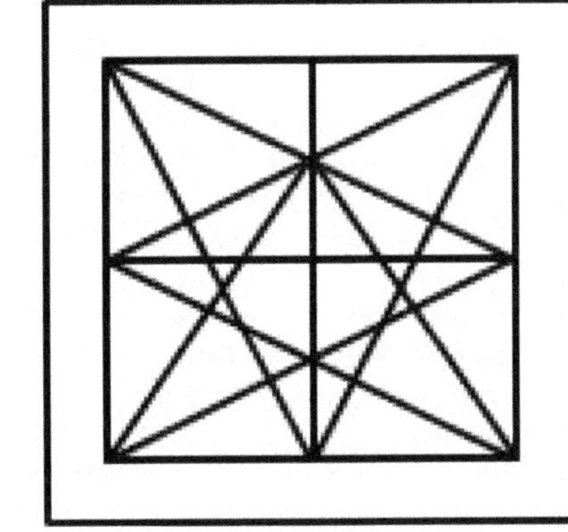

Q.15 अव्यवस्थित वर्णों को सार्थक शब्द बनाने के लिए व्यवस्थित कीजिये तथा जिससे सार्थक शब्द न बन सके वह विकल्प चुनिए।

A. HHIG **B.** LATL
C. HHUIHG **D.** HORTS

Q.16 किसी विशिष्ट कूट भाषा में, '÷' का प्रतीक ' + ' है, '-' का प्रतीक ' × ' है, ' + ' का प्रतीक '÷' है और ' × ' का प्रतीक '-' है। निम्नलिखित प्रश्न का उत्तर ज्ञात कीजिये ।

17 - 20 + 5 × 30 ÷ 4 = ?

A. 34 **B.** 42 **C.** 18 **D.** 47

Q.17 निम्नलिखित प्रश्न में, दिए गए विकल्पों में से संबंधित शब्द को चुनिए।

रोग : दवा :: सूखा : ?

A. बादल **B.** वर्षा **C.** झीलें **D.** तालाब

Q.18 एक श्रृंखला दी गई है जिसमें एक पद लुप्त है। दिए गये विकल्पों में से वह सही विकल्प चुनिए, जो श्रृंखला को पूरा करेगा।

J, F, ?, D, F

A. C **B.** M **C.** G **D.** H

Q.19 T पश्चिम की ओर 17 किमी चलता है। वह दाएं मुड़ता है और 15 किमी चलता है। दाएं मुड़ता है और 17 किमी चलता है। वह अपने प्रारंभिक बिंदु से कितना दूर (किमी में) है?

A. 15 **B.** 17 **C.** 32 **D.** 53

Q.20 पासे की प्रत्येक फलक बैंगनी, लाल, पीला, नीला, ख़ाकी और काला रंग से चित्रित किया गया है जैसा कि दिए गए चित्र में दिखाया गया है। काले रंग के विपरीत फलक पर कौन सा रंग चित्रित किया गया है?

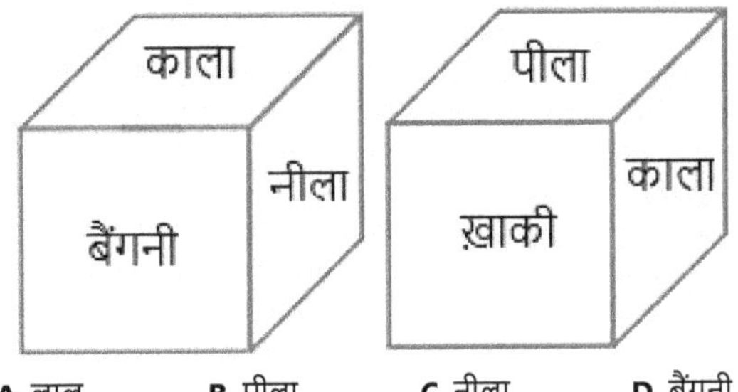

A. लाल **B.** पीला **C.** नीला **D.** बैंगनी

Q.21 एक निश्चित कूट भाषा में, "FIT" को "33" लिखा जाता है और "FAT" को "25" लिखा जाता है। इस कूट भाषा में "KIN" को किस प्रकार लिखा जायेगा?

A. 32 **B.** 36 **C.** 30 **D.** 34

Q.22 दी गई आकृति में कुल कितने त्रिभुज हैं?

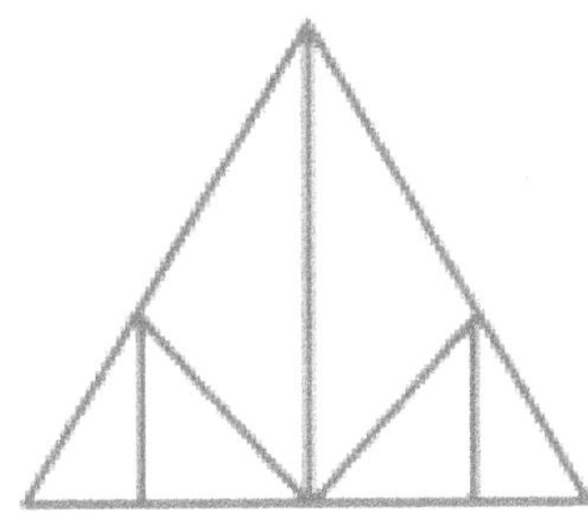

[SSC CGL, 2021]

A. 10 **B.** 11 **C.** 12 **D.** 13

Q.23 निर्देश: अक्षरों के संयोजन का चयन करें जो कि दिए गए अक्षर श्रृंखला के अंतराल में क्रमिक रूप से रखे जाने पर श्रृंखला को पूरा करेंगे।

ac_d_b_cbdd__a_bddb

A. bdcabc **B.** bdabac **C.** cbdbcc **D.** bdbcac

Q.24 विलास को याद है कि उसका विवाह 4 जुलाई के बाद हुआ था। जबकि उसकी बहन को याद है कि उसका विवाह 6 जुलाई से पहले हुआ था। जुलाई की किस तिथि को उसका विवाह हुआ था?

A. 4 **B.** 5 **C.** 6 **D.** 7

Q.25 यदि एक दर्पण को MN रेखा पर रखा जाए, तो दी गई उत्तर आकृतियों में से कौन सी आकृति प्रश्न आकृति की सही छवि होगी?

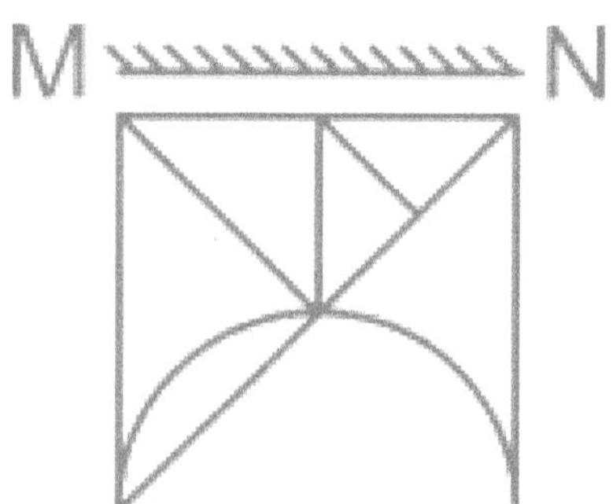

A. 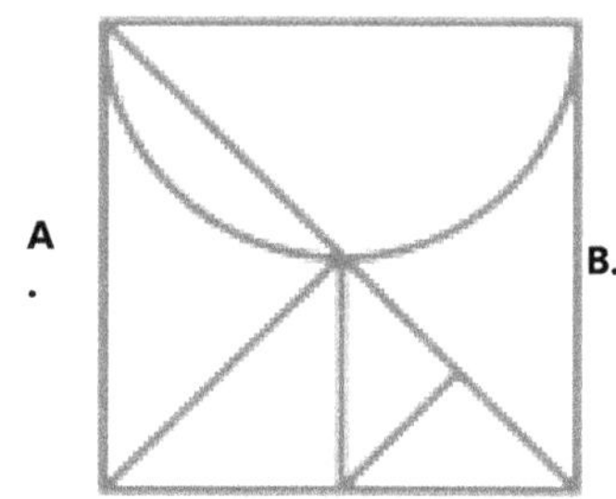

B. 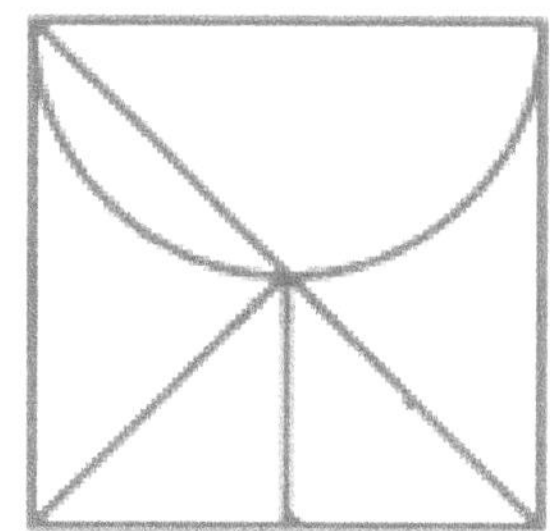

C. 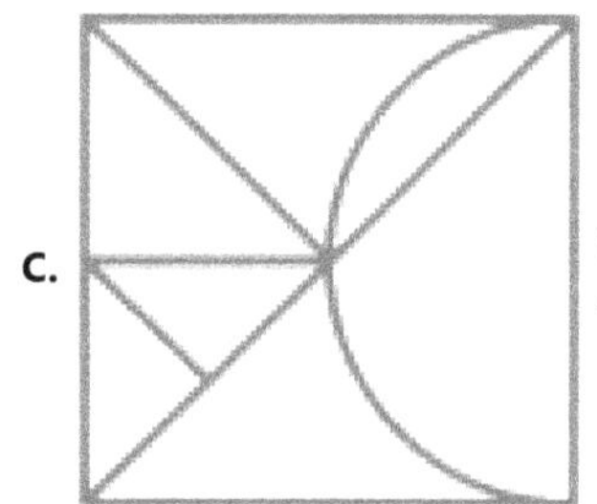

D. 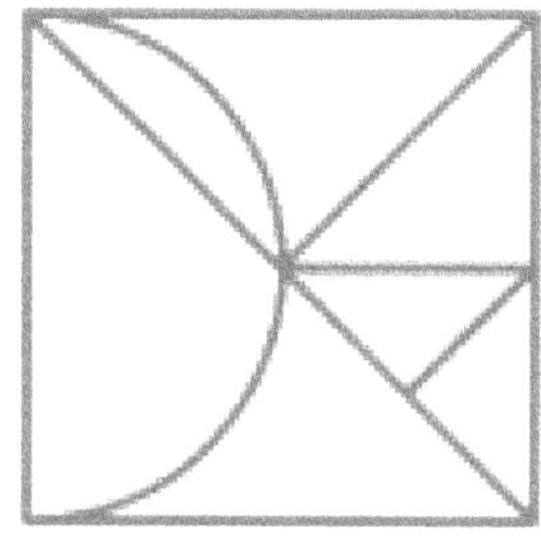

Numerical Aptitude/ Quantitative Ability

Q.26 यदि $x - y = 6$ एवं $xy = 40$, तो $x^2 + y^2$ का मान ज्ञात कीजिये।

A. 116 **B.** 80 **C.** 89 **D.** 146

Q.27 श्री राजेश एक खिलौना 27.50 रूपये में खरीदते हैं और इसे 28.60 रूपये में बेच देते हैं। तो लाभ प्रतिशत ज्ञात कीजिये।

A. 5% **B.** 4% **C.** 6% **D.** 3%

Q.28 एक व्यक्ति 10 दिन में एक कार्य का $\frac{5}{8}$ भाग को पूरा करता है। इसी दर से कार्य को खत्म करने के लिए उसे कितने दिन लगेंगे?

A. 5 **B.** 6 **C.** 8 **D.** 7

Q.29 यदि A: B=2: 5, B: C=4: 3 और C: D=2: 1 है, तब A: C: D का मान क्या है?

A. 6: 5: 2 **B.** 7: 20: 10
C. 8: 30: 15 **D.** 16: 30: 15

Q.30 एक विद्यार्थी के चार विषय में औसत अंक 58 हैं। यदि विद्यार्थी को पांचवें विषय में 68 अंक मिले, तो नया औसत है –

A. 60 **B.** 58 **C.** 62 **D.** 64

Q.31 यदि एक अधिक कोण त्रिभुज की दो भुजाएँ 8 सेमी और 15 सेमी है और तीसरी भुजा x है, तो

A. $7 < x < 23$
B. $7 < x < \sqrt{161}$
C. $17 < x < 21$
D. निर्धारित नहीं किया जा सकता

Q.32 एक राशि 8% वार्षिक चक्रवृद्धि ब्याज की दर से 2 वर्षों में 5832 रूपये हो जाती है। तो 9% वार्षिक ब्याज की दर से समान राशि का 3 वर्षों के लिए साधारण ब्याज ज्ञात कीजिये।

A. 1325 रूपये **B.** 1375 रूपये
C. 1350 रूपये **D.** 1300 रूपये

Q.33 एक पुरुष कुल दूरी का $\frac{3}{5}$ भाग ट्रेन द्वारा और शेष 40 किमी बस द्वारा तय करता है। तो उसके द्वारा तय की गयी कुल दूरी (किमी में) क्या है?

A. 50 **B.** 75 **C.** 100 **D.** 150

Q.34 यदि क्रय मूल्य पर 20% का लाभ होता है, तो विक्रय मूल्य पर लाभ का प्रतिशत क्या है?

A. $16\frac{2}{3}\%$ **B.** 12% **C.** $15\frac{1}{3}\%$ **D.** 16%

Q.35 एक संख्या और उसके $\frac{2}{7}$ वें भाग के बीच का अंतर 100 है। संख्या क्या है?

A. 130 **B.** 140 **C.** 150 **D.** 160

Q.36 यदि चीनी की कीमत में 25% की वृद्धि होती है, तो घर के मालिक को चीनी की खपत कितनी प्रतिशत कम करना चाहिए ताकि उसके खर्च में वृद्धि ना हो?

A. 10 **B.** 20 **C.** 18 **D.** 25

Q.37 $x + 3 : x + 7$ का समानार्थी अनुपात $4 : 9$ है। तब x का मान ज्ञात कीजिए।

A. 5 **B.** 3 **C.** 2 **D.** 4

Q.38 पिंकी और अदिति की उम्र क्रमशः 35 और 25 है। तो कितने वर्षों बाद इनकी उम्रों का अनुपात $4 : 3$ हो जाएगा?

A. 5 वर्ष **B.** 6 वर्ष **C.** 4 वर्ष **D.** 7 वर्ष

Ques (39-42):निर्देश: दिए गये रेखा आलेख में एक कम्पनी के प्रति कर्मचारी द्वारा की गयी बिक्री को दर्शाया गया है। आरेख का अध्ययन कीजिये और निम्नलिखित प्रश्नों के उत्तर दीजिये।

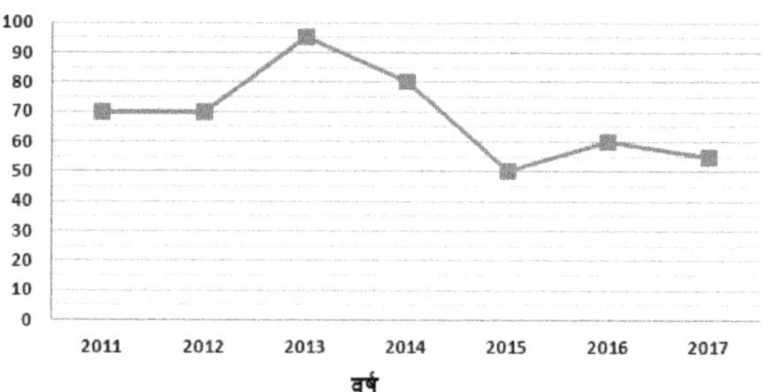

Q.39 यदि वर्ष 2015 में कम्पनी में कर्मचारियों की संख्या 80 थी, तब वर्ष 2015 में कम्पनी की बिक्री (करोड़ रूपये में) क्या थी?

A. 30 **B.** 40 **C.** 20 **D.** 50

Q.40
वर्ष 2015 की तुलना में वर्ष 2012 में प्रति कर्मचारी द्वारा की गयी बिक्री ______ से अधिक थी।
A. 16.7% **B.** 20% **C.** 40% **D.** 28.5%

Q.41
वर्ष 2011 और 2015 के मध्य में प्रति कर्मचारी द्वारा की गयी बिक्री (लाख रूपये में) में अंतर क्या है?
A. 15 **B.** 10 **C.** 20 **D.** 5

Q.42
निम्न में से किस वर्ष में पूर्व वर्ष की तुलना में प्रति कर्मचारी द्वारा की गयी बिक्री अधिकतम थी?
A. 2014 **B.** 2015 **C.** 2017 **D.** 2016

Q.43 हल कीजिये: $40 \div \left[(28-13) \div \left\{(32-8) \div \left(5+\frac{1}{3}\right)\right\}\right] = ?$
A. 10 **B.** 12 **C.** 14 **D.** 16

Q.44 Q पर $\triangle PQR$ एक समकोण है। यदि $\cos P = \frac{3}{5}$ है, तो $\cos R$ का मान क्या है?
A. $\frac{3}{4}$ **B.** $\frac{5}{3}$ **C.** $\frac{4}{5}$ **D.** $\frac{4}{3}$

Q.45 आयत की लंबाई और चौड़ाई क्रमशः 12 सेमी और 20 सेमी है। यदि लंबाई 20% और चौड़ाई में 10% की वृद्धि हुई है तो आयत के क्षेत्र में प्रतिशत परिवर्तन क्या है?
A. 30% **B.** 31% **C.** 32% **D.** 33%

Q.46 हल कीजिये: $5\frac{1}{5} + 2\frac{2}{15} + 3\frac{2}{3} = ? + 9$
A. 2 **B.** 4 **C.** 8 **D.** 10

Q.47 यदि एक धनराशी 12.5 वर्षों में साधारण ब्याज पर तीन गुनी हो जाती है, तो वार्षिक ब्याज की दर क्या है?
A. $16\frac{2}{3}$% **B.** 16% **C.** $16\frac{1}{3}$% **D.** 17%

Q.48 एक पार्टी में लड़कों की संख्या से लड़कियो की संख्या का अनुपात 5 : 9 है। यदि पार्टी में 99 लड़कियां हैं, पार्टी में व्यक्तियों की कुल संख्या हैं:
A. 99 **B.** 55 **C.** 132 **D.** 154

Q.49 20 और 28 का म.स.प. और ल.स.प. ज्ञात कीजिये।
A. 20, 280 **B.** 5, 280 **C.** 10, 140 **D.** 4, 140

Q.50 अंकित मूल्य पर 6% की छूट के साथ इरफान ने 517 रुपये में कुर्सी खरीदी। कुर्सी का अंकित मूल्य ज्ञात कीजिए।
A. 580 रुपये **B.** 520 रुपये **C.** 550 रुपये **D.** 540 रुपये

General English & Comprehension

Ques (51-52):Direction: In the following question, a part of the sentence may have an error. Find out which part of the sentence has an error and select the appropriate option. If a sentence is free from error, select 'option (D) i.e No Error'.

Q.51 We are what our thoughts (1)/ have made us; (2)/ so took care about what you think. (3)/ No error (4)
A. 1 **B.** 2 **C.** 3 **D.** 4

Q.52 Stringent penalties have a lower chance (1)/ of being imposed, as compared to fines that (2)/ are proportionate to the offend. (3)/ No error. (4)
A. 1 **B.** 2 **C.** 3 **D.** 4

Ques (53-55):Direction: In the following question, the sentence is given with a blank to be filled in with an appropriate word. Select the correct alternative out of the four and indicate it by selecting the appropriate option.

Q.53 Pilgrims gather here to atone ________ their sins.
A. Of **B.** With **C.** To **D.** For

Q.54 She kept thinking, "How lucky Serena _______!"
A. Can **B.** Could be
C. Is **D.** Supposedly

Q.55 The four friends are always ready to go to ____ rescue.
A. Each other's **B.** One another's
C. Other's **D.** None of the above.

Ques (56-58):Direction: In the following question, out of the four given alternatives, select the one which is opposite in meaning to the given word.

Q.56 Opulent
A. Palatial **B.** Luxurious
C. Penurious **D.** Sedative

Q.57 Palliate
A. Accuse **B.** Relieve
C. Condemn **D.** Exacerbate

Q.58 Clamorous
A. Noisy **B.** Confusion
C. Disturbance **D.** Suppression

Ques (59-61):Direction: In the following question, out of the four given alternatives, select the one which best expresses the similar meaning of the given word.

Q.59 Arbitrary
A. Methodical **B.** Penetrable
C. Random **D.** Artful

Q.60 Penchant
A. Indifference **B.** Revulsion
C. Disgust **D.** Fondness

Q.61 Hearsay
A. Realise **B.** Testimony
C. Buzz **D.** Declare

Ques (62-64):Direction: In the following question, out of the four alternatives, select the alternative which best expresses the meaning of the idiom/phrase.

Q.62 Lend me your ear
A. To politely ask for someone's full attention.
B. Begging someone to listen to your grievances.
C. When nobody is willing to hear your side of the story.
D. Call someone for severe scolding.

Q.63 Pedal to the metal

A. Build something big by yourself.
B. Add more protection to an already strong shield.
C. To drive very fast.
D. Push a person to perform to its extreme.

Q.64 Tongue in cheek

A. In an ironic or insincere way.
B. Being practical.
C. Stop yourself from saying something hurtful.
D. Be gutsy and speak the unpleasant truth.

Ques (65-67):Direction: In the following question, out of the four alternatives, select the alternative which is the best substitute of the phrase/sentence.

Q.65 A person or thing that brings bad luck

A. Felicitous **B.** Adventitious
C. Jinx **D.** Providential

Q.66 Writing or drawings scribbled, scratched, or sprayed illicitly on a wall or other surface in a public place

A. Splotch **B.** Smudge **C.** Graffiti **D.** Streak

Q.67 A transcendent state in which there is neither suffering, desire, nor sense of self.

A. Woe **B.** Nirvana
C. Depression **D.** Despondency

Ques (68-70):Direction: Read the passage carefully and choose the best answer to each question out of the four alternatives.

Will economists prove more helpful today, at a time when the challenges we face are nearly as pressing as those during the Great Depression? Unemployment may not be a severe problem in most advanced countries currently, but large segments of the labor force seem cut off from economic progress. Record levels of inequality and poor earnings prospects for younger, less-educated workers are eroding the foundations of liberal democracies. The rules that underpin globalization are badly in need of reform. And climate change continues to pose an existential threat.

These problems demand bold responses. Yet, for the most part, mainstream economists seem preoccupied with marginal fixes—a tax-code tweak here, a carbon tax there, perhaps a sprinkling of wage subsidies—that leave untouched the structures of power underwriting the rules of the economic game.

Economists can rise to the challenge by adopting a broader vision. Last month, I joined a group of prominent economists to launch an initiative that we have called "Economics for Inclusive Prosperity" (EIP). From labor markets and finance to innovation policies and electoral rules, the goal is to advance ambitious policy ideas that pay much closer attention to inequality and exclusion—and to the power imbalances that produce them.

Although economists are well-positioned to develop institutional arrangements that go beyond what already exists, their habit of thinking at the margin and sticking close to the evidence at hand encourages an aversion to radical change. But, when presented with new challenges, economists must envision new solutions. Imagination is crucial. Not everything we try will succeed; but if we do not rediscover the value of Roosevelt's credo—"bold, persistent experimentation"—we will certainly fail.

Q.68

The line 'Yet, for the most part, mainstream economists seem preoccupied with marginal fixes' suggests that:

A. We don't need large-scale solutions from economists. Marginal fixes can solve the problems pertaining to economics in general.
B. Mainstream economists are not interested in solving the problem of unemployment.
C. Though we need to take some bold approaches to solve the problems faced in our economies, mainstream economists are adopting minor fixes.
D. Most part of the solution is derived when the economists choose to apply marginal fixes.

Q.69

What is the meaning of the word aversion used in the passage?

A. A feeling of dislike and hostility.
B. A reasoned judgment.
C. The ability to understand something.
D. Suspicion or fear that something bad will happen.

Q.70

Which of the following statement is correct according to the passage?

A. The economy of advanced countries is severely crippled with unemployment.
B. Climate change poses an existential threat.
C. The full form of EIP is "Economics for Included Prosperity".
D. Both (A) and (C)

Q.71 Select the correctly spelt word.

A. nesessary **B.** necessary
C. necessery **D.** necassery

Q.72 Select the correctly spelled word.

A. commemorete **B.** commemmorate
C. commemorate **D.** comemorate

Q.73 Direction: The question below consists of a set of labelled sentences. These sentences, when properly sequenced form a coherent paragraph. Select the most logical order of sentences from among the options.

P: One's language fluency is determined by the quality of reading.

Q: In all cultures and civilizations, much stress is laid on reading but, in modern times, this activity is being ignored.

R: Reading is an essential basic skills-building activity.

S: Besides, vocabulary enrichment, ideas collection, familiarization with different types of writing formats, speaking fluency, etc, all depend upon reading.

A. RSPQ **B.** QRPS **C.** PQRS **D.** RPSQ

Ques (74-75):Direction: Select the most appropriate option to substitute the underlined segment in the given sentence. If there is no need to substitute it, select No improvement.

Q.74 There <u>are too less</u> space for Naveen to park his car in front of the shop.

A. was so few space **B.** was too little space
C. were too little space **D.** No improvement

Q.75 She is quite capable of looking after herself, <u>aren't she</u>?

A. won't she **B.** wasn't she
C. isn't she **D.** No improvement

General Awareness

Q.76 निम्नलिखित में से कौन मध्य प्रदेश का एक हॉकी स्टेडियम है?

A. नेहरू स्टेडियम, इंदौर
B. ऐशबाग स्टेडियम, भोपाल
C. कप्तान रूप सिंह स्टेडियम, ग्वालियर
D. होल्कर स्टेडियम, इंदौर

Q.77 पारंपरिक तीरंदाजी में आदिवासी खिलाड़ियों को प्रशिक्षित करने के लिए, राजस्थान में 'तीरंदाजी खेल अकादमी' स्थापित की गई है:

A. उदयपुर **B.** बांसवाड़ा **C.** जयपुर **D.** डूंगरपुर

Q.78 पृथ्वी शॉ विजय हजारे ट्रॉफी के एक ही संस्करण में कितनें रन की उपलब्धि को हासिल करने वाले पहले खिलाड़ी बन गए हैं?

A. 500 **B.** 600 **C.** 700 **D.** 800

Q.79 निम्नलिखित में से किसने 48 वें अंतर्राष्ट्रीय एमी अवार्ड्स में सर्वश्रेष्ठ ड्रामा सीरीज़ सम्मान प्राप्त किया है?

A. शी **B.** दिल्ली क्राइम
C. मिर्जापुर **D.** क्राइम पेटोल

Q.80 विवेकानंद रॉक मेमोरियल कहाँ स्थित है?

A. चेन्नई **B.** कोयंबटूर
C. कन्याकुमारी **D.** मदुरै

Q.81 निम्नलिखित में से फ्रांस की राजधानी क्या है?

A. वाडूज **B.** बाकू **C.** पेरिस **D.** लीबिया

Q.82 चंद्रगुप्त मौर्य का पुत्र कौन था?

A. चंद्रगुप्त II **B.** अशोक **C.** बिंबसार **D.** बिंदुसार

Q.83 विशेष आहरण अधिकार (एस.डी.आर.) ________ से संबंधित है।

A. विश्व बैंक **B.** भारतीय रिजर्व बैंक
C. विश्व व्यापार संगठन **D.** अंतर्राष्ट्रीय मुद्रा कोष

Q.84 चाणक्य का दूसरा नाम क्या था?

A. भट्टस्वामी **B.** विष्णुगुप्त
C. राजशेखर **D.** विशाखदत्त

Q.85 पट्टचित्र किसके लिए प्रसिद्ध है?

A. नृत्य **B.** चित्रकारी
C. कठपुतली **D.** रंगमंच की कला

Q.86 पाक जलडमरूमध्य भारत को किस देश से अलग करता है?

A. पाकिस्तान **B.** बांगलादेशा **C.** इंडोनेशिया **D.** श्रीलंका

Q.87 वायु प्रदूषण किसके कारण होता है:

A. लाउड स्पीकर **B.** कीटनाशक
C. धुएं द्वारा **D.** मलप्रवाह

Q.88 लाल किले के निर्माण का श्रेय किसको दिया जाता है?

A. सिकंदर लोदी **B.** अकबर
C. जहांगीर **D.** शाहजहां

Q.89 संविधान प्रारूप समिति के अध्यक्ष कौन थे?

A. जवाहरलाल नेहरू **B.** डॉ. बी. आर. अम्बेडकर
C. डॉ. राजेंद्र प्रसाद **D.** सरदार वल्लभाई पटेल

Q.90 निम्नलिखित में से किस दो ग्रह के बीच क्षुद्रग्रह पाए जाते हैं?

A. शनि और वरुण **B.** बृहस्पति और शनि
C. मंगल और बृहस्पति **D.** पृथ्वी और मंगल

Q.91 मत (वोट) देने का अधिकार भारतीय संविधान के किस अनुच्छेद में आता है?

A. अनुच्छेद 322 **B.** अनुच्छेद 324
C. अनुच्छेद 326 **D.** अनुच्छेद 330

Q.92 किसी चट्टान, मलबे या जमीन के बड़े पैमाने पर खिसकने या गिरने को _______ के नाम से परिभाषित किया जाता है।

A. भूकंप **B.** चक्रवात **C.** बाढ़ **D.** भूस्खलन

Q.93 निम्नलिखित में से कौन एक प्राथमिक रंग का एक उदाहरण है?

A. नीला **B.** गुलाबी **C.** बैंगनी **D.** पीला

Q.94 स्पेस पेन का आविष्कार किसने किया?

A. पॉल सी. फिशर **B.** रुडॉल्फ डीजल
C. रिचर्ड टेलर **D.** अलेक्ज़ेंडर फ्लेमिंग

Q.95 इनमें से कौन सा एक थर्ड जनरेशन कंप्यूटर सिस्टम नहीं है?

A. DCM **B.** IBM-370
C. IBM-360 **D.** CDC-1700

Q.96 निम्नलिखित में से कौन एक प्रोग्रामिंग भाषा **नहीं** है?

A. C **B.** C++ **C.** फ्रंटलाइन **D.** पायथन

Q.97 इंडोनेशिया की राजधानी क्या है?

A. ज़गरेब **B.** सैन जोस **C.** जकार्ता **D.** निकोसिया

Q.98 कांच को मजबूत करने के लिए निम्न में से किस प्रक्रिया का उपयोग किया जाता है?

A. केस कठोरीकरण **B.** प्रसामान्यीकरण
C. एनीलिंग **D.** टेम्परिंग

Q.99 जनवरी 2021 में, खेलो इंडिया आइस हॉकी टूर्नामेंट का आयोजन_________ में किया गया है।

A. उत्तर प्रदेश **B.** कारगिल
C. मध्य प्रदेश **D.** हरियाणा

Q.100 यूनेस्को द्वारा इनमें से किस स्थान को विश्व पुस्तक राजधानी 2020 के रूप में नामित किया गया था?

A. दिल्ली **B.** कुआला लम्पुर
C. सिंगापुर **D.** बाली

// स्मार्ट उत्तर पुस्तिका //

सही उत्तर — उन छात्रों का प्रतिशत जिन्होंने प्रश्नों का सही उत्तर दिया था।

छोड़ दिया — उन छात्रों का प्रतिशत जिन्होंने प्रश्नों को छोड़ दिया था।

प्रश्न संख्या	उत्तर	सही उत्तर	छोड़ दिया
1	C	80.63 %	0.0 %
2	D	79.55 %	0.0 %
3	A	56.91 %	1.57 %
4	A	60.2 %	1.47 %
5	B	58.25 %	1.38 %
6	B	81.22 %	0.0 %
7	C	50.05 %	1.57 %
8	C	69.39 %	1.14 %
9	C	64.41 %	1.86 %
10	B	48.88 %	1.83 %
11	C	62.24 %	1.9 %
12	A	89.5 %	0.0 %
13	B	78.11 %	0.0 %
14	C	89.03 %	0.0 %
15	C	57.29 %	1.32 %
16	B	63.69 %	1.07 %
17	B	78.68 %	0.0 %

प्रश्न संख्या	उत्तर	सही उत्तर	छोड़ दिया
18	D	54.0 %	1.04 %
19	A	55.76 %	1.09 %
20	A	83.23 %	0.0 %
21	A	85.31 %	0.0 %
22	B	44.08 %	1.52 %
23	B	87.88 %	0.0 %
24	B	61.68 %	1.01 %
25	A	82.28 %	0.0 %
26	A	76.36 %	0.0 %
27	B	79.69 %	0.0 %
28	B	78.47 %	0.0 %
29	D	79.73 %	0.0 %
30	A	82.41 %	0.0 %
31	B	50.77 %	1.65 %
32	C	45.92 %	1.49 %
33	C	54.01 %	1.9 %
34	A	77.23 %	0.0 %

प्रश्न संख्या	उत्तर	सही उत्तर	छोड़ दिया
35	B	76.5 %	0.0 %
36	B	51.44 %	1.58 %
37	A	88.33 %	0.0 %
38	A	57.79 %	1.48 %
39	B	50.06 %	1.88 %
40	C	49.12 %	1.25 %
41	C	63.21 %	1.98 %
42	D	67.13 %	1.84 %
43	B	66.3 %	1.69 %
44	C	77.41 %	0.0 %
45	C	57.12 %	1.74 %
46	A	82.85 %	0.0 %
47	B	62.32 %	1.83 %
48	D	85.7 %	0.0 %
49	D	79.7 %	0.0 %
50	C	83.26 %	0.0 %
51	C	81.6 %	0.0 %

प्रश्न संख्या	उत्तर	सही उत्तर	छोड़ दिया
52	C	44.25 %	1.62 %
53	D	87.77 %	0.0 %
54	C	78.43 %	0.0 %
55	B	88.46 %	0.0 %
56	C	56.58 %	1.72 %
57	B	84.42 %	0.0 %
58	D	65.14 %	1.15 %
59	C	58.13 %	1.66 %
60	D	44.57 %	1.94 %
61	C	65.4 %	1.69 %
62	A	42.23 %	1.89 %
63	D	66.65 %	1.15 %
64	A	82.26 %	0.0 %
65	C	55.78 %	1.34 %
66	C	29.73 %	4.64 %
67	B	61.12 %	1.08 %
68	C	87.8 %	0.0 %

प्रश्न संख्या	उत्तर	सही उत्तर	छोड़ दिया
69	A	60.15 %	1.16 %
70	B	87.83 %	0.0 %
71	B	81.05 %	0.0 %
72	C	60.17 %	1.4 %
73	D	43.54 %	1.53 %
74	B	77.34 %	0.0 %
75	C	85.28 %	0.0 %
76	B	62.65 %	1.37 %
77	A	42.17 %	1.64 %
78	D	56.18 %	1.14 %
79	B	41.33 %	1.46 %
80	C	40.16 %	1.72 %
81	C	83.89 %	0.0 %
82	D	83.61 %	0.0 %
83	D	27.14 %	3.73 %
84	B	86.97 %	0.0 %
85	B	66.34 %	1.25 %

प्रश्न संख्या	उत्तर	सही उत्तर	छोड़ दिया
86	D	89.6 %	0.0 %
87	C	89.23 %	0.0 %
88	D	76.35 %	0.0 %
89	B	82.85 %	0.0 %
90	C	79.54 %	0.0 %
91	C	48.47 %	1.89 %
92	D	48.45 %	1.16 %
93	A	85.81 %	0.0 %
94	A	16.66 %	3.65 %
95	A	44.35 %	1.32 %
96	C	50.44 %	1.84 %
97	C	61.17 %	1.13 %
98	C	15.78 %	4.97 %
99	B	41.3 %	1.26 %
100	B	61.43 %	1.11 %

//संकेत और समाधान//

1. सही क्रम होगा::

अध्ययन → सीखना → दोहराना→ परीक्षा → परिणाम

अतः विकल्प (C) सही है।

2.

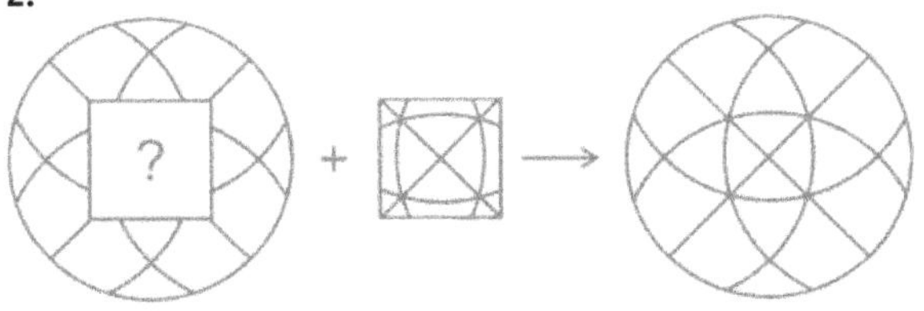

अतः विकल्प (D) सही है।

3. कूट के लिए स्वरूप निम्न प्रकार है,

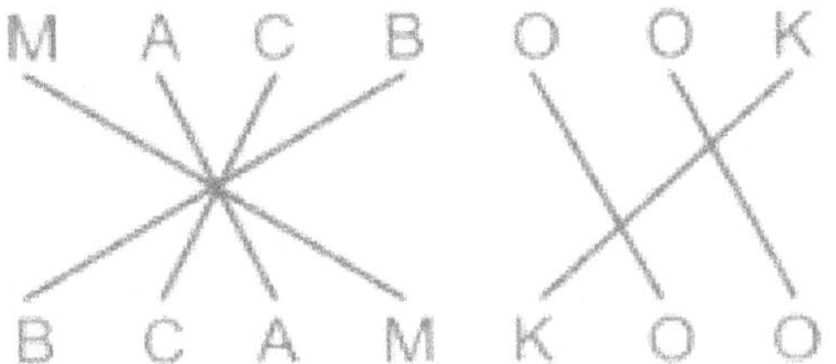

इसी प्रकार,

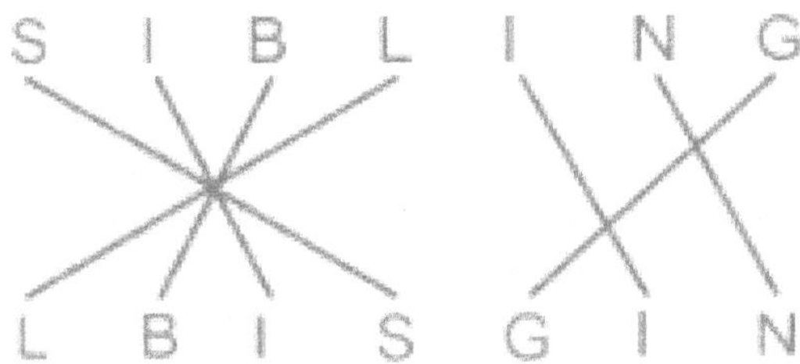

इसलिए, SIBLING को LBISGIN के रूप में लिखा जाता है।

अतः विकल्प (A) सही है।

4.

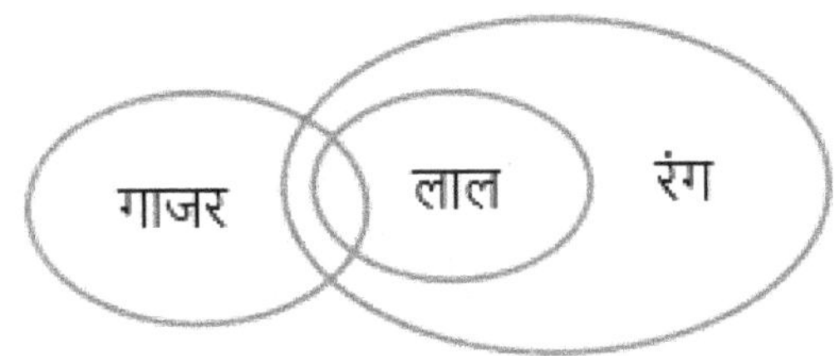

निष्कर्ष:

I. कुछ रंग, गाजर हैं ⇒ अनुसरण करता है (यह निश्चित रूप से सत्य है।)

II. कोई गाजर, रंग नहीं हैं ⇒ अनुसरण नहीं करता (क्योंकि कुछ गाजर निश्चित रूप से रंग हैं।)

इसलिए, केवल निष्कर्ष I अनुसरण करता है।

अतः विकल्प (A) सही है।

5. दी गयी श्रृंखला से, हमें ज्ञात होता है कि यहाँ दो श्रृंखलाएं हैं:

पहली जो 15 से शुरू हो रही है:

15 + 15 = 30

30 + 15 = 45

45 + 15 = 60

दूसरी जो 20 से शुरू हो रही है:

20 + 20 = 40

40 + 20 = 60

60 + 20 = 80

अतः विकल्प (B) सही है।

6.

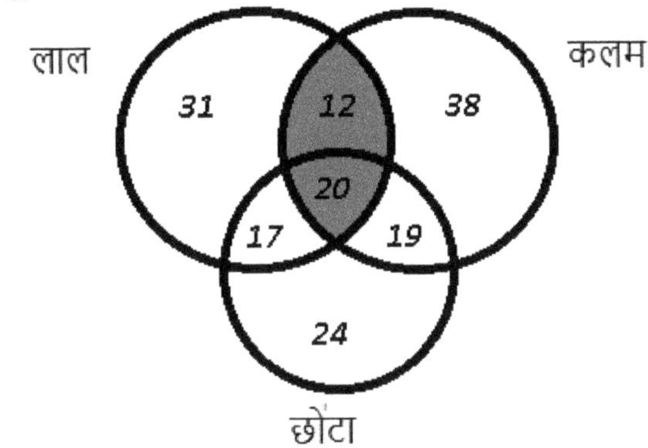

स्पष्ट रूप से जो कलम लाल है = 12 + 20 = 32 है।

अतः विकल्प (B) सही है।

7. यहाँ निम्न प्रतिरूप का पालन किया गया है,

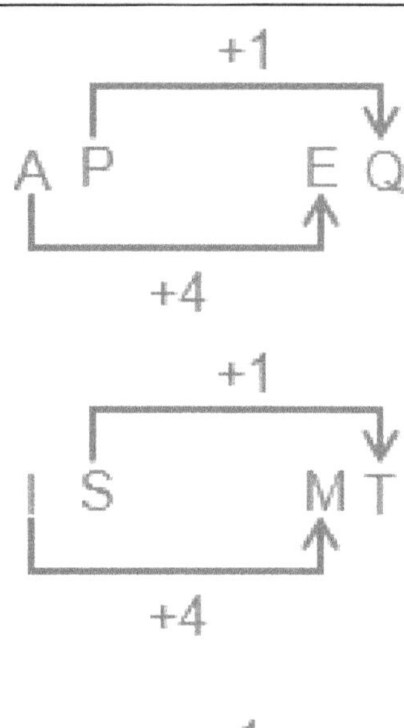

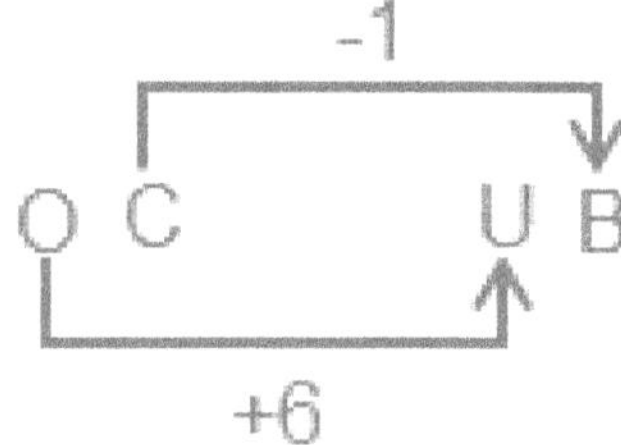

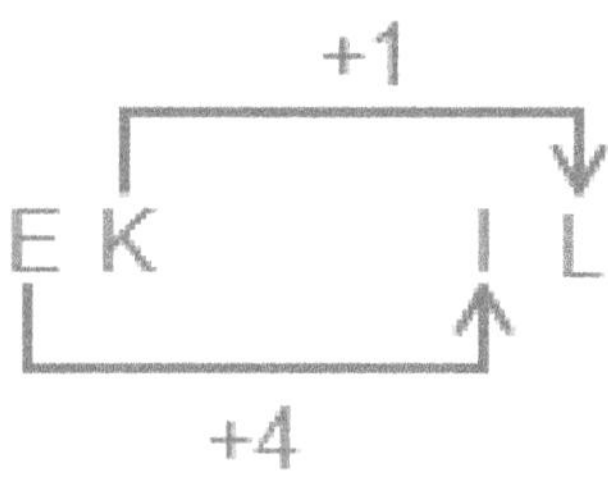

इसलिए, OC - UB विषम है।

अतः विकल्प (C) सही है।

8. शब्द निम्नानुसार कोडित हैं:

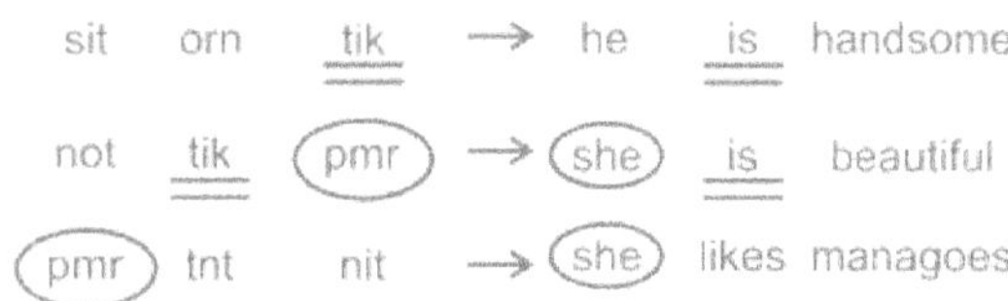

पहले और दूसरे कथन में उभयनिष्ठ कूट शब्द 'tik' है और उभयनिष्ठ शब्द 'is' है।इसलिए, 'tik' का अर्थ 'is' है।

दूसरे और तीसरे कथन में उभयनिष्ठ कूट शब्द 'pmr' है और उभयनिष्ठ शब्द 'she' है। इसलिए, 'pmr' का अर्थ 'she' है।

अतः 'not' का अर्थ 'beautiful' है।
अतः विकल्प (C) सही है।

9. यहाँ निम्नलिखित प्रतिरूप का अनुसरण किया गया है:

केंद्र में लिखी संख्या को प्राप्त करने के लिए कोनों की सभी संख्याओं को गुणा किया जायेगा।

$2\times 4\times 6\times 8 = 384$

और, $3\times 6\times 9\times 12 = 1944$

इसी प्रकार.

$? = 4 \times 8 \times 12 \times 16 = 6144$

अतः विकल्प (C) सही है।

10. विकल्प (B) में, समूह 1, समूह 2 और समूह 3 में सभी आकृति अपने अपने समूह में एक दुसरे जैसी हैं।

समूह 1 में 1, 4 और 8 छवि हैं जिसमें त्रिभुज हैं।

समूह 2 में, 2, 5 और 7 छवि हैं जिनकी बेलनाकार आकृति है।

समूह 3 में, 3, 6 और 9 छवि हैं जिनका मछली जैसा स्वरूप है।

बाकि सभी विकल्पों में व्यवस्था यादृच्छिक है।

अतः विकल्प (B) सही है।

11. दी गई जानकारी के अधार पर हम निम्न वंश वृक्ष बना सकते हैं:

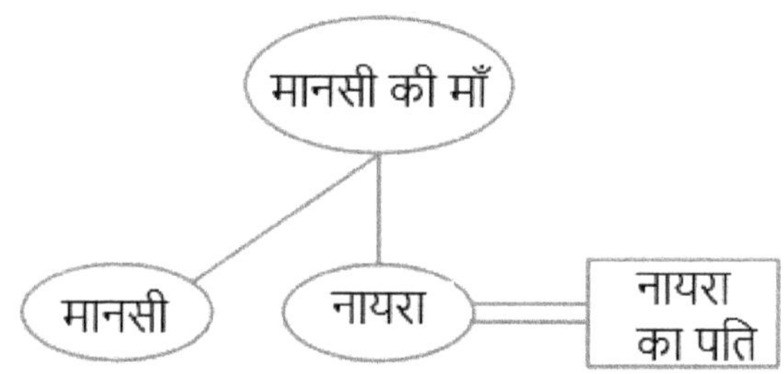

मानसी, नायरा के पति की सिस्टर-इन-लॉ है।

अतः विकल्प (C) सही है।

12. कागज खोलने पर, यह ऐसा दिखाई देगा:

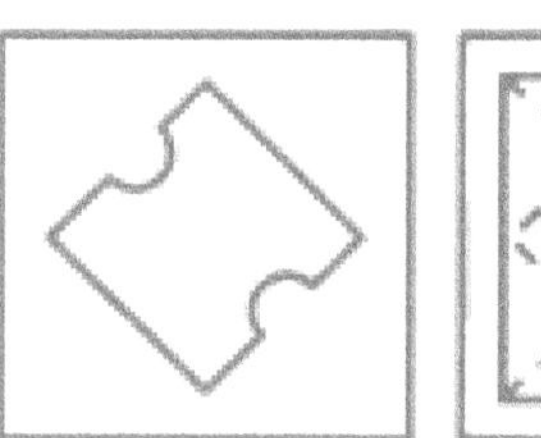
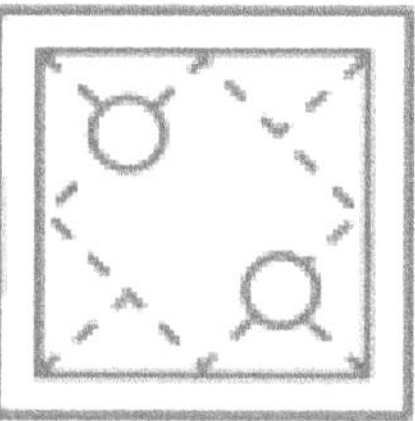

अतः विकल्प (A) सही है।

13. उपरोक्त आकृति के अलावा अन्य सभी आकृतियों में संकिंद्रिक आकार हैं, जैसे सभी त्रिभुज, सभी वृत्त या सभी षट्भुज। लेकिन वर्ग आकृति में, हमारे पास केंद्र में एक रेखा है, जैसा कि नीचे दिखाया गया है।

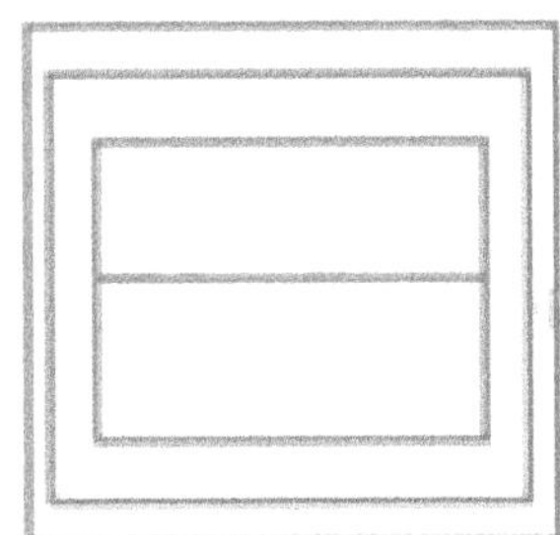

विकल्प (B) में दी गयी आकृति अन्य आकृतियों से भिन्न है।

अतः विकल्प (B) सही है।

14.

अतः विकल्प (C) सही है।

15. विकल्प (C) के शब्द जिसमें HHUIHG वर्ण हैं इन्हे सार्थक शब्द बनाने के लिए पुनः व्यवस्थित नहीं किया जा सकता है। परन्तु शेष विकल्पों में से हम निम्न शब्द बना सकते हैं,

HHIG → HIGH

LATL → TALL

HORTS → SHORT

अतः विकल्प (C) सही है।

16. दिया गया समीकरण: 17 - 20 + 5 × 30 ÷ 4 = ?

चिह्न	÷	-	+	×
प्रतिस्थापन चिह्न	+	×	÷	-

चिह्नों का प्रतिस्थापन करने के बाद:

⇒ 17 × 20 ÷ 5 - 30 + 4

BODMAS नियम का उपयोग करके हल करने पर,

⇒ 17 × 4 - 30 + 4
⇒ 68-30+4
⇒ 42

अतः विकल्प (B) सही है।

17. दवा, रोग से बचाती है।

इसी प्रकार, वर्षा सूखे को रोकती है।

अतः विकल्प (B) सही है।

18. यहाँ निम्नलिखित प्रतिरूप का अनुसरण किया गया है:

⇒ J – 4 = F

⇒ F + 2 = H

⇒ H – 4 = D

⇒ D + 2 = F

अतः विकल्प (D) सही है।

19. निम्नलिखित आरेख T के प्रतिस्थापन को दर्शाता है:

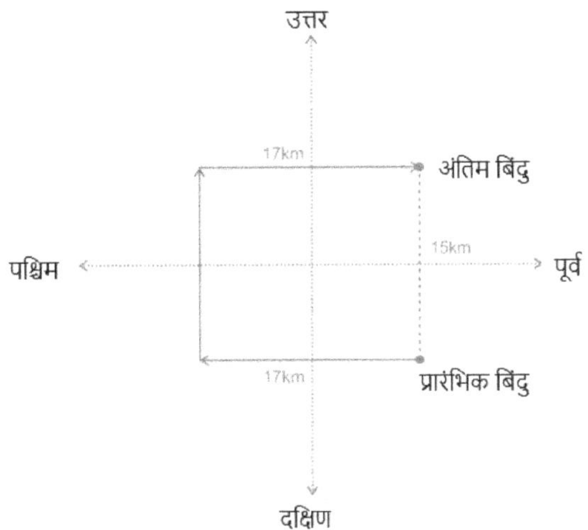

वह अपने प्रारंभिक बिंदु से 15 किमी दूर है।

अतः विकल्प (A) सही है।

20. दिए गए आकृति के अनुसार,

काला, ख़ाकी , बैंगनी, पीले और नीले रंग के विपरीत नहीं हो सकता हैं, क्योंकि हम देख सकते हैं कि सभी पक्ष काले से सटे हुए हैं।

तो काले के विपरीत लाल है।

अतः विकल्प (A) सही है।

21. FIT $\rightarrow 6 + 9 + 20 = 35 - 2 = 33$

FAT $\rightarrow 6 + 1 + 20 = 27 - 2 = 25$

उसी प्रकार

KIN $\rightarrow 11 + 9 + 14 = 34 - 2 = 32$

अतः विकल्प (A) सही है।

22.

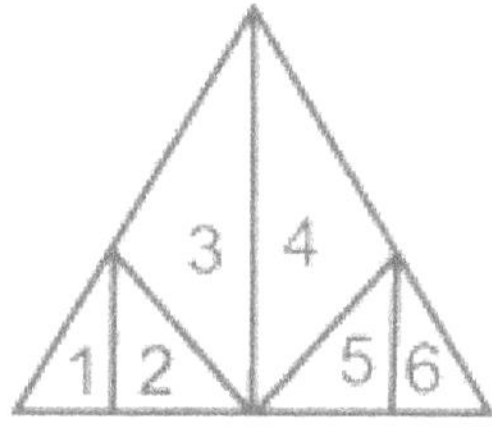

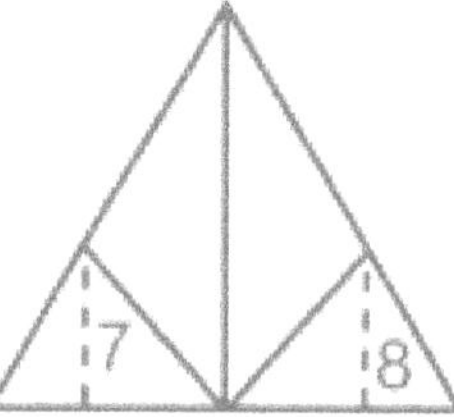

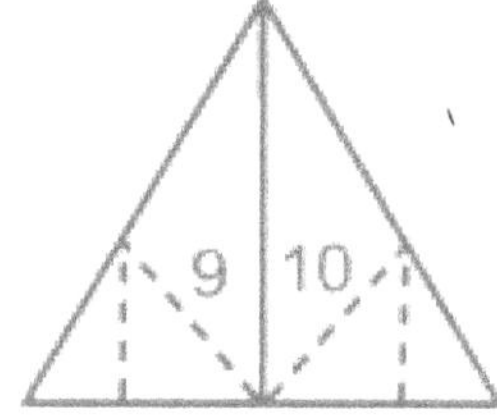

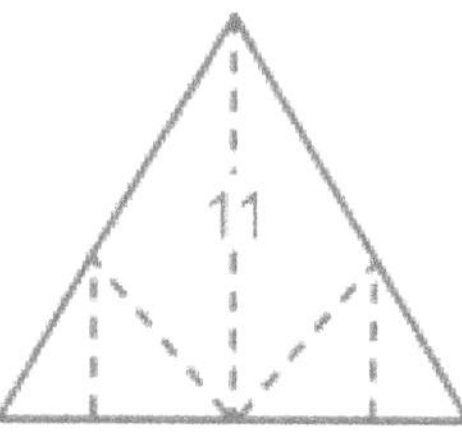

स्पष्ट रूप से, दी गई आकृति में 11 त्रिभुज हैं।

अतः विकल्प (B) सही है।

23. दी गई श्रृंखला निम्नलिखित पैटर्न का अनुसरण करती है:

acbddb acbddb acbddb

अतः विकल्प (B) सही है।

24. चूंकि, विलास को याद है कि उसका विवाह 4 जुलाई के बाद हुआ था और उसकी बहन को याद है कि उसका विवाह 6 जुलाई से पहले हुआ था। इसलिए 4 और 6 जुलाई के बीच की तिथि 5 जुलाई है। जो विलास के विवाह की तिथि है।

अतः विकल्प (B) सही है।

25. दर्पण छवि है:

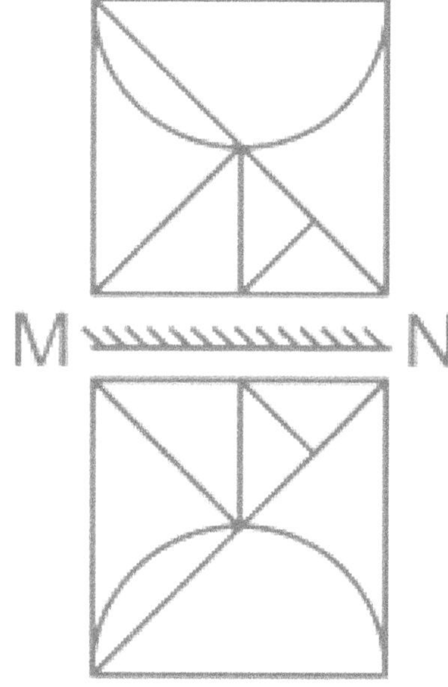

अतः विकल्प (A) सही है।

26. दिया हुआ है,

$x - y = 6$ एवं $xy = 40$

हम जानते हैं,

$x^2 + y^2 = (x - y)^2 + 2xy$

$(x - y)$ एवं xy का मान रखने पर,

$= (6)^2 + (2 \times 40)$

$= 36 + 80$

$\therefore x^2 + y^2 = 116$

अतः विकल्प (A) सही है।

27. हम जानते हैं कि,

लाभ $=$ विक्रय मूल्य $-$ क्रय मूल्य

इसलिए,

लाभ $= (28.60 - 27.50)$ रूपये

$= 1.10$ रूपये

लाभ $\% =$ (लाभ $\times 100$)/(क्रय मूल्य) $= \frac{1.10 \times 100}{27.50} = 4\%$

अतः विकल्प (B) सही है।

28. माना की कार्य को पूरा करने में लिया गया समय x दिन है

इसलिए,

कार्य के $\frac{5}{8}$ भाग को पूरा करने में लिया गया समय $= \frac{5x}{8}$

तो,

$\Rightarrow \frac{5x}{8} = 10 \Rightarrow x = 16$ दिन

इस प्रकार, आवश्यक अधिक समय $= 16 - 10 = 6$ दिन

अतः विकल्प (B) सही है।

29. A : B = 2 : 5

B : C = 4 : 3

B सामान्य पद है इसलिए सबसे पहले B के सभी मान को बराबर बनाया जाना चाहिए।

4 और 5 का ल.स.प. 20 है।

$A : B = 2 : 5$ (4 से गुणा करें)

$B : C = 4 : 3$ (5 से गुणा करें)

इसलिए, A : B : C = 8 : 20 : 15

अब, A: B: C = 8 : 20 : 15

और C : D = 2 : 1

C सामान्य है इसलिए इसका मान बराबर किया जाना चाहिए।

15 और 2 का ल.स.प. 30 है।

A : B : C = 8 : 20 : 15 (2 से गुणा करें)

C : D = 2 : 1 (15 से गुणा करें)

अब, $A:B:C:D = 16:40:30:15$

इसलिए, $A:C:D = 16:30:15$

अतः विकल्प (D) सही है।

30. हम जानते हैं कि,

औसत $=$ राशियों का योग/राशियों की कुल संख्या

दिया गया है, विद्यार्थी के चार विषय में औसत अंक 58 हैं

$\Rightarrow$ 4 विषयों का कुल योग $= 58 \times 4 = 232$

अब, उसे पांचवें विषय में 68 अंक मिले।

नया औसत $= \frac{(232+68)}{5} = \frac{300}{5} = 60$

अतः विकल्प (A) सही है।

31. एक अधिक कोण त्रिभुज की a, b और c भुजाएँ इस प्रकार सम्बंधित हैं,

$\frac{c^2}{2} < a^2 + b^2 < c^2$

माना कि $a = x, b = 8$ सेमी और $c = 15$ सेमी

$\Rightarrow \frac{15^2}{2} < x^2 + 8^2 < 15^2$

$\Rightarrow 112.5 < x^2 + 64 < 225$

$\Rightarrow 112.5 - 64 < x^2 < 225 - 64$

$\Rightarrow 48.5 < x^2 < 161$

$\Rightarrow \sqrt{48.5} < x < \sqrt{161}$

$\because \sqrt{49} = 7$, हम लिख सकते हैं

$\therefore 7 < x < \sqrt{161}$

अतः विकल्प (B) सही है।

32. माना कि आवश्यक राशि P रूपये है

हम जानते हैं कि,

धनराशि $= P\left[\left(1 + \frac{r}{100}\right)^2\right]$

$\Rightarrow 5832 = P\left[\left(1 + \frac{8}{100}\right)^2\right]$

$\Rightarrow 5832 = P \times 1.1664$

$\Rightarrow P = \frac{5832}{1.1664}$

$\Rightarrow P = 5000$ रूपये

हम जानते हैं कि,

साधारण ब्याज $= \frac{(P \times R \times T)}{100}$

इसलिए,

$\Rightarrow$ साधारण ब्याज $= \frac{(5000 \times 9 \times 3)}{100}$

$\therefore$ साधारण ब्याज $= 1350$ रूपये

अतः विकल्प (C) सही है।

33. माना कि दूरी d किमी है।

यदि पुरुष कुल दूरी का $\frac{3}{5}$ भाग ट्रेन द्वारा तय करता है, तो शेष दूरी निम्न होगी

शेष दूरी $= d - \frac{3d}{5} = \frac{2d}{5}$

प्रश्नानुसार,

$\Rightarrow \frac{2d}{5} = 40$

$\Rightarrow d = 100$ किमी

अतः विकल्प (C) सही है।

34. माना कि क्रय मूल्य x है

लाभ $= \frac{20}{100} \times x = \frac{x}{5}$

विक्रय मूल्य $= x + \frac{x}{5} = \frac{6x}{5}$

विक्रय मूल्य पर लाभ % $= \frac{\left(\frac{x}{5}\right)}{\left(\frac{6x}{5}\right)} \times 100 = 16\frac{2}{3}\%$

अतः विकल्प (A) सही है।

35. माना संख्या x है।

$\Rightarrow X - \frac{2X}{7} = 100$

$\Rightarrow \frac{7X - 2X}{7} = 100$

$\Rightarrow X = 140$

अतः विकल्प (B) सही है।

36. माना कि चीनी की कीमत और खपत x और y है

हम जानते हैं कि,

व्यय $=$ मूल्य $\times$ खपत

$\Rightarrow$ खर्च $= x \times y$

$\Rightarrow$ कीमत 25% बढ़ जाती है तो नई कीमत $= x$ का $x + 25\%$

$\Rightarrow$ कीमत 25% से बढ़ जाती है तो नई कीमत $= 1.25x$

$\Rightarrow$ खपत में कमी $= \frac{(1.25xy - xy)}{1.25xy}$

$\Rightarrow$ खपत में कमी $= \left(\frac{0.25xy}{1.25xy}\right) \times 100$

$\therefore$ कमी % में $= 20\%$

अतः विकल्प (B) सही है।

37. समानार्थी अनुपात $= x + 3 : x + 7$ का $4 : 9$ है।

अर्थात् $\left(\frac{x+3}{x+7}\right)^2 = \frac{4}{9}$

$\Rightarrow \frac{x+3}{x+7} = \frac{2}{3}$

$\Rightarrow 3x + 9 = 2x + 14$

$\Rightarrow x = 5$

$\therefore x$ का मान $= 5$

अतः विकल्प (A) सही है।

38. माना कि T वर्षों के बाद इनकी उम्रों का अनुपात $4:3$ होगा

प्रश्नानुसार,

(पिंकी की उम्र $+T$)/(अदिति की उम्र $+T$) $= \frac{4}{3}$

$\Rightarrow \frac{(35+T)}{(25+T)} = \frac{4}{3}$

$\Rightarrow 105 + 3T = 100 + 4T$

$\Rightarrow 4T - 3T = 105 - 100$

$\therefore T = 5$ वर्ष

अतः विकल्प (A) सही है।

39. वर्ष 2015 में प्रति कर्मचारी द्वारा की गयी बिक्री = 50 लाख रूपये

वर्ष 2015 में कर्मचारियों की संख्या = 80

∴ वर्ष 2015 में कम्पनी की बिक्री = 50 × 80 = 4000 लाख रूपये = 40 करोड़ रूपये

अतः विकल्प (B) सही है।

40. वर्ष 2012 में प्रति कर्मचारी द्वारा की गयी बिक्री $= 70$ लाख रूपये

वर्ष 2015 में प्रति कर्मचारी द्वारा की गयी बिक्री $= 50$ लाख रूपये

अंतर $= 70 - 50 = 20$ लाख रूपये

∴ वर्ष 2015 की तुलना में वर्ष 2012 में प्रति कर्मचारी द्वारा की गयी बिक्री $= \frac{20}{50} \times 100 = 40\%$ से अधिक थी।

अतः विकल्प (C) सही है।

41. वर्ष 2011 में प्रति कर्मचारी द्वारा की गयी बिक्री = 70 लाख रूपये

वर्ष 2015 में प्रति कर्मचारी द्वारा की गयी बिक्री = 50 लाख रूपये

∴ आवश्यक अंतर = 70 - 50 = 20 लाख रूपये

अतः विकल्प (C) सही है।

42. पूर्व वर्ष की तुलना में प्रति कर्मचारी द्वारा की गयी बिक्री में वर्ष 2016 में वृद्धि हुई है।

∴ वर्ष 2016 में पूर्व वर्ष की तुलना में प्रति कर्मचारी द्वारा की गयी बिक्री अधिकतम थी।

अतः विकल्प (D) सही है।

43. दिया गया व्यंजक,

$40 \div \left[(28-13) \div \left\{(32-8) \div \left(5+\frac{1}{3}\right)\right\}\right] = ?$

$\Rightarrow 40 \div \left[15 \div \left\{24 \div \left(\frac{15+1}{3}\right)\right\}\right] = ?$

$\Rightarrow 40 \div \left[15 \div \left\{24 \div \frac{16}{3}\right\}\right] = ?$

$\Rightarrow 40 \div \left[15 \div \left\{3 \times \frac{3}{2}\right\}\right] = ?$

$\Rightarrow 40 \div \left[\frac{15}{\frac{9}{2}}\right] = ?$

$\Rightarrow ? = \frac{40}{\frac{10}{3}}$

$\Rightarrow ? = 12$

अतः विकल्प (B) सही है।

44. दिए गए $\triangle PQR$ में,

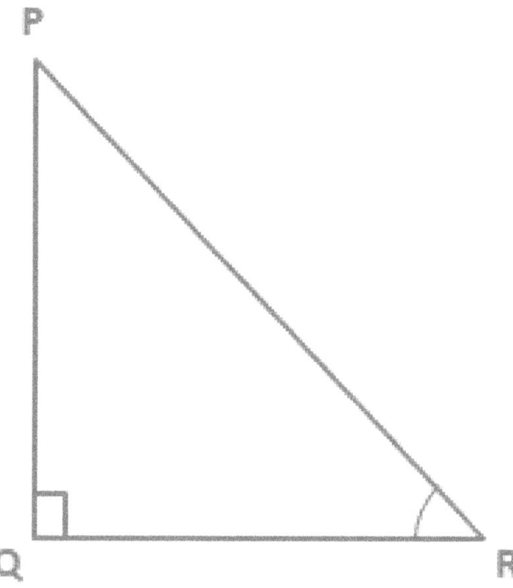

$\Rightarrow \cos P =$ आधार/कर्ण = PQ/PR = 3/5 $= \frac{PQ}{PR} = \frac{3}{5}$

$\Rightarrow \sin P =$ लम्ब/कर्ण $= \frac{QR}{PR}$

लेकिन, $\sin P = \sqrt{(1-\cos^2 P)} = \sqrt{1-\frac{9}{25}} = \sqrt{\frac{16}{25}} = \frac{4}{5}$

$\Rightarrow \frac{QR}{PR} = \frac{4}{5}$

अब, $\cos R =$ लम्ब/कर्ण $= \frac{QR}{PR}$

$\therefore \cos R = \frac{4}{5}$

अतः विकल्प (C) सही है।

45. हम जानते हैं कि, क्षेत्रफल $=$ लंबाई $\times$ चौड़ाई

प्रश्नानुसार,

$= 12 \times 20$

$= 240$

नया क्षेत्रफल $= 12 \times \frac{100+20}{100} \times 20 \times \frac{100+10}{100}$

\ (= 316.8 \)

क्षेत्रफल में प्रतिशत परिवर्तन $= \frac{(316.8-240)}{240} \times 100$

$= 32\%$

अतः विकल्प (C) सही है।

46. दिया गया व्यंजक,

$5\frac{1}{5} + 2\frac{2}{15} + 3\frac{2}{3} = ? + 9$

$\Rightarrow ? + 9 = \frac{26}{5} + \frac{32}{15} + \frac{11}{3}$

$\Rightarrow ? + 9 = \frac{78+32+55}{15} = \frac{165}{15} = 11 - 9 = 2$

अतः विकल्प (A) सही है।

47. प्रश्नानुसार,

धनराशी $= 3P$

साधारण ब्याज $= 3P - P = 2P$

हम जानते हैं कि,

साधारण ब्याज = (मूलधन × दर × समय) / 100

तो,

$\Rightarrow 2P = \frac{(P \times 12.5 \times R)}{100}$

$\Rightarrow R = \frac{100}{12.5} = 16\%$

अतः विकल्प (B) सही है।

48. माना पार्टी में लड़को की संख्या 5x और लड़कियों की संख्या 9x है

दिया हुआ है कि पार्टी में 99 लड़कियां हैं,

तो,

⇒ 9x = 99

⇒ x = 11

पार्टी में कुल व्यक्तियों की संख्या = लड़कों की संख्या + लड़कियों की संख्या

⇒ पार्टी में कुल व्यक्तियों की संख्या = 5x + 9x = 14x

⇒ पार्टी में कुल व्यक्तियों की संख्या = 14 × 11

∴ पार्टी में कुल व्यक्तियों की संख्या = 154

अतः विकल्प (D) सही है।

49. प्रश्नानुसार,

20 का गुणक = 1, 2, 4, 5, 10, 20

28 का गुणक = 1, 2, 4, 7, 14, 28

∴ म.स.प. = 4

20, 28 का ल.स.प. = 2×2×4×7 = 140

∴ 20, 28 का म.स.प. और ल.स.प. 4 और 140 है।

अतः विकल्प (D) सही है।

50. विक्रय मूल्य $= S.P = 517$ रुपए

छूट $= 6\%$

अंकित मूल्य $= M.P$

$S.P = (1 - 0.06)M.P$

$\Rightarrow M \cdot P = \frac{S.P}{0.94} = \frac{517}{0.94} = 550$

अतः विकल्प (C) सही है।

51. The sentence is talking in a general sense. It is stating a universal truth. So, the present tense should be used. The word 'take' should replace 'took' to make the sentence grammatically correct.

Correct Sentence: We are what our thoughts have made us; so take care about what you think.

Hence, the correct option is (C).

52. The usage of the word 'offend' is incorrect. It should be 'offence' meaning 'a breach of a law or rule; an illegal act' to make the sentence grammatically correct.

Correct sentence: Stringent penalties have a lower chance of being imposed, as compared to fines that are proportionate to the offence.

Hence, the correct option is (C).

53. To 'atone for' one's mistakes/ errors/ failings/ sins is to make up and repent for them.

Correct sentence: Pilgrims gather here to atone for their sins.

Hence, the correct option is (D).

54. The only word that can fit here is 'is' which conveys a proper meaning. It conveys that the person thought that Serena was a very lucky person.

Correct sentence: She kept thinking, "How lucky Serena is!"

Hence, the correct option is (C).

55. 'Each other' is used when referring to two people and 'one another' is used when referring to more than two people.

Correct sentence: The four friends are always ready to go to one another rescue.

Hence, the correct option is (B).

56. Opulent means costly and luxurious or wealthy.

Penurious means extremely poor; poverty-stricken.

Other words:

Palatial means resembling a palace in being spacious and splendid.

Sedative means promoting calm or inducing sleep.

Luxurious means extremely comfortable or elegant, especially when involving great expense.

The meaning of 'penurious' is opposite to that of 'opulent'.

Hence, the correct option is (C).

57. Palliate means to reduce the severity of a disease or its symptoms.

Relieve means to cause to make the disease less severe.

Other options:

Accuse means to say that someone is responsible for a crime.

Condemn means to criticize something or someone strongly.

Exacerbate means making a problem or a negative feeling worse.

Hence, the correct option is (B).

58. Clamorous means making a loud and confused noise.

Suppression means the act of keeping something from happening.

Other options:

Noisy means making or given to making a lot of noise.

Confusion means uncertainty about what is happening, intended or required.

Disturbance means the interruption of a settled and peaceful condition.

Hence, the correct option is (D).

59. Arbitrary means something is based on random choice or chance.

Random means to be done by chance or without any conscious decision.

Other words:

Methodical means to do things in a very ordered and careful way.

Penetrable means allowing things to pass-through.

Artful means clever or skilful.

Hence, the correct option is (C).

60. Penchant means a strong liking for something.

Fondness means a great liking for something or someone.

Other words:

Indifference means lack of interest or concern.

Revulsion means a sense of disgust, feeling that something is unpleasant.

Disgust means a feeling of revulsion or strong disapproval aroused by something unpleasant or offensive.

Hence, the correct option is (D).

61. Hearsay means a piece of information received from someone that might or might not be true (rumour).

Buzz means gossip, rumour, a piece of information heard from others that may not be true.

Other words:

Testimony means a formal written statement that something is true.

Realize means become fully aware of (something) as a fact; understand clearly.

Declare means say something in a solemn and emphatic manner.

Hence, the correct option is (C).

62. The meaning of the idiom 'Lend me your ear' is to ask for someone's full attention.

Sentence usage: My parents are always willing to lend an ear and offer me some helpful advice.

Hence, the correct option is (A).

63. 'Pedal to the metal' means we do something with extremely huge efforts and speed in order to push forward.

Sentence usage: If you put the pedal to the metal, you will finish this work within two days.

Hence, the correct option is (D).

64. 'Tongue in cheek' refers to something that is not serious, not sincere, and is intended to highlight irony in a funny way.

Sentence usage: His work is a tongue-in-cheek perspective on the patriarchal norms of society.

Hence, the correct option is (A).

65. Jinx means someone or something that brings bad luck.

Other words:

Felicitous means used to describe something as suitable / right because it expresses the desired thought.

Adventitious means happening by chance or by accident.

Providential means happening exactly when needed.

Hence, the correct option is (C).

66. Graffiti means words or drawings (especially humorous/funny/rude in nature) made on walls or doors.

Splotch means a large uneven mark or stain.

Smudge means a mark with no particular shape.

Streak means a long thin line or mark which is usually different in color from its surroundings.

Hence, the correct option is (C).

67. Nirvana means a state of freedom in which one is free from suffering and desires.

Other words:

Woe means great sorrow or sadness.

Depression means a mood disorder marked by low mood and feelings of sadness.

Despondency means unhappiness with no hope (similar to depression).

Hence, the correct option is (B).

68. When we consider the premise of the paragraph which uses the given line, we can deduce the meaning being asked. The second paragraph says, 'These problems demand bold responses. Yet, for the most part, mainstream economists seem preoccupied with marginal fixes' which implies that the economists are adopting minor (insignificant/marginal) solutions at a time when bold decisions can have the desirable significance. We need to take major decisions to solve bigger problems and not work towards solving minor fixes.

Hence, the correct option is (C).

69. The meaning of the word aversion is a feeling of dislike often marked with hostility (opposition) which makes the person avoid something.

Hence, the correct option is (A).

70. The word crippled means severely damaged by something or someone. The line 'Unemployment may not be a severe problem in most advanced countries currently' suggests that the economy of advanced countries is not crippled with unemployment. So, option (A) is incorrect.

According to the line used in the first paragraph of the passage, 'And climate change continues to pose an existential threat' option (B) is correct.

The full form of EIP is "Economics for Inclusive Prosperity" and not "Economics for Included Prosperity".

Hence, the correct option is (B).

71. Correct spelling is necessary.

The meaning of the word 'necessary' is 'required, essential'.

Hence, the correct option is (B).

72. The correct spelling is commemorate.

The meaning of the word commemorate means 'to honor the memory of someone or something with a ceremony or object'.

Hence, the correct option is (C).

73.

- Sentence 1- The first sentence should always introduce the subject of the paragraph. Sentence R provides an insight on the subject matter of the paragraph that is reading. The sentence tells us that reading is an essential skill-building activity.
- Sentence 2- The next sentence in this sequence is sentence P. It further explains how someone's language fluency is also determined by the quality of reading.
- Sentence 3- Sentence S is next in sequence as it explains the other things such as vocabulary enrichment, ideas collection, familiarization with different types of writing formats, speaking fluency that is also dependent on reading apart from language fluency. This is evident from the word 'besides', the sentence begins with besides showing how the discussion is continued.
- Sentence 4- The last sentence should always conclude the paragraph. Sentence Q talks about how reading has lost its importance in modern times.

The correct sequence is RPSQ.

Hence, the correct option is (D).

74.

- In the given sentence, the use of 'less' is grammatically incorrect. Here, in the given question, 'little' should be used.
- We know that 'less' is the comparative degree of 'little'. So, we should use less in comparative structures.
- Whereas, the given sentence does not have any kind of comparison. In the given sentence, 'was' should be used instead of 'are' because the given sentence is in the past tense.

Correct Sentence: There was too little space for Naveen to park his car in front of the shop.

Hence, the correct option is (B).

75. The underlined Part "aren't she" is grammatically wrong.

It should have "isn't"'. We know that singular question tag is followed by a singular negative question tag.

Correct Sentence: She is quite capable of looking after herself, isn't she?

Hence, the correct option is (C).

76. ऐशबाग स्टेडियम, भोपाल मध्य प्रदेश का एक हॉकी स्टेडियम है।

स्टेडियम	विवरण
नेहरू स्टेडियम, इंदौर	1. यह एक क्रिकेट स्टेडियम है, जिसमें लगभग 25,000 दर्शकों की क्षमता है। 2. इसका स्वामित्व और संचालन इंदौर नगर निगम द्वारा किया जाता है। 3. यह रणजी ट्रॉफी में होलकरों का घरेलू मैदान है।
ऐशबाग स्टेडियम, भोपाल	1. यह एक फील्ड हॉकी स्टेडियम है, जिसमें 10,000 से अधिक लोगों की क्षमता है। 2. इसका स्वामित्व और संचालन मध्य प्रदेश सरकार द्वारा किया जाता है। 3. यह विश्व सीरीज़ हॉकी टीम भोपाल बादशाह का घरेलू मैदान है।
कप्तान रूप सिंह स्टेडियम, ग्वालियर	1. यह एक क्रिकेट स्टेडियम है, जिसमें लगभग 45,000 लोगों की क्षमता है। 2. यह मध्य प्रदेश क्रिकेट एसोसिएशन (एमपीसीए) के स्वामित्व में है और ग्वालियर डिवीज़न क्रिकेट एसोसिएशन द्वारा संचालित है।
होल्कर स्टेडियम, इंदौर	1. इसे पूर्व में महारानी उषाराजे ट्रस्ट क्रिकेट ग्राउंड के नाम से जाना जाता है जो एक क्रिकेट स्टेडियम है। 2. इसमें लगभग 30,000 लोगों के बैठने की क्षमता है।

अत: विकल्प (B) सही है।

77. पारंपरिक तीरंदाजी में आदिवासी खिलाड़ियों को प्रशिक्षित करने के लिए, राजस्थान में उदयपुर में 'तीरंदाजी खेल अकादमी' की स्थापना की गई है।

- भारतीय तीरंदाजों को उचित प्रशिक्षण सुविधा प्रदान करके देश में तीरंदाजी के खेल को व्यवस्थित करने, प्रोत्साहित करने और बढ़ावा देने के प्राथमिक उद्देश्य के साथ, 1973 में तीरंदाजी एसोसिएशन ऑफ इंडिया (एएआई) अस्तित्व में आया।
- आधुनिक FITA/ओलंपिक तीरंदाजी 1970 में खेल से पहले भारत में आया था, 1972 में म्यूनिख, पश्चिम जर्मनी में ओलंपिक अनुशासन के भाग के रूप में चुना गया था।
- भारतीय तीरंदाजी संघ भारत में तीरंदाजी का राष्ट्रीय शासी निकाय है।
- इसका मुख्यालय नई दिल्ली में स्थित है।
- इसके वर्तमान अध्यक्ष अर्जुन मुंडा हैं।
- एएआई एक गैर-लाभकारी, सरकारी-वित्त पोषित संगठन है जो विश्व तीरंदाजी महासंघ (आईएफ), एशियाई तीरंदाजी महासंघ (एएफ), और भारतीय ओलंपिक संघ (आईओए) से संबद्ध है और भारत के युवा मामलों और खेल मंत्रालय द्वारा मान्यता प्राप्त है।

अत: विकल्प (A) सही है।

78. पृथ्वी शॉ विजय हजारे ट्रॉफी के एक ही संस्करण में 800 रन की उपलब्धि को हासिल करने वाले पहले खिलाड़ी बन गए हैं।

उन्होंने मार्च 2021 में दिल्ली के अरुण जेटली स्टेडियम में विजय हजारे ट्रॉफी के फाइनल में उत्तर प्रदेश के खिलाफ 73 रन की पारी के दौरान उपलब्धि हासिल की। कुछ दिन पहले उन्होंने एमएस धोनी और विराट के लिस्ट ए चेज़ में भारतीय बल्लेबाज द्वारा सर्वोच्च व्यक्तिगत स्कोर के रिकॉर्ड को तोड़ा था।

अत: विकल्प (D) सही है।

79.

- भारतीय-कनाडाई निर्दिशक रिची मेहता द्वारा अभिनीत नेटप्लिक्स इंडिया औरिजनल सीरीज़ " दिल्ली क्राइम " को 48वें अंतर्राष्ट्रिय एमी अवार्ड्स में सर्वश्रेष्ठ ड्रामा सीरीज़ सम्मान मिला है ।
- इस श्रंखला में 23 वर्षीय फिजियोथेपी इंटर्न का मामला सामने आया है, जिसे 16 दिसंबर, 2012 की रात चलती बस में अपहरण और सामूहिक बलात्कार किया गया था।
- यह शो वर्ष 2019 में रिलीज किया गया था।

अतः विकल्प (B) सही है।

80.

- विवेकानंद रॉक मेमोरियल, वावाथुराई, कन्याकुमारी में स्थित है।
- इसका निर्माण 1970 में स्वामी विवेकानंद के सम्मान में किया गया था।
- यह लैकाडिव सागर से घिरा हुआ है।

अतः विकल्प (C) सही है।

81. फ्रांस की राजधानी पेरिस है।

देश	फ्रांस
राजधानी	पेरिस
राष्ट्रपति	इमैनुएल मैक्रों
प्रधानमंत्री	एडवर्ड फिलिप
मुद्रा	यूरो, सीएफपी फ्रैंक

अतः विकल्प (C) सही है।

82.

- बिंदुसार राजवंश के संस्थापक चंद्रगुप्त के बेटे और अशोक के पिता थे ।
- वह भारत के दूसरे मौर्य सम्राट थे।
- अनुमान के अनुसार, बिन्दुसार 297 ईसा पूर्व के आसपास सिंहासन पर चढ़ा था। बिन्दुसार को अमृतघाट नाम से भी जाना जाता था।
- यूनानियों के लिए, वह अमितोक्रेट्स के रूप में जाना जाता था।

अतः विकल्प (D) सही है।

83. विशेष आहरण अधिकार को अंतर्राष्ट्रीय मुद्रा कोष (International Monetary Fund) द्वारा 1969 में अपने सदस्य देशों के लिये अंतर्राष्ट्रीय आरक्षित संपत्ति के रूप में बनाया गया था।

SDR का मूल्य, बास्केट ऑफ करेंसी में शामिल मुद्राओं के औसत भार के आधार पर किया जाता है। इस बास्केट में पाँच देशों की मुद्राएँ शामिल हैं- अमेरिका डॉलर (Dollar) ,यूरोप का यूरो (Euro), चीन की मुद्रा रैंन्मिन्बी (Renminbi), जापानी येन (Yen), ब्रिटेन का पाउंड (Pound)।

अतः विकल्प (D) सही है।

84.

- विष्णुगुप्त चाणक्य का दूसरा नाम था।
- उनका जन्म लगभग 350 ईसा पूर्व में हुआ था और उन्हें मौर्य साम्राज्य के मुख्य वास्तुकार होने और अर्थशास्त्र और राजनीति विज्ञान में अग्रणी लिखावट के काम, जो कि अर्थशास्त्र है, के लिए जाना जाता है।
- चाणक्य की पहचान उनके अर्थशास्त्र में विष्णुगुप्त के रूप में और विष्णु शर्मा द्वारा गुप्त युग के पंचतंत्र में की गई थी।

अतः विकल्प (B) सही है।

85. पट्टचित्र:

- यह ओडिशा का एक पारंपरिक कपड़ा आधारित स्क्रॉल चित्रकारी है।
- यह अंतरतम गर्भगृह में भगवान जगन्नाथ के अलंकरण के साथ एक महत्वपूर्ण कला रूप बन गया।
- चित्रकारी में भगवान जगन्नाथ , उनके भाई बलराम और बहन सुभद्रा, कृष्ण लीला की कहानी को दर्शाया गया है।

अतः विकल्प (B) सही है।

86.

- पाक जलडमरूमध्य एक जलडमरूमध्य है जो भारत और श्रीलंका को अलग करता है।
- यह बंगाल की खाड़ी को पाक जलसंधि से जोड़ता है।

अतः विकल्प (D) सही है।

87. वायु प्रदूषण धुएं के कारण होता है।

वायु प्रदूषण वायु में प्रदूषकों के प्रवाह के कारण होता है जो ग्रह और मानव जीवन को नुकसान पहुंचा सकता है।

अतः विकल्प (C) सही है।

88. लाल किला, मुगल साम्राज्य शाहजहां द्वारा बनाया गया था, उनके युग को वास्तु-कला के लिए 'स्वर्ण युग' के रूप में माना जाता था। उन्होंने अपने शासन के दौरान कई अन्य संरचनाएं भी बनाईं, जो निम्नानुसार हैं:

- लाल किला, दिल्ली
- ताज महल, आगरा
- जामा मस्जिद, दिल्ली
- जामा मस्जिद, आगरा

अतः विकल्प (D) सही है।

89.

- संविधान की प्रारूप समिति की अध्यक्षता डॉ. बी. आर. अंबेडकर ने की थी।
- बी. आर. अम्बेडकर एक बुद्धिमान संवैधानिक विशेषज्ञ थे, उन्होंने लगभग 60 देशों के गठन का अध्ययन किया था।
- अम्बेडकर को "भारत के संविधान के जनक" के रूप में जाना जाता है।

अतः विकल्प (B) सही है।

90.

- आंतरिक सौर मंडल के लघु ग्रहों को क्षुद्रग्रह कहा जाता है।
- क्षुद्र ग्रहों का एक बड़ा हिस्सा ग्रहों, मंगल और बृहस्पति के बीच पाया जाता है।
- क्षुद्रग्रह खनिज और चट्टान से बने होते हैं।

अतः विकल्प (C) सही है।

91. संविधान का अनुच्छेद 326 यह प्रावधान करता है कि हर राज्य के लोगों और विधान सभा के चुनाव वयस्क मताधिकार के आधार पर होंगे।

उसके लिए, एक व्यक्ति की आयु 18 वर्ष से कम नहीं होनी चाहिए।

अतः विकल्प (C) सही है।

92. भूस्खलन कोई भी ऐसी भूगर्भीय प्रक्रिया है जिसमें गुरुत्वाकर्षण चट्टान, मिट्टी, कृत्रिम भराव या तीनों के संयोजन को प्रभावित करता है और ढंलान के नीचे जाने का कारण बनता है।

भूस्खलन के कारण:

- चट्टानों का धीमा अपक्षय
- मृदा अपरदन,
- भूकंप
- ज्वालामुखी गतिविधि

अतः विकल्प (D) सही है।

93.

- प्राथमिक रंग वे रंग हैं जो विशिष्ट अनुपात में मिश्रित होने पर किसी भी रंग का निर्माण कर सकते हैं।
- वर्णक्रमीय रंग अर्थात् नीला, लाल और हरा प्राथमिक रंग हैं।
- द्वितीयक रंग जैसे पीला, मैजेंटा आदि दो प्राथमिक रंगों को सही अनुपात में मिलाकर उत्पादित किया जा सकता है।
- जब कोई भी दो रंगों को मिलाने पर वे सफेद रोशनी पैदा करते हैं तो उन्हें पूरक रंग के रूप में जाना जाता है।

अतः विकल्प (A) सही है।

94. स्पेस पेन एक बॉल पॉइंट पेन है जिसका आविष्कार पॉल सी. फिशर ने किया जो कि शून्य गुरुत्वाकर्षण, पानी के नीचे, और किसी भी कोण (यहां तक कि उल्टा) में काम करने के लिए बनाया गया है। इसे ज़ीरो ग्रेविटी पेन और फिशर स्पेस पेन के नाम से भी जाना जाता है और इसे फिशर स्पेस पेन कंपनी द्वारा बेचा जाता है।

अतः विकल्प (A) सही है।

95.

जनरेशन	अवधि	मुख्य कम्प्यूटर
I	1940-52	EDVAC, EDSAC, UNIVAC
II	1952-64	IBM-700, IBM-1401, IBM-1620, CDC-1604, CDC-3600
III	1964-71	IBM-360, IBM-370, NCR-395, CDC-1700
IV	1971-वर्तमान काल	एप्पल, DCM

अतः विकल्प (A) सही है।

96.

- एक प्रोग्रामिंग भाषा एक ऐसी भाषा होती है जिसका उपयोग कुछ विशिष्ट कार्यों को करने के उदेश्य से कंप्यूटर को निर्देश प्रदान करने के लिए किया जाता है। उदाहरण: C, C ++, Java, पायथन आदि।
- फ्रंटलाइन एक पत्रिका है जो राजनीति, अर्थव्यवस्था, विश्व मामलों जैसे विभिन्न विषयों पर चर्चा करती है।

अतः विकल्प (C) सही है।

97.

- इंडोनेशिया की राजधानी जकार्ता है।
- इंडोनेशिया की मुद्रा इंडोनेशियाई रुपिया है।
- इंडोनेशिया भारत से लगभग 4483 किलोमीटर (2786 मील) दूर है।

अतः विकल्प (C) सही है।

98.

- एनीलिंग वह प्रक्रिया है जिसका उपयोग कांच को मजबूत करने के लिए किया जाता है।
- यह एक ऐसी प्रक्रिया है जिसमें कांच को एक निर्दिष्ट तापमान पर गर्म किया जाता है और फिर बहुत धीमी और नियंत्रित दर से ठंडा किया जाता है।
- यह प्रक्रिया विनिर्माण के दौरान आये अवशिष्ट आंतरिक तनाव को दूर करने के लिए भी की जाती है।
- केस-कठोरीकरण वह प्रक्रिया है जिसमें किसी धातु की वस्तु की सतह को सख्त किया जाता है, जबकि गहरी परत नरम रहती है।
- प्रसामान्यीकरण उष्मा प्रशोधन प्रक्रिया है जिसका उपयोग आंतरिक सामग्री के तनाव को विनियमित करने के लिए किया जाता है।
- टेम्परिंग एक उष्मा प्रशोधन प्रक्रिया है जिसका उपयोग लौह आधारित मिश्र धातुओं की कठोरता को बढ़ाने के लिए किया जाता है।

अतः विकल्प (C) सही है।

99. जनवरी 2021 में, लद्दाख के कारगिल के चिकटन में खेलो इंडिया आइस हॉकी टूर्नामेंट का आयोजन किया गया है।

एसडीएम शकर चिकत्तन और आयोजन के मुख्य अतिथि काचो असगर अली खान ने प्रभारी पुलिस पोस्ट-चिकान के साथ ZPEO चिकत्तन गुलाम रसूल की उपस्थिति में टूर्नामेंट का उदुघाटन किया।

अतः विकल्प (B) सही है।

100.

- कुआलालंपुर को सितंबर 2018 में यूनेस्को द्वारा विश्व पुस्तक राजधानी 2020 के रूप में नामित किया गया था।
- मलेशिया की राजधानी, कुआलालंपुर को ज्ञान आधारित समाज के निरंतर विकास, समावेशी शिक्षा पर सुदृढ़ फोकस और पढ़ने की सामग्री के लिए इसकी आबादी की आसान पहुंच के कारण चुना गया था।

- यह विश्व पुस्तक और कॉपीराइट दिवस अर्थात 23 अप्रैल, 2020 की शुरुआत करते हुए, वर्ष में पुस्तकों और पढ़ने को बढ़ावा देने के लिए कई पहल करेगा।

अतः विकल्प (B) सही है।

मॉक टेस्ट 04

General Intelligence and Reasoning

Q.1 नीचे दिए गए प्रश्न में, दो कथन चार निष्कर्ष I, II, III और IV द्वारा दिए गए हैं। आपको दो कथनों को सत्य मानना होगा, भले ही वे सामान्यतः ज्ञात तथ्यों से भिन्न प्रतीत होते हों। आपको यह तय करना होगा कि दिए गए कथनों में से कौन सा निष्कर्ष इनका अनुसरण करता है

कथन:

सभी बकरियां बाघ हैं

सभी बाघ शेर हैं

निष्कर्ष:

I. सभी बाघ बकरियां हैं

II. सभी शेर बाघ हैं

III. कोई भी बकरी शेर नहीं है

IV. कोई शेर बकरी नहीं है

A. या तो II या III अनुसरण करता है
B. या तो II या IV अनुसरण करता है
C. या तो I या III अनुसरण करता है
D. कोई भी निष्कर्ष अनुसरण नहीं करता है

Q.2 दिए गये विकल्पों में से कौन-सा विकल्प निम्न समूह का अगला सदस्य होगा?

चंडीगढ़ : पांडिचेरी : लक्षद्वीप : ?

A. गुजरात **B.** महाराष्ट्र **C.** दिल्ली **D.** सिक्किम

Ques (3-4):निर्देश: विषम संख्या का पता लगाए।

Q.3 3, 5, 11, 14, 17, 21

A. 21 **B.** 17 **C.** 14 **D.** 3

Q.4 8, 27, 64, 100, 125, 216, 343

A. 27 **B.** 100 **C.** 125 **D.** 343

Q.5 निम्नलिखित प्रश्न में दिए गए विकल्पों में से विषम शब्द जोड़ी को चुनिए।

A. कार - पेट्रोल **B.** बल्ब - बिजली
C. पेन - स्याही **D.** पेंसिल - कागज

Q.6 दी गई आकृति में, संगीतमय खिलौने कितने हैं?

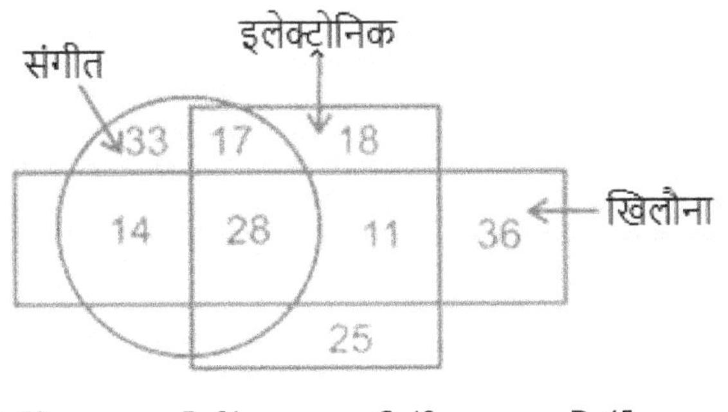

A. 53 **B.** 61 **C.** 42 **D.** 45

Q.7 एक निश्चित कोड में **FIRE** को **DGPC** के रूप में कोडित किया गया है। **SHOT** के लिए कोड शब्द का अंतिम अक्षर क्या होगा?

A. Q **B.** R **C.** S **D.** P

Q.8 एक निश्चित कोड में शब्द '**PUSH** को '**NWQJ**' के रूप में लिखा गया है, तो एक ही कोड में '**CATTLE**' कैसे लिखा होगा?

A. ACRVJG **B.** ACRJVG
C. CARVJG **D.** CARVGJ

Q.9 नीचे दिए गए प्रश्न में, दो कथन चार निष्कर्ष I, II, III और IV द्वारा दिए गए हैं। आपको दो कथनों को सत्य मानना होगा, भले ही वे सामान्यतः ज्ञात तथ्यों से भिन्न प्रतीत होते हों। आपको यह तय करना होगा कि दिए गए कथनों में से कौन सा निष्कर्ष इनका अनुसरण करता है

कथन:

सभी कौवे काले हैं

कुछ काली चीजें सुंदर हैं

निष्कर्ष:

I. कुछ काली चीजें सुंदर हैं

II. कुछ सुंदर चीजें काली हैं

A. केवल निष्कर्ष I अनुसरण करता है
B. केवल निष्कर्ष II अनुसरण करता है
C. दोनों निष्कर्ष I और II अनुसरण करते हैं
D. न तो निष्कर्ष I और न ही II अनुसरण करता है

Q.10 निर्देश: निम्नलिखित प्रश्न में, उस एक का चयन करें जो अन्य तीन विकल्पों से अलग हो:

A. दरिद्र-संपन्न
B. समर्थन - विरोध
C. बदनामी - प्रशंसा
D. नष्ट करना - तबाह करना

Ques (11-12):निर्देश: प्रश्न चिह्न (?) के स्थान पर क्या आएगा?

Q.11 4, 7, 12, 19, 28, ?

A. 49 **B.** 36 **C.** 30 **D.** 39

Q.12 10, 100, 200, 310, ?

A. 430 **B.** 420 **C.** 410 **D.** 400

Q.13 निम्नलिखित प्रश्न में दिए गए विकल्पों में से संबंधित शब्द को चुनिए।

कारखाना : उत्पादन :: अस्पताल

A. चिकित्सक **B.** नर्स **C.** उपचार **D.** इमारत

Q.14 वैकल्पिक चित्र (A), (B), (C) और (D) में से किस चित्र का निर्माण दिए गये चित्र (x) के टुकड़ों से किया जा सकता है। (सभी टुकड़ों का एक बार प्रयोग करते हुए)

(X)

A. 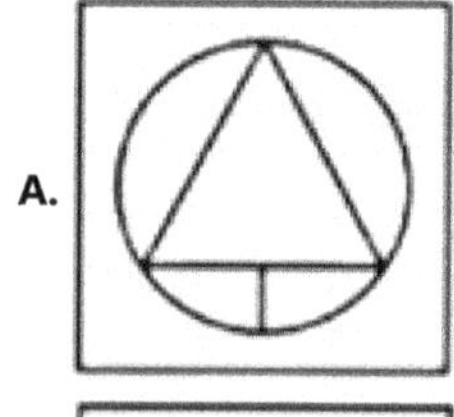

B. 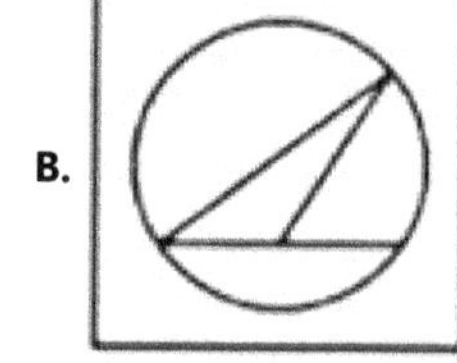

C. 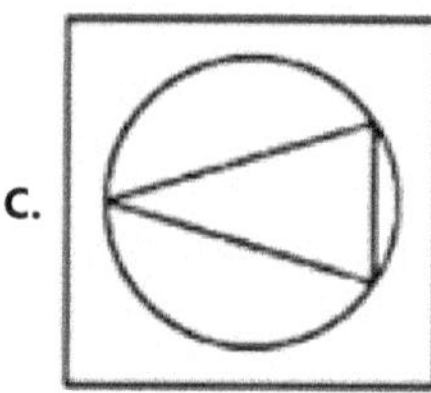

D. 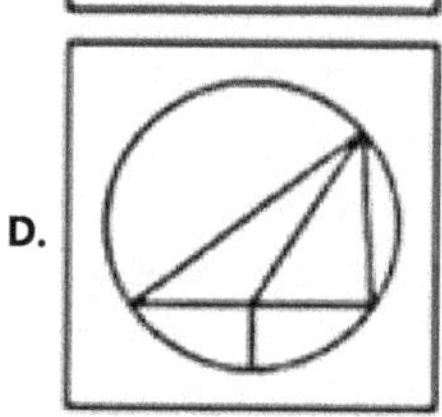

Q.15 दिए गए विकल्पों में से संबंधित अक्षरों को चुनिए।

YWZX : USVT :: MKNL : ?

A. IGGH **B.** IGJH **C.** IGJJ **D.** IGHH

Q.16 निम्नलिखित प्रश्न में, दी गई अक्षर श्रृंखला में अंतराल पर क्रमशः रखे जाने वाले अक्षरों का कौन सा सेट इसे पूरा करेगा?

b _ ac _ cc _ cb _ ab _ ac

A. aabba **B.** bbaac **C.** cbaba **D.** abbbc

Q.17 एक अनुक्रम दिया गया है जिसमें एक पद रिक्त है दिए गए विकल्पों में से सही विकल्प चुनिए जो अनुक्रम को पूरा करें?

KlMnO, qRsTu, WxYzA, cDeFg,?

A. iJkLm **B.** HiJkL **C.** IjKlM **D.** hIjKl

Q.18 निम्नलिखित श्रृंखला में गलत पद ज्ञात कीजिये।

1, 8, 28, 64, 125, 216

A. 8 **B.** 64 **C.** 28 **D.** 125

Ques (19-20):निर्देश: निम्नलिखित में से किन संकेतों को बदलने पर समीकरण सही बनेगा ?

Q.19 (8 – 8) + 8 × 32 = 64

A. ×, +, – **B.** –, ÷, + **C.** +, ÷, + **D.** +, ÷,×

Q.20 64 – 8 × 9 ÷ 8 = 64

A. + और – **B.** ÷ और × **C.** + और ÷ **D.** – और ÷

Q.21 यदि + विभाजन के लिए है; इसके अलावा × जोड़ के लिए है; - गुणन के लिए है; ÷ का मतलब है घटाव, तो निम्नलिखित में से कौन सा समीकरण सही है?

1. 15 ÷ 5 × 2 – 6 + 3 = 28
2. 15 × 5 + 2 – 6 ÷ 3 = 56.5
3. 15 + 5 – 2 ÷ 6 × 3 = 3
4. 15 – 5 + 2 × 6 ÷ 3 = 41

A. 3 **B.** 1 **C.** 2 **D.** 4

Q.22 उस आकृति का पता लगायें जो दी गई श्रेणी का सबसे उपयुक्त सम्बन्ध प्रदर्शित करती है-

कर्मचारी, प्रबंधक, मजदूर

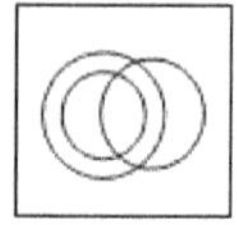
(A)

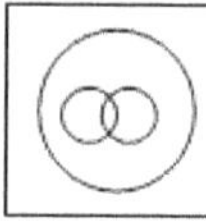
(B)

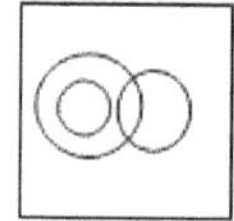
(C)

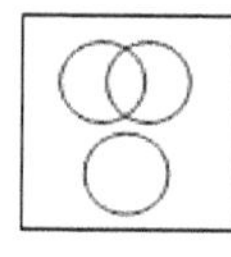
(D)

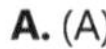

A. (A) **B.** (B) **C.** (C) **D.** (D)

Q.23 यदि एक विशिष्ट कूट भाषा में, SASHWATA को RBTGVBUZ के रूप में लिखा जाता है, तो कौन सा शब्द BSPRRCPV के रूप में लिखा जाएगा?

A. CROOSBOW **B.** CROSSBOW
C. KROSBOOW **D.** CROSSBOX

Q.24 दिए गए आकृति में, कितने कार्डबोर्ड ऐसे है जो बक्से है लेकिन सफेद नहीं हैं?

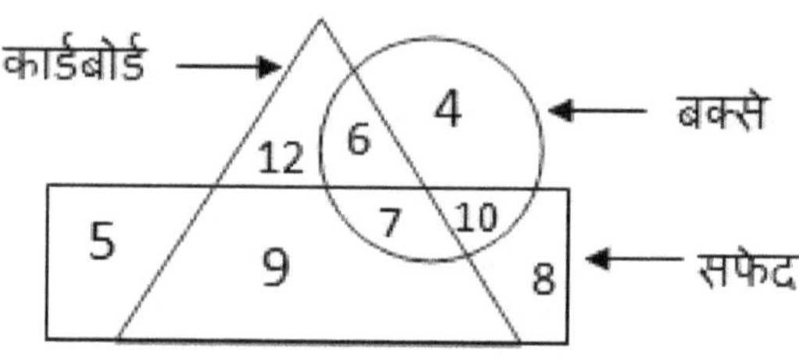

A. 6 **B.** 13 **C.** 7 **D.** 9

Q.25 निम्न शब्दों को उनके शब्दकोश के क्रम में व्यवस्थित कीजिये और तीसरे आने वाले शब्द का चयन कीजिये।

i) Dagger
ii) Dangle
iii) Daisy
iv) Damp
v) Dapper

A. Daisy **B.** Damp **C.** Dagger **D.** Dangle

Numerical Aptitude/ Quantitative Ability

Q.26 कौनसी धनराशि (रुपये में) तीन साल में 10% वार्षिक चक्रवृद्धि ब्याज पर 26620 रुपये हो जाएगी?

A. 20000 **B.** 22000 **C.** 25000 **D.** 26000

Q.27 एक गोलाकार तालाब एक 4 मी. चौड़ी दीवार से घिरा है। यदि दीवार का क्षेत्रफल तालाब के क्षेत्रफल का $\frac{11}{25}$ है तो तालाब की त्रिज्या (मी. में) ज्ञात करें:

A. 12 **B.** 20 **C.** 18 **D.** 16

Q.28 एक समकोण त्रिभुज की दो भुजाएँ जो समकोण बनाती है उनकी लंबाई 'a' और 'b' है। त्रिभुज के बाहर की ओर तीनों भुजाओं पर तीन वर्ग बनाये गये हैं। तो त्रिभुज तथा तीनों वर्गों का कुल क्षेत्रफल होगा।

A. $2(a^2 + b^2) + ab$
B. $2(a^2 + b^2) + 2.5ab$
C. $2(a^2 + b^2) + 0.5ab$
D. $2.5(a^2 + b^2)$

Q.29 एक वर्ष के चार क्रमागत महीनों के दिनों की औसत संख्या 30.75 है। ऐसे चार क्रमागत महीनों के कितने संयोजन हो सकते हैं?

A. 0 **B.** 1 **C.** 2 **D.** 3

Q.30 अमित और वीर की वार्षिक आय 3 : 2 के अनुपात में है, जबकि उनके व्यय का अनुपात 5 : 3 है। यदि वर्ष के अंत में प्रत्येक 1000 रु. की बचत करता है, तो अमित की वार्षिक आय क्या है?

A. 9000 रु. **B.** 8000 रु. **C.** 7000 रु. **D.** 6000 रु.

Q.31 यदि घन की प्रत्येक भुजाओं में 50% की वृद्धि की जाती है, तो इसके पृष्ठीय क्षेत्रफल में कितने प्रतिशत की वृद्धि होगी?

A. 75% **B.** 100% **C.** 125% **D.** 150%

Q.32 एक वस्तु का क्रय मूल्य 120 रुपये है। यदि इसे 102 रुपये में बेचा जाता है, तो हानि प्रतिशत क्या है?

A. 11 **B.** 12 **C.** 15 **D.** 10

Q.33 किसी वस्तु पर 10% की छूट देने के बाद 20% का लाभ होता है। यदि वस्तु का अंकित मूल्य 3000 रूपये है, तब इसका क्रय मूल्य (रूपये में) क्या है?

A. 3060 **B.** 2250 **C.** 2500 **D.** 2750

Q.34 $(37 + 23)^2 - (37 - 23)^2$ का मान क्या है?

A. 1908 **B.** 1602 **C.** 1702 **D.** 3404

Q.35 साधारण ब्याज की 12% की दर से किसी राशि को निवेश करने पर 3 वर्षों में प्रति वर्ष 720 रु का ब्याज़ प्राप्त होता है। मूल राशि (रु में) क्या है?

A. 2400 **B.** 1500 **C.** 3000 **D.** 2000

Q.36 एक बीमा कंपनी $4,60,000$ रुपये का मूल्य की नयी गाड़ी के दुर्घटना में पूरी तरह क्षतिग्रस्त होने पर $3,81,800$ रुपये का भुगतान करती है। गाड़ी का कितना प्रतिशत बीमाकृत है?

A. 83% **B.** 82% **C.** 76% **D.** 78%

Q.37 हल कीजिये: $38 \div \left[1 - \frac{1}{2} + 2\frac{2}{3}\right] =?$

A. 10 **B.** 11 **C.** 12 **D.** 14

Q.38 यदि $3cot\theta = 4\cos\theta$ हो, तो $\cos^2\theta$ का मान ज्ञात कीजिए?

A. $\frac{2}{16}$ **B.** $\frac{-1}{8}$ **C.** $\frac{7}{16}$ **D.** $\frac{9}{16}$

Q.39 $\left(\frac{sec\ A}{cotA+tanA}\right)^2$ का सरलीकृत मान क्या है?

A. $1 - \cos^2 A$ **B.** $2\sin^2 A$

C. $sec^2 A$ **D.** $cosec^2 A$

Q.40 हल कीजिये:

$\frac{0.796\times0.796-0.204\times0.204}{0.796-0.204}$

A. 0 **B.** 1 **C.** 2 **D.** 3

Q.41 ABDC एक समांतर चतुर्भुज है जिसमें विकर्ण AD और BC, बिंदु O पर प्रतिच्छेद करते हैं। AE और DF क्रमशः E और F पर BC के लंबवत हैं। इनमें से कौन सा सही नहीं है?

A. $\Delta ABC \cong \Delta DCB$ **B.** $\Delta AOE \cong \Delta DOF$

C. $\Delta AEB \cong \Delta DFC$ **D.** $\Delta ADC \cong \Delta ABD$

Q.42 यदि विक्रय मूल्य क्रय मूल्य से 100 रुपए अधिक है और लाभ 20% है, तो क्रय मूल्य क्या है?

A. 600 **B.** 1000 **C.** 800 **D.** 500

Q.43 दो संख्याओं का अनुपात $7:10$ है। यदि उनका अंतर 96 है, तो छोटी संख्या क्या है?

A. 210 **B.** 224 **C.** 320 **D.** 276

Q.44 एक नियमित पंचभुज की भुजा BA और DE को बढ़ाकर F पर मिलाया जाता है। तो $\angle EFA$ की माप ज्ञात करें।

A. 60° **B.** 36° **C.** 72° **D.** 54°

Q.45 A और B किसी कार्य को 10 दिन में कर सकते हैं और A अकेला उसे 30 दिन में कर सकता है। B अकेला कार्य को कितने दिनों में कर सकता है?

A. 15 **B.** 12 **C.** 18 **D.** 24

Ques (46-47):निर्देश: दिए गए पाई चार्ट का उपयोग करके निम्नलिखित प्रश्न का उत्तर दें।

इन सभी द्वारा प्राप्त कुल अंक 374 हैं।

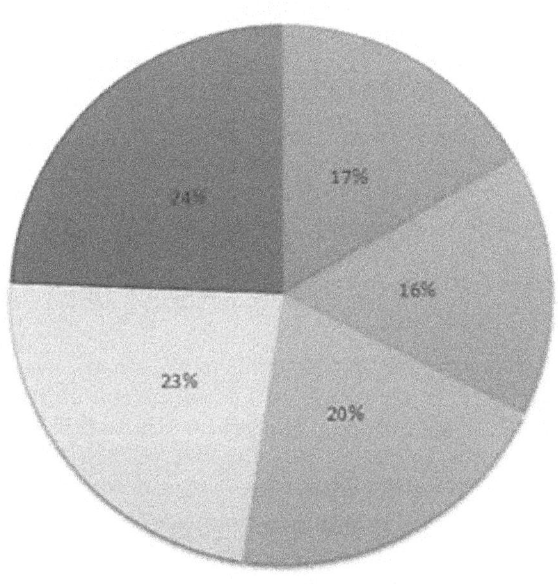

Q.46 टॉप 2 छात्रों और नीचे 2 छात्रों द्वारा बनाए गए अंकों के बीच अनुमानित अंतर क्या है?

A. 61 **B.** 45 **C.** 52 **D.** 67

Q.47 पाई आरेख में राकेश द्वारा अनुमानित केंद्रीय कोण क्या है?

A. 72 डिग्री **B.** 65 डिग्री **C.** 75 डिग्री **D.** 68 डिग्री

Ques (48-49):निर्देश: दिए गए पाई चार्ट का उपयोग करके निम्नलिखित प्रश्न का उत्तर दें।

इन सभी द्वारा प्राप्त कुल अंक 374 हैं।

SBI PO परीक्षा में प्राप्तांक

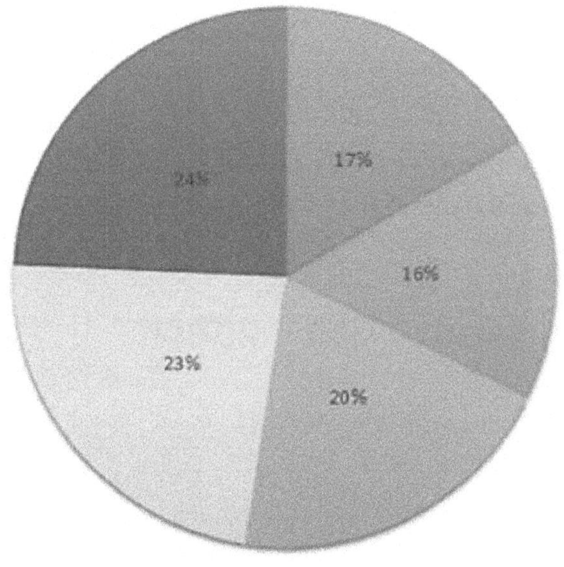

Q.48 परीक्षा में टॉपर और रमेश द्वारा बनाए गए औसत अंक क्या हैं?

A. 92 **B.** 99 **C.** 77 **D.** 88

Q.49 पाई आरेख में रवि और राम द्वारा सममित कोण के बीच अंतर क्या है?

A. 3.5 डिग्री **B.** 5 डिग्री **C.** 4 डिग्री **D.** 3.6 डिग्री

Q.50 6400 रुपये को तीन श्रमिकों के बीच $\frac{3}{5}:2:\frac{5}{3}$ के अनुपात में बांटा गया है। दूसरे श्रमिक का हिस्सा (रु में) है:

A. 3000 **B.** 2000 **C.** 2500 **D.** 2700

General English & Comprehension

Ques (51-52):Direction: Below is given a sentence that is divided in four parts and out of these parts one has an error. Mark that part as your answer if the sentence is correct, mark no error your answer.

Q.51 None (A)/but (B)/am(C)/responsible.(D)/ No Error

A. (A) **B.** (B) **C.** (C) **D.** (D)

Q.52 Don't make stupid excuses. You flunked the exam and I was still furious.

A. Don't make stupid excuses
B. You flunked the exam and
C. I was still furious
D. No error

Ques (53-55):Direction: Fill in the blank with the correct word.

Q.53 We were starving so we really dug ____ when the food finally did arrive.

A. In **B.** Into **C.** Up **D.** Deep

Q.54 If you want to get ____, hone your communication skills.

A. Over **B.** Upto **C.** Ahead **D.** Up

Q.55 The value of education and its ____ can be understood from various aspects of life.

A. Significance **B.** Significant
C. Signify **D.** Significantly

Q.56 Doctors are hopeful that he has been cured of the dreaded virus, though they point out it's a little too early to say ______.

A. Rather conclusive **B.** So conclusively
C. So conclusive **D.** Most conclusively

Ques (57-58):Direction: In the following question, a sentence has been given in Direct/Indirect speech. Out of the 4 alternatives suggested, select the one which best expresses the same sentence in indirect/Direct speech.

Q.57 "Matthew, the standup comedy circuit is booming right now, maybe you should try your luck there," Chandler said.

A. Chandler suggested to Matthew that the standup circuit was booming right then and that he should try his luck there
B. Chandler suggested to Matthew that the standup circuit was booming right then and that he should try his luck there
C. Chandler urged Matthew to try his luck in the standup circuit as it was booming
D. Chandler requested Matthew to try his luck in the stand-up circuit as it was booming

Q.58 Danneel urged Genevieve to run for student body president.

A. "Genevieve, maybe you should run for student body President." Danneel said
B. "Genevieve you should definitely run for student body President." Danneel said.
C. "Genevieve, you could run for student body President." Danneel said
D. "Danneel, you could run for student body President." Genevieve said

Ques (59-60):Direction: A sentence has been given in Active/Passive voice. Out of the four alternatives suggested, select the one which best expresses the same sentence in Passive/Active voice.

Q.59 Kevin ran over the dog while learning how to drive.

A. While learning how to drive, Kevin ran over the dog
B. While driving, the dog was run over by Kevin
C. While learning how to drive, the dog was being run over by Kevin
D. While learning how to drive, the dog was run over by Kevin

Q.60 Raymond was bitten by a snake on his walk in Central Park.

A. Something bit Raymond on his walk to Central Park
B. A snake bit Raymond on his walk in Central Park
C. A snake will bite Raymond on his walk in Central Park
D. A snake has bitten Raymond on his walk in Central Park

Ques (61-64):Direction: Choose the word which is opposite in meaning to the given word.

Q.61 Scorn

A. Contempt **B.** Rapture
C. Ascetic **D.** Nimble

Q.62 August

A. Sparse **B.** Majestic **C.** Illicit **D.** Render

Q.63 Throng

A. Teem **B.** Strand **C.** Abandon **D.** Jilt

Q.64 Retort

A. Counter **B.** Rebuff **C.** Retaliate **D.** Plea

Ques (65-67):Direction: In the following question, out of the four alternatives, select the alternative which best expresses the meaning of the idiom/phrase.

Q.65 Get the show on the road

A. Rating something higher on your priority list
B. Putting up a plan or idea into action
C. Getting your things well organized
D. Trying out every possibility to get a result

Q.66 Apple of the eye is something that one

A. Chooses for pleasure
B. Cherishes above everything else
C. Selects minutely
D. Never judges

Q.67 Sit on the fence.

A. To have a greater view while sitting on the fence
B. To be unable or unwilling to commit oneself
C. To be worthless
D. To work lazily

Ques (68-72):Direction: Read the passage carefully and select the best answer to each question out of the given four alternatives.

Culture is defined as a people's way of life. It entails how they dress, how they speak, the type of food they eat, the manner in which they worship, and their art among many other things. Indian culture, therefore, is the Indians' way of life. Because of the population diversity, there is immense variety in Indian culture. The Indian culture is a blend of various cultures belonging to diverse religions, castes; regions follow their own tradition and culture. Indian Culture is one of the oldest cultures in the world. India had an urban civilization even during the Bronze age. The Indus Valley Civilization (HarappanCivilization) dates back to 3300 BC – 1300 BC. Distinct cultures different from each other co-exist together in a single country. Thus, in India, there is unity amidst vast cultural diversity. The way people live in India is reflected in their culture. Unity in Diversity: India is a land of unity in diversity where people of different sects, caste, and religion live together. India is also called the land of unity in diversity as different groups of people co-operate with each other to live in a single society. Unity in diversity has also become the strength of India.

Secularism: The word secularism means equality, impartiality, etc. towards all religions. India is a secular country, which means, equal treatment of all the religions present in India.

Traditions: traditional cultural values Gestures

- Touching feet of elders: Indian tradition has rich cultural values. In India, younger show great respect to their elders. They touch the feet of their elders daily after waking up and especially on festive occasions or before starting an important work.
- Namaste: The gesture of the Namaste greeting is also part of the Indian culture. People greet each other by saying "Namaste" while joining their hands. "Namaste" means "Hello". (Also read, the meaning of Namaste here.)
- Most Indians have a habit of shaking their heads while talking.

Q.68 If I am a cultural, well-behaved Indian, what won't I do?

A. Touch the feets of the elders
B. Join my hands while doing 'Namaste'
C. Wake up early in the morning, especially on the festive occasions
D. Shake my head as a habit while talking

Q.69

Why is India called a unity in diversity?

A. Different groups of people co-operate with each other
B. People of different sects, caste and religion live together
C. It is strength of India
D. All of these

Q.70 Which of the following is not true according to the passage?

A. Culture entails how people dress
B. Culture entails how people speak
C. Culture entails how people worship
D. Culture entails what drawing people draw

Q.71 Based on the above passage, which of the following is NOT true about Indian culture?

A. Indian culture dates back to 3300 BC – 1300 BC
B. Envy religion follows their own tradition and customs
C. Every religion is treated equally in India
D. In India there is unity in diversity

Q.72

What is the reason behind the immense variety in Indian culture?

A. Blend of various cultures
B. Population diversity
C. Cultural diversity
D. Secularism

Q.73 One who is blamed for wrongdoings or mistakes of others

A. Assailant **B.** Mugger
C. Scapegoat **D.** Slasher

Ques (74-75):Directions: Read the following information carefully and answer the question given below-

The questions consist of a set of labelled sentences. Out of the four options given, select the most logical order of the sentences to form a coherent paragraph.

Q.74 A. 15 finalists of more than 12,000 original registrants
B. and theories in the physical or life sciences
C. from around the world who submitted engaging and
D. imaginative videos to demonstrate difficult scientific concepts
E. the three Indian students are among
A. ACDEB **B.** DAECB **C.** EABCD **D.** EACDB

Q.75 A. dozens of UNESCO World Heritage sites
B. in the Mediterranean such as Venice, the Leaning Tower of Pisa
C. and the Medieval City of Rhodes
D. are under severe threat of coastal erosion and
E. flooding due to rising sea levels within the next 100 years
A. BCDEA **B.** EDBCA **C.** ABCDE **D.** ABEDC

General Awareness

Q.76 बास्केटबॉल में एक टीम में खिलाड़ियों की संख्या कितनी होती है:
A. 9 **B.** 5 **C.** 6 **D.** 11

Q.77 पहला राजीव गांधी खेल रत्न पुरस्कार किसको दिया गया था?
[Madhya Pradesh Public Service Commission (MPPSC), 2018]
A. विश्वनाथन आनंद **B.** गीत सेठी
C. सचिन तेंडुलकर **D.** धनराज पिल्लै

Q.78 परमाणु संख्या _______ की संख्या से मेल खाती है।
A. न्यूट्रॉन **B.** ड्यूट्रॉन **C.** प्रोटॉन **D.** इलेक्ट्रॉन

Q.79 इनमें से किस केंद्र शासित प्रदेश का राज्यसभा में प्रतिनिधित्व है?
A. अंडमान और निकोबार द्वीपसमूह
B. चंडीगढ़
C. दादरा और नागर हवेली
D. पुडुचेरी

Q.80 बिटुमिनस कोयले में ______ कार्बन होता है।
A. 81% **B.** 66% **C.** 58% **D.** 91%

Q.81 समुद्री भूकंप से उत्पन्न होने वाली समुद्री लहरों को क्या कहा जाता है?
A. सर्क **B.** सुनामी **C.** मापक **D.** केम

Q.82 भारत का कौन सा पड़ोसी देश लक्षद्वीप द्वीप समूह के दक्षिण में स्थित है?
A. श्रीलंका **B.** बांग्लादेश **C.** म्यांमार **D.** इंडोनेशिया

Q.83 एक झील में पानी पर लोहे की कीलों से भरी नाव तैर रही है। जब लोहे के कील हटा दिए जाते हैं, तो जल स्तर _____।
A. उदय होता है
B. गिरता है
C. निर्धारित नहीं किया जा सकता है
D. स्थिर रहता है

Q.84 प्रसिद्ध चित्रकला "बणी ठणी" से संबंधित है:
A. बूंदी शैली **B.** जयपुर शैली
C. कांगड़ा शैली **D.** किशनगढ़ शैली

Q.85 निम्नलिखित में से कौन सा मंदिर भगवान सूर्य को समर्पित है?
A. कोणार्क **B.** मोधेरा
C. मार्तंड **D.** उपर्युक्त सभी

Q.86 विद्युत ऊर्जा (W) विद्युत शक्ति से संबंधित कैसे है?
A. $W = Pt$ **B.** $W = P^2t$
C. $W = P + t$ **D.** $W = \frac{P}{t}$

Q.87 3 डी-ऑब्जेक्ट क्रिएशन प्लेटफ़ॉर्म जिसका नाम "पॉली" है, किस तकनीक द्वारा संचालित है?
A. माइक्रोसॉफ्ट **B.** गूगल
C. इंटेल **D.** अमेज़न

Q.88 पहली बार मूली की फसल किस संगठन द्वारा अंतरिक्ष में उगाई गई है?
A. इसरो **B.** नासा
C. यूरोपीय अंतरिक्ष एजेंसी **D.** रूसी अंतरिक्ष एजेंसी

Q.89 निम्नलिखित में से किस वन को "पृथ्वी ग्रह के फेफड़े" के रूप में जाना जाता है?
A. अमेज़न वर्षावन **B.** सदाबहार वन
C. टुंड्रा वन **D.** टैगा वन

Q.90 नेशनल हेरिटेज सिटी डेवलपमेंट एंड ऑग्मेंटेशन योजना (HRIDAY) कितने शहरों में लागू हुई ।
A. 8 **B.** 10 **C.** 11 **D.** 12

Q.91 निम्नलिखित में से कौन भारत में पंचायतों के वित्त की समीक्षा के लिए हर 5 साल में वित्त आयोग की नियुक्ति के प्रावधान से संबंधित है?
A. 74वां संशोधन अधिनियम
B. 73वां संशोधन अधिनियम
C. 77वां संशोधन अधिनियम
D. इनमें से कोई भी नहीं

Q.92 कालीबंगा से पुरातात्विक अवशेषों के रूप में इनमें से कौन सा तत्व नहीं मिला था?
A. काली चूड़ियां **B.** अग्नि कुंड
C. जोता हुआ क्षेत्र **D.** जोड़ों की कब्र

Q.93 एकीकृत बाल संरक्षण योजना किस वर्ष शुरू की गई थी?
A. 2009-2010 **B.** 2011-2012
C. 2013-2014 **D.** 2015-2016

Q.94 यदि _____ नहीं है तो एक कंप्यूटर "बूट" नहीं हो सकता है।
A. संकलक **B.** लोडर
C. ऑपरेटिंग सिस्टम **D.** कोडांतरक

Q.95 निम्नलिखित में से 'भौगोलिक संकेतक' की असंगत जोड़ी कौन-सी है?
A. काँगड़ा चाय - हिमाचल प्रदेश
B. कोटपैड हैंडलूम फैब्रिक - राजस्थान
C. मैसूर रेशम - कर्नाटक
D. पोचमपल्ली इकत - तेलंगाना

Q.96 एमएस-वर्ड _____ का एक उदाहरण है
A. एक ऑपरेटिंग सिस्टम **B.** एक प्रोसेसिंग डिवाइस
C. एप्लीकेशन सॉफ्टवेयर **D.** एक इनपुट डिवाइस

Q.97 5वीं एशिया आर्थिक वार्ता (AED) 2021 को "पोस्ट Covid-19 ग्लोबल ट्रेड एंड फाइनेंस डायनेमिक्स" विषय के तहत किसने संबोधित किया था?

A. अनुराग ठाकुर
B. निर्मला सीतारमण
C. नरेंद्र मोदी
D. एस जयशंकर

Q.98 राष्ट्रीय सांख्यिकी कार्यालय (NSO) के आंकड़ों के अनुसार, Q3FY21 में ___% की अनुमानित GDP के साथ, भारत तकनीकी रूप से मंदी से बाहर निकल चुका है।

A. 4
B. 1.6
C. 0.9
D. 0.4

Q.99 किस देश के सबसे बड़े बैंक ने, देश का पहला भारत-समर्पित सार्वजनिक रूप से निवेश फंड पेश किया है?

A. नेपाल
B. चीन
C. भूटान
D. जापान

Q.100 टाटा केमिकल्स के नमक और सोडा ऐश उत्पादन के पहले केंद्र का नाम बताएं।

A. मीठापुर (गुजरात)
B. हल्दिया (पश्चिम बंगाल)
C. बबराला (यूपी)
D. नांदेड़ (महाराष्ट्र)

// स्मार्ट उत्तर पुस्तिका //

सही उत्तर — उन छात्रों का प्रतिशत जिन्होंने प्रश्नों का सही उत्तर दिया था।
छोड़ दिया — उन छात्रों का प्रतिशत जिन्होंने प्रश्नों को छोड़ दिया था।

प्रश्न संख्या	उत्तर	सही उत्तर	छोड़ दिया	प्रश्न संख्या	उत्तर	सही उत्तर	छोड़ दिया	प्रश्न संख्या	उत्तर	सही उत्तर	छोड़ दिया	प्रश्न संख्या	उत्तर	सही उत्तर	छोड़ दिया	प्रश्न संख्या	उत्तर	सही उत्तर	छोड़ दिया	प्रश्न संख्या	उत्तर	सही उत्तर	छोड़ दिया
1	D	63.33 %	1.7 %	18	C	47.39 %	1.18 %	35	D	27.58 %	4.54 %	52	C	67.29 %	1.97 %	69	B	63.19 %	1.57 %	86	A	49.34 %	1.13 %
2	C	60.04 %	1.35 %	19	D	64.35 %	1.52 %	36	A	52.27 %	1.18 %	53	A	44.56 %	1.07 %	70	D	50.36 %	1.1 %	87	B	44.09 %	1.9 %
3	C	85.2 %	0.0 %	20	D	67.23 %	1.38 %	37	C	79.67 %	0.0 %	54	C	54.83 %	1.97 %	71	B	47.03 %	1.68 %	88	B	46.26 %	1.38 %
4	B	64.23 %	1.12 %	21	A	53.33 %	1.06 %	38	C	66.02 %	1.75 %	55	A	54.04 %	1.97 %	72	B	51.05 %	1.56 %	89	A	68.23 %	1.3 %
5	D	86.32 %	0.0 %	22	B	49.08 %	1.5 %	39	A	46.57 %	1.02 %	56	B	50.3 %	1.29 %	73	C	29.22 %	3.52 %	90	D	67.12 %	1.03 %
6	C	67.79 %	1.75 %	23	B	47.59 %	1.11 %	40	B	65.19 %	1.82 %	57	B	40.66 %	1.8 %	74	D	44.65 %	1.85 %	91	B	59.2 %	1.71 %
7	B	52.55 %	1.73 %	24	A	44.94 %	1.04 %	41	D	63.74 %	1.62 %	58	B	56.57 %	1.61 %	75	C	57.55 %	1.42 %	92	D	51.06 %	1.48 %
8	A	65.63 %	1.73 %	25	B	62.6 %	1.76 %	42	D	69.1 %	1.46 %	59	D	57.66 %	1.89 %	76	B	86.6 %	0.0 %	93	A	43.28 %	1.79 %
9	C	63.37 %	1.85 %	26	A	47.22 %	1.35 %	43	B	79.03 %	0.0 %	60	B	78.41 %	0.0 %	77	A	79.39 %	0.0 %	94	C	88.19 %	0.0 %
10	D	19.63 %	4.82 %	27	B	41.56 %	1.01 %	44	B	44.72 %	1.72 %	61	A	22.03 %	3.32 %	78	C	45.81 %	1.63 %	95	B	24.88 %	4.42 %
11	D	57.28 %	1.84 %	28	C	57.44 %	1.38 %	45	A	57.08 %	1.71 %	62	B	51.6 %	1.29 %	79	D	68.53 %	1.09 %	96	C	87.63 %	0.0 %
12	A	63.65 %	1.81 %	29	C	47.93 %	1.54 %	46	C	41.08 %	1.54 %	63	A	66.22 %	1.87 %	80	A	44.61 %	1.78 %	97	D	45.83 %	1.19 %
13	C	55.1 %	1.96 %	30	D	57.36 %	1.42 %	47	A	67.27 %	1.85 %	64	D	15.55 %	4.04 %	81	B	46.3 %	1.62 %	98	D	54.29 %	1.92 %
14	A	53.97 %	1.79 %	31	C	40.8 %	1.46 %	48	D	44.42 %	1.75 %	65	B	28.49 %	4.04 %	82	A	80.84 %	0.0 %	99	B	53.5 %	1.82 %
15	B	59.12 %	1.73 %	32	C	79.81 %	0.0 %	49	D	69.22 %	1.38 %	66	B	64.71 %	1.68 %	83	B	81.43 %	0.0 %	100	A	68.07 %	1.89 %
16	A	52.82 %	1.69 %	33	B	62.95 %	1.62 %	50	A	29.51 %	3.17 %	67	B	81.85 %	0.0 %	84	D	55.64 %	1.9 %				
17	C	84.4 %	0.0 %	34	D	80.9 %	0.0 %	51	C	50.81 %	1.09 %	68	C	46.89 %	1.07 %	85	D	41.61 %	1.17 %				

//संकेत और समाधान//

1. कथनों के अनुसार, आरेख है

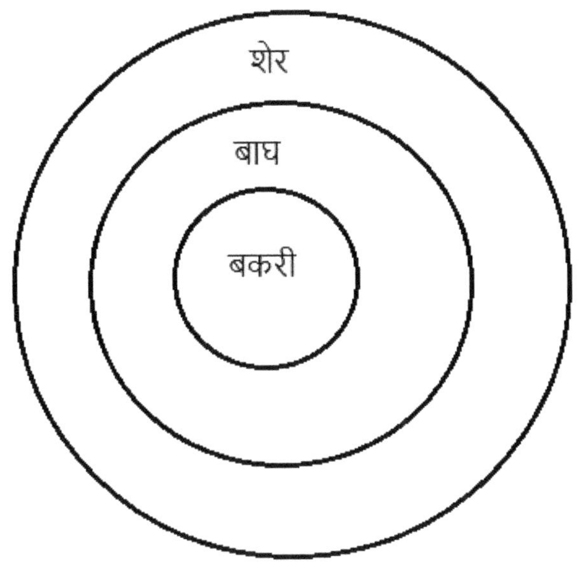

अतः विकल्प (D) सही है।

2. दी गई श्रृंखला में "भारत के केंद्र शासित प्रदेश" शामिल हैं।

और दिए गये विकल्पों में से, दिल्ली भारत के केंद्र शासित राज्यों में से एक है।

इसलिए, 'दिल्ली' सही उत्तर है।

अतः विकल्प (C) सही है।

3. 14 को छोड़कर प्रत्येक संख्या विषम संख्या है।

संख्या '14' एकमात्र सम संख्या है।

अतः विकल्प (C) सही है।

4. पैटर्न $2^3, 3^3, 4^3, 5^3, 6^3, 7^3$ है।

लेकिन, 100 एक पूर्ण घन नहीं है।

अतः विकल्प (B) सही है।

5. 'पेंसिल - कागज' को छोड़कर सभी पूरक वस्तुओं के उदाहरण है।

अतः विकल्प (D) सही है।

6.

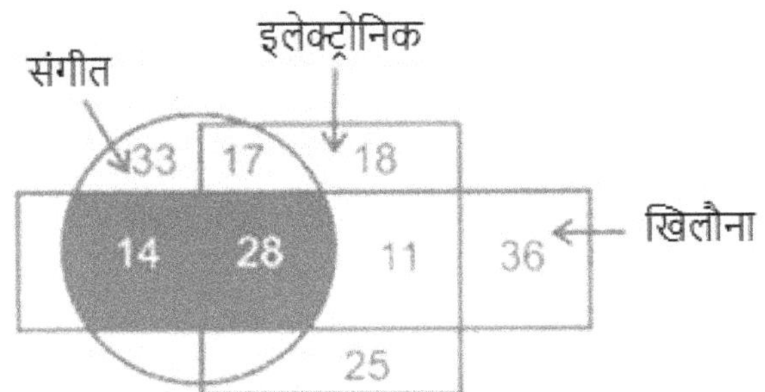

संगीतमय खिलौने: 28 + 14 = 42

इसलिए कुल '42' संगीतमय खिलौने हैं।

अतः विकल्प (C) सही है।

7. D का उपयोग F के लिए किया जाता है।

G का उपयोग I के लिए किया जाता है।

P का उपयोग R के लिए किया जाता है।

और

C का उपयोग E के लिए किया जाता है।

इस प्रकार, यह स्पष्ट है कि FIRE शब्द का प्रत्येक अक्षर आगे के कोडित शब्द DGPC के प्रत्येक संबंधित अक्षर के लिए है।उसी सिद्धांत को लागू करने से, QFMR SHOT के लिए कोडित होगा। इसलिए, कोडित शब्द का अंतिम अक्षर R है।

अतः विकल्प (B) सही है।

8. दिए गए कोडिंग भाषा में एक ऐसा पैटर्न है जिसमें विषम स्थान वाले अक्षरों को उसके स्थान में से 2 घटाकर कोडेड किया है, और सम स्थान वाले अक्षरों को उसके स्थान में 2 जोड़कर कोडेड किया है । इसलिए, 'CATTLE' को 'ACRVJG' के रूप में कोडित किया जाएगा।

अतः विकल्प (D) सही है।

9. कथनों के अनुसार, आरेख है

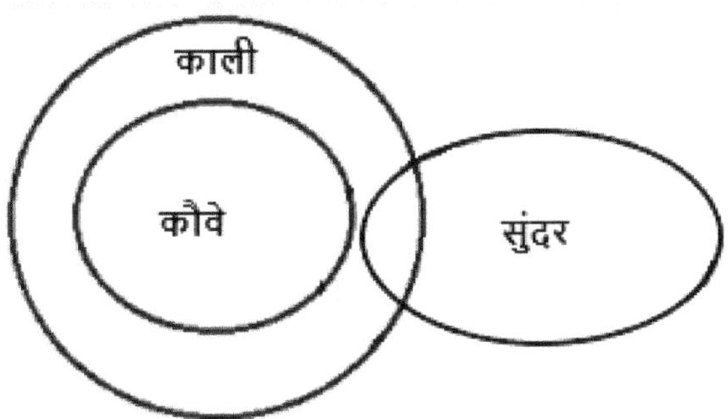

अतः विकल्प (B) सही है।

10. नष्ट करना-तबाह करना को छोड़कर, शब्दों के अन्य जोड़े एक दूसरे के विपरीतार्थक है।

इसलिए 'नष्ट करना-तबाह करना' अन्य तीन विकल्पों से अलग है, क्योंकि 'नष्ट करने' का अर्थ है 'किसी की शक्ति या अधिकार को कमजोर करना', तथा 'तबाह करने' का अर्थ है 'सर्वनाश करना'। ये दोनों शब्द समानार्थक हैं,

अतः विकल्प (D) सही है।

11. पहला पद : 4

दूसरा पद : 4 + 3 = 7

तीसरा पद : 7 + 5 = 12

चौथा पद : 12 + 7 = 19

पांचवा पद : 19 + 9 = 28

इसलिए,

अगला पद : 28 + 11 = 39

अतः विकल्प (D) सही है।

12. पहला पद : 10

दूसरा पद : 100 = 10 + 90

तीसरा पद : 200 = 100 + 100

चौथा पद : 310 = 200 + 110

पांचवा पद : 430 = 310 + 120

इसलिए, उत्तर 430 है।

अतः विकल्प (A) सही है।

13. कारखानों में विभिन्न उत्पादों का उत्पादन किया जाता है।

इसी तरह, अस्पतालों में विभिन्न बीमारियों और दुर्घटनाओं से ग्रसित लोगों का उपचार किया जाता है।

इस प्रकार अस्पताल उपचार से संबंधित है।

अतः विकल्प (C) सही है।

14.

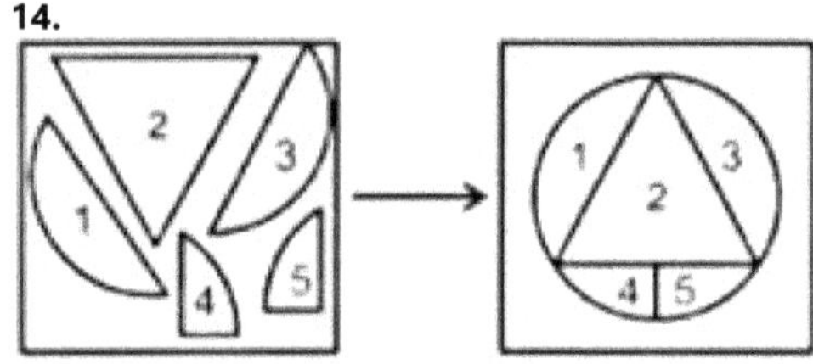

इसलिए नीचे दी गयी आकृति दिए गए चित्र (X) के टुकड़ों से निर्मित की जा सकती है।

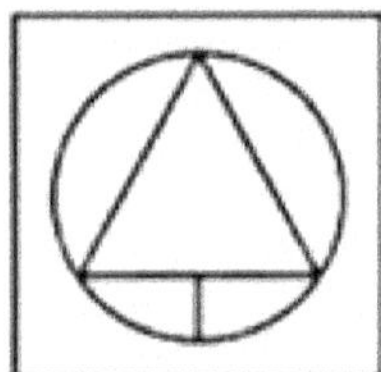

अतः विकल्प (A) सही है।

15. प्रश्नानुसार,

YWZX : USVT

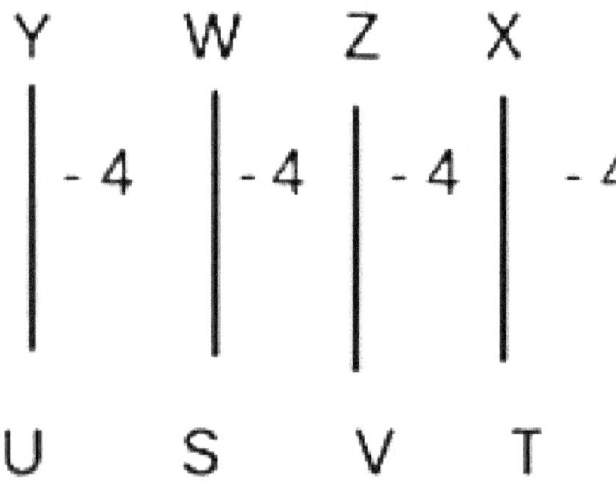

उसी प्रकार:

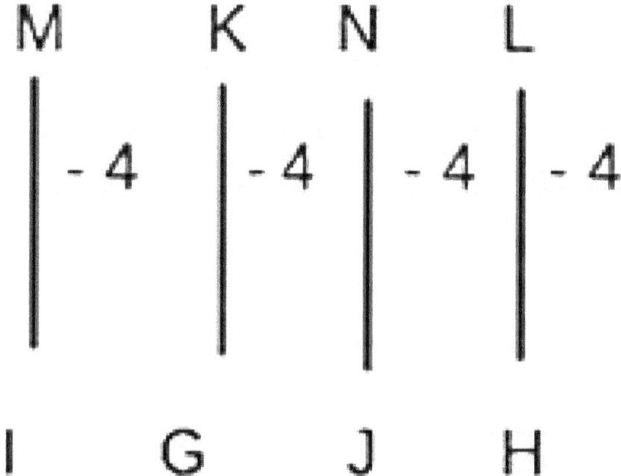

इसलिए "IGJH" सही उत्तर है।

अतः विकल्प (B) सही है।

16. दी गई श्रंखला का पैटर्न निम्नलिखित है -

b **a** ac/ **a** cc **b**/cb **b** a/b **a** ac

इसलिए, रिक्त स्थान पर aabba आएगा।

अतः विकल्प (A) सही है।

17. पैटर्न इस प्रकार है।

KlMnO (O+2=q) = qRsTu

qRsTu (u+2=W) = WxYzA

WxYzA (A+2=c) = cDeFg

cDeFg (g+2=I) = IjKlM

अतः विकल्प (C) सही है।

18. 28 को छोड़कर सभी संख्याओं के घन हैं।

$1 = 1^3$

$8 = 2^3$

28 = ... (यहाँ 27 होना चाहिए)

$64 = 4^3$

$125 = 5^3$

$216 = 6^3$

अतः विकल्प (C) सही है।

19. दिया है,

$(8 - 8) + 8 \times 32 = 64$

चौथे विकल्प से,संकेतों को इंटरचेंज करने के बाद,

हमें मिलता है:

$\Rightarrow (8 + 8) \div 8 \times 32 = 64$

$\Rightarrow 16 \div 8 \times 32 = 64$

$\Rightarrow 2 \times 32 = 64$

अतः विकल्प (D) सही है।

20. दिया है,

64 - 8 × 9 ÷ 8 = 64

विकल्प चार से समीकरण में (- और ÷) रखने पर,

हम प्राप्त करते हैं,

⇒ 64 ÷ 8 × 9 – 8 = 64

⇒ 8 × 9 – 8 = 64

⇒ 72 – 8 = 64

⇒ 64 = 64

अतः विकल्प (D) सही है।

21. प्रतीको को इंटरचेंज करने के बाद समीकरण 3 सही होगा।

दिया है,

15 + 5 – 2 ÷ 6 × 3 = 3

प्रतीक को इंटरचेंज करने के बाद

⇒ 15 ÷ 5 × 2 – 6 + 3 = 3

⇒ 3 × 2 – 6 + 3 = 3

⇒ 6 – 6 + 3 = 3

⇒ 3 = 3

अतः विकल्प (A) सही है।

22. कुछ मजदूर प्रबंधक हो सकते है और इसके प्रतिकूल भी।

सभी मजदूर और प्रबंधक कर्मचारी होते है।

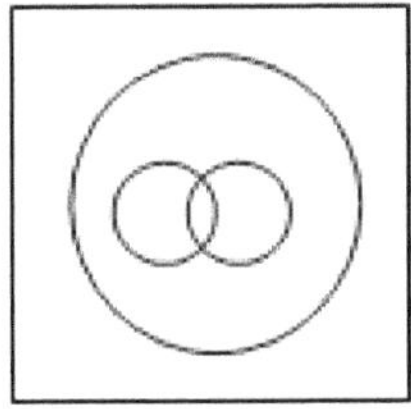

अतः विकल्प (B) सही है।

23. इस कूट के लिए स्वरुप निम्नानुसार है

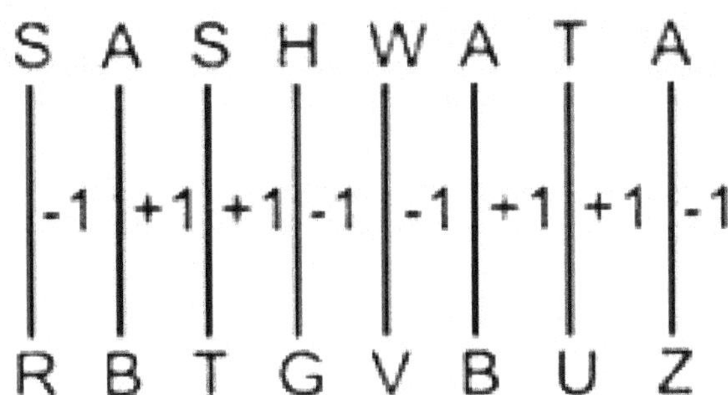

इसी प्रकार,

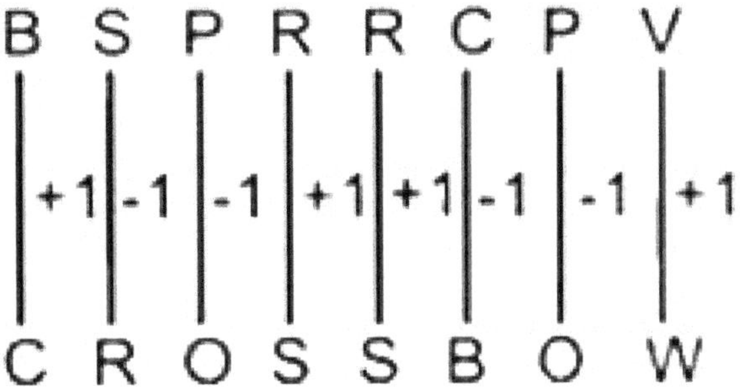

इसलिए, CROSSBOW को BSPRRCPV के रूप में लिखा जाएगा।

अतः विकल्प (B) सही है।

24. कार्डबोर्ड बक्से जो सफेद नहीं होते हैं उन्हें त्रिकोण और सर्कल के लिए आम संख्या द्वारा दर्शाया जा सकता है लेकिन आयत के बाहर। ऐसी संख्या '6' है।

अतः विकल्प (A) सही है।

25. दिए गये शब्दों को शब्दकोश क्रम के अनुसार व्यवस्थित करने पर,

i) **Dag**ger

ii) **Dai**sy

iii) **Damp**

iv) **Dan**gle

v) **Dapp**er

इसलिए, शब्दकोश के अनुसार "Damp" तीसरे स्थान पर आएगा।

अतः विकल्प (B) सही है।

26. माना P धनराशि है,

दिया है,

$$t = 3$$

$$R = 10$$

$$A = 26620$$

⇒ धनराशि $(A) = P \times \left(1 + \frac{R}{100}\right)^t$

$$\Rightarrow 26620 = P \times \left(1 + \frac{10}{100}\right)^3$$

$$\Rightarrow 26620 = P \times (1.1)^3 = 1.331P$$

$$\therefore P = \frac{26620}{1.331} = 20000$$

अतः विकल्प (A) सही है।

27. तालाब की त्रिज्या $= R$

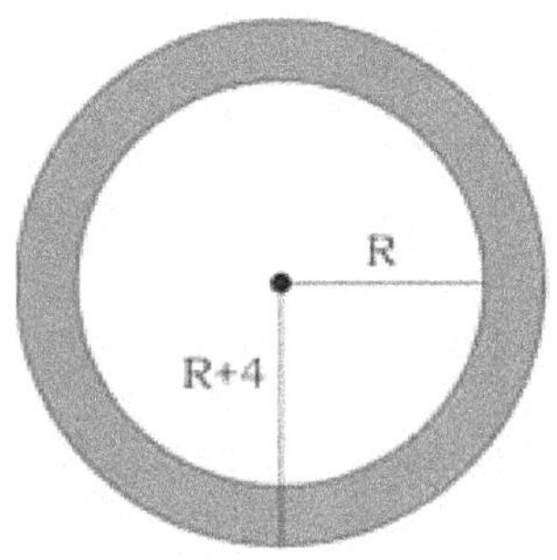

कंक्रीट की दीवार के साथ तालाब की बाहरी त्रिज्या $= (R + 4)$

प्रश्नानुसार,

$$\pi R^2 \times \frac{11}{25} = \pi(R \times 4)^2 - \pi R^2$$

$$R^2 \times \frac{11}{25} = R^2 + 16 + 8R - R^2$$

$$\frac{11}{25}R^2 = 16 + 8R$$

$$11R^2 - 200R - 400 = 0$$

विकल्प (b) द्वारा,

$$R = 20$$

$$11 \times (20)^2 - 200 \times 20 - 400 = 0$$

$$4400 - 4000 - 400 = 0$$

$0 = 0$ (संतुष्ट)

तालाब की त्रिज्या $R = 20$ सेमी

अतः विकल्प (B) सही है।

28. $BC = \sqrt{AB^2 + AC^2} = \sqrt{a^2 + b^2}$ (पाईथोगोरस प्रमेय से)

∴ कुल आवश्यक क्षेत्र

$$= a^2 + b^2 + \left(\sqrt{a^2 + b^2}\right)^2 + \frac{1}{2}ab$$

$$= 2(a^2 + b^2) + 0.5ab$$

अतः विकल्प (C) सही है।

29. एक वर्ष के चार क्रमागत महीनों के दिनों औसत संख्या = 30.75

⇒ वर्ष के चार क्रमागत महीनों के दिनों की कुल संख्या का योग = 4 × 30.75 = 123

यह तभी संभव है जब चार में से तीन महीनों में दिनों की संख्या 31 हो और एक महीने में दिनों की संख्या 30 हो।

इसके लिए संभावित संयोजन,

मई, जून, जुलाई और अगस्त

जुलाई, अगस्त, सितम्बर और अक्टूबर

∴ ऐसे दो संयोजन संभव हैं।

अतः विकल्प (C) सही है।

30. अमित : वीर

आय 3 : 2

बचत 1000 : 1000

∴ आय = व्यय+ बचत

$$\therefore \frac{3x-1000}{2x-1000} = \frac{5}{3}$$

9x - 3000 = 10x - 5000

x = 2000

∴ अमित की वार्षिक आय 3x है

= 3 × 2000

= 6000 रु.

अतः विकल्प (D) सही है।

31. घन का पृष्ठीय क्षेत्रफल $= 6a^2$ जहाँ a भुजा की लंबाई है

माना किनारों की प्रारम्भिक लंबाई x है

प्रारम्भिक पृष्ठीय क्षेत्रफल $= 6x^2$

नई लंबाई $= x + \left(\frac{50}{100}\right) \times x = 1.5x$

नया पृष्ठीय क्षेत्रफल $= 6(1.5x)^2 = 13.5x^2$

इसके पृष्ठीय क्षेत्रफल में प्रतिशत वृद्धि $= \frac{(13.5x^2 - 6x^2)}{6x^2 \times 100} = 125\%$

अतः विकल्प (C) सही है।

32. क्रय मूल्य $= 120$ रूपये

विक्रय मूल्य $= 102$ रूपये

∴ हानि प्रतिशत

$$= \frac{120-102}{120} \times 100\%$$

$$= \frac{18}{120} \times 100\%$$

$$= 15\%$$

अतः विकल्प (C) सही है।

33. ($M.P =$ अंकित मूल्य, $C.P =$ क्रय मूल्य, $S.P =$ विक्रय मूल्य)

दिया है,

$$M.P = 3000$$

∵ छूट $= 10\%$

∴ इसका $S.P = 3000$ रूपये $\times \frac{90}{100} = 2700$ रूपये

$$\therefore S.P = C.P + 20 \times \frac{C.P}{100}$$

$\Rightarrow S.P = C.P \times \left(\frac{120}{100}\right)$

$\Rightarrow C.P = S.P \times \left(\frac{100}{120}\right)$

$\Rightarrow C.P = 2700 \times \frac{100}{120} = 2250$

इसलिए, वस्तु का क्रय मूल्य 2250 रूपये है।

अतः विकल्प (B) सही है।

34. दिया है:

$(37 + 23)^2 - (37 - 23)^2$

$\Rightarrow (60)^2 - (14)^2$

$\Rightarrow 3600 - 196$

$\Rightarrow 3404$

अतः विकल्प (D) सही है।

35. $S.I = P \times r \times \frac{t}{100}$

$S.I$ = साधारण ब्याज

P = मूल राशि

r = दर

t = समय

$S.I = 720$

$\Rightarrow \frac{(P \times r \times t)}{100} = 720$

$\Rightarrow \frac{(P \times 12 \times 3)}{100} = 720$

$\Rightarrow P \times 0.36 = 720$

$\Rightarrow P = 2000$

अतः विकल्प (D) सही है।

36. मान लीजिये, गाड़ी का $x\%$ बीमाकृत है ।

प्रश्नानुसार,

$\Rightarrow 460000 \times \frac{x}{100} = 381800$

$\Rightarrow x = \frac{3818}{46}$

$\Rightarrow x = 83\%$

$\therefore$ गाड़ी का 83% बीमाकृत है।

अतः विकल्प (A) सही है।

37. दिया है:

$? = 38 \div \left[1 - \frac{1}{2} + 2\frac{2}{3}\right]$

$\Rightarrow ? = 38 \div \left[1 - \frac{1}{2} + \frac{8}{3}\right]$

$\Rightarrow ? = 38 \div \left[\frac{1(6) - 1(3) + 8(2)}{6}\right]$

$\Rightarrow ? = 38 \div \left[\frac{6 - 3 + 16}{6}\right]$

$\Rightarrow ? = 38 \div \left[\frac{19}{6}\right]$

$\Rightarrow ? = \frac{(38 \times 6)}{19} = 12$

अतः विकल्प (C) सही है।

38. दिया है,

$3cot\theta = 4\cos\theta$

$\Rightarrow 3\frac{\cos\theta}{\sin\theta} = 4\cos\theta$

$\Rightarrow \sin\theta = \frac{3}{4}$

हम जानते है कि, $\cos^2\theta = 1 - \sin^2\theta$

$\Rightarrow \cos^2\theta = 1 - \frac{9}{16}$

$\Rightarrow \cos^2\theta = \frac{7}{16}$

अतः विकल्प (C) सही है।

39. $\left(\frac{sec\ A}{cot\ A + \tan\ A}\right)^2$

$= \left(\frac{\frac{1}{\cos A}}{\frac{\cos A}{\sin A} + \frac{\sin A}{\cos A}}\right)^2$

$= \left(\frac{\frac{1}{\cos A}}{\frac{\sin^2 A + \cos^2 A}{\sin A - \cos A}}\right)^2 = (\sin A)^2 = \sin^2 A$

$= 1 - \cos^2 A$

अतः विकल्प (A) सही है।

40. दिया गया व्यंजक:

$= \frac{0.796 \times 0.796 - 0.204 \times 0.204}{0.796 - 0.204}$

$= \frac{(0.796)^2 - (0.204)^2}{0.796 - 0.204}$

हम जानते हैं कि, $a^2 - b^2 = (a + b)(a - b)$

$= \frac{(0.796 + 0.204)(0.796 - 0.204)}{0.796 - 0.204}$

$= 0.796 + 0.204$

$= 1$

अतः विकल्प (B) सही है।

41.

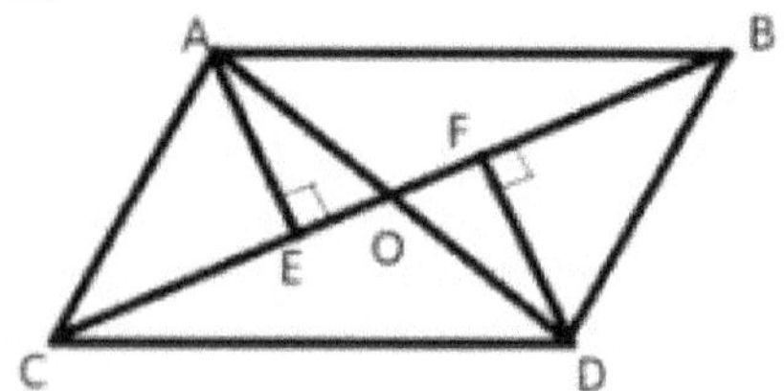

त्रिभुज ABC और त्रिभुज DBC में,

AC = BD, AB = DC, और BC आम पक्ष है इसलिए, त्रिभुज संगत हैं।

त्रिभुज AEO और DOF में,

कोण AOE = कोण DOF (लंबवत विपरीत कोण)

कोण AEO = कोण DFO (दोनों 90°)

और AO = OD (BC विभाजित करते हुए AD)

इसलिए, त्रिभुज सर्वांगसम हैं

त्रिभुज AEB और DFC में,

कोण DFC = कोण AEB

कोण ABE = कोण DCF

CD = AB

इसलिए, त्रिभुज सर्वांगसम हैं

त्रिभुज ADC और त्रिभुज ABD में

AC = BD

AD = AD

और CD = BA

इसलिए त्रिभुज ADC त्रिभुज DAB के अनुरूप है। लेकिन ABD को त्रिभुज करने के लिए संगत नहीं है।

अतः विकल्प (D) सही है।

42. लाभ $\% =$ (विक्रय मूल्य $-$ क्रय मूल्य) / क्रय मूल्य $\times 100$

माना कि क्रय मूल्य x रुपए है

विक्रय मूल्य $= (x + 100)$ रुपए

लाभ प्रतिशत $= \frac{(x+100-x)}{x} \times 100 = \left(\frac{100}{x}\right) \times 100$

$$\left(\frac{100}{x}\right) \times 100 = 20$$
$$x = 500$$

क्रय मूल्य x रुपए $= 500$ रुपए है

अतः विकल्प (D) सही है।

43. माना कि संख्याएं $7x$ और $10x$ है।

$$\Rightarrow 10x - 7x = 96$$
$$\Rightarrow 3x = 96$$
$$\Rightarrow x = \frac{96}{3} = 32$$

$\therefore$ छोटी संख्या $= 7x = 7 \times 32 = 224$

अतः विकल्प (B) सही है।

44.

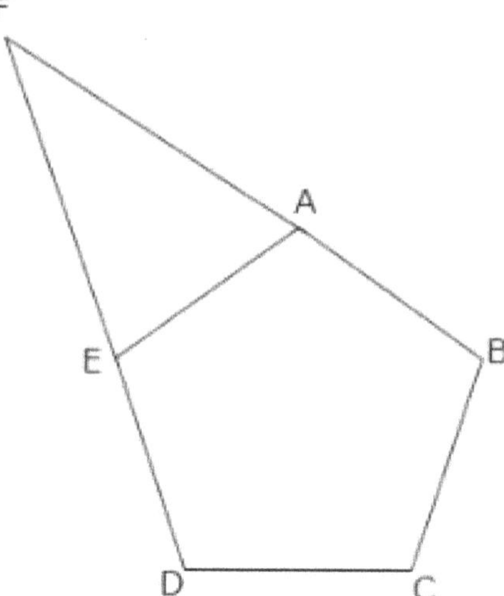

एक नियमित पंचभुज का बाह्य कोण $= \frac{360°}{n} = 72°$

ΔAEF में,

$$\angle AEF + \angle EAF + \angle EFA = 180°$$
$$\Rightarrow \angle EFA = 180° - 72° - 72° = 36°$$

अतः विकल्प (B) सही है।

45. 1 दिन में A और B मिलकर कार्य को कर सकते हैं $= \frac{1}{A} + \frac{1}{B} = \frac{1}{10}$

1 दिन में A अकेला कार्य को कर सकता है $= \frac{1}{30}$

1 दिन में B अकेला कार्य को कर सकता है $= \frac{1}{10} - \frac{1}{30} = \frac{1}{15}$

इसलिए B अकेला कार्य को 15 दिन में कर सकता है।

अतः विकल्प (A) सही है।

46. पाई चार्ट से, प्रथम 2 छात्रों द्वारा प्राप्त कुल अंक 24% + 23% = 47%

अन्तिम 2 छात्रों द्वारा प्राप्त कुल अंक 17% + 16% = 33%

अंतर = 47 - 33 = 14%

इसलिए,

374 का 14% = 52.36 अंक = 52 (लगभग)

अतः विकल्प (C) सही है।

47. पाई चार्ट से, राकेश ने कुल अंकों का 20% स्कोर किया।

इसलिए हमारे पास 360 डिग्री $= 100\%$

अब $20\% = \frac{360}{5}$

$= 72$ डिग्री

अतः विकल्प (A) सही है।

48. टॉपर ने कुल अंकों का 24% और रमेश ने कुल अंकों का 23% स्कोर किया

इसलिए उन दोनों ने कुल अंकों में से 47% स्कोर किया और इसलिए औसत = 374 का 23.5% = 87.89%

= 88 (लगभग)

अतः विकल्प (D) सही है।

49. रवि ने कुल अंकों में से 16% और राम ने 17% स्कोर किया और इसलिए अंतर = 1%

हमारे पास 100% = 360 डिग्री है।

⇒1% = 3.6 डिग्री

अतः विकल्प (D) सही है।

50. दिया है:

कुल राशि $= 6400$

माना पहले श्रमिक का हिस्सा $= \frac{3}{5}x$

दूसरे श्रमिक का हिस्सा $= 2x$

तीसरे श्रमिक का हिस्सा $= \frac{5}{3}x$

प्रश्नानुसार, $\frac{3}{5}x + 2x + \frac{5}{3}x = 6400$

$\Rightarrow \frac{9x+30x+25x}{15} = 6400$

$\Rightarrow 64x = 6400 \times 15$

$\Rightarrow x = 1500$

$\therefore$ दूसरे श्रमिक का हिस्सा $= 1500 \times 2 = 3000$

अतः विकल्प (A) सही है।

51. The final sentence will be " None but me is responsible. Because here but acts as a preposition so it will be followed by an objective form of the pronoun.

Hence, the correct option is (C).

52. Still means at the current moment or present. But I was has been used wrongly.

I am still furious.

Hence, the correct option is (C).

53. The correct phrasal verb is 'dug in' which means 'start eating greedily'. Thus option 1 is the correct answer. The other options do not convey the correct meaning.

Hence, the correct option is (A).

54. The correct phrasal verb is 'get ahead' which means 'progress' thus option 3 is the correct word to be placed here. The other options cannot be placed here.

Hence, the correct option is (C).

55. The correct word here is a noun thus 'significance' fits here correctly. Option (A) is the correct answer. Option (B) is an adjective, option (C) is a verb, and option (D) is an adverb.

Hence, the correct option is (A).

56. Option (B) is the correct answer. This is because 'so' means 'to such a great extent' and since the meaning of a verb is to be modified we need an adverb, 'conclusively'.

The sentence implies that though the patient has been cured, doctors find it too early to say this with much great absoluteness.

Option (A) and (C) are incorrect because 'conclusive' is an adjective and we need an adverb.

Option (D) is incorrect because determiner 'most' means 'greatest in amount or degree'. It is not appropriate here.

Hence, the correct option is (B).

57. In converting the sentence to indirect speech, the 'maybe' gets incorporated in the form of the verb 'suggested'. The pronoun 'his' is added instead of 'you' and the pronoun 'your' is replaced by 'his'. The verb 'said' is not needed anymore, the 'now' becomes 'then'.

Thus, the correct sentence is,

Chandler + added verb 'suggested' + to Matthew + that the standup circuit was booming right +'then' + and that + changed pronoun 'he' + should try + changed pronoun 'his ' + luck there.

Hence, the correct option is (B).

58. In converting the sentence to direct speech, the verb 'urged' was incorporated into the new sentence by adding the noun 'definitely'. The verb 'should' is also added. The verb 'said' is added. The 2nd person pronoun 'you' is added.

Thus, the correct sentence is,

"Genevieve, + added pronoun 'you' + added verb 'should' + added noun 'definitely' + run for student body President." Danneel + added verb 'said'.

Hence, the correct option is (B).

59. The original sentence is in active voice, so the answer should be in passive voice. Thus, the pattern will be,

Object (the dog)+ Verb (run over)+ Subject (Kevin)

This automatically eliminates option (A) as it is still in the active voice, the Subject is still acting on the Object, rather than the object being acted on by the Subject. The original sentence is also in the past tense and thus the answer should reflect that, so option (C) is eliminated as it is in the present tense. Option (B) eliminated the verb 'learning' and thus is incomplete and it changes the meaning of the sentence, so this too cannot be the answer.

Hence, the correct option is (D).

60. The original sentence is in passive voice and so the answer has to be in active voice, so the pattern will be –

Subject (the snake) + Verb (bite) + Object (Raymond)

Option (A) is eliminated as it changes the specificity of the Subject to ambiguity – 'snake' to 'something' – and so cannot be the answer. Option (C) is in the future tense while the original sentence is in the past tense which needs to be maintained in the answer and thus option (C) cannot be the answer. Option (D) is again not in the past tense but in the present tense and thus cannot be the answer.

Hence, the correct option is (B).

61. The word 'scorn' means 'a feeling and expression of contempt or disdain for someone or something.' The meanings of the words are:

Contempt means the feeling that a person or a thing is worthless or beneath consideration.

Rapture means a feeling of intense pleasure or joy.

Ascetic means characterized by severe self-discipline and abstention from all forms of indulgence, typically for religious reasons.

Nimble means agile.

So, the opposite of 'Scorn' is 'Contempt'.

Hence, the correct option is (A).

62. The word 'august' means 'having great importance and especially of the highest social class.' The meanings of the words are:

Sparse means thinly dispersed or scattered.

Majestic means having or showing impressive beauty or scale.

Illicit means forbidden by law, rules, or custom.

Render means deliver.

Hence, the correct option is (B).

63. Firstly, let's check the meaning of 'throng' :- To fill in a place or area.

Now, find the meanings of the given options-

Teem- To be full of something.

Strand- To leave from some place.

Abandon- To cease to do something and leave.

Jilt- To reject something or someone suddenly.

Clearly, teem is the most similar in the meaning.

Hence, the correct option is (A).

64. Firstly, let's check the meaning of 'retort' :- It is a quick reply to a question or remark.

Now, find the meanings of the given options-

Plea- To ask for something politely.

Counter- To respond to an action.

Rebuff- To reject in a rude manner.

Retaliate- To attack for being attacked.

Clearly, plea is the most opposite in the meaning.

Hence, the correct option is (D).

65. The idiom 'Get the show on the road ' means putting up a plan or idea into action.

Example - Now that we have completed all the legal formalities, let's get the show on the road.

Hence, the correct option is (B).

66. The phrase apple of my eye refers to something or someone that one cherishes above all others.

Hence, the correct option is (B).

67. To sit on the fence means to not take sides or unable to commit oneself to a particular thing.

E. g. Kim is still sitting on the fence instead of deciding which offer to take.

Hence, the correct option is (B).

68. All the options except (C) are mentioned in the passage. Thus, option (C) has an activity that does not fit in.

Hence, the correct option is (C).

69. It is mentioned in the passage that India has people of different sects,castes and religions live together. It is a strength of India but the reason of calling it so is not this.

Hence, the correct option is (B).

70. All of the options are mentioned in the passage except option (D). It is mentioned 'It entails how they dress, how they speak, the type of food they eat, the manner in which they worship, and their art among many other things.'Thus option (D) is not true according to the passage.

Hence, the correct option is (D).

71. All the options are mentioned in the passage except option (B). It is not written that every religion has its own traditions and customs.

Hence, the correct option is (B).

72. The immense variety in Indian culture is due to the huge population present here. Every region is different from one another. This contributes to the immense variety in culture.

Hence, the correct option is (B).

73. Scapegoat means "a person who is blamed for wrongdoings or mistakes of others."

Assailant: a person who physically attacks another.

Mugger: a person who attacks and robs another in a public place.

Slasher: a sporting competitor who is quick and agile.

Hence, the correct option is (C).

74. The correct order is EACDB.

Since part E is the only independent part and it starts with a definite article 'the', therefore it becomes the first part of the sentence. The word 'among' denotes that there should be a group in the next part. This we get in part A of the sentence. Since part A talks about 12,000 registrants the next part should give information about them. So part C must follow part A. Now, between part D and part B, D becomes the obvious choice for the fourth part as two 'and' cannot come together. Thus, part D and part B become the fourth and the fifth part respectively.

Thus, the coherent sentence is- 'The three Indian students are among 15 finalists of more than 12,000 original registrants from around the world who submitted engaging and imaginative videos to demonstrate difficult scientific concepts and theories in the physical or life sciences'.

Hence, the correct option is (D).

75. The correct order is ABCDE.

When we go through the given parts, we find that they are already arranged in the correct order and form a meaningful sentence.

The sentence speaks about the Heritage sites facing the threats of coastal erosion and floods. The sentence begins with mentioning the UNESCO World Heritage sites and their examples which are under the threat and in later parts sentence talks about the threats they are facing and the time horizon within which these sites may cease to exist.

Thus, the coherent sentence is- 'Dozens of UNESCO World Heritage sites in the Mediterranean such as Venice, the Leaning Tower of Pisa and the Medieval City of Rhodes are under severe threat of coastal erosion and flooding due to rising sea levels within the next 100 years'.

Hence, the correct option is (C).

76. बास्केटबॉल का एक खेल दो टीमों के साथ खेला जाता है, जिसमें एक समय में कोर्ट में प्रत्येक टीम के 5 खिलाड़ी होते हैं (जिसका अर्थ है एक समय में 10 खिलाड़ी)।

अत: विकल्प (B) सही है।

77. विश्वनाथन आनंद पुरस्कार के पहले प्राप्तकर्ता थे।

- उन्हें वर्ष 1991-92 में प्रदर्शन के लिए सम्मानित किया गया

राजीव गांधी खेल रत्न पुरस्कार के बारे में:-

- यह भारत का सर्वोच्च खेल सम्मान है।
- अंतरराष्ट्रीय स्तर पर चार साल की अवधि में खेल के क्षेत्र में उत्कृष्ट प्रदर्शन के लिए प्राप्तकर्ता (ओं) को सम्मानित किया जाता है।
- इसकी स्थापना 1991-92 में की गई थी।
- पुरस्कार में एक पदक, एक प्रमाण पत्र और 25 लाख रुपये का नकद पुरस्कार शामिल है।
- अभिनव बिंद्रा इस पुरस्कार के सबसे कम उम्र के प्राप्तकर्ता हैं।

अत: विकल्प (A) सही है।

78. परमाणु के नाभिक में प्रोटॉन की कुल संख्या को परमाणु संख्या के रूप में जाना जाता है।

इसे Z द्वारा चिह्नित किया गया है।

चूंकि एक परमाणु में इलेक्ट्रॉन और प्रोटॉन की संख्या समान होती है, परमाणु संख्या भी एक परमाणु में इलेक्ट्रॉनों की संख्या से मेल खाती है लेकिन आयनों के मामले में नहीं, क्योंकि इलेक्ट्रॉनों की संख्या तत्व की तुलना में अधिक या कम होती है।

अतः विकल्प (C) सही है।

79.

केंद्रशासित प्रदेश	राज्यसभा	लोकसभा
1. अंडमान और निकोबार द्वीपसमूह	—	1
2. चंडीगढ़	—	1
3. दादरा और नागर हवेली	—	1
4. दमन और दीव	—	1
5. दिल्ली (राष्ट्रीय राजधानी क्षेत्र दिल्ली)	3	7
6. लक्षद्वीप	—	1
7. पुडुचेरी	1	1

अतः विकल्प (D) सही है।

80. बिटुमिनस कोयले में 81% कार्बन, 5% हाइड्रोजन, 8% ऑक्सीजन, 1% सल्फर, 1.5% नाइट्रोजन और 3.5% राख होता है।

यह एक घना, काला ठोस है जिसमें चमकीले बैंड होते हैं। इसका कैलोरी मान लगभग 30 MJ/किग्रा है।

यह अपने उच्च कैलोरी मान के कारण सबसे व्यापक रूप से इस्तेमाल होने वाला कोयला है।

यह घना, ठोस और सामान्य रूप से काले रंग का होता है।

अतः विकल्प (A) सही है।

81. सुनामी समुद्र की लहरों की एक श्रृंखला है जो पानी के नीचे भूकंप, भूस्खलन, या ज्वालामुखी विस्फोट के कारण होती है।

अतः विकल्प (B) सही है।

82. श्रीलंका और मालदीव दो ऐसे द्वीप देश हैं जो भारत के दक्षिणी पड़ोसी हैं।

मालदीव द्वीप देश भारत के दक्षिण में स्थित है।

अतः विकल्प (A) सही है।

83. जब लोहे की कीलें हटा दी जाती हैं तो जल स्तर गिर जाता है।

यह कुछ हद तक आर्किमिडीज सिद्धांत से संबंधित है।

आर्किमिडीज के सिद्धांत में कहा गया है कि पूरी तरह या आंशिक रूप से जलमग्न वस्तु के ऊपर लगने वाला उर्ध्वगामी बल वस्तु द्वारा विस्थापित द्रव के वज़न के सामान होता है और वस्तु द्रव्यमान के केंद्र में उर्ध्व दिशा में कार्य करता है। इसलिए जब कील को हटा दिया जाता है तो पानी का स्तर कम हो जाता है।

अतः विकल्प (B) सही है।

84. बणी ठणी किशनगढ़ की मारवाड़ शैली का निहाल चंद द्वारा चित्रित एक भारतीय लघु चित्रकारी है। यह एक ऐसी महिला को चित्रित करता है जो सुरुचिपूर्ण और सुंदर है।

अतः विकल्प (D) सही है।

85. कोणार्क मंदिर उड़ीसा में स्थित है और इसे काला पगोडा भी कहा जाता है, मोधेरामंदिर गुजरात में स्थित है और मार्तंडमंदिर जम्मू-कश्मीर में स्थित है और इन सभी को भगवान के सूर्य को समर्पित किया जाता है क्योंकि प्रवेश द्वार पूर्व की ओर है।

अतः विकल्प (D) सही है।

86. विद्युत ऊर्जा (W) एक निश्चित समय के लिए सर्किट में विद्युत प्रवाह बनाए रखने का स्रोत ई.एम.एफ. द्वारा किया गया कुल कार्य है। इसकी SI इकाई जूल (J) है।

दूसरी ओर, विद्युत शक्ति (P) वह दर है जिस पर कार्य सर्किट में विद्युत प्रवाह बनाए रखने में स्रोत ई.एम.एफ. द्वारा कार्य किया जाता है। यह है,

$$P = \frac{W}{t} \text{ या, } W = Pt$$

यहाँ t वह समय है जिसके लिए धारा को बनाए रखने के लिए काम किया जाता है।

अतः विकल्प (A) सही है।

87. 3 डी-ऑब्जेक्ट क्रिएशन प्लेटफॉर्म "पॉली" को प्रौद्योगिकी कंपनी गूगल द्वारा संचालित किया गया है।

गूगल ने अगले साल से पॉली प्लेटफॉर्म को बंद करने का प्रस्ताव दिया है, क्योंकि जून 2020 में इसकी सेवा समाप्त हो जाएगी। तब से, उपयोगकर्ता प्लेटफ़ॉर्म पर 3D मॉडल अपलोड नहीं कर पाएंगे।

अतः विकल्प (B) सही है।

88. नासा के अंतरिक्ष यात्री केट रूबिंस ने पहली बार अंतरराष्ट्रीय अंतरिक्ष स्टेशन पर मूली की फसल काटी है।

यह नासा के प्लांट हैबिटेट -02 (PH-02) नाम के ग्रह प्रयोग का एक हिस्सा है, जिसका उद्देश्य सूक्ष्म गुरुत्वाकर्षण स्थितियों में पौधे की वृद्धि को समझना है। फसलों की कटाई का समय 27 दिन निर्धारित किया गया।

अतः विकल्प (B) सही है।

89. अमेज़ॅन वर्षावन को "पृथ्वी गृह के फेफड़े" के रूप में जाना जाता है क्योंकि यह पृथ्वी पर 60% ऑक्सीजन का उत्पादन करता है। यह दक्षिण अमेरिका में स्थित है और ब्राजील, कोलंबिया, पेरू, बोलीविया, वेनेजुएला आदि देशों को तक फैला है।

अतः विकल्प (A) सही है।

90. नेशनल हेरिटेज सिटी डेवलपमेंट एंड ऑग्मेंटेशन योजना (HRIDAY) के लिए अजमेर, अमृतसर, अमरावती, बादामी, द्वारका, गया, कांचीपुरम, मथुरा, पुरी, वाराणसी वेलंकन्नी, वारंगल जैसे बारह शहरों को विकास के लिए चिन्हित किया गया। HRIDAY योजना की मिशन अवधि 31 मार्च 2019 को समाप्त हुई।

अतः विकल्प (D) सही है।

91. 73वां संशोधन अधिनियम 1992 कहता है कि राज्य सरकार देश में कार्यरत पंचायतों के वित्त की समीक्षा के लिए हर पांच साल में एक वित्त आयोग नियुक्त करेगी। इस संशोधन के द्वारा संविधान में एक नया भाग IX जोड़ा गया, जिसका शीर्षक 'पंचायत' है, जिसमें अनुच्छेद 243 से अनुच्छेद 243 (O) तक के अनुच्छेद शामिल हैं।

अतः विकल्प (B) सही है।

92. जोड़ों की कब्र कालीबंगा से नहीं लोथल में मिली थी।

कालीबंगा में काली चूड़ियां, अग्नि कुंड, जोता हुआ क्षेत्र, लकड़ी के कुंड, टाइल से बने हुए फर्श और ईंटें पायी गई।

अतः विकल्प (D) सही है।

93. एकीकृत बाल संरक्षण योजना (ICPS) वर्ष 2009-10 में शुरू की गई थी और यह बच्चों को समर्पित है। यह योजना केंद्र सरकार द्वारा वित्त पोषित है। यह योजना बच्चों की देखभाल और सुरक्षा और संघर्ष में बच्चों की आवश्यकता के लिए लागू है।

अतः विकल्प (A) सही है।

94. एक ऑपरेटिंग सिस्टम सिस्टम सॉफ्टवेयर है जो सॉफ्टवेयर और हार्डवेयर संसाधनों को संभालता है और कंप्यूटर प्रोग्राम के लिए सेवाएं प्रदान करता है। एक ऑपरेटिंग सिस्टम के बिना, एक कंप्यूटर "बूट" नहीं हो सकता।

अतः विकल्प (C) सही है।

95.

भौगोलिक संकेत	राज्य
काँगड़ा चाय	हिमाचल प्रदेश
कोटा डोरिया	राजस्थान
कोटपैड हैंडलूम फैब्रिक	ओडिशा
मैसूर रेशम	कर्नाटक
पोचमपल्ली इकत	तेलंगाना

अतः विकल्प (B) सही है।

96. माइक्रोसॉफ्ट वर्ड या एमएस-वर्ड एक एप्लीकेशन सॉफ्टवेयर है जिसे माइक्रोसॉफ्ट कंपनी द्वारा विकसित किया गया है। यह उपयोगकर्ताओं को दस्तावेज़ों को टाइप करने और सुरक्षित करने की अनुमति देता है।

अतः विकल्प (C) सही है।

97. 26-28 फरवरी 2021 को, 5 वीं एशिया आर्थिक वार्ता (AED) 2021 को विदेश मंत्रालय (MEA), भारत और पुणे इंटरनेशनल सेंटर (PIC) द्वारा "पोस्ट Covid -19 ग्लोबल ट्रेड एंड फाइनेंस डायनेमिक्स" थीम पर वर्चुअली बुलाया गया था। इसके उद्घाटन सत्र को केंद्रीय मंत्री डॉ सुब्रह्मण्यम जयशंकर, MEA द्वारा "एक पोस्ट-महामारी विश्व में लचीला वैश्विक विकास" पर संबोधित किया गया। चीन, पाकिस्तान और भूटान के पूर्व भारतीय राजदूत, श्री गौतम बंबावाले AED 2021 के संयोजक हैं।

अतः विकल्प (D) सही है।

98. नेशनल स्टैटिस्टिकल ऑफिस(NSO), सांख्यिकी और कार्यक्रम कार्यान्वयन मंत्रालय(MoSPI) दूसरा उन्नत अनुमान के अनुसार, भारत की GDP की वृद्धि का अनुमान Q3FY21 (अक्टूबर-दिसंबर, 2020) में 0.4% है, जो बताता है भारत तकनीकी रूप से मंदी से बाहर निकल चुका है। FY20 के लिए भी NSO ने आर्थिक विकास को 4.2% से कम करके 4% तक कर दिया।

अतः विकल्प (D) सही है।

99. चीन के सबसे बड़े बैंक, इंडस्ट्रियल एंड कमर्शियल बैंक ऑफ़ चाइना (ICBC) ने देश की पहली भारत-समर्पित सार्वजनिक रूप से निवेश निधि की शुरुआत की है।फंड, जिसे ICBC क्रेडिट सुइस इंडिया मार्केट फंड नाम दिया गया है, "यूरोप और अमेरिका में 20 से अधिक एक्सचेंजों में सूचीबद्ध एक्सचेंज-ट्रेडेड फंड में निवेश करेगा जो भारतीय बाजार पर आधारित हैं।

अतः विकल्प (B) सही है।

100. टाटा केमिकल्स ने 75 साल पहले अपने पहले सेंटर ऑफ साल्ट एंड सोडा ऐश प्रोडक्शन की स्थापना मीठापुर (गुजरात) में की थी। 23 जनवरी 2014 को इसकी प्लैटिनम जुबली (75 वां वर्ष) मनाई गयी थी।

अतः विकल्प (A) सही है।

मॉक टेस्ट 05

General Intelligence and Reasoning

Q.1 एक निश्चित पद्धति के आधार पर अनसुलझे समीकरण के लिए सही उत्तर ज्ञात कीजिए:

यदि 44 + 23 = 201, 61 + 19 = 240 है, तो 89 + 20 = ?

A. 327 **B.** 300 **C.** 256 **D.** 244

Q.2 दी गयी आकृति में कितने चतुर्भुज हैं?

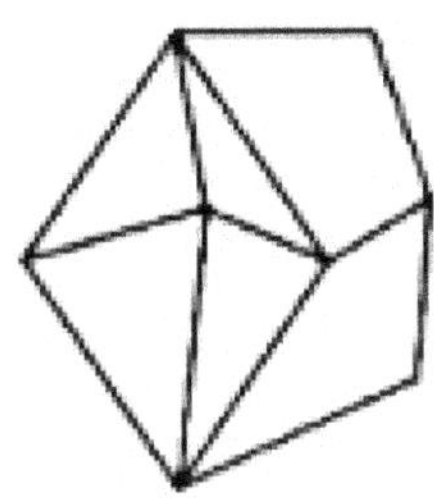

A. 6 **B.** 9 **C.** 7 **D.** 5

Q.3 दिये गये शब्दों को उनके शब्दकोश के विपरीत क्रम में व्यवस्थित कीजिये और विपरीत क्रम में व्यवस्थित करने पर दूसरे आने वाले शब्द का चयन कीजिये।

Ponder, Polite, Popular, Poodle

A. Polite **B.** Popular **C.** Ponder **D.** Poodle

Q.4 दिए गए विकल्पों में से सम्बंधित आकृति ज्ञात कीजिये।

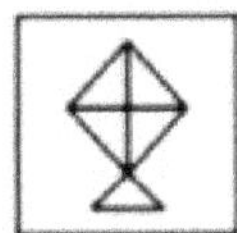

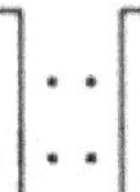

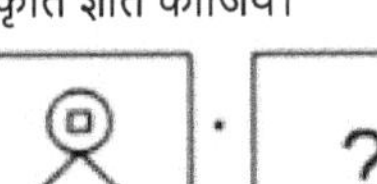
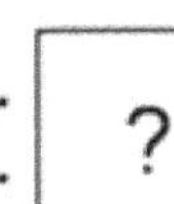

A. 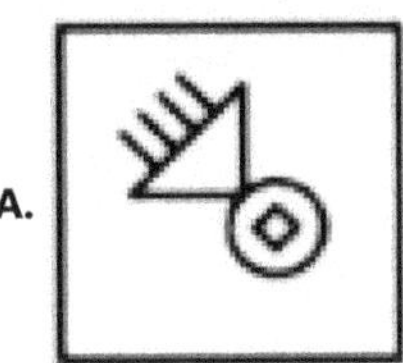

B. 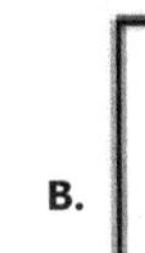 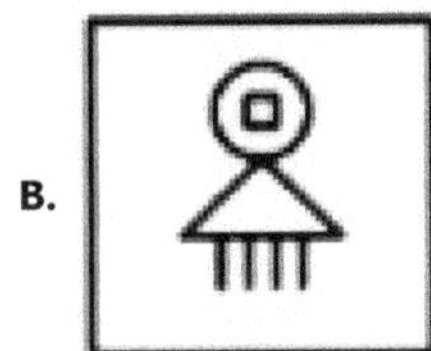

C. 

D. 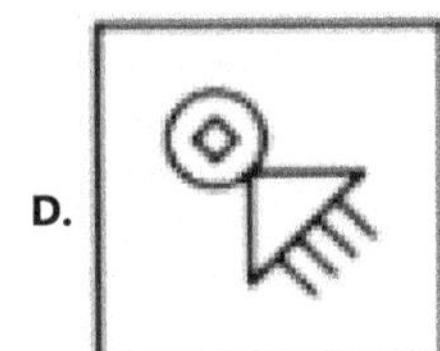

Q.5 चिह्न × को ÷ के साथ और संख्या 2 को 3 के साथ आपस में बदलने पर निम्नलिखित में से कौन सा समीकरण सही है?

A. 12 × 2 + 40 ÷ 2 = 44

B. 23 × 2 + 20 ÷ 2 = 56

C. 13 × 2 + 23 ÷ 4 = 44

D. 23 ÷ 1 + 23 = 64

Q.6 दी गयी श्रृंखला में एक शब्द विलुप्त है। दिए गए विकल्पों में से सही विकल्प का चयन करें जो श्रृंखला पूर्ण करेगा।

इक्का, बादशाह, बेगम,?

A. गुलाम **B.** चिड़िया **C.** पान **D.** ईंट

Q.7 चांद और ध्यान एक ही स्थान से चलना शुरू करते हैं। चांद 105 मी उत्तर दिशा की ओर चलता है, फिर पूर्व की ओर मुड़ता है और 55 मी चलता है, फिर अपने दाएँ मुड़ता है और 75 मी चलता है। उसी समय, ध्यान 45 मी दक्षिण दिशा की ओर चलता है, फिर अपने बाएँ मुड़ता है और 55 मी चलता है। ध्यान के स्थान के संबंध में अब चांद कहाँ है?

A. 135 मी उत्तर **B.** 75 मी उत्तर

C. 75 मी दक्षिण **D.** 135 मी दक्षिण

Q.8 निम्न आकृति में, आयत फैशन डिज़ाइनर को दर्शाता है, वृत्त घुड़सवार को दर्शाता है, त्रिभुज पर्यटकों को दर्शाता है और वर्ग गोल्फर्स को दर्शाता है। अक्षरों का कौन-सा समूह उन घुड़सवारों को दर्शाता है जो फैशन डिज़ाइनर नहीं हैं?

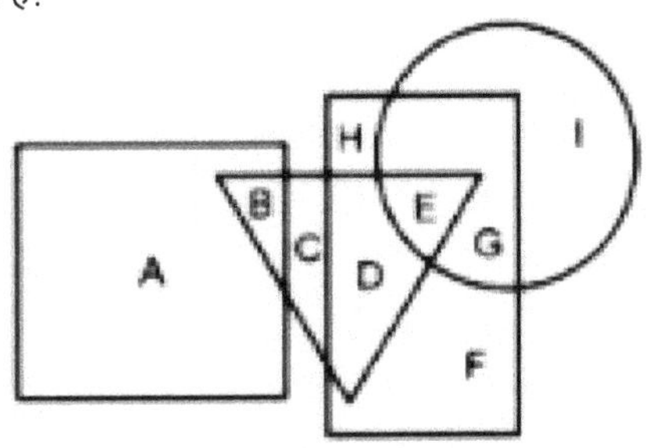

A. EG **B.** DEG **C.** I **D.** E

Q.9 एक कागज़ के टुकड़े को निम्न प्रश्न आकृतियों में दर्शाए गये अनुसार मोड़ा जाता है और उसमें छेद किया जाता है। खोलने के बाद वह किस उत्तर आकृति के समान दिखाई देगा?

[SSC MTS, 2019], [UP Police Constable, 2019]

A. 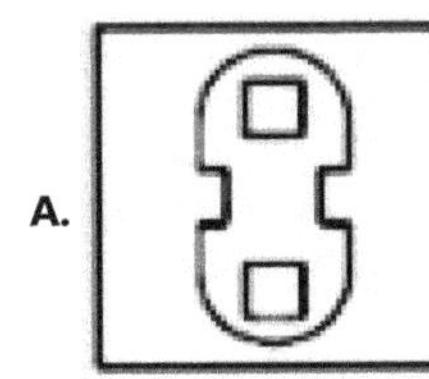 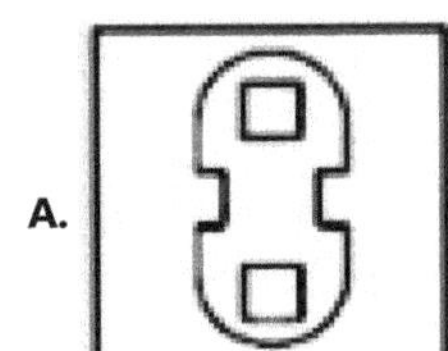

B. 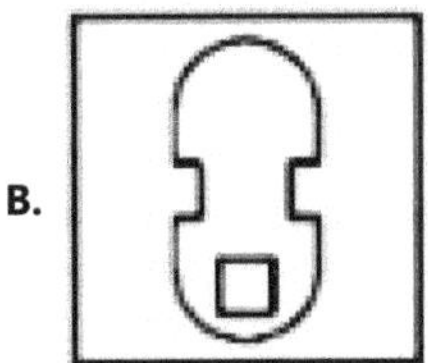

C. 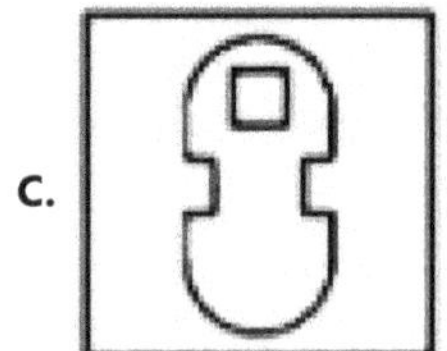

D. 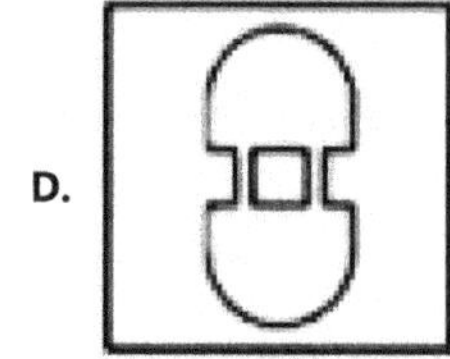

Q.10 निम्नलिखित प्रश्न में दिए गये विकल्पों में से वह अक्षर चुनिए जिसे प्रश्न चिह्न (?) के स्थान पर रखा जा सकता है।

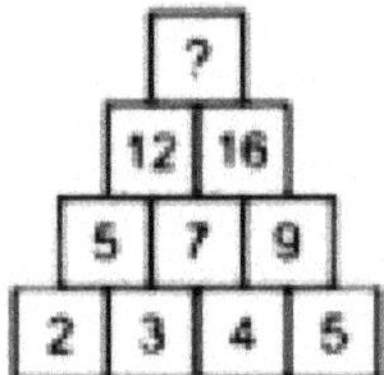

A. 27 **B.** 28 **C.** 26 **D.** 25

Q.11 निर्देश: दी गई जानकारी के आधार पर प्रश्न का उत्तर दें।
कई व्यावसायिक कार्यालय 2-8 मंजिलों वाले भवनों में स्थित हैं। यदि किसी भवन में 3 से अधिक मंजिलें हैं, तो उसमें एक लिफ्ट है। यदि उपरोक्त कथन सत्य हैं, तो निम्नलिखित में से कौन सा सत्य होना चाहिए?

A. दूसरी मंजिल पर लिफ्ट है
B. 7 वीं मंजिल पर लिफ्ट है
C. केवल 3 मंजिल से ऊपर की मंजिलों में लिफ्ट है
D. सभी मंजिलों पर लिफ्ट द्वारा पहुंचा जा सकता है

Q.12 निम्नलिखित प्रश्न में दिए गए विकल्पों में से विषम अक्षरों को चुनिए।

A. HKN **B.** RUX **C.** GJN **D.** ADG

Q.13 शिवा पूर्व की ओर 18 किमी चलता है। वह बायीं ओर मुड़ता है और 37 किमी चलता है। वह बायीं ओर मुड़ता है और 24 किमी चलता है। वह अपने प्रारंभिक बिंदु से किस दिशा में है?

A. दक्षिण-पूर्व **B.** उत्तर-पूर्व
C. उत्तर-पश्चिम **D.** दक्षिण-पश्चिम

Q.14 छ: दोस्त P, Q, R, S, T और U एक सीधी पंक्ति में उत्तर के सम्मुख बैठे हैं। P पंक्ति के दाएं छोर पर बैठा है। Q उस व्यक्ति के दाएं से दूसरे स्थान पर बैठा है जो P के बाएं से पांचवें स्थान पर बैठा है। S, Q के बाएं से दूसरे स्थान पर बैठा है। R, Q का निकटतम पड़ोसी नहीं है। T, Q के ठीक दाएं बैठा है। P और R के बीच कितने सदस्य हैं?

A. 2 **B.** 3 **C.** 0 **D.** 1

Q.15 निर्देश: दी गई जानकारी के आधार पर प्रश्न का उत्तर दें।
'कुछ पुरुष निश्चित रूप से बुद्धिमान होते हैं, अन्य निश्चित रूप से बुद्धिमान नहीं होते हैं, लेकिन मध्यवर्ती पुरुषों को, हमें 'बुद्धिमान' कहना चाहिए? हां, मुझे लगता है, इसलिए या नहीं, मुझे उसे बुद्धिमान कहने के लिए इच्छुक नहीं होना चाहिए। '
निम्नलिखित में से कौन सा लेखक की मंशा को अच्छी तरह से दर्शाता है?

A. पुरुषों को बुद्धिमान कहने के लिए जो आश्चर्यजनक नहीं हैं, इसलिए अनुचित अविवेक के साथ अवधारणा का उपयोग करना चाहिए
B. प्रत्येक प्रयोगसिद्ध अवधारणा में अस्पष्टता की मात्रा होती है
C. किसी को बुद्धिमान कहना या न कहना किसी के स्वांग पर निर्भर करता है
D. उपरोक्त के लेखक के रूप में इतने अविवेकपूर्ण होने की आवश्यकता नहीं है

Q.16 दी गयी आकृति में कितने त्रिभुज हैं?

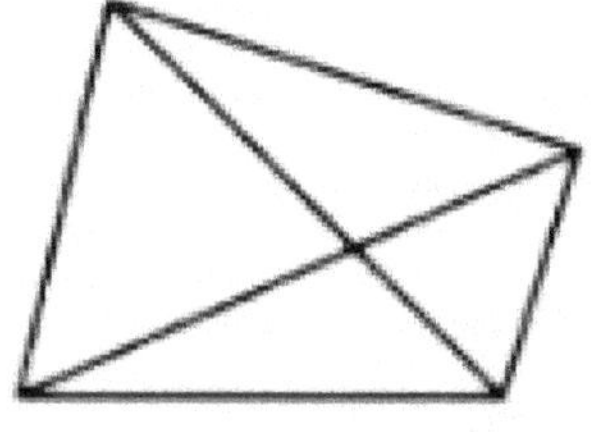

[SSC CGL, 2021]

A. 6 **B.** 7 **C.** 8 **D.** 10

Q.17 निम्न आकृति में, आयत फिल्म निर्देशकों को दर्शाता है, वृत्त बाईकर्स को दर्शाता है, त्रिभुज राइडर्स को दर्शाता है और वर्ग एशियाईयों को दर्शाता है। अक्षरों का कौन सा समूह उन फिल्म निर्देशकों को दर्शाता है जो राइडर्स हैं?

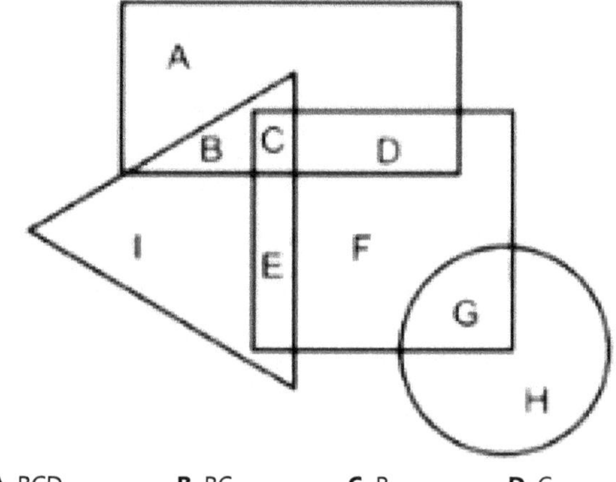

A. BCD **B.** BC **C.** B **D.** C

Q.18 निम्नलिखित प्रश्न में तीन संख्याओं के चार समूह दिये गये हैं। प्रत्येक समूह में, संख्या एक तर्क/नियम/संबंध से संबंधित है। इनमें से तीन समान नियम/संबंध/तर्क के आधार पर एक समान हैं। दिये गये विकल्पों में से भिन्न पद को चुनिए।

A. 16, 36, 196 **B.** 81, 121, 361
C. 2601, 289, 3969 **D.** 441, 1089, 4761

Q.19 दी गई श्रेणियों के बीच संबंधों को सबसे बेहतर तरीके से दर्शाने वाले आरेख की पहचान कीजिये।
स्कॉश, बाउलिंग, खेल

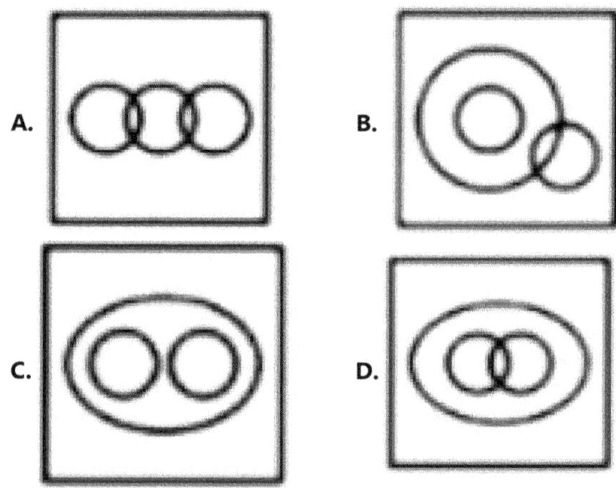

Q.20 कौन-सी उत्तर आकृति प्रश्न आकृति के स्वरुप को पूर्ण करेगी?

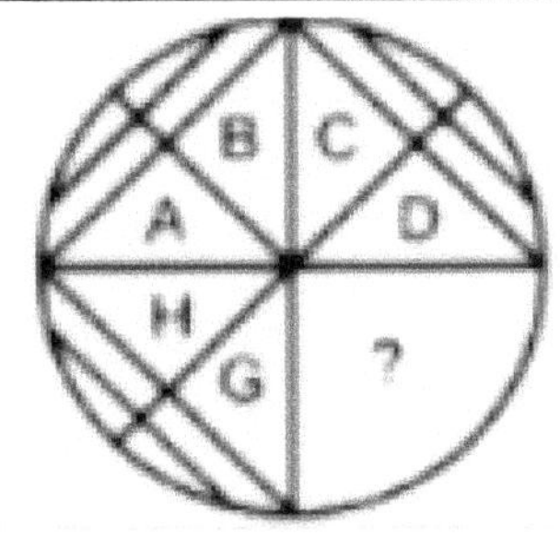

[AFCAT, 2021]

A. 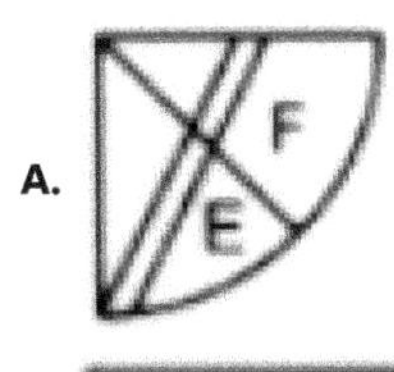

B. 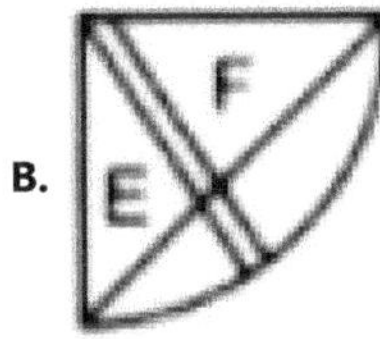

C. 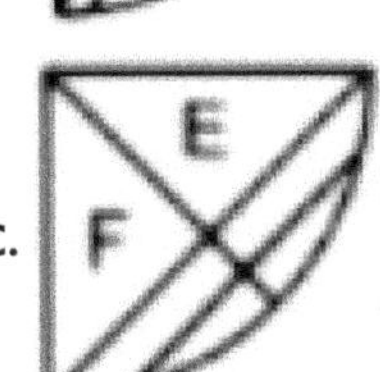

D. 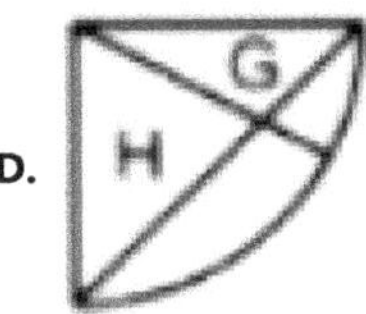

Q.21 यदि 2 नवंबर को सोमवार है, तो ठीक इसके 61 दिनों के बाद कौन सा दिन होगा?

A. बुधवार **B.** शनिवार
C. मंगलवार **D.** वृहस्पतिवार

Q.22 एक विशिष्ट कूट भाषा में, यदि COTTON को 325526 के रूप में कूटबद्ध किया जाता है और WOOLEN को 122976 के रूप में कूटबद्ध किया जाता है, तो TOWEL को किस प्रकार कूटबद्ध किया जायेगा?

A. 12579 **B.** 21795 **C.** 52179 **D.** 79125

Q.23 निम्नलिखित प्रश्न में, दिए गये विकल्पों में से सम्बंधित संख्या चुनिए।

41 : 4 : : 37 : ?

A. 34 **B.** 21 **C.** 22 **D.** 16

Q.24 निर्देश: दी गई श्रृंखला में लुप्त संख्या ज्ञात कीजिए।

17, 18, 25, 9,?, 4.5, 37

A. 15 **B.** 32 **C.** 28 **D.** 20

Q.25 निर्देश: प्रश्न एक स्थिति पर आधारित है। स्थिति पढ़ें और उस प्रश्न का उत्तर दें।

1960 और 1970 के बीच, अफ्रीकी राष्ट्र झिनबाकू में हाथी दांत के शिकारियों ने 6,500 से अधिक हाथियों को मार डाला। उस अवधि के दौरान, झिनबाकू में कुल हाथी की आबादी लगभग 35,000 से घटकर केवल 30,000 हो गई। 1970 में, झिनबाकू में नए शिकार-विरोधी उपायों को लागू किया गया था, और 1970 और 1980 के बीच 800 से अधिक शिकारियों को गिरफ्तार किया गया और देश से बाहर निकाल दिया गया था। फिर भी, 1980 तक, झिनबाकू में हाथी की आबादी लगभग 21,000 हो गई थी।

निम्नलिखित में से कौन सा, यदि सही है, तो ऊपर दिए गए स्पष्ट विरोधाभास को समझाने में मदद मिलेगी?

A. 1970 और 1980 के बीच झिनबाकू में गिरफ्तार किए गए शिकारियों को शायद ही कभी लंबी जेल की सजा सुनाई गई हो

B. हाथियों के वध के खिलाफ अत्यधिक प्रचारित अभियानों के कारण, 1970 और 1980 के बीच हाथी दांत की मांग गिर गई

C. पड़ोसी मोम्बासा में हाथी की आबादी 1970 और 1980 के बीच थोड़ी बढ़ी

D. 1970 से 1980 के बीच झिनबाकू में, हजारों एकड़ जंगल, हाथी के प्राकृतिक आवास, खेती के लिए साफ किए गए

Numerical Aptitude/ Quantitative Ability

Q.26 5 व्यक्तियों का औसत वज़न 5 किलो घट जाता है जब इनमें से 40 किलो वज़न वाले एक व्यक्ति को एक नए व्यक्ति से बदला गया। नए व्यक्ति का वज़न (किलो में) क्या है?

A. 14 **B.** 18 **C.** 15 **D.** 17

Q.27 $\sin(45^\circ + \theta) - \cos(45^\circ - \theta)$ का मान क्या है:

A. 1 **B.** 0 **C.** $2\cos\theta$ **D.** $2\sin\theta$

Q.28 एक नाव की क्रमशः धारा के अनुकूल और धारा के प्रतिकूल दिशा में गति 16 किमी/घंटा और 10 किमी/घंटा है। स्थिर पानी में नाव (किमी/घंटा में) की गति क्या है?

A. 11 **B.** 13 **C.** 7.5 **D.** 15

Q.29 यदि संख्या p, संख्या q से 5 से अधिक है तथा p और q के वर्ग का योग 55 है, तो p और q का गुणनफल ज्ञात करें:

A. 10 **B.** -10 **C.** 15 **D.** -15

Q.30 A किसी कार्य को 12 घंटे में कर सकता है, जबकि B इसे 8 घंटे में कर सकता है। यदि A और B दोनों एक साथ कार्य करते हैं, तो कार्य कितने घंटे में पूरा हो जाएगा?

A. 10 घंटे **B.** 4 घंटे
C. 5 घंटे 15 मिनट **D.** 4 घंटे 48 मिनट

Q.31 दो आंतरिक कोणों का योग और एक नियमित बहुभुज का बाहरी कोण 324° है, तो बहुभुज की भुजाओं की संख्या ज्ञात कीजिए।

A. 9 **B.** 8 **C.** 7 **D.** 10

Q.32 (534 × 303 × 441 × 833) के गुणनफल में इकाई मान का स्थान ज्ञात कीजिये।

A. 6 **B.** 4 **C.** 8 **D.** 2

Q.33 आकाश किसी वस्तु को 40% की छूट पर खरीदता है और विनय को 10% के लाभ पर बेच देता है। अंकित मूल्य और जिस मूल्य पर विनय ने वस्तु को खरीदा था, उसका का अनुपात क्या है?

A. 11:5 **B.** 50:33 **C.** 11:7 **D.** 25:16

Q.34 एक आदमी ने एक वस्तु को 10% के लाभ पर बेचा। यदि उसने इसे 10% कम मूल्य पर खरीदा होता और 6 रु. अधिक मूल्य पर बेचा होता, तो उसे 25% का लाभ होता। वस्तु का क्रय मूल्य क्या है?

A. 240 **B.** 225 **C.** 200 **D.** 220

Q.35 साधारण ब्याज पर निवेश की गई राशि 5 वर्ष में 12% की दर से 2400 रूपये का ब्याज देती है। मूलधन (रूपये में) क्या है?

A. 3000 **B.** 4000 **C.** 5000 **D.** 6000

Q.36 एक घन का संपूर्ण पृष्ठफल 2166 सेमी ^{2} है। इस घन का आयतन क्या है?

A. 6759 सेमी ^{3} **B.** 6959 सेमी ^{3}
C. 6859 सेमी ^{3} **D.** 7059 सेमी ^{3}

Q.37
$(1-\sin A)^2+(1+\sin A)^2+(1-\cos A)^2+(1+\cos A)^2$
किसके बराबर है:

A. $\sqrt{2}$ **B.** $\frac{1}{2}$ **C.** 2 **D.** 6

Ques (38-41):निर्देश: नीचे दी गई तालिका 5 अलग-अलग शहरों में चार कारों के मूल्य को दर्शाती है।

कार	शहरों में कारों का मूल्य (रूपये में 1000)				
	T1	T2	T3	T4	T5
C1	914	918	926	998	879
C2	314	325	308	341	317
C3	465	385	442	478	412
C4	238	268	212	199	227

Q.38 C1 के अधिकतम और C3 के न्यूनतम मूल्य के बीच का अंतर (रुपये में) क्या है?

A. 724000 **B.** 575000 **C.** 599000 **D.** 613000

Q.39 C2 का औसत मूल्य (रुपये में) क्या है?

A. 327000 **B.** 321000 **C.** 336000 **D.** 319000

Q.40 यदि T3 में कोई व्यक्ति प्रत्येक प्रकार की 1 कार खरीदना चाहता है, तो उसका कुल मूल्य (रुपये में) क्या होगा?

A. 1898000 **B.** 2164000 **C.** 1888000 **D.** 1962000

Q.41 T2 की 1 इकाई की सभी कारों का कुल मूल्य और T4 की 1 इकाई की सभी कारों का कुल मूल्य का अनुपात क्या है?

A. 79 : 99 **B.** 52 : 59
C. 79 : 84 **D.** इनमे से कोई भी नहीं

Q.42 A, 14 दिनों में एक काम कर सकता है और B, 21दिनों में कर सकता है। वे एक साथ शुरू होते हैं लेकिन काम पूरा होने से 3 दिन पहले, A काम छोड़ देता है। काम पूरा करने के लिए दिनों की कुल संख्या है?

A. $10\frac{1}{4}$ **B.** $10\frac{1}{5}$ **C.** $7\frac{1}{5}$ **D.** $7\frac{4}{5}$

Q.43 यदि a का $4.5=b$ का 6.5 है, तो $a:b$ क्या है?

A. 10:13 **B.** 13:9 **C.** 13:5 **D.** 5:9

Q.44 एक संख्या में पहले 10% की वृद्धि होती है और उसके बाद उसमें 20% की कमी होती है। संख्या में प्रतिशत बदलाव क्या है?

A. 12% वृद्धि **B.** 12% कमी
C. 32% वृद्धि **D.** 32% कमी

Q.45 25 बैग का औसत वजन 55 किग्रा है। एक बैग का वजन 56 की जगह 65 पढ़ लिया गया था। सही औसत मान ज्ञात कीजिये।

A. 55.25 **B.** 54.64 **C.** 55.36 **D.** 55.65

Q.46 12000 रूपये की धनराशि पर 2 वर्षों के लिए जब ब्याज 5% प्रति वर्ष दर से वार्षिक रूप से संयोजित होता है, तब चक्रवृद्धि ब्याज (रूपये में) क्या है?

A. 1250 **B.** 1200 **C.** 1230 **D.** 1300

Q.47 यदि किसी वस्तु की कीमत में 40% की कमी आई है और इसकी खपत में 30% की वृद्धि हुई है, तो माल के व्यय में प्रतिशत वृद्धि या कमी क्या होगी?

A. 22% की कमी **B.** 22% की वृद्धि
C. 12% की वृद्धि **D.** 12% की कमी

Q.48 एक व्यक्ति रेल द्वारा कुछ दूरी 25 किमी/घंटा की गति से तय करता है और 4 किमी/घंटा की गति से वापस पैदल आता है। यदि सम्पूर्ण यात्रा में 5 घंटे 48 मिनट का समय लगता है, तब रेल द्वारा तय की गयी दूरी क्या है?

A. 25 किमी **B.** 30 किमी **C.** 20 किमी **D.** 15 किमी

Q.49 तीन संख्याओं का योग 98 है। यदि पहली से दूसरी संख्या का अनुपात 2: 3 है और दूसरे से तीसरे का अनुपात 5: 8 है, तो दूसरी संख्या है:

A. 20 **B.** 30 **C.** 48 **D.** 58

Q.50 एक कपड़ा व्यापारी अपनी एक विशिष्ट वस्तु का 40% बेचता है और लागत मूल्य वसूल करता है । यदि वह अपने शेष भंडार को उसी कीमत पर बेचता है, तो सम्पूर्ण भंडार की बिक्री के बाद उसका लाभ प्रतिशत ज्ञात कीजिये।

A. 150% **B.** 250% **C.** 200% **D.** 95%

General English & Comprehension

Ques (51-55):Direction: Read the passage and answer the following question.

With how accessible the internet is today, would you believe me if I told you the number of people who go online every day is still increasing?

It is, In fact, "constant" internet usage among adults increased by 5% in just the last three years, according to few Research. And although we say it a lot, the way people shop and buy really has changed along with it -- meaning offline marketing isn't as effective as it used to be. Marketing has always been about connecting with your audience in the right place and at the right time. Today, that means you need to meet them where they are already spending time: on the internet.

Digital marketing is defined by the use of numerous digital tactics and channels to connect with customers where they spend much of their time: online. From the website itself to a business's online branding assets -- digital advertising, email marketing, online brochures, and beyond -- there's a spectrum of tactics that fall under the umbrella of "digital marketing."

The best digital marketers have a clear picture of how each digital marketing campaign supports their overarching goals. And depending on the goals of their marketing strategy, marketers can support a larger campaign through the free and paid channels at their disposal.

Q.51 Why is it surprising that the number of people who go online every day is still increasing?

A. Usage of numerous technologies
B. Even adults are becoming a part of it
C. The accessibility of Internet is huge
D. The strategy of marketing has changed

Q.52 Which does not fall under the umbrella of "digital marketing"?
A. Digital advertising B. Email marketing
C. Online brochures D. Better photographs

Q.53 Why is digital marketing gaining so much popularity?
A. It helps businesses to connect with the people at the correct place and time
B. It is easier and faster
C. It is cost-effective and technology-driven
D. It removes the need for human labour

Q.54 What plays the most vital role in digital campaigns?
A. Goals B. Strategies
C. Digital marketers D. More campaigns

Q.55 What is the main purpose of digital marketing?
A. To have more campaigns
B. To connect with the customers effectively
C. To increase the brand value
D. To implement more technology in the business.

Ques (56-57):Direction: Choose the word most similar in meaning to the given word.

Q.56 Putrefy
A. Revoke B. Assimilate
C. Decompose D. Colloquial

Q.57 Dainty
A. Fester B. Elegant C. Fast D. Noxious

Ques (58-59):Direction: In the following question, out of the four alternatives, select the best alternative which best expresses the meaning of the Idiom/Phrase.

Q.58 Apple Pie Order
A. In random order
B. Related to fruits packing
C. Related to dry fruit packing
D. In perfect order

Q.59 As fit as a fiddle
A. Very weak
B. Recovering from illness
C. Looks fit but not fit actually
D. None of above

Q.60 Direction: Choose the correct alternative which can be substituted for the below given word/ sentence.
A person who talks in sleep is called as
A. Philatelist B. Somnambulist
C. Somniloquist D. Oneirocritic

Ques (61-62):Direction: Choose the word opposite in meaning to the given word.

Q.61 Mollify
A. Appease B. Irritate
C. Abrogate D. Acculturate

Q.62 Murky
A. Bright B. Liturgy C. Quixotic D. Pertness

Q.63 Direction: Choose the correct alternative which can be substituted for the below given word/ sentence.
Place for ammunition and weapons is called as:
A. Asylum B. Arsenal
C. Archives D. Acoustics

Q.64 Find the correct spelling:
A. Accesary B. Acessarry
C. Acessary D. Accessary

Q.65 Find the correct spelling:
A. Admittance B. Admitance
C. Addmitance D. Admitannce

Ques (66-70):Direction: Fill in the blank with the correct word.

Q.66 Do not push her ____ the problem as she is too young to deal with all this.
A. In B. Into C. Up D. At

Q.67 Small kids carry heavy sacks which ____ their physical development.
A. Is stunting B. Stunt
C. Was stunt D. Stunts

Q.68 Education has become ____ commercialized and superficial.
A. Highly B. High C. Many D. Highest

Q.69 Advertisements and promotional campaigns are being ____ by the company.
A. Ran B. Run C. Running D. Runs

Q.70 The most prevalent psychology ____ students today is to fight intense competition
A. With B. Among C. Between D. Beyond

Ques (71-73):Direction: In the following questions, the sentences have been given in Active/ Passive Voice. From the given alternatives, choose the one which best expresses the given sentence in Passive/ Active Voice.

Q.71 Women like men to flatter them.
A. Men are liked by women to flatter them
B. Women like to be flattered by men
C. Women like that men should flatter them
D. Women are liked to be flattered by men

Q.72 It is your duty to make tea at eleven O'clock.
A. You are asked to make tea at eleven O'clock
B. Your are required to make tea at eleven O'clock
C. You are supposed to make tea at eleven O'clock
D. Tea is to be made by you at eleven O'clock

Q.73 A lion does not eat grass, however hungry he may be.

A. Grass is not eaten by a lion, however hungry he may be
B. Grass is not being eaten by a lion, however hungry he may be
C. Grass is eaten not by a lion, however hungry he may be
D. Grass is being not eaten by a lion, however hungry he may be

Ques (74-75):Direction: In the following questions, a sentence has been given in Direct/ Indirect Speech. Out of the four alternatives suggested, select the one that best expresses the same sentence in Indirect/Direct speech.

Q.74 The speaker said, 'Gentlemen, I am going to discuss the food situation in our country.'
A. Addressing them as gentlemen, the speaker said that he is going to discuss the food situation in their country
B. Addressing them as gentlemen, the speaker said that he was going to discuss the food situation in their country
C. The speaker told the gentlemen that he is going to discuss the food situation in their country
D. The speaker told the gentlemen that I was going to discuss the food situation in our country

Q.75 He said, 'Bravo! You have done well.'
A. He applauded him saying that he had done well
B. He exclaimed him saying that he has done well
C. He exclaimed saying him that he has done well
D. He applauded him saying that I had done well

General Awareness

Q.76 बेन्सन हेजेज कप निम्नलिखित में से किस खेल से संबंधित है?
A. हॉकी
B. क्रिकेट
C. फुटबॉल
D. बास्केटबाल

Q.77 एगमार्क किससे संबंधित है:
A. उद्योग
B. भारतीय रेलवे
C. कृषि विपणन
D. कृषि वित्त

Q.78 राष्ट्रीय शिक्षा दिवस प्रत्येक वर्ष _____ को मनाया जाता है।
[UP Police Constable, 2018]
A. 27 अक्टूबर
B. 4 मार्च
C. 17 सितंबर
D. 11 नवंबर

Q.79 'थांग ता', एक मार्शल आर्ट के रूप में भारत के किस राज्य से जुड़ा है?
A. मिज़ोरम B. नागालैंड C. मणिपुर D. त्रिपुरा

Q.80 काइनरेम जलप्रपात उत्तर-पूर्व भारत के किस राज्य में स्थित है?
A. असम B. सिक्किम C. नगालैंड D. मेघालय

Q.81 इब्न बतूता एक _______ था जिसने चौदहवीं शताब्दी में अपनी यात्रा के बारे में लिखा था।
A. फ़ारसी B. मिस्र का C. तुर्क D. मोरक्कन

Q.82 डॉ बी.आर. अंबेडकर ने किस अनुच्छेद को भारतीय संविधान का 'हृदय और आत्मा' बताया है?
A. अनुच्छेद 1
B. अनुच्छेद 21
C. अनुच्छेद 32
D. अनुच्छेद 260

Q.83 जनवरी 2021 में, गुजरात सरकार ने किस फल का नाम बदलकर 'कमलम' करने का फैसला किया है?
A. ड्रैगन फ्रूट B. पैशन फ्रूट C. अनार D. स्पिरुलिना

Q.84 स्थिर घर्षण का गुणांक __________ है।
A. गतिज घर्षण के गुणांक से कम
B. घर्षण को सीमित करने के गुणांक से अधिक
C. गतिज घर्षण के गुणांक के बराबर
D. घर्षण के कोण के स्पर्शरेखा के बराबर

Q.85 उल्लू द्वारा निकाली जाने वाली ध्वनि जिसे ______ के नाम से जाना जाता है।
A. स्कैक B. हूट C. वार्बल D. क्लक

Q.86 पहला प्रतिरूपित किया गया पशु डॉली एक _______ था।
A. डॉय B. खरगोश C. बिल्ली D. भेड़

Q.87 प्रधानमंत्री जीवन ज्योति बीमा योजना के संबंध में निम्नलिखित में से कौन सा विकल्प सही है?
A. यह एक साल की जीवन बीमा योजना है
B. यह 18 से 50 वर्ष के आयु वर्ग में उपलब्ध है
C. यह साल-दर-साल अक्षय होता है
D. उपरोक्त सभी

Q.88 यदि ऑपरेटिंग सिस्टम नहीं है तो एक कंप्यूटर "____" नहीं कर सकता है।
A. संकलन B. लोड C. बूट D. असेंबल

Q.89 1 बार _____ पास्कल के बराबर है।
A. 10 B. 10000 C. 1000 D. 100000

Q.90 द्रव्यमान संख्या (A) _______ द्वारा दर्शाया जाता है।
A. A = N - Z
B. A = Z + N
C. A = Z - N
D. A = ZN

Q.91 भारत के पहले मुख्य चुनाव आयुक्त कौन थे?
[DSSSB TGT Social Science, 2014]
A. नागेंद्र सिंह
B. सुकुमार सेन
C. टी एन शेषन
D. टी स्वामिनाथ

Q.92 भारत में भारतीय मानक मेरिडियन निम्नलिखित में से किस राज्य से नहीं गुजरता है?
A. बिहार
B. मध्य प्रदेश
C. उत्तर प्रदेश
D. छत्तीसगढ़

Q.93 USB का पूरा नाम क्या है:
A. यूनिक सीरियल बस
B. यूनिवर्सल सीरियल बस
C. यूनिरी सीरियल बस
D. यूनिवर्सल सेकेंडरी बस

Q.94 'फर्र-ए- इजादी' का विचार, जिस पर मुगल शासन आधारित था, सबसे पहले निम्नलिखित में से किस सूफी संत द्वारा विकसित किया गया था?
A. शिहाबुद्दीन सुहरावर्दी
B. निजामुद्दीन औलिया
C. इब्न अल-अरबी
D. बायज़ीद बस्तामी

Q.95 आधुनिक आवर्त सारणी में किसी समूह में ऊपर से नीचे जाने पर_____।
A. परमाणु का आकार बढ़ता है
B. परमाणु का आकार घटता है
C. परमाणु की आयनीकरण ऊर्जा बढ़ जाती है
D. परमाणु का आकार और आयनीकरण ऊर्जा बढ़ जाती है

Q.96 निम्न में से किसने अपनी सबसे ज्यादा बिकने वाली एसयूवी, क्रेटा के लिए हुंडई मोटर इंडिया के साथ साझेदारी की है?

A. अपोलो टायर्स
B. जेके टायर एंड इंडस्ट्रीज लिमिटेड
C. ब्रिजस्टोन
D. गुडइयर टायर और रबर कंपनी

Q.97 पहला विश्व पर्यावरण दिवस निम्नलिखित में से किस वर्ष मनाया गया था?

A. 1973 **B.** 1974 **C.** 1980 **D.** 1972

Q.98 सुपारी क्षेत्र में पहली बार, _______ में उगाई गई 'सिरसी सुपारी' को भौगोलिक संकेत (GI) टैग मिला है।

A. कोडागु **B.** उत्तरा कन्नड़
C. हस्सन **D.** बागलकोट

Q.99 निम्नलिखित में से किस शहर में प्रधानमंत्री के विज्ञान, प्रौद्योगिकी और नवीनीकरण सलाहकार परिषद (PM-STIAC) ने विज्ञान और प्रौद्योगिकी समूहों की स्थापना की सिफारिश की थी?

A. बेंगलुरु
B. राष्ट्रीय राजधानी क्षेत्र दिल्ली
C. पुणे
D. सभी (A), (B), और (C)

Q.100 निम्नलिखित में से किसने नीति आयोग के साथ संशोधित महिला उद्यमिता मंच शुरू करने के लिए भागीदारी की है?

A. स्नैपडील **B.** मिंत्रा **C.** फ्लिपकार्ट **D.** जबांग

// स्मार्ट उत्तर पुस्तिका //

सही उत्तर उन छात्रों का प्रतिशत जिन्होंने प्रश्नों का सही उत्तर दिया था। **छोड़ दिया** उन छात्रों का प्रतिशत जिन्होंने प्रश्नों को छोड़ दिया था।

प्रश्न संख्या	उत्तर	सही उत्तर	छोड़ दिया
1	A	53.38 %	1.94 %
2	C	14.93 %	4.13 %
3	D	68.02 %	2.0 %
4	D	83.1 %	0.0 %
5	D	51.06 %	1.55 %
6	A	48.73 %	1.73 %
7	B	67.62 %	1.45 %
8	C	58.04 %	1.68 %
9	A	30.34 %	4.47 %
10	B	66.54 %	1.03 %
11	B	55.97 %	1.97 %
12	C	48.66 %	1.94 %
13	C	84.92 %	0.0 %
14	C	50.5 %	1.2 %
15	A	30.32 %	3.03 %
16	C	54.78 %	1.8 %
17	B	40.21 %	1.3 %

प्रश्न संख्या	उत्तर	सही उत्तर	छोड़ दिया
18	A	56.19 %	1.73 %
19	C	45.89 %	1.11 %
20	C	54.16 %	1.05 %
21	B	47.15 %	1.3 %
22	C	88.55 %	0.0 %
23	B	85.67 %	0.0 %
24	B	28.38 %	4.6 %
25	D	26.19 %	3.09 %
26	C	23.94 %	3.3 %
27	B	68.06 %	1.14 %
28	B	42.29 %	1.96 %
29	C	69.78 %	1.23 %
30	D	40.67 %	1.25 %
31	D	63.69 %	1.29 %
32	A	84.74 %	0.0 %
33	B	54.5 %	1.1 %
34	A	62.27 %	1.36 %

प्रश्न संख्या	उत्तर	सही उत्तर	छोड़ दिया
35	B	67.11 %	1.32 %
36	C	46.99 %	1.55 %
37	D	66.11 %	1.08 %
38	D	58.36 %	1.0 %
39	B	58.82 %	1.4 %
40	C	80.12 %	0.0 %
41	C	53.46 %	1.16 %
42	B	64.52 %	1.1 %
43	B	82.67 %	0.0 %
44	B	48.28 %	1.73 %
45	B	50.4 %	1.24 %
46	C	66.93 %	1.11 %
47	A	52.25 %	1.42 %
48	C	64.98 %	1.17 %
49	B	66.15 %	1.24 %
50	A	51.09 %	1.22 %
51	C	47.48 %	1.66 %

प्रश्न संख्या	उत्तर	सही उत्तर	छोड़ दिया
52	D	81.54 %	0.0 %
53	A	69.74 %	1.24 %
54	A	59.16 %	1.01 %
55	B	47.54 %	1.27 %
56	C	51.71 %	1.74 %
57	B	45.84 %	1.68 %
58	D	89.38 %	0.0 %
59	D	47.26 %	1.3 %
60	C	61.09 %	1.33 %
61	B	15.0 %	4.47 %
62	A	61.87 %	1.87 %
63	B	86.22 %	0.0 %
64	D	52.21 %	1.69 %
65	A	49.39 %	1.29 %
66	B	52.09 %	1.14 %
67	D	60.11 %	1.24 %
68	A	84.74 %	0.0 %

प्रश्न संख्या	उत्तर	सही उत्तर	छोड़ दिया
69	B	67.06 %	1.14 %
70	B	40.64 %	1.19 %
71	B	68.81 %	1.06 %
72	C	41.67 %	1.77 %
73	D	45.55 %	1.18 %
74	B	56.84 %	1.12 %
75	A	49.33 %	1.17 %
76	B	55.03 %	1.06 %
77	C	56.42 %	1.09 %
78	D	45.89 %	1.8 %
79	C	57.57 %	1.63 %
80	D	45.21 %	1.42 %
81	D	59.74 %	1.92 %
82	C	64.87 %	1.7 %
83	A	55.38 %	1.45 %
84	D	84.98 %	0.0 %
85	B	42.34 %	1.01 %

प्रश्न संख्या	उत्तर	सही उत्तर	छोड़ दिया
86	D	56.38 %	1.92 %
87	D	58.17 %	1.68 %
88	C	52.07 %	1.05 %
89	D	44.58 %	1.35 %
90	B	40.87 %	1.39 %
91	B	65.33 %	1.32 %
92	A	52.35 %	1.2 %
93	B	81.14 %	0.0 %
94	A	16.06 %	3.07 %
95	A	61.93 %	1.7 %
96	B	46.6 %	1.43 %
97	B	67.07 %	1.69 %
98	B	49.6 %	1.59 %
99	D	55.8 %	1.66 %
100	C	46.41 %	1.88 %

//संकेत और समाधान//

1. पहला पद है:

44 + 23 = 67

67 × 3 = 201

दूसरा पद है:

61 + 19 = 80

80 × 3 = 240

इसी प्रकार 89 + 20 के लिये:

89 + 20 = 109

109 × 3 = 327

अतः विकल्प (A) सही है।

2. दी गयी आकृति में बनने वाले चतुर्भुज नीचे दिखाए गए हैं:

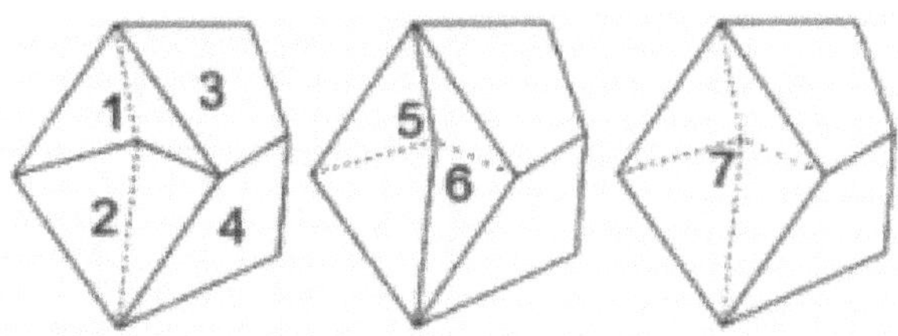

7 चतुर्भुज बनते हैं।

अतः विकल्प (C) सही है।

3. शब्दकोश को विपरीत क्रम में व्यवस्थित करने पर:

i) **Pop**ular

ii) **Poo**dle

iii) **Pon**der

iv) **Pol**ite

इसलिए, शब्दकोश को विपरीत क्रम में व्यवस्थित करने पर "Poodle" दूसरे स्थान पर आता है।

अतः विकल्प (D) सही है।

4. पहली आकृति से दूसरी आकृति तक, चित्र वामावर्त दिशा में 45 डिग्री तक घूमती है।

तो, उत्तर विकल्प (D) होगा अर्थात दूसरे भाग में पहली आकृति वामावर्त दिशा में घूमी हुई है।

अतः विकल्प (D) सही है।

5. दिए गए समीकरणों में × को ÷ के साथ और 2 को 3 के साथ आपस में बदलने पर:

(A). 13 ÷ 3 + 40 × 3 ≠ 44, असत्य।

(B). 32 ÷ 3 + 30 × 3 ≠ 56, असत्य।

(C). 12 ÷ 3 + 32 × 4 ≠ 44, असत्य।

(D). 32 × 1 + 32 = 64, सत्य।

अतः विकल्प (D) सही है।

6. इक्का 52 पत्तों वाली ताश की गड्डी में सबसे बड़ी पत्ती है।

बादशाह 52 पत्तों वाली ताश की गड्डी में दूसरी सबसे बड़ी पत्ती है।

बेगम 52 पत्तों वाली ताश की गड्डी में तीसरी सबसे बड़ी पत्ती है।

गुलाम 52 पत्तों वाली ताश की गड्डी में चौथी सबसे बड़ी पत्ती है।

इसलिए, "गुलाम" श्रृंखला का अगला शब्द होगा।

अतः विकल्प (A) सही है।

7. चांद और ध्यान द्वारा लिया गया मार्ग नीचे दिखाया गया है:

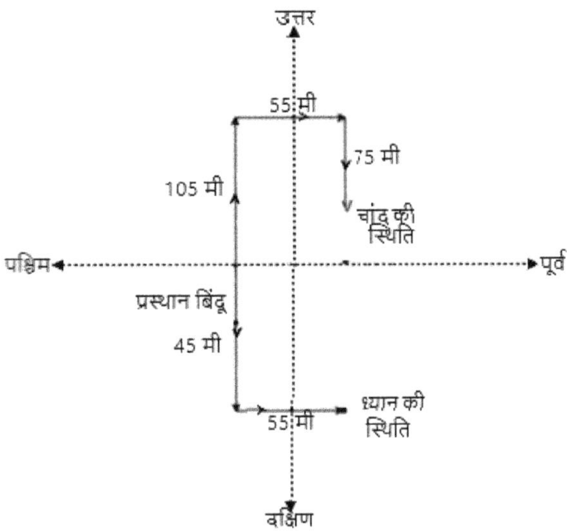

इसलिए, ध्यान के स्थान के संबंध में चांद 75 मीटर दूर उत्तर दिशा में है।

अतः विकल्प (B) सही है।

8. दिया हुआ:

- आयत फैशन डिजाइनरों को दर्शाता है।
- वृत्त घुड़सवार को दर्शाता है।
- त्रिभुज पर्यटकों को दर्शाता है।
- वर्ग गोल्फर्स को दर्शाता है।

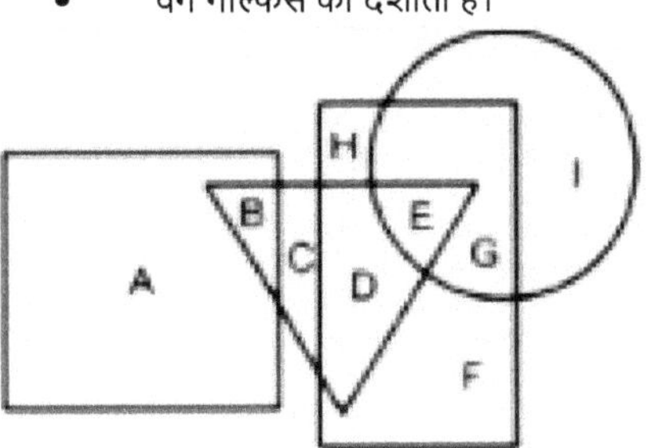

I वह अक्षर है जो घुड़सवार को दर्शाता है जो फैशन डिजाइनर नहीं हैं।

अतः विकल्प (C) सही है।

9. मुड़ा हुआ कागज खोलने पर अलग-अलग अभिविन्यास नीचे दिखाया गया है:

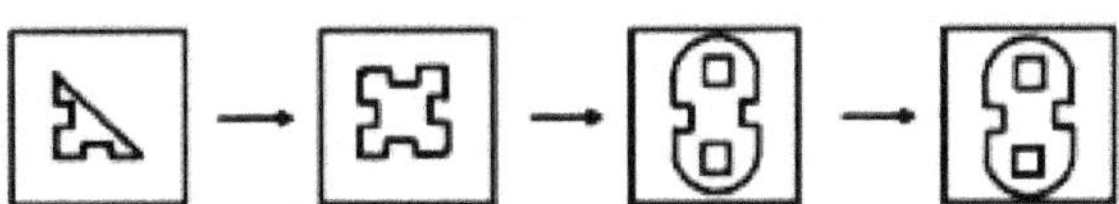

अतः विकल्प (A) सही है।

10. इस वृक्ष आरेख में शीर्ष से दूसरी पंक्ति से प्रारम्भ होने वाली प्रत्येक संख्या इसके ठीक नीचे की दो संख्याओं का योग है।

2 + 3 = 5; 3 + 4 = 7; 4 + 5 = 9 (दूसरी पंक्ति)

5 + 7 = 12; 7 + 9 = 16 (तीसरी पंक्ति)

12 + 16 = **28** (चौथी पंक्ति)

अतः विकल्प (B) सही है।

11. प्रश्न में कहा गया है कि यदि भवन में तीन से अधिक मंजिलें हैं तो उसमें एक लिफ्ट है। जिन इमारतों में पांच मंजिले है, उनकी दूसरी मंजिल भी होगी है, इस तरह विकल्प (A) गलत है। विकल्प (B) सही उत्तर है। विकल्प (C) गलत है, विकल्प (A) के उसी तर्क का उपयोग करके। विकल्प (D) निश्चित रूप से सच नहीं हो सकता है, क्योंकि यह कहता है, सभी मंजिलों पर लिफ्ट है तब तो दो मंजिलों वाली इमारतो में भी लिफ्ट होती।

अतः विकल्प (B) सही है।

12. यहां, यह लगातार वर्णों के बीच + 3 के स्वरूप का अनुसरण करता है जैसा कि नीचे दर्शाया गया है:

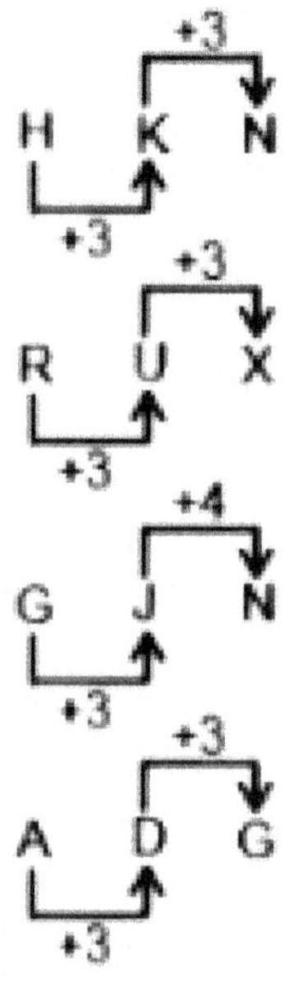

इसलिए, GJN विषम है।

अतः विकल्प (C) सही है।

13. दी गयी जानकारी के अनुसार:

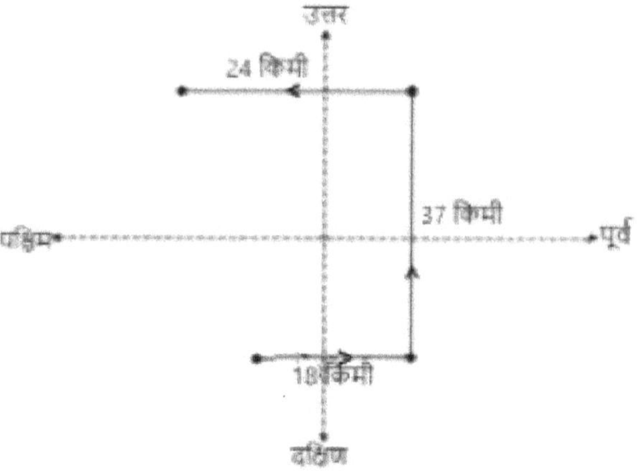

इसलिए, शिवा अपने प्रारंभिक स्थान से उत्तर-पश्चिम दिशा में है।

अतः विकल्प (C) सही है।

14. दी गई जानकारी से बैठने की व्यवस्था नीचे दी गई है:

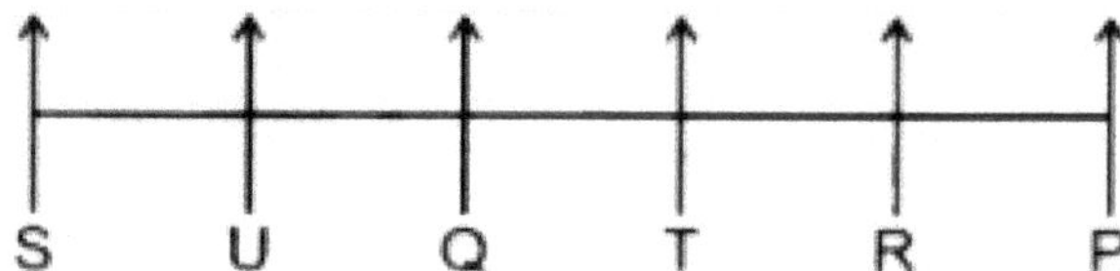

स्पष्ट रूप से, P और R के बीच 0 सदस्य हैं।

अतः विकल्प (C) सही है।

15. लेखक स्पष्ट रूप से अपने कथन के अंतिम भाग में बताता है कि उसे बुद्धिमान कहलाने के लिए इच्छुक नहीं होना चाहिए। एकमात्र विकल्प, जो उस अभिप्राय को दर्शाता है, विकल्प (A) है।

विकल्प (B) गलत है क्योंकि हम सभी आश्चर्यजनक अवधारणाओं को इसके आधार पर अस्पष्ट नहीं कर सकते हैं और यह अप्रासंगिक भी है। विकल्प (C) और (D) भी अस्पष्ट हैं।

अतः विकल्प (A) सही है।

16. विभिन्न त्रिकोण नीचे दिखाए गए हैं:

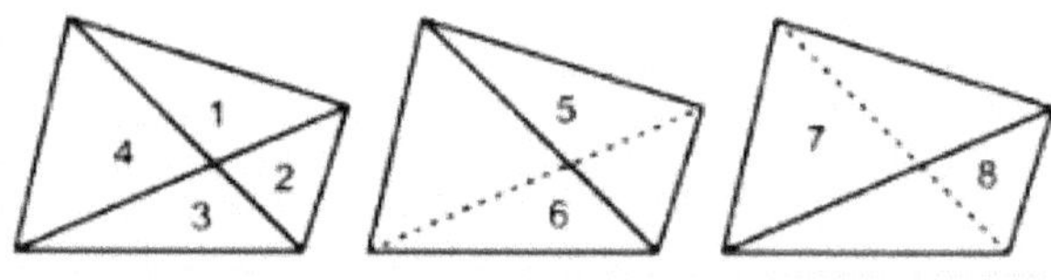

दिए गए आंकड़े में त्रिभुजों की कुल संख्या 8 है।

अतः विकल्प (C) सही है।

17. दिया है:

- आयत फिल्म निर्देशकों को दर्शाता है।
- वृत्त बाईकर्स को दर्शाता है।
- त्रिभुज राइडर्स को दर्शाता है।
- वर्ग एशियाईयों को दर्शाता है।

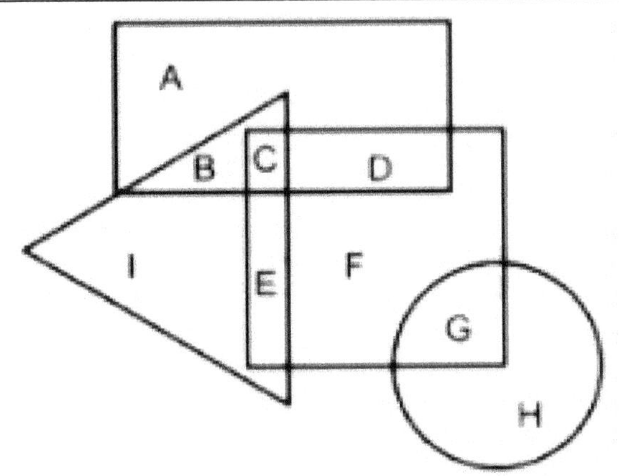

स्पष्ट रूप से, फिल्म निर्देशक जो राइडर्स हैं, उन्हें आयत और त्रिभुज के प्रतिच्छेदन के द्वारा दर्शाया गया है अर्थात BC।

अतः विकल्प (B) सही है।

18. यहाँ अनुसरण किया गया स्वरूप निम्न प्रकार है

(A). **4^2,6^2, 14^2** → 16, 36, 196

(B). 9^2, 11^2, 19^2 → 81, 121, 361

(C). 51^2, 17^2, 63^2 → 2601, 289, 3969

(D). 21^2, 33^2, 69^2 → 441, 1089, 4761

"16, 36, 196" को छोड़कर सभी संख्याओं में विषम संख्याओं का वर्ग है, इसलिए, "16, 36, 196" दिए गए विकल्पों में से विषम समूह है।

अतः विकल्प (A) सही है।

19. स्क्वॉश और बाउलिंग एक दूसरे से संबंधित नहीं है लेकिन यह दोनों खेल हैं।

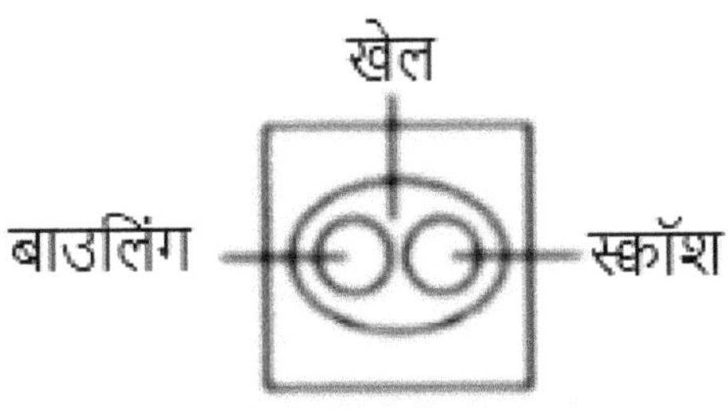

अतः विकल्प (C) सही है।

20.

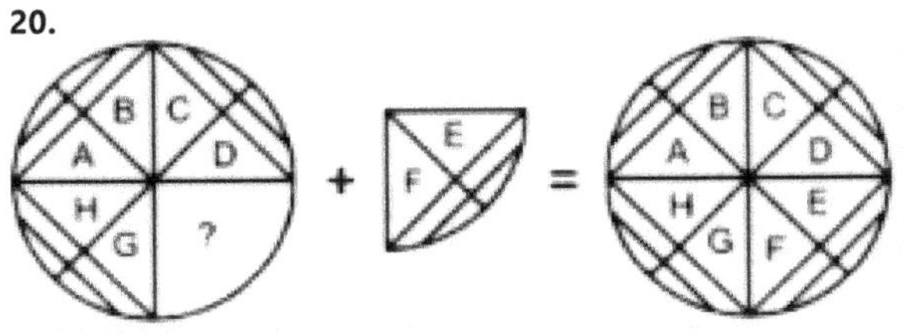

अतः विकल्प (C) सही है।

21. नवंबर 2 → सोमवार

नवंबर 3 → मंगलवार

नवंबर 4 → बुधवार

नवंबर 5 → वृहस्पतिवार

नवंबर 6 → शुक्रवार

नवंबर 7 → शनिवार

नवंबर 8 → रविवार

नवंबर 9 → सोमवार

इस प्रकार, 7 दिनों के पश्चात सप्ताह के प्रत्येक दिनों की पुनः पुनरावृत्ति होगी।

हमें 61 दिनों के बाद का दिन ज्ञात करना है। इसलिए हमें 61 के निकटतम देखते हुए 7 के गुणांक पर विचार करना होगा।

अतः 63 दिनों के पश्चात सोमवार होगा।

इस प्रकार, 62 दिनों के रविवार होगा।

इसलिए, 61 दिनों के पश्चात शनिवार होगा।

अतः विकल्प (B) सही है।

22. दिया है:

COTTON को 325526 के रूप में कूटबद्ध किया जाता है और WOOLEN को 122976 के रूप में कूटबद्ध किया जाता है।

इसलिए, TOWEL को 52179 के रूप में कूटबद्ध किया जा सकता है।

अतः विकल्प (C) सही है।

23. दिया है:

41 : 4

यहां अनुसरित स्वरूप है:

41 = 4 × 1 = 4;

इसी प्रकार 37 से:

37 = 3 × 7 = 21

अतः विकल्प (B) सही है।

24. यहाँ दो श्रृंखलाएं हैं जो एक साथ विलय हैं।

एक है: 17, 25, ?, 37

यहाँ अगली संख्या प्राप्त करने के लिए, पिछली संख्याओं के योग को पिछली संख्या में जोड़ा जाता है।

17 + (1 + 7) = 25

25 + (2 + 5) = 32

32 + (3 + 2) = 37

दूसरी श्रृंखला है: 18, 9, 4.5

अगली संख्या प्राप्त करने के लिए संख्या में 2 का भाग किया जाता है।

इसलिए लुप्त पद 32 है।

अतः विकल्प (B) सही है।

25. विरोधाभास को समझाया जा सकता है यदि कोई विकल्प जनसंख्या में कमी का वैकल्पिक कारण प्रस्तुत करता है। विकल्प (D) ऐसा करता है।

अतः विकल्प (D) सही है।

26. 5 व्यक्तियों का औसत वज़न x है।

माना कि नए व्यक्ति का वज़न y है।

पहले 5 व्यक्तियों का कुल वज़न $= 5x$

नया औसत $= x - 5$

एक व्यक्ति के बदलने के बाद कुल वज़न $= 5x - 40 + y$

इसलिये,

$$\frac{(5x-40+y)}{5} = x - 5$$

$$y - 40 = -25$$

$$y = 15$$

अतः विकल्प (C) सही है।

27. त्रिकोणमिति सूत्र द्वारा:

$$\sin(A + B) = \sin A \times \cos B + \cos A \times \sin B$$

$$\cos(A - B) = \cos A \times \cos B + \sin A \times \sin B$$

$$\therefore \sin\left(45^\circ + \theta\right) = \sin 45^\circ \times \cos\ \theta + \cos 45^\circ \times \sin\ \theta = \frac{1}{\sqrt{2}} \times \cos\theta + \frac{1}{\sqrt{2}} \times \sin\ \theta$$

$$\therefore cos\left(45^\circ - \theta\right) = cos45^\circ \times cos\theta + sin45^\circ \times sin\theta = \frac{1}{\sqrt{2}} \times cos\theta + \frac{1}{\sqrt{2}} \times sin\theta$$

दिया है:

$$\sin(45^\circ + \theta) - \cos(45^\circ - \theta)$$

$$= \frac{1}{\sqrt{2}} \times \cos\theta + \frac{1}{\sqrt{2}} \times \sin\theta - \frac{1}{\sqrt{2}} \times \cos\theta - \frac{1}{\sqrt{2}} \times \sin\theta$$

$$= 0$$

अतः विकल्प (B) सही है।

28. दिया है:

नाव की धारा के अनुकूल दिशा में गति (धारा के साथ) $= 16$ किमी/घंटा

नाव की धारा के प्रतिकूल दिशा में गति (धारा के खिलाफ) $=$ 10 किमी/घंटा

पानी में नाव की गति $=$धारा के खिलाफ गति + धारा के साथ धारा के साथ / 2

$\therefore$ नाव की गति $= \frac{(16+10)}{2} = 13$ किमी/घंटा

अतः विकल्प (B) सही है।

29. दिया है:

संख्या p संख्या q से 5 से अधिक है तथा p और q के वर्ग का योग 55 है।

p = q + 5

p – q = 5 .....(i)

दोनों पक्षों का वर्ग करने पर:

$p^2 + q^2 - 2pq = 25$ .....(ii)

$p^2 + q^2 = 55$ .....(iii)

(iii) को (ii) डाले

⇒ 2pq = 55 – 25

⇒ pq = 15

अतः विकल्प (C) सही है।

30. दिया है:

A कार्य को 12 घंटे में पूरा कर सकता है

A का एक घंटे का कार्य $= \frac{1}{12}$

B कार्य को 8 घंटे में पूरा कर सकता है

B का एक घंटे का कार्य $= \frac{1}{8}$

माना कार्य को पूरा करने के लिए A और B द्वारा लिया गया कुल समय x घंटे है

A और B का एक घंटे का कार्य $= \frac{1}{12} + \frac{1}{8}$

$$\frac{1}{12} + \frac{1}{8} = \frac{1}{x}$$

⇒ $x = 4.8$ घंटे $= 4$ घंटे और (0.8×60) मिनट $= 4$ घंटे 48 मिनट

A और B द्वारा कार्य पूरा करने के लिए लिया गया कुल समय 4 घंटे और 48 मिनट है।

अतः विकल्प (D) सही है।

31. एक नियमित बहुभुज में प्रत्येक आंतरिक कोण $(2n - 4) \times \frac{90}{n}$

प्रत्येक बाहरी कोण $= \frac{360^\circ}{n}$

दिया गया योग $= 324°$

इसलिए,

$$\Rightarrow 2(2n-4) \times \frac{90}{n} + \frac{360°}{n} = 324°$$

$$\Rightarrow 360°n - 720 + 360° = 324°n$$

$$\Rightarrow 36n = 360°$$

$\Rightarrow n = 10$ भुजाएं

अतः विकल्प (D) सही है।

32. दिया है:

(534 × 303 × 441 × 833)

⇒ (534 × 303 × 441 × 833) की इकाई संख्या

⇒ (4 × 3 × 1 × 3) की इकाई संख्या

⇒ 36 की इकाई संख्या

⇒ 6

अतः विकल्प (A) सही है।

33. दिया है:

माना वस्तु का अंकित मूल्य x है।

∵ छूट $= 40\%$

∴ आकाश ने वस्तु खरीदी = आकाश के लिए $C.P = 0.6x$ रूपये

∴ वस्तु का $= C.P + \frac{10C.P}{100}$

$$\Rightarrow S.P = C.P \times \left(\frac{110}{100}\right)$$

$$\Rightarrow S.P = 0.6x \times \left(\frac{110}{100}\right)$$

$$\Rightarrow S.P = 0.66x$$

⇒ आकाश के लिए $S.P$ = विनय के लिए $C.P = 0.66x$

अभीष्ट अनुपात = M.P/(विनय के लिए C.P) $= \frac{x}{0.66x} = \frac{100}{66} = \frac{50}{33}$

अतः विकल्प (B) सही है।

34. माना क्रय मूल्य $= 100$ रु.

दिया हुआ है:

पहला विक्रय मूल्य $= 110$ रु.

दूसरा क्रय मूल्य $= 90$ रु.

लाभ $= 25\%$

दूसरा विक्रय मूल्य $= 90$ रु. का $125\% = 112.50$ रु.

दोनों विक्रय मूल्यों में अंतर $= 112.50 - 100.00 = 2.50$ रु.

वास्तविक अंतर $= 6$ रु.

क्रय मूल्य $= \frac{6\times100}{2.50} = 240$

अतः विकल्प (A) सही है।

35. दिया है:

साधारण ब्याज (S.I.) = 2400 रुपये

दर (r) =12

समय (t)= 5 साल

मूलधन (P)=?

साधारण ब्याज $= \frac{(P\times r\times t)}{100}$

$$2400 = \frac{(P\times12\times5)}{100}$$

$P = \frac{240000}{60} = 4000$ रूपये

अतः विकल्प (B) सही है।

36. एक घन का संपूर्ण पृष्ठफल $= 6a^2$

जहाँ, $a =$ घन की भुजा

दिया है:

घन का संपूर्ण पृष्ठफल $= 2166$ सेमी ^{2}

$$\Rightarrow 2166 = 6a^2$$

$$\Rightarrow a^2 = \frac{2166}{6}$$

$$\Rightarrow a^2 = 361$$

$$\Rightarrow a = \sqrt{361}$$

$$\Rightarrow a = 19$$

घन का आयतन $= a^3$

घन का आयतन $= 19^3 = 6859$

∴ घन का आयतन 6859 सेमी ^{3} है।

अतः विकल्प (C) सही है।

37. दिया गया है,

$$(1-\sin A)^2 + (1+\sin A)^2 + (1-\cos A)^2 + (1+\cos A)^2$$

$$\Rightarrow (1+\sin^2 A - 2\sin A) + (1+\sin^2 A + 2\sin A) + (1+\cos^2 A - 2\cos A) + (1+\cos^2 A + 2\cos A)$$

$$(\because (a\pm b)^2 = a^2 \pm 2ab + b^2)$$

$$\Rightarrow 4 + 2\sin^2 A + 2\cos^2 A$$

$$\Rightarrow 4 + 2(\sin^2 A + \cos^2 A)$$

$$\Rightarrow 4 + 2 = 6 (\because \sin^2 A + \cos^2 A = 1)$$

अतः विकल्प (D) सही है।

38. C1 का अधिकतम मूल्य = 998000 रूपये

C3 का न्यूनतम मूल्य = 385000 रूपये

∴ C1 के अधिकतम और C3 के न्यूनतम मूल्य के बीच का अंतर (रुपये में):

⇒ 998000 - 385000

⇒ 613000 रूपये

अतः विकल्प (D) सही है।

39. दी गई तालिका से:

T1 में C2 का मूल्य = 314000

T2 में C2 का मूल्य = 325000

T3 में C2 का मूल्य = 308000

T4 में C2 का मूल्य = 341000

T5 में C2 का मूल्य = 317000

∴ C2 का कुल मूल्य:

⇒ 314000 + 325000 + 308000 + 341000 + 317000

⇒ 1605000

∴ C2 का औसत मूल्य:

⇒ $\frac{1605000}{5}$

⇒ 321000

अतः विकल्प (B) सही है।

40. दी गई तालिका से:

T3 में C1 का मूल्य = 926000

T3 में C2 का मूल्य = 308000

T3 में C3 का मूल्य = 442000

T3 में C4 का मूल्य = 212000

∴ उसे कुल मूल्य चुकाना होगा:

⇒ 926000 + 308000 + 442000 + 212000

⇒ 1888000

अतः विकल्प (C) सही है।

41. T2 की 1 इकाई की सभी कारों का कुल मूल्य:

⇒ 918000 + 325000 + 385000 + 268000

⇒ 1896000

T4 की 1 इकाई की सभी कारों का कुल मूल्य:

⇒ 998000 + 341000 + 478000 + 199000

⇒ 2016000

∴ अभीष्ट अनुपात:

⇒ 1896000 : 2016000

⇒ 237 : 252

⇒ 79 : 84

अतः विकल्प (C) सही है।

42. दिया है:

A, 14 दिनों में एक काम कर सकता है।

B, 21 दिनों में एक काम कर सकता है।

A का एक दिन का काम $=\frac{1}{14}$

B का एक दिन का काम $=\frac{1}{21}$

$(A+B)$ का एक दिन का काम $=\frac{1}{14}+\frac{1}{21}=\frac{5}{42}$

प्रश्न के अनुसार:

B का 3 दिन का काम है $=\frac{3}{21}=\frac{1}{7}$

बचा हुआ कार्य $1-\frac{1}{7}=\frac{6}{7}$ (जो A और B द्वारा एक साथ पूरा किया जाता है)

ऐसा करने के लिए A और B द्वारा लिया गया समय $\frac{6}{7}$ काम $=\frac{6}{7}\times\frac{42}{5}=7\frac{1}{5}$ दिन

$\therefore$ कुल दिनों की संख्या $=3+7\frac{1}{5}=10\frac{1}{5}$ दिन

अतः विकल्प (B) सही है।

43. दिया है,

a का $4.5=b$ का 6.5

⇒ $\frac{a}{b}=\frac{6.5}{4.5}=\frac{13}{9}$

अतः विकल्प (B) सही है।

44. माना संख्या x है।

यदि संख्या में 10% की वृद्धि होती है, तब

नयी संख्या होगी $=x+x$ का $10\%=x+0.1x=1.1x$

पुनः, संख्या में 20% की कमी होती है।

नयी संख्या होगी $=1.1x-1.1x$ का $20\%=0.88x$

प्रतिशत बदलाव $=(x-0.88x)\times\frac{100}{x}=12\%$ कमी

अतः विकल्प (B) सही है।

45. 25 बैग का औसत वजन $=55$

25 बैग के वजन का योग $=55\times25=1375$

25 बैग का सही योग $=1375-65+56=1366$

25 बैग का सही औसत $=\frac{1366}{25}=54.64$

अतः विकल्प (B) सही है।

46. माना $P=$ मूलधन, $R=$ दर % प्रति वर्ष, समय $=n$ वर्ष

जब ब्याज वार्षिक रूप से संयोजित होता है:

धनराशि $= P\left(1+\frac{R}{100}\right)^n$

दिया है:

$P = 12000$ रूपये और $n = 2$ वर्ष और $R = 5\%$

धनराशि $= 12000\left[1+\frac{5}{100}\right]^2$

$= 12000[1+0.05]^2$

$= 12000 \times 1.05 \times 1.05$

$= 13230$

चक्रवृद्धि ब्याज $=$ धनराशी $-P$

चक्रवृद्धि ब्याज $= 13230 - 12000 = 1230$

$\therefore$ चक्रवृद्धि ब्याज 1230 रूपये है।

अतः विकल्प (C) सही है।

47. माना, वस्तु की 1 इकाई की कीमत $= x$ रुपये

यदि कीमत में 40% की कमी हुई:

वस्तु की 1 इकाई की कीमत हो जायेगी $= (1-0.40)x$ रूपये $= 0.60x$ रुपये

यदि खपत में 30% की वृद्धि हुई:

1 इकाई के स्थान पर 1.30 इकाई की खपत होगी

वस्तु की 1.30 इकाई की कीमत हो जायेगी $= (1.30 \times 0.60x)$ रुपये $= 0.78x$ रुपये

$\therefore$ व्यय में प्रतिशत कमी $\left[\frac{(x-0.78x)}{x}\right] \times 100 = 0.22 \times 100\% = 22\%$

अतः विकल्प (A) सही है।

48. माना दूरी d किमी है।

हम जानते हैं कि:

समय $=$ दूरी गति

$\Rightarrow \frac{d}{25}+\frac{d}{4} = 5$ घंटे 48 मिनट

$\Rightarrow \frac{4d+25d}{100} = \frac{29}{5}$

$\Rightarrow \frac{29d}{100} = \frac{29}{5}$

$\Rightarrow d = 20$ किमी

अतः विकल्प (C) सही है।

49. दिया है:

तीन संख्याओं का योग 98 है।

पहली से दूसरी संख्या का अनुपात 2 : 3 है और दूसरे से तीसरे का अनुपात 5 : 8 है।

माना की तीन संख्याएँ A, B, C है।

प्रश्न के अनुसार:

A : B = 2 : 3 और B : C = 5 : 8 $= \left(5 \times \frac{3}{5}\right):\left(8 \times \frac{3}{5}\right) = 3:\frac{24}{5}$

$\Rightarrow A:B:C = 2:3:\frac{24}{5} = 10:15:24$

$\Rightarrow B = \left(98 \times \frac{15}{49}\right) = 30$

अतः विकल्प (B) सही है।

50. मान लीजिये, कुल वस्तु $= X$

मान लीजिये, प्रत्येक वस्तु का लागत मूल्य $= a$ रुपये

और प्रत्येक वस्तु का बिक्री मूल्य $= b$ रुपये

प्रश्न के अनुसार:

$\Rightarrow X \times \left(\frac{40}{100}\right) \times b = X \times a$

$\Rightarrow b = 2.5a$

$\therefore$ लाभ प्रतिशत

$\Rightarrow \left(\frac{(2.5a-a)}{a}\right) \times 100$

$\Rightarrow 150\%$

अतः विकल्प (A) सही है।

51. It is mentioned in the passage 'With how accessible the internet is today, would you believe me if I told you the number of people who go online every day is still increasing?'

Hence, the correct option is (C).

52. It is mentioned in the passage 'From the website itself to a business's online branding assets -- digital advertising, email marketing, online brochures, and beyond -- there's a spectrum of tactics that fall under the umbrella of "digital marketing."

Hence, the correct option is (D).

53. It is mentioned in the passage 'And although we say it a lot, the way people shop and buy really has changed along with it -- meaning offline marketing isn't as effective as it used to be. Marketing has always been about connecting with your audience in the right place and at the right time. Today, that means you need to meet them where they are already spending time: on the internet.'

Hence, the correct option is (A).

54. It is mentioned in the passage 'And depending on the goals of their marketing strategy, marketers can support a larger campaign through the free and paid channels at their disposal.'

Hence, the correct option is (A).

55. It is mentioned in the passage 'Digital marketing is defined by the use of numerous digital tactics and channels to connect with customers where they spend much of their time: online.'

Hence, the correct option is (B).

56.

- The word 'Putrefy' means 'decompose, decay.'
- The word 'Assimilate' means 'to become part of a group.'
- 'Revoke' means 'Cancel' and
- 'Colloquial' means 'Informal.'

Hence, the correct option is (C).

57. The word 'Dainty' means 'Elegant, Delicate.'

The meanings of the other words are:

- Fester ⇒(of a wound or sore) Becomes septic; suppurate.
- Noxious ⇒ Harmful.

Hence, the correct option is (B).

58. On the eve of inspection, everything was kept in apple-pie order.

Hence, the correct option is (D).

59. As fit as a fiddle means Strong and healthy

Example: He has recovered from illness and now he is as fit as a fiddle.

Hence, the correct option is (D).

60. A person who talks in sleep is called a Somniloquist

Suffix 'ist' is used to denote a person who is skilled or expert in something.

The word 'Somniloquist' is a Latin word. 'Somni' means sleep and 'loqui' means to talk.

Hence, the correct option is (C).

61. The word 'mollify' means 'appease'. Thus 'irritate' is the word having the opposite meaning.

- Abrogate ⇒ Repudiate
- Acculturate ⇒ Assimilate to a different culture, typically the dominant one

Hence, the correct option is (B).

62. The word 'murky' means 'dusky.' Thus 'bright' is the word having the opposite meaning.

- Liturgy ⇒ A forms or formulary according to which public religious worship, especially Christian worship, is conducted.
- Quixotic ⇒ Idealistic
- Pertness ⇒ Impudence

Hence, the correct option is (A).

63. The place for ammunition and weapons is called Arsenal.

The meanings of other words are:

- Asylum – Hospital for mad people
- Archives – Place of collecting public/government/historical records.
- Acoustics – Science of sound

Hence, the correct option is (B).

64. The correct spelling is Accessary.

Please note that do not get confused between Accessary and Accessory.

Hence, the correct option is (D).

65. Correct spelling is Admittance.

Hence, the correct option is (A).

66. The correct preposition here is 'into' as someone pushes a person 'into' a problem. 'Push someone into a problem' means 'get someone involved in a problem.'

Hence, the correct option is (B).

67. The correct form of the verb is simple present tense and it must be singular as the subject is small kids carrying heavy sacks, which is singular.

Hence, the correct option is (D).

68. The correct word here would be an adverb as it is acting on the adjective 'commercialized' thus 'highly' fits here correctly. Options (B) and (D) are adjectives that are incorrect here. The word 'many' is used with countable nouns and is used to denote numbers thus cannot be used here.

Hence, the correct option is (A).

69. The verb 'run' is correct here as the tense is present progressive thus the other options cannot be placed here.

Hence, the correct option is (B).

70. The correct preposition here is 'among' as something is common 'among' people. The other prepositions do not fit here.

Hence, the correct option is (B).

71. The above given sentence is given in Passive Voice:- Use structure "auxiliary + past participle"

Women like to be flattered by men.

Hence, the correct option is (B).

72. The above given sentence is given in Passive Voice:-

You are supposed to make tea at eleven O'clock.

Hence, the correct option is (C).

73. As per the given above sentence is given in Passive Voice.

Use structure "auxiliary + past participle"

Grass is not eaten by a lion, however hungry he may be.

Hence, the correct option is (D).

74. Addressing them as gentlemen, the speaker said that he was going to discuss the food situation in their country. (Indirect)

said ⇒ addressing

our ⇒ their

that ⇒ conj.

I am ⇒ he was

Hence, the correct option is (B).

75. He applauded him saying that he had done well. (Indirect)

Bravo ⇒ applauded

you ⇒ he

have done (Pr.Per.) ⇒ had done (Past Per.)

Hence, the correct option is (A).

76. बेन्सन एंड हेजेस कप इंग्लैंड और वेल्स में प्रथम श्रेणी की काउंटियों के लिए एक दिवसीय क्रिकेट प्रतियोगिता थी जो 1972 से 2002 तक आयोजित की गई थी, जो क्रिकेट के सबसे लंबे प्रायोजन सौदों में से एक था।

अतः विकल्प (B) सही है।

77. कृषि विपणन एगमार्क के रूप में जाना जाता है।

एगमार्क भारत में उपभोग किए जाने वाले कृषि उत्पादों के लिए तीसरे पक्ष की गारंटी के रूप में कार्य करता है।

एगमार्क एक गुणवत्ता प्रमाणपत्र है जो एक शासी निकाय द्वारा निर्दिष्ट दिशानिर्देशों के अनुसार एक उत्पाद को शुद्ध और आवश्यक गुणवत्ता का लेबल देता है।

एक कृषि वस्तु की गुणवत्ता इसकी आंतरिक योग्यता पर आधारित है, और ये मानक अंतर्राष्ट्रीय कानूनों और विशिष्टताओं को ध्यान में रखते हुए तैयार किए जाते हैं ताकि हम विश्व व्यापार संगठन की आवश्यकताओं का अनुपालन करें।

एगमार्क को विपणन और निरीक्षण निदेशालय द्वारा अनुमोदित किया जाता है जो कृषि विभाग के अंतर्गत आता है।

एगमार्क भारत के कृषि उपज (ग्रेडिंग और मार्केटिंग) अधिनियम, 1937 के तहत आता है।

दलहन, साबुत मसाले, वनस्पति तेल, गेहूं के उत्पाद, दुग्ध उत्पाद, शहद, चावल, टैपिओका साबूदाना, सीडलेस इमली, बेसन (बेसन) के उत्पादों पर एगमार्क।

अतः विकल्प (C) सही है।

78.

- भारत में 11 नवंबर को राष्ट्रीय शिक्षा दिवस मनाया जाता है।
- इस दिन को मौलाना अबुल कलाम आज़ाद के सम्मान के रूप में मनाया जाता है।
- वह एक स्वतंत्रता सेनानी और स्वतंत्र भारत के पहले शिक्षा मंत्री (1947 से 1958 तक सेवारत) थे।
- वह उर्दू, फारसी और अरबी के प्रख्यात विद्वान थे।
- उन्हें 1992 में भारत रत्न से सम्मानित किया गया था।

अतः विकल्प (D) सही है।

79.

- 'थांग ता', एक मार्शल आर्ट के रूप में भारत के मणिपुर राज्य से जुड़ा है।
- मणिपुर का लोकप्रिय स्वदेशी मार्शल आर्ट खेल 'थांग ता' हरियाणा के पंचकूला में आयोजित होने वाले खेलो इंडिया यूथ गेम्स 2021 का हिस्सा होगा।
- पंजाब का गतका, केरल का कलारीपयट्टू, और मल्लखंबा, मध्य प्रदेश और महाराष्ट्र में खेला जाने वाला एक प्रसिद्ध खेल इंडिया यूथ गेम्स 2021खेलों का हिस्सा होंगे।

अतः विकल्प (C) सही है।

80.

- काइनरेम जलप्रपात मेघालय की खासी पहाड़ियों में चेरापूंजी जिले से 12 किमी दूर स्थित है।
- इसकी ऊँचाई 305 मीटर है।

अतः विकल्प (D) सही है।

81.

- मोहम्मद इब्न बतूता मोरक्को के विद्वान थे जिन्होंने व्यापक रूप से मध्ययुगीन दुनिया की यात्रा की और उनके यात्रा लेख लिखे।
- उन्होंने मोहम्मद बिन तुगलक के शासन के दौरान भारत का दौरा किया था।

अतः विकल्प (D) सही है।

82.

- भारतीय संविधान के अनुच्छेद 32 (संवैधानिक उपचार का अधिकार) को डॉ बी.आर. अंबेडकर द्वारा भारतीय संविधान के 'हृदय और आत्मा' के रूप में वर्णित किया गया है।
- यह एक नागरिक को उनके उल्लंघन के मामले में किसी भी मौलिक अधिकार का सहारा लेने के लिए सर्वोच्च न्यायालय या उच्च न्यायालय का दरवाजा खटखटाने का अधिकार देता है।

अतः विकल्प (C) सही है।

83.

- गुजरात सरकार ने ड्रैगन फ्रूट का नाम बदलकर 'कमलम' रखने का फैसला किया है।
- राज्य सरकार ने ड्रैगन फ्रूट के नाम को बदलने के लिए एक पेटेंट के लिए आवेदन किया है, जो कि कच्छ, नवसारी और सौराष्ट्र के विभिन्न हिस्सों में बड़े पैमाने पर उगाया जाता है।
- यह कमल की तरह दिखता है, इसलिए इसका नाम 'कमलम' रखा जायेगा।
- फल अपने पोषण मूल्य के लिए जाना जाता है और हीमोग्लोबिन बढ़ाने में भी मदद करता है।

अतः विकल्प (A) सही है।

84. स्थिर घर्षण में किसी भी दो सतहों के बीच घर्षण के गुणांक को घर्षण सीमित करने के बल और उनके बीच सामान्य प्रतिक्रिया के अनुपात के रूप में परिभाषित किया गया है।

$$\mu = \frac{F}{R}$$

घर्षण F और सामान्य प्रतिक्रिया R सीमित करने के बल के परिणाम के साथ कोण सामान्य प्रतिक्रिया की दिशा के साथ बनाता है आर प्रतिक्रिया का कोण है।

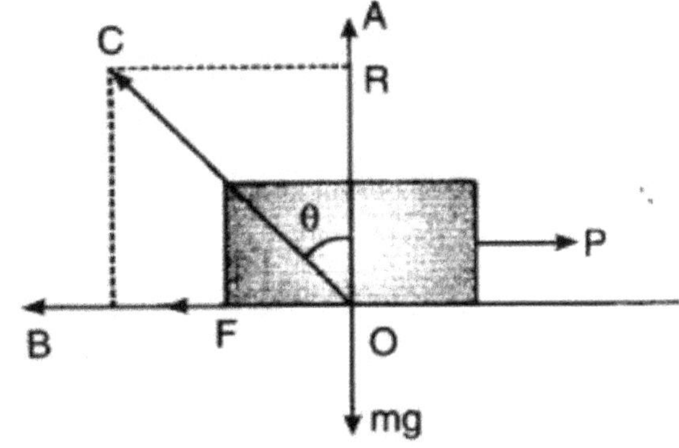

संबंध:

$\triangle AOC$ में $\tan\theta = \frac{AC}{OA} = \frac{OB}{OA} = \frac{F}{R} = \mu$

इसलिए, $\mu = \tan\theta$

अतः विकल्प (D) सही है।

85.

- उल्लुओं द्वारा निकली जाने वाली ध्वनि को हूट के नाम से जाना जाता है।
- स्क्वैक तोते द्वारा निकाली गई ध्वनि है।
- वार्बल कोयल द्वारा निकाली गई ध्वनि है।
- क्लक मुर्गियाँ द्वारा निकाली गई ध्वनि है।

अतः विकल्प (B) सही है।

86.

- पहला स्तनपायी एक वयस्क दैहिक कोशिका से प्रतिरूपित किया गया था, परमाणु हस्तांतरण की प्रक्रिया का उपयोग करते हुए एक महिला घरेलू भेड़ का नाम, डॉली था जो 5 जुलाई 1996 - 14 फरवरी 2003 तक थी।
- कीथ कैंपबेल, इयान विल्मट ने अपने सहयोगियों के साथ रॉसलीन संस्थान में प्रतिरूपित किया जो स्कॉटलैंड के एडिनबर्ग विश्वविद्यालय का हिस्सा है, और एडिनबर्ग के पास स्थित जैव प्रौद्योगिकी कंपनी पीपीएल थेरेप्यूटिक्स ने डॉली का क्लोन बनाया।
- डॉली के क्लोनिंग के लिए दाता के रूप में इस्तेमाल की जाने वाली कोशिका को एक स्तन ग्रंथि से लिया गया था, और एक स्वस्थ प्रतिरूप का निर्माण किया गया, इस प्रकार, यह पुष्ट हुआ कि शरीर के एक विशिष्ट हिस्से से ली गई कोशिका एक पूरे व्यक्ति को फिर से बना सकती है।

अतः विकल्प (D) सही है।

87. प्रधानमंत्री जीवन ज्योति बीमा योजना (PMJJBY):

- यह एक साल की जीवन बीमा योजना है।
- यह 18 से 50 वर्ष के आयु वर्ग में उपलब्ध है।
- यह साल-दर-साल अक्षय होता है।

अतः विकल्प (D) सही है।

88. एक ऑपरेटिंग सिस्टम, सिस्टम सॉफ्टवेयर है जो सॉफ्टवेयर और हार्डवेयर संसाधनों को संभालता है और कंप्यूटर प्रोग्राम के लिए सेवाएं प्रदान करता है। एक ऑपरेटिंग सिस्टम के बिना, एक कंप्यूटर "बूट" नहीं कर सकता।

अतः विकल्प (D) सही है।

89.

- 1 बार = $1,00,000$ पास्कल।
- प्रति इकाई क्षेत्र में लगाई गई शक्ति को दबाव कहा जाता है।
- दबाव $=$ (बल)/(क्षेत्र)
- दबाव की S.I इकाई पास्कल है, जिसे Pa द्वारा निरूपित किया गया है।

अतः विकल्प (D) सही है।

90.

- परमाणु की द्रव्यमान संख्या परमाणु द्रव्यमान का निकटतम पूर्णांक है। इसे A से दर्शाया जाता है और इस प्रकार व्यक्त किया जाता है

A = Z + N

जहां Z परमाणु संख्या है और N परमाणु के केंद्रक में न्यूट्रॉन की संख्या है।

- परमाणु संख्या परमाणु के नाभिक में प्रोटॉन की कुल संख्या है।
- AXZ में जहां X रासायनिक प्रतीक है, A द्रव्यमान संख्या का प्रतिनिधित्व करता है और Z परमाणु संख्या का प्रतिनिधित्व करता है।

अतः विकल्प (B) सही है।

91.

- सुकुमार सेन भारत के पहले मुख्य चुनाव आयुक्त थे जिन्होंने 1950 से 1958 तक सेवा की।
- मुख्य चुनाव आयुक्त भारत के चुनाव आयोग के प्रमुख होते हैं और 6 वर्ष या 65 वर्ष की आयु तक का कार्यकाल होता है, जो भी पहले हो।

अतः विकल्प (B) सही है।

92.

- भारतीय मानक समय की गणना मिर्जापुर उत्तर प्रदेश में $82.5°$E देशांतर के आधार पर की जाती है।
- इस $82.5°$E को भारतीय मानक मेरिडियन कहा जाता है।
- यह रेखा 5 भारतीय राज्यों से होकर गुजरती है: उत्तर प्रदेश, मध्य प्रदेश, छत्तीसगढ़, ओडिशा, आंध्र प्रदेश।

अतः विकल्प (A) सही है।

93.

- USB का पूरा नाम यूनिवर्सल सीरियल बस है।
- एक यूनिवर्सल सीरियल बस (USB) एक सामान्य इंटरफ़ेस है जो उपकरणों और एक निजी कंप्यूटर (PC) या स्मार्टफोन जैसे होस्ट कंट्रोलर के बीच संचार को सक्षम बनाता है।
- यह परिधीय उपकरणों जैसे डिजिटल कैमरा, कीबोर्ड, प्रिंटर, स्कैनर, मीडिया डिवाइस, बाहरी हार्ड ड्राइव और फ्लैश ड्राइव को जोड़ता है।

अतः विकल्प (B) सही है।

94.

- 'फर्र-ए- इजादी' सूफी संत शिहाबुद्दीन सुहरावर्दी द्वारा विकसित किया गया था।
- फर्र-ए- इजादी के अनुसार, मुगल शासक भगवान से शक्ति प्राप्त करता था, जिसमें एक पदानुक्रम था जिसके अनुसार दिव्य प्रकाश राजा पर प्रसारित किया जाता था जो आध्यात्मिक मार्गदर्शन का स्रोत बनता था।

अतः विकल्प (A) सही है।

95.

- एक समूह में ऊपर से नीचे जाने के दौरान आधुनिक आवर्त सारणी में परमाणु के आकार में वृद्धि होती है।
- आवर्त सारणी में बाएं से दाएं, परमाणु आवेश की वृद्धि के कारण परमाणु मात्रा पहले घट जाती है।
- रासायनिक संयोजन शेल में इलेक्ट्रॉनों की संख्या बढ़ती रहती है, जिसके परिणामस्वरूप परीक्षण प्रभाव के कारण प्रभावी परमाणु आवेश में कमी आती है। इसके कारण परमाणु त्रिज्या बढ़ती है और इस प्रकार परमाणु मात्रा बढ़ जाती है।

अतः विकल्प (A) सही है।

96.

- जेके टायर एंड इंडस्ट्रीज लिमिटेड ने अपनी सबसे ज्यादा बिकने वाली एसयूवी, क्रेटा के लिए हुंडई मोटर इंडिया के साथ साझेदारी की है।
- जेके टायर अपने UX रॉयल 215/60 R17 रेडियल टायर को हुंडई क्रेटा के टॉप-एंड वेरिएंट के साथ पेश करेगा।
- टायर 5-रिब असममित डिजाइन, वेरिएबल ड्राफ्ट ग्रूव प्रौद्योगिकी, स्थिर शोल्डर ट्रेड ब्लॉक, वफ़ल ग्रूव और एयरो विंग डिज़ाइन के साथ आता है।

अतः विकल्प (B) सही है।

97.

- पहला विश्व पर्यावरण दिवस 1974 मे मनाया गया था।
- विश्व पर्यावरण दिवस को मानव जीवन में स्वस्थ और हरित पर्यावरण के महत्व को बढ़ाने के लिए प्रत्येक वर्ष 5 जून को एक वार्षिक कार्यक्रम के रूप में मनाया जाने लगा है।
- सरकार और संगठनों द्वारा कुछ सकारात्मक पर्यावरणीय क्रियाओं को लागू करके पर्यावरण के मुद्दों को हल करने के लिए यह दिवस हर साल मनाया जाता है।

अतः विकल्प (B) सही है।

98.

- सुपारी क्षेत्र में पहली बार, उत्तरा कन्नड़ में उगाई गई 'सिरसी सुपारी' को भौगोलिक संकेत (GI) टैग मिला है।
- इसकी खेती येल्पुरा, सिदपुरा और सिरसी तालुकों में की जाती है।
- सुपारी में एक गोल और चपटा सिक्का आकार, विशेष बनावट, स्वाद जैसी अनूठी विशेषताएं हैं|

अतः विकल्प (B) सही है।

99.

- 8 जनवरी 2021 को विज्ञान और प्रौद्योगिकी हैदराबाद क्लस्टर लॉन्च किया गया को केंद्र जो ऐसे चार भौगोलिक समूहों में से एक है जिसे केंद्र ने सहयोगी वातावरण के माध्यम से विज्ञान, अनुसंधान और नवीनीकरण को बढ़ावा देने के लिए प्रस्तावित किया है।
- प्रधानमंत्री विज्ञान, प्रौद्योगिकी और नवीनीकरण सलाहकार परिषद (PM-STIAC) ने हैदराबाद, बेंगलुरु, एनसीआर-दिल्ली और पुणे में समूहों की स्थापना की सिफारिश की थी।
- केंद्र सरकार की पहल वैज्ञानिक उद्यम को प्रोत्साहित करने और सामूहिक प्रदर्शन के प्रति व्यक्तिगत संस्थागत उत्कृष्टता को आगे बढ़ाने के उद्देश्य से है।

अतः विकल्प (D) सही है।

100.

- वॉलमार्ट के स्वामित्व वाले फ्लिपकार्ट ने संशोधित महिला उद्यमिता प्लेटफॉर्म को लॉन्च करने के लिए नीति आयोग के साथ भागीदारी की है।
- महिला उद्यमिता मंच (WEP) अपनी तरह का पहला, एकीकृत एक्सेस पोर्टल है जो भारत के विभिन्न हिस्सों की महिलाओं को उनकी उद्यमशीलता की आकांक्षाओं को साकार करने के लिए एक साथ लाता है।
- संशोधित संस्करण में मेंटरशिप की पेशकश करने के लिए एक अतिरिक्त सुविधा भी शामिल होगी।

अतः विकल्प (C) सही है।

मॉक टेस्ट 06

General Intelligence and Reasoning

Q.1 निम्नलिखित प्रश्न में, दिए गये विकल्पों में से वह संख्या चुनिए जिसे प्रश्न चिह्न (?) के स्थान पर रखा जा सकता है।

7	4	2	14
3	5	6	15
6	1	4	?

A. 10 **B.** 11 **C.** 12 **D.** 14

Q.2 यदि नेहा कहती है, "अनुषा के पिता रामू मेरे ससुर मनीष के इकलौते बेटे हैं", तब बिंधु, जो अनुषा की बहन है मनीष से कैसे संबंधित है?

A. भतीजी **B.** बेटी **C.** पोती **D.** बहू

Q.3 निम्नलिखित प्रश्न में दिए गए विकल्पों में से संबंधित संख्या को चुनिए।

5 : 26 : : 1 : ?

A. 21 **B.** 10 **C.** 3 **D.** 2

Q.4 निम्न प्रश्न में कुछ कथन और उसके बाद कुछ निष्कर्ष दिए गये हैं। आपको दिए गये कथन को सत्य मानना है, भले ही वे ज्ञात तथ्यों से अलग प्रतीत होते हों। सभी निष्कर्षों को पढ़िए और फिर निर्णय कीजिए कि दिये गये निष्कर्षों में से कौन सा निष्कर्ष कथनों का तार्किक रूप से अनुसरण करता है।

कथन:

1. कुछ कप मेज हैं।
2. कुछ मेज कुर्सी हैं।

निष्कर्ष:

I. कुछ कुर्सी कप नहीं हैं।

II. कुछ कुर्सी मेज हैं।

A. केवल निष्कर्ष (I) अनुसरण करता है

B. केवल निष्कर्ष (II) अनुसरण करता है

C. दोनों निष्कर्ष अनुसरण करते हैं

D. न तो निष्कर्ष (I) न ही निष्कर्ष (II) अनुसरण करता है

Q.5 दिए गए वर्गों के बीच संबंध को सबसे सटीक तरह दर्शाने वाला आलेख ज्ञात कीजिए।

जल, द्रव्य, तत्व

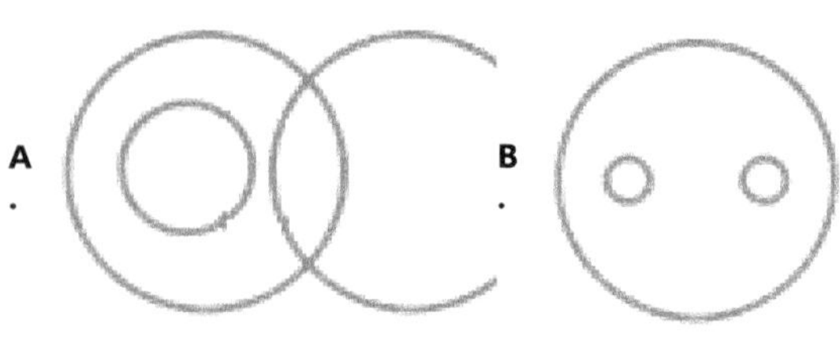

Q.6 सात व्यक्ति अमित, रोशन, रवि, प्रिया, अमृता, अर्पिता और मितुल हैं। उन्होंने एक प्रतियोगिता में भाग लिया जिसमें उन्हें अलग-अलग स्थान मिले। अमित ने पहला स्थान प्राप्त किया जबकि मितुल ने अंतिम स्थान प्राप्त किया। प्रिया ने अंत से चौथा स्थान प्राप्त किया। रवि ने प्रिया से एक स्थान अधिक प्राप्त किया, जबकि अमृता ने प्रिया की तुलना में एक स्थान कम प्राप्त किया। रोशन ने उन पांचों में से सबसे अधिक स्थान प्राप्त किया।

दूसरा सबसे कम स्थान किसने प्राप्त किया?

A. अर्पिता **B.** अमृता **C.** रवि **D.** रोशन

Q.7 निम्नलिखित प्रश्न में दिए गए विकल्पों में से संबंधित अक्षरों को चुनिए।

AB : ZY : : MN : ?

A. ML **B.** OP **C.** NM **D.** XW

Q.8 यदि एक दर्पण को AB रेखा पर रखी जाए, तो दी गई उत्तर आकृतियों में से कौन सी आकृति प्रश्न आकृति की सही छवि होगी?

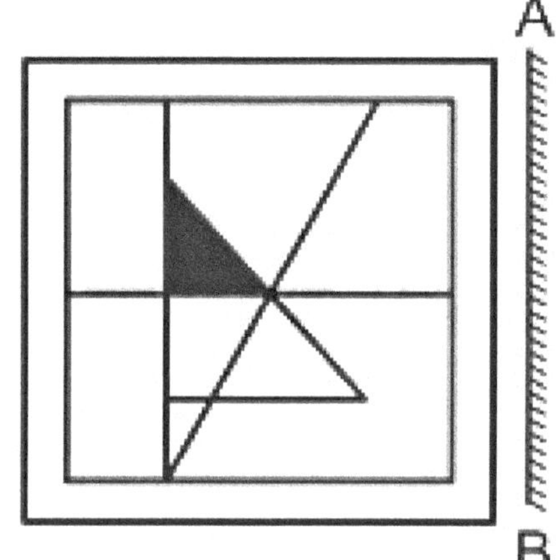

A.

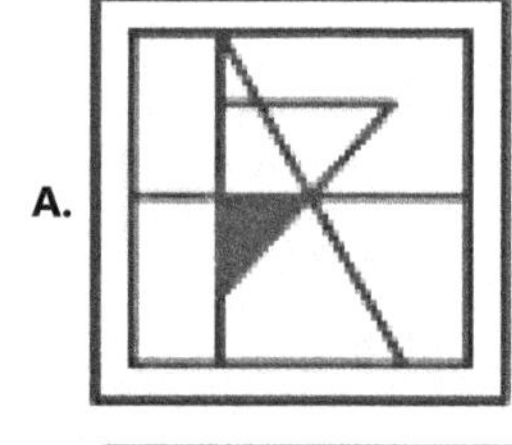

B.

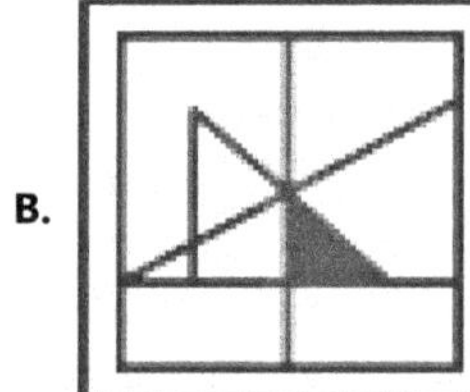

C.

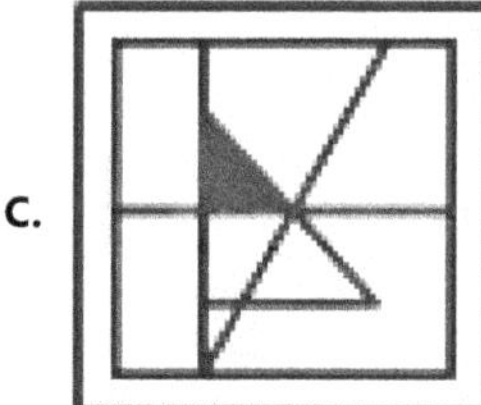

D.

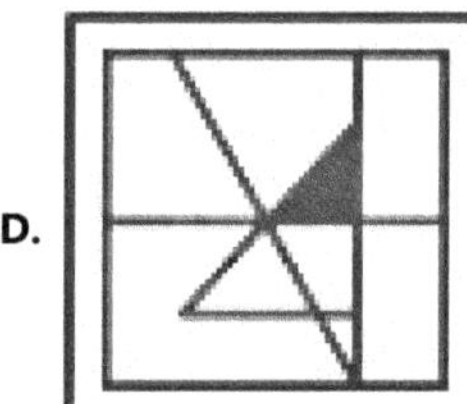

Q.9 निम्नलिखित आकृति में, त्रिभुज डॉक्टरों को दर्शाता है, वृत वकीलों को दर्शाता है और आयत शिक्षकों को दर्शाता है। अक्षरों का कौन - सा समूह उन शिक्षकों को दर्शाता है जो वकील नहीं हैं?

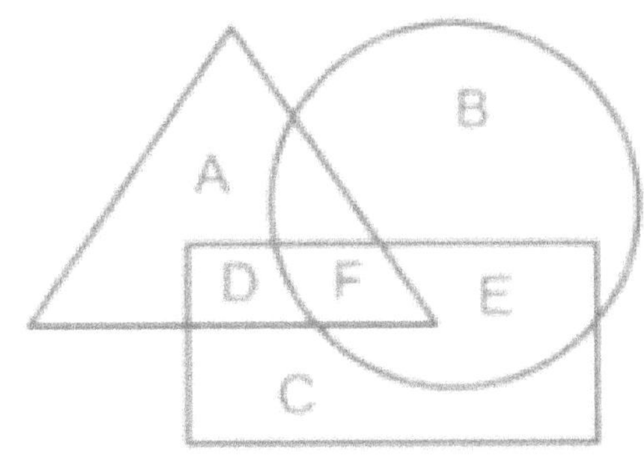

A. DC **B.** DF **C.** EC **D.** DFC

Q.10 निम्नलिखित प्रश्न में, किस गणितीय चिह्न का उपयोग करके समीकरण सही हो जायेगा?

15_9_12_2 = 121

A. -, +, × **B.** ×, +, - **C.** +, ×, - **D.** ×, - , +

Q.11 निम्नलिखित प्रश्न में संख्याओं और अक्षरों के चार समूह दिये गये हैं। इनमें से तीन समान नियम/संबंध/तर्क के आधार पर एक समान हैं। दिये गये विकल्पों में से विषम पद चुनिए।

A. f5a **B.** s6m **C.** p8k **D.** n7g

Q.12 छह लोग A, B, C, D, E, और F एक गोल टेबल के चारों ओर अंदर की तरफ मुँह करके बैठे हैं। A और B एक दूसरे के बिल्कुल विपरीत बैठे हुए हैं। E, B के तुरंत दाहिनी ओर बैठा है। E और F भी एक दूसरे के बिल्कुल विपरीत बैठे हुए हैं। बतायें की निम्न दिए विकल्पों में से कौन सा D का स्थान नही हो सकता?

A. D, C के बिल्कुल विपरीत बैठा हुआ है
B. D, E और A के एकदम बीच में है
C. D, F के तुरंत दाहिनी ओर है
D. D, A के तुरंत दाहिनी ओर है

Q.13 निर्देश: (*) संकेतों को बदलने और दिए गए समीकरण को संतुलित करने के लिए गणितीय संकेतों के सही संयोजन का चयन करें।

16 * 6 * 4 * 24

A. ÷, =, × **B.** ×, =, ÷ **C.** =, ÷, ÷ **D.** ×, ÷, =

Q.14 आकृति में दिए गए सभी टुकड़ों का उपयोग करके बनायी जा सकने वाली आकृति का चयन कीजिये।

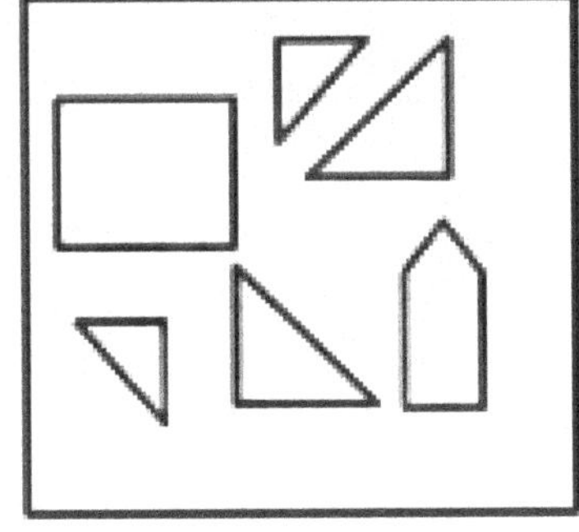

A. 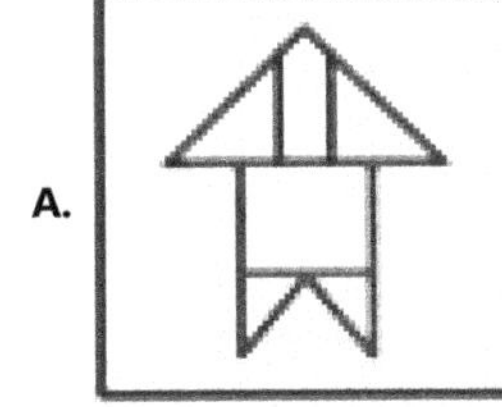 **B.** 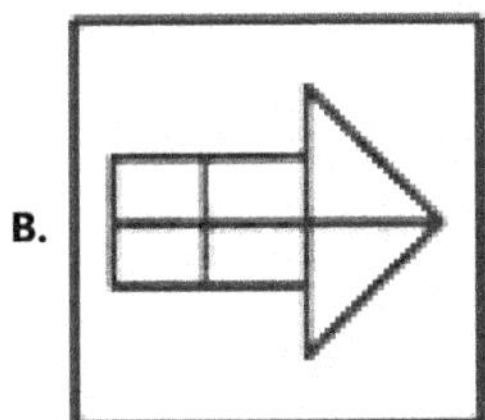

C. 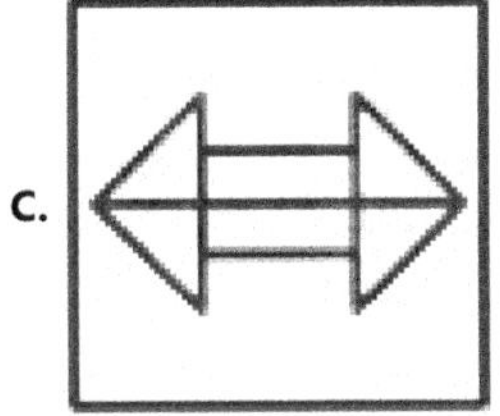 **D.** 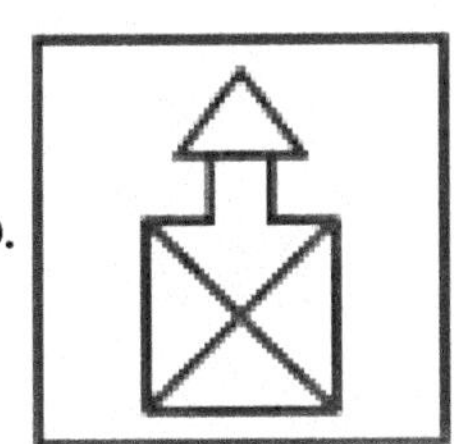

Q.15 एक श्रृंखला दी गई है जिसमें एक पद लुप्त है। दिए गये विकल्पों में से वह सही विकल्प चुनिए, जो श्रृंखला को पूरा करेगा।

18, 21, 16, 23, 12, 25, ?

A. 9 **B.** 8 **C.** 10 **D.** 12

Q.16 दी गई आकृति में कितने त्रिभुज हैं?

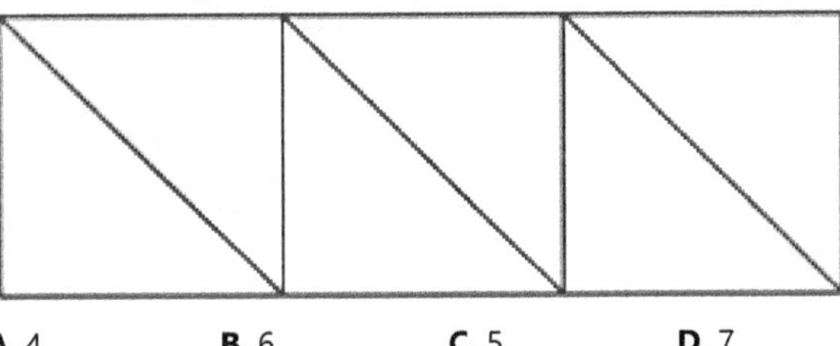

A. 4 **B.** 6 **C.** 5 **D.** 7

Q.17 एक शाम रुपेश उसके कार्यालय से उसके घर की ओर जा रहा था और एक चौराहे पर उसके दोस्त शिवम से मिला। शिवम की परछाई रुपेश के ठीक बायीं ओर थी। यदि वे एक-दूसरे के सामने थे, तो शिवम किस दिशा के सम्मुख था?

A. उत्तर **B.** दक्षिण **C.** पूर्व **D.** पश्चिम

Q.18 निम्नलिखित प्रश्न में दिए गये विकल्पों में से विषम शब्द को चुनिए।

A. फेफड़े **B.** नाक **C.** वायु नली **D.** लीवर

Q.19 निर्देश: निम्न प्रश्न में एक कथन और उसके बाद I और II से अंकित दो अनुमान दिए गये हैं। आपको दिए गये कथन को सत्य मानना है, भले ही वे ज्ञात तथ्यों से अलग प्रतीत होते हों। सभी अनुमानों को पढ़िए और फिर निर्णय कीजिए कि दिया गया कौन सा अनुमान ज्ञात तथ्यों को नजरंदाज करने पर कथनों का तार्किक रूप से अनुसरण करता है।

कथन: दंगों के बाद, पूरे शहर में एक कर्फ्यू लगाया गया था।

अनुमान:

I. कर्फ्यू के दौरान लोगों को अपने घरों से बाहर नहीं निकलने के लिए कहा गया था।

II. यदि लोग सड़कों बहार निकलते हैं, तो गंभीर हिंसा की घटना का खतरा बढ़ सकता है।

A. केवल अनुमान I अनुसरण करता है
B. केवल अनुमान II अनुसरण करता है
C. दोनों अनुमान अनुसरण करते हैं
D. कोई भी अनुमान अनुसरण करता है

Q.20 निम्न विकल्पों को तार्किक क्रम में व्यवस्थित कीजिए।

1. प्रिंट को क्लिक कीजिए।
2. पॉप-मेनू से प्रिंटर चुनें।

3. यदि आवश्यक हो तो दर्शाए गए किसी भी प्रिंटिंग विकल्प को बदलिए।
4. वह दस्तावेज खोलें जिसे आप प्रिंट करना चाहते हैं।
5. फ़ाइल मेनू से प्रिंट को चुनें या ctrl+P दबाएँ।

A. 45231 **B.** 54321 **C.** 32145 **D.** 12453

Q.21 यदि एक मोटर को मेट्रो कहा गया है, मेट्रो को हवाई जहाज कहा गया है, हवाई जहाज को ट्रैक्टर कहा गया है, ट्रैक्टर को शिप कहा गया है, शिप को कार्ट कहा गया है, कार्ट को बुलेट कहा गया है। तो किसी खेत की जुताई करने के लिए किसका उपयोग किया जाता है?

A. मोटर **B.** मेट्रो **C.** बुलेट **D.** शिप

Q.22 एक निश्चित कोड भाषा में, BOLLYWOOD को CNMKZVPNE लिखा जाता है, HOLLYWOOD के लिए इसी प्रकार का कोड क्या होगा?

A. CNKMVZNPE **B.** DOOWYLLOB
C. INMKZVPNE **D.** INKMXYZRE

Q.23 उत्तर आकृतियों में से उस आकृति को चुनिए, जो प्रश्न चिह्न का स्थान लेगी।

प्रश्न आकृति:

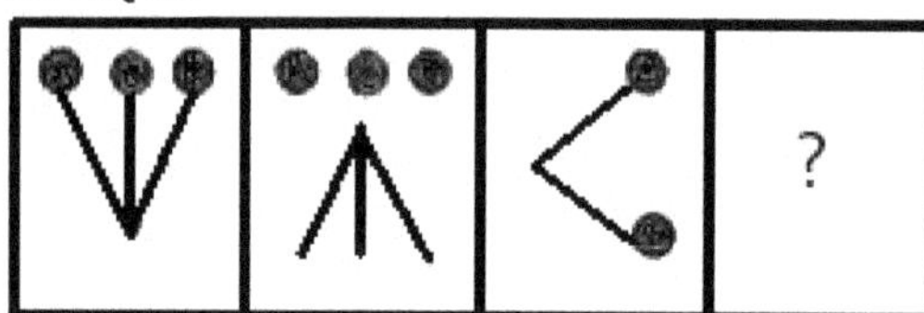

उत्तर आकृति:

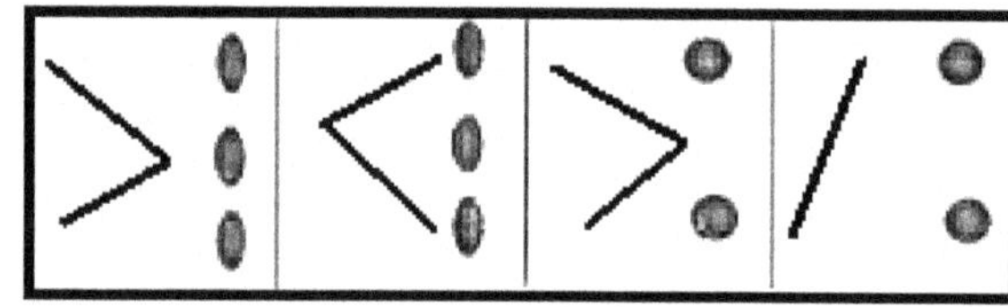

A. 1 **B.** 2 **C.** 3 **D.** 4

Q.24 यदि 'L' को '24' के रूप में कोडित किया जाता है, 'LATE' को '76' के रूप में कोडित किया जाता है, तो उसी प्रकार 'BIG' को कैसे कोडित किया जाएगा?

A. 33 **B.** 36 **C.** 35 **D.** 39

Q.25 निम्नलिखित में से कौन से पद दी गई सूची की प्रवृत्ति का पालन करते हैं?

abaBABAB, AbabABAB, ABabaBAB, ABAbabAB, ABABabaB, ______

A. aBABABab **B.** ABABAbab
C. abaBABAB **D.** AbabABAB

Numerical Aptitude/ Quantitative Ability

Q.26 A और B एक काम को 20 दिनों में पूरा करते हैं। B अकेले समान काम को 60 दिनों में पूरा कर सकता है। उन्होंने काम को पूरा करने के लिए 36000 रुपए लिया। तो A का हिस्सा (रुपए में) क्या होगा?

A. 18000 रु **B.** 24000 रु **C.** 26000 रु **D.** 22000 रु

Q.27 $x + \frac{1}{x}$ का व्युत्क्रम क्या होगा?

A. $\frac{x}{x^2+1}$ **B.** $\frac{x}{x+1}$ **C.** $x - \frac{1}{x}$ **D.** $\frac{1}{x} + x$

Q.28 $(1 - \sin A \cos A)(\sin A + \cos A)$ का सरलीकृत मान क्या है?

A. $\sin^2 A - \cos^2 A$ **B.** $\sin^3 A + \cos^3 A$
C. 0 **D.** $\cos^2 A - \sin^2 A$

Q.29 धारा के प्रवाह की दिशा में चल रही एक नाव 5 घंटों में 28 किमी की दूरी तय करती है। जब नाव वापस आ रही है तो, नाव उसी दूरी को तय करने में 7 घंटों का समय लेती है। स्थिर पानी में नाव की गति क्या है ?

A. 4 किमी/घंटा **B.** 3.6 किमी/घंटा
C. 5.6 किमी/घंटा **D.** 4.8 किमी/घंटा

Q.30 1000 में पहले 10% की वृद्धि की जाती और फिर इसमें 30% की कमी की जाती है। अंतिम मान क्या है?

A. 850 **B.** 770 **C.** 820 **D.** 760

Q.31 P, Q से 60% कम है। Q, R से 50% अधिक है। R, S से 20% अधिक है। यदि S का मान 1500 है, तब P का मान क्या है?

A. 1240 **B.** 1080 **C.** 1140 **D.** 960

Q.32 2^{2^3} का मान क्या होगा?

A. 256 **B.** 1024 **C.** 128 **D.** 64

Q.33 यदि एक कोण का अनुपूरक, उसके सम्पूरक कोण के एक-चौथाई है, तो उस कोण का मान क्या है?

A. 120° **B.** 60° **C.** 90° **D.** 30°

Q.34 48 किमी/घंटा की समान गति से चलने पर एक ट्रेन 50 मिनट में कुछ दूरी तय करती है। ट्रेन को यात्रा के समय को 40 मिनट तक कम करने के लिए किस गति से चलना होगा?

A. 50 किमी/घंटा **B.** 55 किमी/घंटा
C. 60 किमी/घंटा **D.** 70 किमी/घंटा

Q.35 $21 + 24 + 27 + \cdots \ldots + 51$ का मान क्या है?

A. 324 **B.** 396 **C.** 416 **D.** 288

Q.36 एक आयत की लंबाई, इसकी चौड़ाई का चार गुना है, यदि आयत का क्षेत्रफल 1764 वर्ग सेमी है, तो आयत की लंबाई क्या है?

A. 21 सेमी **B.** 84 सेमी **C.** 44 सेमी **D.** 56 सेमी

Q.37 $(3.2 + 2.5)^2 - (3.2 - 2.5)^2$ का मान क्या है?

A. 32.98 **B.** 33 **C.** 34.11 **D.** 32

Ques (38-40):निर्देश: दिया गया बार ग्राफ उन लोगों की संख्या को दर्शाता है जो भिन्न-भिन्न खेलों के खिलाड़ी हैं। ग्राफ को ध्यानपूर्वक पढ़िए और निम्नलिखित प्रश्नों के उत्तर दीजिए।

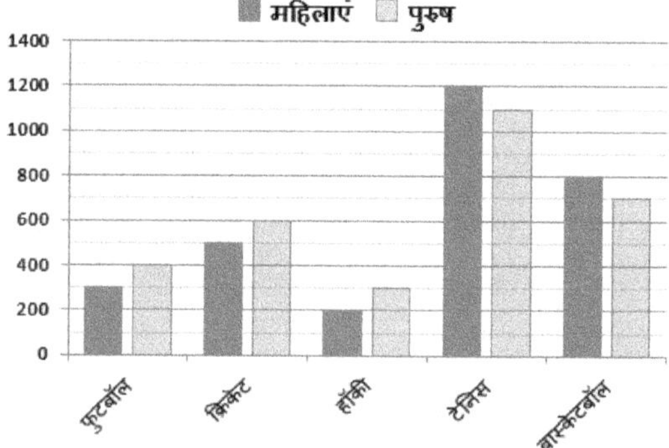

Q.38 सभी पांच खेलों के सभी पुरुष खिलाड़ियों और सभी महिला खिलाड़ियों का अनुपात क्या है?

A. 29 : 30 **B.** 31 : 30 **C.** 34 : 32 **D.** 27 : 29

Q.39 यदि महिला खिलाड़ियों की संख्या के बारे में जानकारी को वृत्त-चार्ट के द्वारा दर्शाया गया है, तो क्रिकेट खिलाड़ियों की संख्या को दर्शाने वाले क्षेत्र का केंद्रीय कोण क्या है?

A. 60° **B.** 65° **C.** 75° **D.** 45°

Q.40 फुटबॉल खिलाड़ियों की संख्या हॉकी खिलाड़ियों की संख्या से कितने प्रतिशत अधिक है?

A. 30% **B.** 40% **C.** 50% **D.** 25%

Q.41 यदि एक नियमित बहुभुज के आंतरिक कोण का माप उसके बाहरी कोण के माप से 100° अधिक है तो उसकी कितनी भुजाएं हैं?

A. 10 **B.** 12 **C.** 9 **D.** 15

Q.42 एक वस्तु पर 5% की छूट देने के बाद 25% का लाभ अर्जित होता है। यदि वस्तु का अंकित मूल्य 2625 रूपये है, तो उसका क्रय मूल्य (रूपये में) क्या है?

A. 2075 **B.** 2135 **C.** 2025 **D.** 1995

Q.43 यदि किसी राशि को तीन वर्षों हेतु साधारण ब्याज पर 17% प्रति वर्ष की दर से निवेश करने पर 2550 रु प्राप्त होते है। तब मूलधन(रु में) क्या होगा?

A. 4000 **B.** 5000 **C.** 6000 **D.** 4500

Q.44 एक वृत्त का क्षेत्रफल 616 सेमी ^{2} है। इसकी परिधि (सेमी में) क्या है?

A. 176 **B.** 88 **C.** 70 **D.** 140

Q.45 प्रेम 450 रुपये में एक मेज़ खरीदता है और इसके परिवहन पर 30 रुपये खर्च करता है। यदि वह मेज़ को 600 रुपये में बेचता है तब उसका लाभ प्रतिशत क्या है?

A. 30% **B.** 25% **C.** 28% **D.** 24%

Q.46 265 रु. के लिए एक वस्तु को बेचने पर एक पुरुष को 4% की हानि होती है। 12% लाभ प्राप्त करने के लिए, उसे वस्तु को कितने रुपये में बेचना चाहिए?

A. 283.85 रु. **B.** 308 रु.
C. 285 रु. **D.** 298.50 रु.

Q.47 12 संख्याओं का औसत 14 है। यदि प्रत्येक संख्या को दोगुना कर दिया जाए, तब नवीन औसत क्या होगा?

A. 28 **B.** 18 **C.** 20 **D.** 24

Q.48 2 वर्ष के लिए 5% की दर से एक निश्चित राशि पर साधारण ब्याज और चक्रवृद्धि ब्याज के बीच का अंतर 34 रुपये है, तो मूल राशि कितनी है?

A. 12,600 रुपये **B.** 14,800 रुपये
C. 13,600 रुपये **D.** इनमे से कोई नहीं

Q.49 $104, 102, 109, A$ और 112 का औसत 109 है। A का मान क्या है?

A. 114 **B.** 116 **C.** 118 **D.** 120

Q.50 तीन संख्याओं का अनुपात $2:3:5$ है। यदि उनके वर्गों का योग 950 है, तब संख्याएँ क्या हैं?

A. 10,15,20 **B.** 10,15,25
C. 20,10,25 **D.** 30,15,25

General English & Comprehension

Ques (51-52):Direction: In the following question, a part of the sentence may have errors. Find out which part of the sentence has an error and select the appropriate option. If a sentence is free from error, select 'No Error'.

Q.51 The committee (1)/ was divided in their opinion (2)/ so no decision was taken. (3)/ No error (4)

A. (1) **B.** (2) **C.** (3) **D.** (4)

Q.52 In spite the mutual (1)/ disagreements, the jury (2)/ has passed a collective statement. (3)/ No error (4)

A. (1) **B.** (2) **C.** (3) **D.** (4)

Ques (53-55):Direction: Fill in the blank with the correct word.

Q.53 Her birthday is ____ the month of November so we have only two weeks in hand to prepare for the party.

A. In **B.** On **C.** For **D.** By

Q.54 I like _____ this book again and again as it strengthens my mind in tough times.

A. To reading **B.** Reading
C. Read **D.** Reads

Q.55 I _____ the essay by tomorrow afternoon by this time.

A. Finished **B.** Would finished
C. Finishes **D.** Will have finished

Ques (56-58):Direction: Choose the word most similar in meaning to the given word.

Q.56 Soothe

A. Allay **B.** Control **C.** Submit **D.** Trepid

Q.57 Admonish

A. Question **B.** Struggle **C.** Applaud **D.** Rebuke

Q.58 Adversity

A. Taunt **B.** Misfortune
C. Illegal **D.** Damage

Ques (59-61):Direction: Choose the word most opposite in meaning to the given word.

Q.59 Praise

A. Bully **B.** Fresco **C.** Scream **D.** Disdain

Q.60 Fanatical

A. Opulent **B.** Funny
C. Tolerant **D.** Aggressive

Q.61 Defray

A. Compose **B.** Repudiate
C. Pour **D.** Burden

Ques (62-64):Direction: In the following question, out of the four alternatives, select the alternative which best expresses the meaning of the idiom/phrase.

Q.62 Sniff test

A. A difficult test
B. To see if something is suitable
C. A test put up for show
D. A test whose results are already known

Q.63 A sorry sight
A. A scene of poverty.
B. A social problem that is talked about a lot.
C. A show put up to gain sympathy.
D. Something sadly neglected.

Q.64 Once bitten twice shy
A. Injured gravely in an accident.
B. Being very sharing of one's belongings.
C. Being cautious of something due to an unpleasant experience in the past.
D. Being very skeptical of fairytales.

Ques (65-67):Direction: In the following question, out of the four given alternatives, select the alternative which is the best substitute of the phrase.

Q.65 A person who believes in total abolition of war.
A. Groan **B.** Honorary
C. Jitter **D.** Pacifist

Q.66 Carry out a task clumsily or incompetently
A. Bungle **B.** Adept **C.** Apt **D.** Adroit

Q.67 A person who moves stealthily about or loiters near a place with a view to committing a crime.
A. Scrupulous **B.** Prowler
C. Veracious **D.** Unfeigned

Ques (68-72):Direction: Read the passage carefully and choose the best answer to each question out of the four alternatives.

The role of Organic Farming in the Indian Rural Economy can be leveraged to mitigate the ever-increasing problem of food security in India. With the rapid industrialization of rural states of India, there has been a crunch for farmland. Further, with the exponential population growth of India, the need for food sufficiency has become the need of the hour. Furthermore, the overuse of plant growth inhibitors, pesticides, and fertilizers for faster growth of agricultural produce is detrimental to human health and the environment as a whole. The proposition of Organic Farming in the Indian Rural Economy holds good, as an alternative to arrest this problem. The introduction of the process of Organic Farming in the Indian Rural Economy is a very new concept. The huge furor over the overuse of harmful pesticides and fertilizers to increase agricultural output has in fact catalyzed the entry of Organic Farming in the Indian Rural Economy. The process of organic farming involves using naturally occurring and decomposable matter for the growth and disease resistance of different crops. The concept of organic farming in India dates back to 10,000 years and it finds its reference in many Indian historical books.

Q.68
Which factor accelerated the concept of organic farming in India?
A. Shortage of food
B. Overpopulation
C. Overuse of harmful pesticides and fertilizers
D. Lack of funds

Q.69 What is the passage based on?
A. Overpopulation and its impact on farming
B. Deteriorating human health because of rural farming
C. New concepts in Indian farming
D. Factors catalyzing organic farming

Q.70
How would organic farming not be detrimental to human health?
A. It uses advanced chemicals to grow crops.
B. It is not modernized at all.
C. It produces crops in very small amounts.
D. It uses naturally occurring and decomposable matter

Q.71
Which of the following is the tone of the author?
A. Didactic **B.** Positive
C. Censuring **D.** Threatening

Q.72
Which of the following can be inferred from the passage?
A. Organic farming has been talked about many years ago in India.
B. Organic farming cannot be a permanent solution.
C. Organic farming is natural but not reliable.
D. It is important to blend organic farming with modernized ways of farming.

Ques (73-74):Directions: Select the most appropriate option to substitute the underlined segment in the given sentence. If there is no need to substitute it, select No improvement.

Q.73 <u>As much as</u> a hundred children gathered to celebrate Independence Day.
A. As long as **B.** No improvement
C. As high as **D.** As many as

Q.74 She <u>was looking troubled</u> when the teacher asked her to submit the homework.
A. is look trouble **B.** was troubling
C. had been trouble **D.** No improvement

Q.75 Direction: A sentence has been given in Active/Passive Voice. Out of the four alternatives suggested, select the one which best expresses the same sentence in Passive/Active Voice.
Rumi will be competing against Monty in the race.
A. Monty will compete against Rumi in the race.
B. Monty will be compete against Rumi in the race.
C. No passive voice possible
D. Monty will being competed against Rumi in the race.

General Awareness

Q.76 निम्नलिखित में से किस क्रिकेट खिलाड़ी ने दशक का आईसीसी पुरुष वनडे खिलाड़ी पुरस्कार जीता है, जो दशक के आईसीसी पुरस्कारों में से एक है?
A. विराट कोहली **B.** ब्रेट ली
C. क्रिस गेल **D.** स्टुअर्ट ब्रॉड

Q.77 हाल ही में किस भारतीय तेज गेंदबाज ने 200 टेस्ट विकेट का खिताब हासिल किया है?
A. मोहम्मद शमी **B.** रविचंद्रन अश्विन
C. रवींद्र जडेजा **D.** जसप्रीत बुमराह

Q.78 "अगस्टा नेशनल क्लब" किसके लिए प्रसिद्ध है?
A. एक गोल्फ क्लब के रूप में
B. एक टेनिस क्लब के रूप में
C. बैडमिंटन क्लब के रूप में
D. एक फुटबॉल क्लब के रूप में

Q.79 किसी वस्तु की सतह के प्रति इकाई क्षेत्रफल पर लगने वाले लंबवत बल को _____ कहा जाता है।
A. गुरुत्वाकर्षण बल **B.** चुंबकीय बल
C. घर्षण **D.** दाब

Q.80 सूर्य द्वारा उत्सर्जित प्रकाश का रंग क्या है?
A. लाल **B.** नारंगी **C.** पीला **D.** सफेद

Q.81 निम्नलिखित में से कौन सा अम्ल चींटी के काटने में मौजूद है?
A. फॉर्मिक अम्ल **B.** मेलिक अम्ल
C. नाइट्रिक अम्ल **D.** परक्लोरिक अम्ल

Q.82 लोक सभा की अध्यक्षता कौन करता है?
A. स्पीकर **B.** भारत के राष्ट्रपति
C. भारत के प्रधान मंत्री **D.** इनमें से कोई नहीं

Q.83 मुगल सम्राट अकबर के शासनकाल के दौरान राजस्व व्यवस्था को क्या कहा जाता था?
A. जागीर **B.** इक्ता **C.** मनसब **D.** ज़ब्त

Q.84 इनमें से किस मुगल सम्राट ने अपनी आत्मकथा फारसी में लिखी?
A. बाबर **B.** अकबर **C.** जहांगीर **D.** औरंगजेब

Q.85 निम्नलिखित में से कौन भारत का पहला वायसराय था?
A. वारेन हेस्टिंग्स **B.** लॉर्ड हेस्टिंग्स
C. लॉर्ड डलहौजी **D.** लॉर्ड कैनिंग

Q.86 इनमें से किसे "महात्मा गांधी के सचिव" के रूप में जाना जाता था?
A. गोपाल कृष्ण गोखले **B.** सुशीला नैय्यर
C. महादेव देसाई **D.** मेडेलीन स्लेड

Q.87 निम्नलिखित में से कौन-सा दर्रा हिमाचल प्रदेश को लेह लद्दाख से जोड़ता है?
A. अघिल दर्रा **B.** नीति दर्रा
C. बारा लाचा **D.** लनक ला

Q.88 इनमें से कौन सी एकमात्र नदी भारतीय थार रेगिस्तान में एकीकृत है?
A. सतलुज **B.** लूनी **C.** नर्मदा **D.** तापी

Q.89 सुनीता लाकरा ने जनवरी 2020 में अपनी अंतरराष्ट्रीय संन्यास की घोषणा की, सुनीता लाकड़ा किस खेल से जुड़ी हैं?
A. टेनिस **B.** क्रिकेट **C.** बैडमिंटन **D.** हॉकी

Q.90 निम्नलिखित में से कौन सा मुख्य रूप से पश्चिम बंगाल राज्य से संबंधित लोक संगीत का एक रूप है?
A. मांडो **B.** कजरी **C.** बाउल **D.** लावणी

Q.91 पंडित शिव कुमार शर्मा इनमें से किस वाद्ययंत्र से संबंधित हैं?
A. वीणा **B.** सरोद **C.** सितार **D.** संतूर

Q.92 ________ डेटा प्रिंट करने का शॉर्टकट कुंजी संयोजन है।
A. Ctrl + P **B.** Ctrl + D
C. Alt + P **D.** Alt – Ctrl+P

Q.93 वह मैमरी जो अस्थायी रूप से डेटा संग्रहीत करती है और जिसे मिटाया या बदला जा सकता है, उसे किस रूप में जाना जाता है?
A. केश मैमरी **B.** रीड ऑनली मैमरी
C. फ्लेश मैमरी **D.** रैंडम एक्सेस मैमरी

Q.94 लाइकेन को पर्यावरण प्रदूषण के सर्वश्रेष्ठ संकेतक के रूप में क्यों इस्तेमाल किया जाता है?
A. प्रदूषित वातावरण में तेजी से बढ़ता है
B. प्रदूषित वातावरण के प्रति अत्यधिक संवेदनशील
C. प्रभावी ढंग से वातावरण को शुद्ध करता है
D. इनमे से कोई भी नहीं

Q.95 निम्नलिखित में से कौन सा सबसे स्थिर पारिस्थितिकी तंत्र है?
A. समुद्र **B.** पहाड़ **C.** जंगल **D.** मरुस्थल

Q.96 निम्नलिखित में से कौन 2021 ऑस्कर में सर्वश्रेष्ठ अंतरराष्ट्रीय फीचर फिल्म की दौड़ में कनाडा का प्रतिनिधित्व करेगी?
A. द वे बेक **B.** ब्लडशॉट
C. द ओल्ड गार्ड **D.** फनी बॉय

Q.97 सिरका का pH मान क्या है?
A. 2.5 **B.** 6 **C.** 7 **D.** 5.5

Q.98 निम्नलिखित में से कौन फोर्ब्स इंडिया बिलियनेयर्स लिस्ट 2020 में शीर्ष पर हैं?
A. मुकेश अंबानी **B.** पी वी. सिंधु
C. राकेश झुनझुनवाला **D.** डॉ. रंजन पई

Q.99 निम्नलिखित में से कौन सा देश जनवरी 2022 में राष्ट्रमंडल निशानेबाज़ी और तीरंदाजी चैंपियनशिप की मेजबानी करेगा?
A. सिंगापुर **B.** इंडोनेशिया **C.** चीन **D.** भारत

Q.100 निम्न में से किस बाजार का रूप है जहां प्रतिस्पर्धा की कमी है?
A. एकाधिकार **B.** अल्पाधिकार
C. परिपूर्ण प्रतिस्पर्धा **D.** बाजारीकरण

// स्मार्ट उत्तर पुस्तिका //

सही उत्तर उन छात्रों का प्रतिशत जिन्होंने प्रश्नों का सही उत्तर दिया था। **छोड़ दिया** उन छात्रों का प्रतिशत जिन्होंने प्रश्नों को छोड़ दिया था।

प्रश्न संख्या	उत्तर	सही उत्तर	छोड़ दिया	प्रश्न संख्या	उत्तर	सही उत्तर	छोड़ दिया	प्रश्न संख्या	उत्तर	सही उत्तर	छोड़ दिया	प्रश्न संख्या	उत्तर	सही उत्तर	छोड़ दिया	प्रश्न संख्या	उत्तर	सही उत्तर	छोड़ दिया	प्रश्न संख्या	उत्तर	सही उत्तर	छोड़ दिया
1	C	82.07 %	0.0 %	18	D	86.89 %	0.0 %	35	B	48.53 %	1.85 %	52	A	81.01 %	0.0 %	69	D	79.6 %	0.0 %	86	C	60.68 %	1.27 %
2	C	47.82 %	1.7 %	19	C	50.3 %	1.21 %	36	B	79.43 %	0.0 %	53	A	79.52 %	0.0 %	70	D	77.25 %	0.0 %	87	C	57.31 %	1.62 %
3	D	88.29 %	0.0 %	20	A	65.03 %	1.42 %	37	D	56.6 %	1.26 %	54	B	76.36 %	0.0 %	71	B	63.99 %	1.3 %	88	B	66.29 %	1.0 %
4	B	61.76 %	1.49 %	21	D	62.73 %	1.69 %	38	B	77.07 %	0.0 %	55	D	52.95 %	1.49 %	72	A	52.76 %	1.92 %	89	D	40.62 %	1.59 %
5	A	85.18 %	0.0 %	22	C	54.63 %	1.87 %	39	A	43.69 %	1.56 %	56	A	84.45 %	0.0 %	73	D	87.34 %	0.0 %	90	C	18.27 %	3.09 %
6	A	43.55 %	1.1 %	23	C	56.02 %	1.41 %	40	B	77.44 %	0.0 %	57	D	69.15 %	1.57 %	74	D	55.25 %	1.52 %	91	D	57.45 %	1.3 %
7	C	84.92 %	0.0 %	24	B	42.67 %	1.45 %	41	C	49.96 %	1.75 %	58	B	86.95 %	0.0 %	75	C	59.2 %	1.48 %	92	A	84.38 %	0.0 %
8	D	76.96 %	0.0 %	25	B	50.02 %	1.32 %	42	D	40.14 %	1.66 %	59	D	81.11 %	0.0 %	76	A	80.76 %	0.0 %	93	D	81.9 %	0.0 %
9	A	82.63 %	0.0 %	26	B	57.05 %	1.87 %	43	B	81.85 %	0.0 %	60	C	49.23 %	1.05 %	77	A	76.94 %	0.0 %	94	B	70.0 %	1.46 %
10	C	88.76 %	0.0 %	27	A	61.51 %	1.39 %	44	B	87.92 %	0.0 %	61	B	30.13 %	4.59 %	78	A	11.32 %	3.51 %	95	A	82.86 %	0.0 %
11	C	89.19 %	0.0 %	28	B	31.94 %	3.6 %	45	B	79.35 %	0.0 %	62	B	49.69 %	1.9 %	79	D	54.04 %	1.01 %	96	D	49.27 %	1.03 %
12	D	66.83 %	1.81 %	29	D	63.85 %	1.6 %	46	B	80.17 %	0.0 %	63	D	62.91 %	1.96 %	80	D	87.68 %	0.0 %	97	A	52.69 %	1.67 %
13	D	47.12 %	1.62 %	30	B	87.84 %	0.0 %	47	A	88.09 %	0.0 %	64	C	51.31 %	1.82 %	81	A	77.21 %	0.0 %	98	A	87.5 %	0.0 %
14	A	45.6 %	1.16 %	31	B	55.27 %	1.48 %	48	C	58.6 %	1.03 %	65	D	85.82 %	0.0 %	82	A	47.34 %	1.13 %	99	D	85.47 %	0.0 %
15	B	47.16 %	1.93 %	32	A	77.78 %	0.0 %	49	C	77.68 %	0.0 %	66	A	12.4 %	3.8 %	83	D	52.07 %	1.83 %	100	A	49.85 %	1.57 %
16	B	87.2 %	0.0 %	33	B	78.07 %	0.0 %	50	B	54.16 %	1.81 %	67	B	11.41 %	4.86 %	84	C	88.15 %	0.0 %				
17	A	41.93 %	1.31 %	34	C	89.52 %	0.0 %	51	B	64.29 %	1.62 %	68	C	86.95 %	0.0 %	85	D	84.02 %	0.0 %				

//संकेत और समाधान//

1. यहाँ अनुसरण किया स्वरूप है:

पंक्ति 1 में → (7 + 4 + 2) + 1 = 13 + 1 = 14

पंक्ति 2 में → (3 + 5 + 6) + 1 = 14 + 1 = 15

तो, समान स्वरूप का अनुसरण किया जाएगा:

पंक्ति 3 में → (6 + 1 + 4) + 1 = 11 + 1 = 12

अतः विकल्प (C) सही है।

2. 

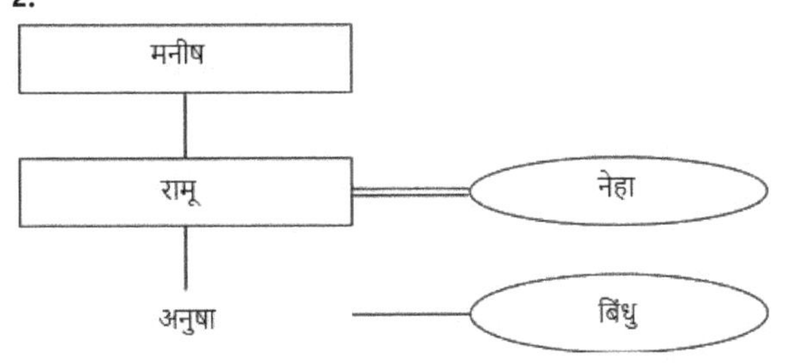

नेहा के ससुर मनीष का इकलौता बेटा → नेहा का पति इसलिए, रामू नेहा का पति है और अनुषा और बिंधु उनके बच्चे हैं।

इसलिए, बिंधु मनीष की पोती है।

अतः विकल्प (C) सही है।

3. निम्नलिखित प्रतिरूप का अनुसरण किया गया है:

5 : 26 → (5 × 5) + 1= 26;

उसी प्रकार से,

(1 × 1) + 1 = 2

अतः विकल्प (D) सही है।

4. दिए गए कथनों के लिए न्यूनतम संभावित वेन आरेख निम्न प्रकार है,

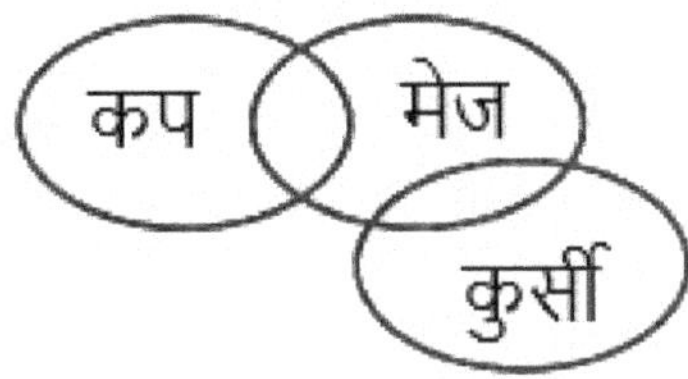

निष्कर्ष:

I. कुछ कुर्सी कप नहीं है → अनुसरण नहीं करता है।

II. कुछ कुर्सी मेज हैं → अनुसरण करता है।

इसलिए, केवल निष्कर्ष II अनुसरण करता है।

अतः विकल्प (B) सही है।

5. द्रव्य, पानी और तत्व, वृत्तों द्वारा दर्शायें गए हैं। चूंकि पानी, द्रव्य है, पानी का वृत्त द्रव्य के वृत्त के अंदर आता है। कुछ तत्व (लेकिन सभी तत्व नही) द्रव्य हैं तो, द्रव्य और तत्व एक-दूसरे को प्रतिच्छेदित करते हैं। पानी और द्रव एक-दूसरे को प्रतिच्छेदित नहीं करते हैं।

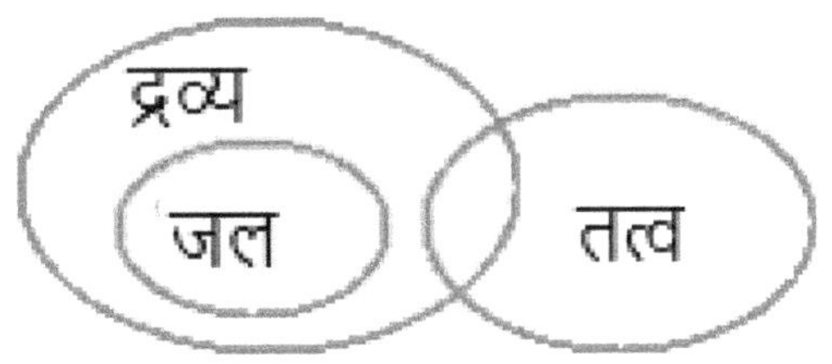

अतः विकल्प (A) सही है।

6. 1) अमित ने पहला स्थान प्राप्त किया जबकि मितुल ने अंतिम स्थान प्राप्त किया।

अमित > .... > ..... > ...... > ..... > ..... > मितुल

2) प्रिया ने अंत से चौथा स्थान प्राप्त किया।

अमित > .... > ..... > प्रिया > ..... > ..... > मितुल

3) रवि ने प्रिया से एक स्थान अधिक प्राप्त किया, जबकि अमृता ने प्रिया की तुलना में एक स्थान कम प्राप्त किया।

अमित > .... > रवि > प्रिया > अमृता > ..... > मितुल

4) रोशन ने उन पांचों में से सबसे अधिक स्थान प्राप्त किया।

(इसलिए, रोशन ने दूसरा स्थान और अर्पिता ने अंतिम दूसरा स्थान प्राप्त किया)

अमित > रोशन > रवि > प्रिया > अमृता > अर्पिता > मितुल

इसलिए, अर्पिता ने दूसरा सबसे कम स्थान प्राप्त किया।

अतः विकल्प (A) सही है।

7. यहाँ स्वरूप इस प्रकार है कि वर्णमाला क्रम में इसके विपरीत या उलटे अक्षर द्वारा अक्षर को प्रतिस्थापित किया जाता है अर्थात, A का स्थान Z द्वारा बदला जाता है, B का Y द्वारा, C का X द्वारा, D का W द्वारा और आगे भी ऐसे ही होगा जैसा कि नीचे दी गयी आकृति में दर्शाया गया है:

अर्थात,

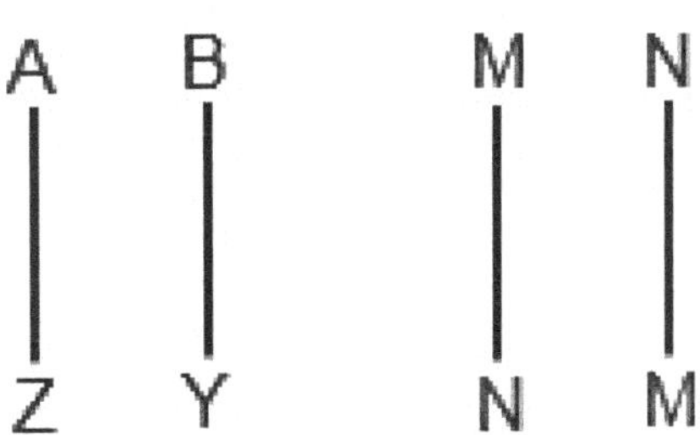

इसलिए, NM सही विकल्प है।

अतः विकल्प (C) सही है।

8.

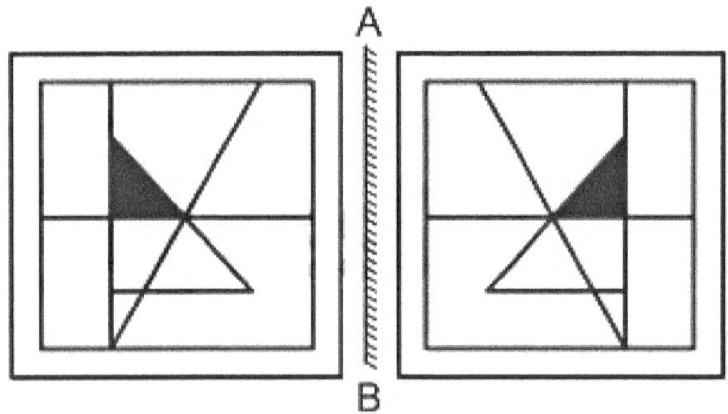

इसलिए, विकल्प (D) दी गयी प्रश्न आकृति को पूरा करेगा।

अतः विकल्प (D) सही है।

9. D → शिक्षक जो डॉक्टर हैं लेकिन वकील नहीं।

C → शिक्षक जो न तो डॉक्टर है न ही वकील है।

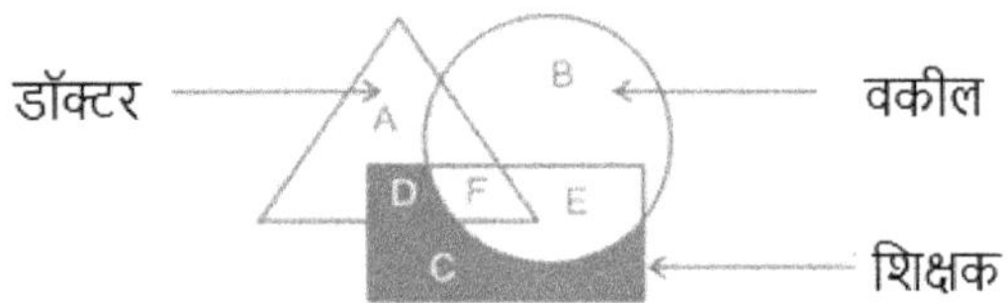

अतः विकल्प (A) सही है।

10. दिया है: 15_9_12_2 = 121

BODMAS नियम का प्रयोग करने पर,

C) +, ×, - ⇒ 15 + 9 × 12 - 2 = 121

A) -, +, × ⇒ 15 - 9 + 12 × 2 = 30

B) ×, +, - ⇒ 15 × 9 + 12 - 2 = 145

D) ×, -, + ⇒ 15 × 9 - 12 + 2 = 125

इसलिए, चिह्नों का सही युग्म '+, ×, -' है।

अतः विकल्प (C) सही है।

11. अक्षरों के स्थानीय मान के अनुसार,

C) p - k = 16 - 11 = 5 ≠ 8

A) f - a = 6 - 1 = 5

B) s - m = 19 - 13 = 6

D) n - g = 14 - 7 = 7

इसलिए, 'p8k' विषम है।

अतः विकल्प (C) सही है।

12. यदि हम दिए गये प्रश्न के अनुसार लोगों को गोल टेबल के चारों ओर बैठा दें तो:

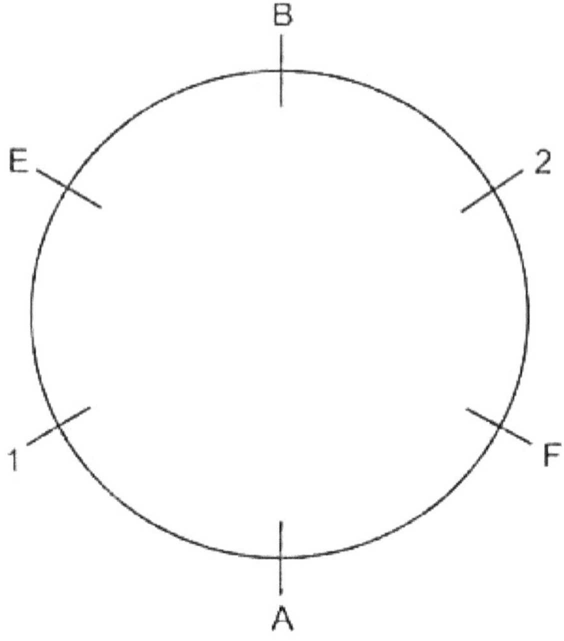

6 स्थानों में से हम केवल 4 स्थान भर पा रहे हैं। 1 और 2 द्वारा चिन्हित किया गया स्थान C और D द्वारा किन्ही 2 प्रकार से भरा जा सकता है।

स्थिति - 1

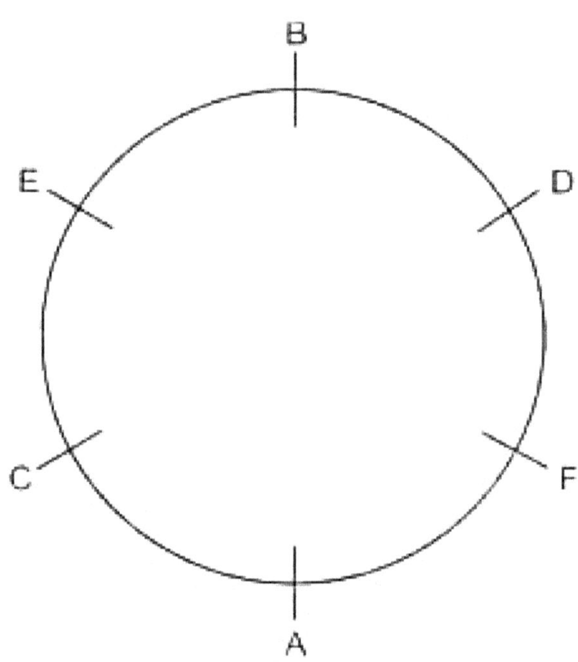

स्थिति - 2

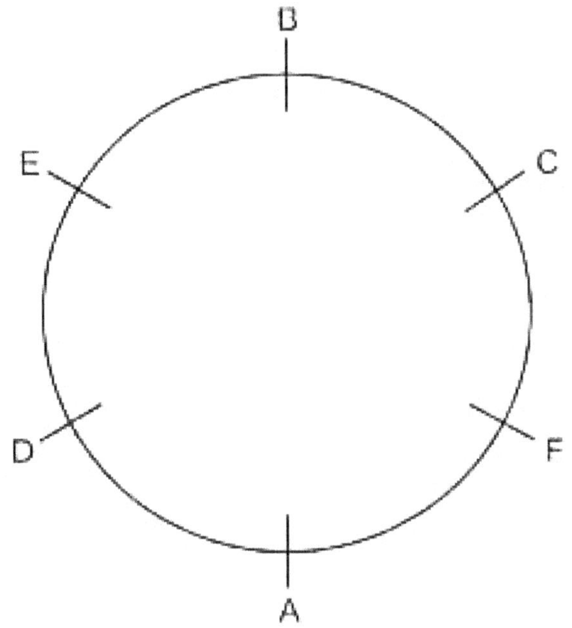

दोनों प्रकार को समझने के बाद हम यह देख सकते हैं की D कभी भी A के तुरंत दाहिनी ओर नही होगा।

अतः विकल्प (D) सही है।

13. विकल्प में दिए गए संकेतों का उपयोग करना (D) अर्थात, (×, ÷, =)

16 * 6 * 4 * 24 दिया है

(*) के स्थान पर संकेत लगाने के बाद

BODMAS का उपयोग करना ओर हल करना,

$$16 \times 6 \div 4 = 24$$

अतः विकल्प (D) सही है।

14. दिए गए टुकड़ों को व्यवस्थित करने पर, हमें निम्न आकृति प्राप्त होती है:

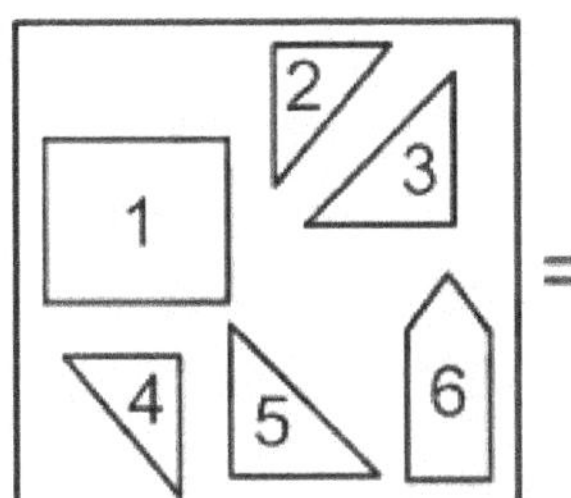

=

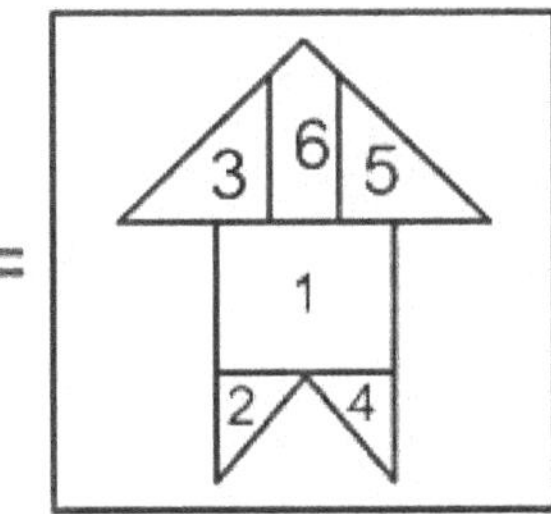

अतः विकल्प (A) सही है।

15. दी गई श्रृंखला निम्नलिखित प्रतिरूप का अनुसरण करती है:

18 + 3 = 21

21 - 5 = 16

16 + 7 = 23

23 - 11 = 12

12 + 13 = 25

इसी प्रकार,

प्रत्येक संख्या में अभाज्य संख्या को जोड़ा या घटाया गया है, इसलिए

25 - 17 = 8

इसलिए, "8" वह पद है जो श्रृंखला को पूरा करेगा।

अतः विकल्प (B) सही है।

16. दी गई आकृति में त्रिभुजों की संख्या गिनने पर हमें प्राप्त होता है,

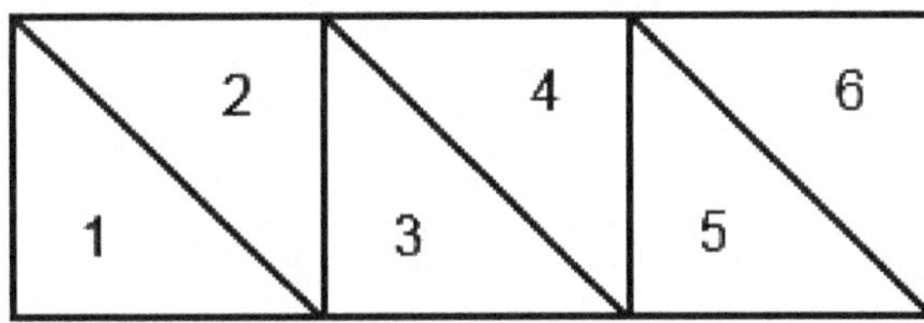

इसलिए, दी गई आकृति में 6 त्रिभुज हैं।

अतः विकल्प (B) सही है।

17. शाम में पश्चिम में सूर्यास्त होता है।

इसलिए, परछाई पश्चिम दिशा में पड़ेगी।

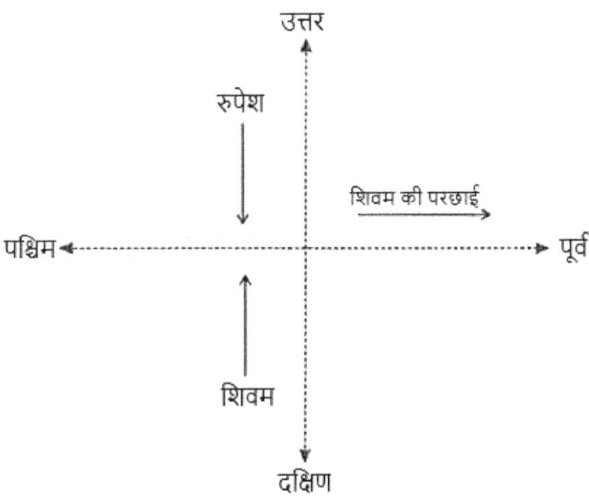

चूँकि परछाई रुपेश के बायीं ओर है जो पूरब दिशा है। इसलिए शिवम उत्तर दिशा के सम्मुख है।

अतः विकल्प (A) सही है।

18. लीवर को छोड़कर अन्य सभी अंग, फेफड़े, वायु नली और नाक, श्वसन प्रणाली के भाग हैं।

इसलिए, दिए गए विकल्पों में से यकृत विषम है।

अतः विकल्प (D) सही है।

19. तथ्य यह है कि कर्फ्यू लगाया गया था, इसका तात्पर्य है कि लोगों को उनकी सुरक्षा के लिए घर के अंदर रहने और अवांछित अराजकता और हिंसा से बचने के लिए कहा गया था। इसलिए, दोनों अनुमान अनुसरण करते हैं।

अतः विकल्प (C) सही है।

20. दिए गए विकल्प बता रहे हैं कि प्रिंटआउट कैसे लें।

4. वह दस्तावेज खोलें जिसे आप प्रिंट करना चाहते हैं।

5. फ़ाइल मेनू से प्रिंट को चुनें या ctrl+P दबाएँ।

2. पॉप-मेनू से प्रिंटर चुनें।

3. यदि आवश्यक हो तो दर्शाए गए किसी भी प्रिंटिंग विकल्प को बदलिए।

1. प्रिंट को क्लिक कीजिए।

इसलिए, 45231 सही क्रम है।

अतः विकल्प (A) सही है।

21. भूमि पर हल चलाने में एक ट्रैक्टर का उपयोग एक किया जाता है। लेकिन ट्रैक्टर को शिप कहा गया है।

इसलिए, भूमि पर हल चलाने के लिए शिप उपयोग किया जाता है।

अतः विकल्प (D) सही है।

22. दी गई श्रृंखला निम्नलिखित प्रतिरूप का अनुसरण करती है:

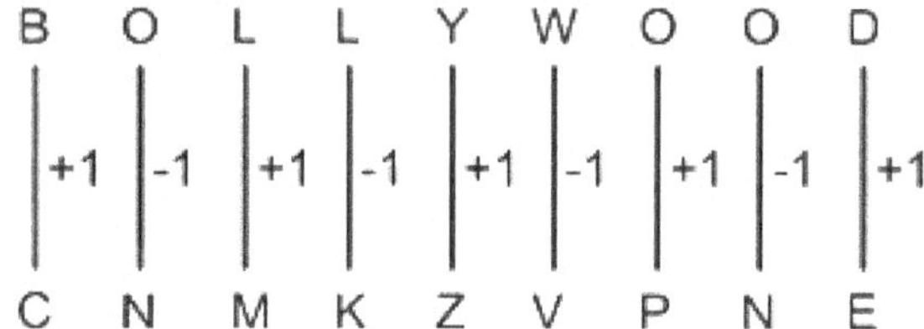

यहाँ अनुसरण किये गए स्वरुप में पहले शब्द से शुरू करके हम एक अक्षर बढ़ा रहे हैं और अगले के लिए हम एक अक्षर घटा रहे हैं।

इसी प्रकार,

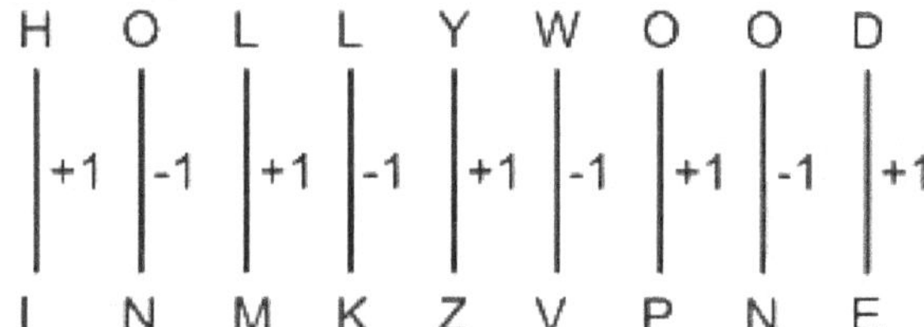

इसलिए, सही उत्तर INMKZVPNE है।

अतः विकल्प (C) सही है।

23. बिन्दुओं के अलावा, आकृति का शेष हिस्सा 180° में घूमता है और वर्गाकार सीमा में विपरीत दिशा में स्थानांतरित होता है।

अतः विकल्प (C) सही है।

24. कोडिंग भाषा के अनुसार:

A	B	C	D	E	F	G	H	I	J	K	L	M
1	2	3	4	5	6	7	8	9	10	11	12	13
Z	Y	X	W	V	U	T	S	R	Q	P	O	N
26	25	24	23	22	21	20	19	18	17	16	15	14

अब, L → 12 → 12 x 2 = 24

LATE → 12 + 1 + 20 + 5 = 38 → 38 x 2 = 76

BIG → 2 + 9 + 7 = 18 → 18 x 2 = 36

इसलिए, BIG को '36' के रूप में कोडित किया जाता है।

अतः विकल्प (B) सही है।

25. यहाँ, 'aba' और 'bab' का स्थान एक स्थान आगे बढ़ रहा है (अर्थात दायीं ओर) जैसा कि नीचे दर्शाया गया है,

abaBABAB AbabABAB ABabaBAB ABAbabAB ABABabaB ABABAbab

इसलिए, श्रृंखला में अगला पद 'ABABAbab' है।

अतः विकल्प (B) सही है।

26. B के एक दिन का काम $= \frac{1}{60}$

माना कि A काम को x दिनों में पूरा कर सकता है

माना कि A के एक दिन का काम $= \frac{1}{x}$

A और B द्वारा काम को पूरा करने में लिया गया कुल समय $= 20$

A और B के एक दिन का काम $= \frac{1}{20}$

$\frac{1}{60} + \frac{1}{x} = \frac{1}{20} \Rightarrow x = 30$

A काम को 30 दिनों में पूरा कर सकता है।

A के एक दिन का काम $= \frac{1}{30}$

A द्वारा 20 दिनों में किया गया कुल काम $= 20 \times \frac{1}{30} = \frac{2}{3}$

B द्वारा 20 दिनों में किया गया कुल काम $= 20 \times \frac{1}{60} = \frac{1}{3}$

व्यक्तियों द्वारा अर्जित राशि = कुल राशि × व्यक्ति द्वारा किया गया काम

A का हिस्सा $= 36000 \times \frac{2}{3} = 24000$ रुपए

अतः विकल्प (B) सही है।

27. a का व्युत्क्रम $= \frac{1}{a}$

तो, $x + \frac{1}{x}$ का व्युत्क्रम $\frac{1}{x+\frac{1}{x}}$

$\Rightarrow \frac{1}{\frac{x^2+1}{x}} = \frac{x}{x^2+1}$

अतः विकल्प (A) सही है।

28. दिया हुआ है:

$(1 - \sin A \cos A)(\sin A + \cos A)$

$\Rightarrow \sin A + \cos A - \sin^2 A \cos A - \sin A \cos^2 A$

$\Rightarrow \cos A - \sin^2 A \cos A - \sin A \cos^2 A + \sin A$

$\Rightarrow \cos A(1 - \sin^2 A) + \sin A(1 - \cos^2 A)$

$\Rightarrow \cos A(\cos^2 A) + \sin A(\sin^2 A)$

$\Rightarrow \sin^3 A + \cos^3 A$

अतः विकल्प (B) सही है।

29. गति = दूरी/समय

धारा प्रवाह के विपरीत दिशा में गति = नाव की गति − प्रवाह की गति

धारा प्रवाह की ओर गति = नाव की गति + धारा प्रवाह की गति

दिया गया है, धारा के प्रवाह की दिशा में चल रही एक नाव 5 घंटों में 28 किमी की दूरी तय करती है।

$\therefore$ नाव की गति + धारा की गति $= \frac{28}{5} = 5.6$ किमी/घंटा

नाव को उतनी ही दूरी धारा प्रवाह के विपरीत दिशा में तय करने में 7 घंटों का समय लगता है।

$\Rightarrow$ नाव की गति − धारा प्रवाह की गति $= \frac{28}{7} = 4$किमी/घंटा

दोनों समीकरणों को जोड़ने पर, हम प्राप्त करते हैं,

$2 \times$ नाव की गति $= 9.6$

$\Rightarrow$ नाव की गति $= 4.8$ किमी/घंटा

अतः विकल्प (D) सही है।

30. प्रारंभिक मान = 1000

⇒ 10% की वृद्धि के बाद = 1000 + 0.1 × 1000 = 1100

30% की कमी के बाद:

⇒ 1100 - 0.3 × 1100 = 1100 - 330 = 770

∴ अंतिम मान = 770

अतः विकल्प (B) सही है।

31. दिया है,

$S = 1500$

$\Rightarrow R = 1500 + 1500 \times \left(\frac{20}{100}\right)$

$R = 1500 + 300 = 1800$

$\Rightarrow Q = 1800 + 1800 \times \left(\frac{50}{100}\right)$

$Q = 1800 + 900 = 2700$

$\Rightarrow P = 2700 - 2700 \times \left(\frac{60}{100}\right)$

$\Rightarrow P = 2700 - 1620$

$\therefore P = 1080$

अतः विकल्प (B) सही है।

32. $\Rightarrow 2^{2^3}$

$\Rightarrow 2^8$

$\Rightarrow 256$6

अतः विकल्प (A) सही है।

33. माना की कोण A है।

दिया हुआ है,

$90 - A = \frac{(180-A)}{4}$

$\Rightarrow 360 - 4A = 180 - A$

$\Rightarrow 180 = 3A$

$\Rightarrow A = 60$

अतः विकल्प (B) सही है।

34. गति = दूरी/समय

यदि ट्रेन 48 किमी/घंटा की समान गति से चलती है तो 50 मिनट में कुछ दूरी तय करती है

ट्रेन द्वारा तय की गई दूरी $= 48 \times \left(\frac{50}{60}\right) = 40$ किमी

इस दूरी को तय करने में लगने वाला कुल समय 40 मिनट यानि $\left(\frac{40}{60}\right)$ घंटे है

ट्रेन की नई गति $= \frac{40}{\frac{40}{60}} = 60$ किमी/घंटा

अतः विकल्प (C) सही है।

35. संख्याएं $21, 24, 27, \ldots 51$ हैं।

समान्तर श्रेणी के सूत्र का प्रयोग करने पर, अंतर 'd' और पहला पद 'a' के साथ समान्तर श्रेणी में पदों की संख्या

N वां पद $= a + (n-1)d$

यहाँ N का मान 51 है और $d = 3$

$\Rightarrow 51 = 21 + (n-1) \times 3$

$\Rightarrow n = 11$

समान्तर श्रेणी के n पदों का योग $= \frac{n}{2}(2a + (n-1)d)$

यहाँ n का मान 11 है,

योग $= \left(\frac{11}{2}\right) \times (2 \times 21 + (10) \times 3) = 396$

अतः विकल्प (B) सही है।

36. दिया है:

आयत का क्षेत्रफल = 1764 सेमी²

प्रयुक्त सूत्र:

आयत का क्षेत्रफल = लंबाई × चौड़ाई

माना कि आयत की चोड़ाई x हे, तो उसकी लंबाई $4x$ हे क्षेत्रफल = लंबाई × चोड़ाई

$\Rightarrow 4x \times x = 1764$

$\Rightarrow x^2 = 441$

$\Rightarrow x = 21$

आयत की लंबाई $= 4 \times 21 = 84$ सेमी

∴ आयत की लंबाई 84 सेमी है।

अतः विकल्प (B) सही है।

37. हम जानते हैं कि,

$(a^2 - b^2) = (a + b)(a - b)$

$(3.2 + 2.5)^2 - (3.2 - 2.5)^2 = 5.7^2 - 0.7^2$ ....(1)

$\Rightarrow (5.7^2 - 0.7^2) = (5.7 + 0.7)(5.7 - 0.7)$

$\Rightarrow (5.7^2 - 0.7^2) = 6.4 \times 5 = 32$

अतः विकल्प (D) सही है।

38. कुल महिलाएँ = 300 + 500 + 200 + 1200 + 800 = 3000

कुल पुरुष = 400 + 600 + 300 + 1100 + 700 = 3100

∴ आवश्यक अनुपात = 3100 : 3000 = 31 : 30

अतः विकल्प (B) सही है।

39. $\Rightarrow$ कुल संख्या $= 3000$

$\Rightarrow$ क्रिकेट में महिलाओं की संख्या $= 500$

$\Rightarrow 3000, 360°$ को प्रतिनिधित्व करता है।

$\Rightarrow 500, \frac{360}{3000} \times 500 = 60°$ को प्रतिनिधित्व करता है।

अतः विकल्प (A) सही है।

40. $\Rightarrow$ फुटबॉल खिलाड़ियों की कुल संख्या $= 300 + 400 = 700$

$\Rightarrow$ हॉकी खिलाड़ियों की कुल संख्या $= 200 + 300 = 500$

∴ आवश्यक प्रतिशत $= \frac{(700-500)}{500} \times 100 = 40\%$

अतः विकल्प (B) सही है।

41. एक नियमित बहुभुज के आंतरिक कोण के लिए सूत्र $= (n-2) \times \left(\frac{180}{n}\right)$ [जहाँ 'n' बहुभुज के कोण कि संख्या है]

एक नियमित बहभज के बाहरी कोण के लिए सत्र = $= \left(\frac{360}{n}\right)$ [जहाँ 'n' बहभज के कोण कि संख्या है]

$\Rightarrow$ दिया है $(n-2) \times \left(\frac{180}{n}\right) = 100 + \left(\frac{360}{n}\right)$

$\Rightarrow (n-2) \times 180 = 100n + 360$

$\Rightarrow 180n - 360 = 100n + 360$

$\Rightarrow 180n - 100n = 360 + 360$

$\Rightarrow 80n = 720$

$\Rightarrow n = \frac{720}{80} = 9$

∴ भुजाओं की संख्या $= 9$

अतः विकल्प (C) सही है।

42. दिया हुआ है,

वस्तु का अंकित मूल्य $= 2625$

छूट $\% = 5\%$

तब, विक्रय मूल्य $=$ अंकित मूल्य $-$ छूट

विक्रय मूल्य $= 2625 - 2625 \times 0.05 = 2493.75$

विक्रय मूल्य $=$ क्रय मूल्य $+$ लाभ

विक्रय मूल्य $=$ क्रय मूल्य $+$ क्रय मूल्य $\times 25\%$

क्रय मूल्य $=$ विक्रय मूल्य $\times \frac{100}{125} = 2493.75 \times \frac{100}{125} = 1995$

अतः विकल्प (D) सही है।

43. माना $P =$ मूलधन, $N =$ समय और $R =$ वार्षिक प्रतिशत दर तब,

साधारण ब्याज $=$ (मूलधन $\times$ समय $\times$ दर) / 100

दिया हुआ है,

साधारण ब्याज $= 2550$ रु, $R = 17\%$ और $N = 3$

$\Rightarrow 2550 = \frac{(P\times17\times3)}{100}$

$\Rightarrow 2550 \times 100 = 51 \times P$

$\Rightarrow P = \frac{(2550\times100)}{51}$

$\Rightarrow P = 5000$

∴ मूलधन 5000 रु है।

अतः विकल्प (B) सही है।

44. 'r' त्रिज्या वाले वृत्त का क्षेत्रफल $= \pi r^2$

$\Rightarrow \frac{22}{7} \times r^2 = 616$

$\Rightarrow r^2 = 196$

$\Rightarrow r = \sqrt{196} = 14$ सेमी

∴ वृत्त की परिधि $= 2\pi r = 2 \times \frac{22}{7} \times 14 = 88$ सेमी

अतः विकल्प (B) सही है।

45. दिया है,

मेज़ का क्रय मूल्य $= 450$ रुपये

परिवहन व्यय $= 30$ रुपये

एक मेज़ का कुल क्रय मूल्य

$= 450 + 30$

$= 480$

मेज़ का क्रय मूल्य $= 480$ रुपये

मेज़ का विक्रय मूल्य $= 600$ रुपये

लाभ प्रतिशत

$= \left[\frac{(S.P-C.P)}{C.P}\right] \times 100$

$= \left[\frac{(600-480)}{480}\right] \times 100$

$= \left[\frac{120}{480}\right] \times 100$

$= 25$

∴ लाभ प्रतिशत 25% है।

अतः विकल्प (B) सही है।

46. लाभ $\%$ = (विक्रय मूल्य − क्रय मूल्य)/क्रय मूल्य $\times 100$

लाभ $\%$ = (क्रय मूल्य − विक्रय मूल्य)/क्रय मूल्य $\times 100$

माना वस्तु का क्रय मूल्य x है।

हानि $= 4\%$

वस्तु का विक्रय मूल्य $= x - \left(\frac{4}{100}\right) \times x = 0.96x$

$0.96x = 265 \Rightarrow x = 276$ रु.

अब वस्तु लाभ पर बेची जाती है

लाभ $= 12\%$

वस्तु का विक्रय मूल्य $= 276 + \left(\frac{12}{100}\right) \times 276 = 308$ रु.

अतः विकल्प (B) सही है।

47. औसत = संख्याओं का योग/कुल संख्याएँ

$\Rightarrow 14 = 12$ संख्याओं का योग / 12

$\Rightarrow 12$ संख्याओं का योग $= 14 \times 12 = 168$

माना संख्याएँ $a_1, a_2, a_3 \ldots \ldots a_{12}$ हैं

$\Rightarrow a_1 + a_2 + a_3 + \cdots \ldots + a_{12} = 168$

यदि प्रत्येक संख्या को दोगुना कर दिया जाए,

संख्याएँ होंगी, $2a_1, 2a_2, 2a_3 \ldots \ldots 2a_{12}$

$\Rightarrow 2a_1 + 2a_2 + 2a_3 + \cdots .. + 2a_{12}$

$\Rightarrow 2(a_1 + a_2 + a_3 + \cdots .. + a_{12})$

$\Rightarrow 2 \times 168 = 336$

नवीन औसत = संख्याओं का योग/कुल संख्याएँ $= \frac{336}{12} = 28$

अतः विकल्प (A) सही है।

48. 2 वर्ष के लिए साधारण ब्याज और चक्रवृद्धि ब्याज के बीच अंतर $= \frac{PR^2}{100^2}$

प्रश्नानुसार,

$34 = \frac{P \times 5^2}{100^2}$

P = 34 × 20 × 20 = 13,600 रुपये

अतः विकल्प (C) सही है।

49. औसत = पदों का योग/पदों की संख्या

$\Rightarrow 109 = \frac{(104+102+109+A+112)}{5}$

$\Rightarrow 109 \times 5 = 427 + A$

$\Rightarrow A = 545 - 427 = 118$

अतः विकल्प (C) सही है।

50. माना तीन संख्याएँ $2x, 3x$ और $5x$ हैं।

उनके वर्गों का योग $= 950$

$\Rightarrow (2x)^2 + (3x)^2 + (5x)^2 = 950$

$\Rightarrow 4x^2 + 9x^2 + 25x^2 = 950$

$\Rightarrow 38x^2 = 950$

$\Rightarrow x^2 = \frac{950}{38} = 25$

$\Rightarrow x = 5$

तीन संख्याएँ $2x = 10, 3x = 15$ और $5x = 25$ हैं

अतः तीनों संख्याएँ $10, 15$ और 25 हैं।

अतः विकल्प (B) सही है।

51. Collective nouns are used both as singular and plural depending on the meaning. When they mean a single unit, the verb is singular, otherwise, the verb is plural. Also, the pronoun must be singular if the collective noun conveys the idea of one whole and the pronoun must be plural if the collective noun conveys the idea of separate individuals comprising the whole. The error lies in part (2) of the sentence as 'was' is incorrect here and must be replaced with 'were' as the sentence.

Correct sentence:

The committee were divided in their opinion so no decision was taken.

Hence, the correct option is (B).

52. The error lies in part (1) of the sentence as the preposition 'of' is missing after the words 'in spite.' 'In spite of' means 'without being affected by the particular factor mentioned.'

Correct sentence: In spite of the mutual disagreements, the jury has passed a collective statement.

Hence, the correct option is (A).

53. The correct preposition here is 'in' as 'in' is used for expressing a period of time during which an event happens or a situation remains the case.

Correct sentence: Her birthday is in the month of November so we have only two weeks in hand to prepare for the party.

Hence, the correct option is (A).

54. The correct word here is the participle 'reading' as the sentence has been structured.

Correct sentence: I like reading this book again and again as it strengthens my mind in tough times.

Hence, the correct option is (B).

55. The future perfect tense is used to express an action that, the speaker assumes, will have completed or occurred in the future. The other options are incorrect.

Correct sentence: I will have finished the essay by tomorrow afternoon by this time.

Hence, the correct option is (D).

56. Soothe means gently calm (a person or their feelings).

Allay means diminish or put at rest (fear, suspicion, or worry).

Other options:

Control means the power to influence or direct people's behaviour or the course of events.

Submit means accept or yield to a superior force or to the authority or will of another person.

Trepid means timid by nature.

Hence, the correct option is (A).

57. Admonish means to warn or reprimand someone firmly.

Rebuke means express sharp disapproval or criticism of (someone) because of their behaviour or actions.

Other options:

Question means a sentence worded or expressed so as to elicit information.

Struggle means make forceful or violent efforts to get free of restraint or constriction.

Applaud means show approval or praise by clapping.

Hence, the correct option is (D).

58. Adversity means a difficult or unpleasant situation.

Misfortune means bad luck or an unfortunate condition or event.

Other options:

Taunt means a remark made in order to anger, wound, or provoke someone.

Illegal means contrary to or forbidden by law, especially criminal law.

Damage means physical harm that impairs the value, usefulness, or normal function of something.

Hence, the correct option is (B).

59. Praise means express warm approval or admiration.

Disdain means the feeling that someone or something is unworthy of one's consideration or respect.

Other words:

Bully means a person who habitually seeks to harm or intimidate those whom they perceive as vulnerable.

Fresco means a painting done rapidly in watercolour on wet plaster on a wall or ceiling so that the colours penetrate the plaster and become fixed as it dries.

Scream means give a long, loud, piercing cry or cries expressing extreme emotion or pain.

Hence, the correct option is (D).

60. Fanatical means filled with excessive and single-minded zeal.

Tolerant means showing a willingness to allow the existence of opinions or behavior that one does not necessarily agree with.

Other options:

Opulent means ostentatiously costly and luxurious.

Funny means causing laughter or amusement; humorous.

Aggressive means ready or likely to attack or confront; characterized by or resulting from aggression.

Hence, the correct option is (C).

61. Defray means provide money to pay (a cost or expense).

Repudiate means refuse to accept; reject.

Other words:

Compose means write or create (a work of art, especially music or poetry).

Pour means flow rapidly in a steady stream.

Burden means a load, typically a heavy one.

Hence, the correct option is (B).

62. The idiom 'a sniff test' means 'to see if something is suitable'. It is basically an informal reality check of an idea or proposal, using one's common sense or sense of propriety.

Sentence usage: You can't wear that shirt again without washing it—it definitely doesn't pass the sniff test!

Hence, the correct option is (B).

63. The idiom 'a sorry sight' means 'something very untidy or something which is horribly neglected.'

Sentence usage: She confesses that she was a sorry sight back then.

Hence, the correct option is (D).

64. Once bitten twice shy means an unpleasant experience induces caution.

For example, I would never have believed the pictures had I not seen them, and once bitten, twice shy.

Hence, the correct option is (C).

65. Pacifist means a person who believes that war and violence are unjustifiable.

Other options:

Groan means make a deep inarticulate sound conveying pain, despair, pleasure, etc.

Honorary means conferred as an honour, without the usual requirements or functions.

Jitter means feelings of extreme nervousness.

Hence, the correct option is (D).

66. Bungle means to carry out a task clumsily or incompetently; mismanage; mishandle.

Other options:

Adept means very skilled or proficient at something.

Apt means appropriate or suitable in the circumstances.

Adroit means clever or skillful.

Hence, the correct option is (A).

67. Prowler means a person who moves stealthily about or loiters near a place with a view to committing a crime.

Other words:

Scrupulous means a person or process which is careful, thorough, and extremely attentive to details.

Veracious means speaking or representing the truth.

Unfeigned means genuine; sincere.

Hence, the correct option is (B).

68. It is mentioned in the passage ' The huge furor over the overuse of harmful pesticides and fertilizers to increase agricultural output has in fact catalyzed the entry of Organic Farming in India Rural Economy.'

Hence, the correct option is (C).

69. The passage states the factors which catalyze organic farming in India. It talks about food security, inadequate practices in normal farming, etc, and the popularity of organic farming in India.

Hence, the correct option is (D).

70. It is mentioned in the passage 'The process of organic farming involves using of naturally occurring and decomposable matter for growth and disease resistance of different crops.'

Hence, the correct option is (D).

71. The author has a positive tone as the scope of organic farming is being discussed.

Hence, the correct option is (B).

72. Only option (A) can be inferred from the passage as the following line is mentioned: 'The concept of organic farming in India dates back to 10,000 years and it finds its reference in many Indian historical books. '

Hence, the correct option is (A).

73.

- In the given sentence, hundred "children" are countable noun.
- We use "as much as" for uncountable nouns.
- We use "as many as" for countable nouns.
- Therefore, "as much as" should be replaced by "as many as".

Correct Sentence: As many as a hundred children gathered to celebrate Independence Day.

Hence, the correct option is (D).

74.

- The given sentence is in the past continuous tense form of the active voice.
- The rule of making past continuous tense (active voice): Subject + was/were + verb (Ist form) + ing + object +(.).
- The adjective 'troubled' is acting as the object.
- Therefore, there is no need for any improvement in the underlined segment.

Hence, the correct option is (D).

75. The given sentence is in future continuous tense, the structure of which is given below:

Subject + will/shall + be + present participle (V1+ing) + Object.

Its passive voice is not possible as the auxiliary verb 'be' can't be used together twice.

Example:

- I shall be writing a novel. (active)
- A novel will be being written by me. (passive)

Hence, the correct option is (C).

76. विराट कोहली को दशक के आईसीसी पुरुष वनडे खिलाड़ी पुरस्कार से सम्मानित किया गया है।

उन्होंने पिछले दशक के सर्वश्रेष्ठ पुरुष क्रिकेटर के लिए सर गारफील्ड सोबर्स पुरस्कार भी जीता।

दशक के अन्य आईसीसी पुरस्कार:

महेंद्र सिंह धोनी ने दशक के आईसीसी स्पिरिट ऑफ द क्रिकेट पुरस्कार जीता।

ऑस्ट्रेलिया की एक महिला ऑलराउंडर क्रिकेटर एलिसे पेरी ने निम्नलिखित पुरस्कार जीते:

- दशक की आईसीसी महिला क्रिकेटर।
- दशक की आईसीसी महिला वनडे क्रिकेटर।
- दशक की महिला टी20 क्रिकेटर।

अत: विकल्प (A) सही है।

77. मोहम्मद शमी ने हाल ही में दक्षिण अफ्रीका के खिलाफ पहले टेस्ट के दौरान 200 टेस्ट विकेट का खिताब हासिल किया।

31 वर्षीय गेंदबाज लैंडमार्क तक पहुंचने वाले भारतीय तेज गेंदबाजों में तीसरे सबसे तेज हैं, क्योंकि उन्होंने अपने 55 वें टेस्ट मैच में यह उपलब्धि हासिल की थी। वह फिलहाल कपिल देव (434), इशांत शर्मा (311), जहीर खान (311) और जवागल श्रीनाथ (236) से पीछे हैं।

अत: विकल्प (A) सही है।

78. अगस्टा नेशनल गोल्फ क्लब को कभी-कभी अगस्टा या नेशनल के रूप में जाना जाता है, अगस्टा में एक गोल्फ क्लब है। गैर-लाभ के रूप में काम करने वाले अधिकांश निजी क्लबों के विपरीत, अगस्टा नेशनल एक लाभकारी निगम है, और यह अपनी आय, होल्डिंग्स, सदस्यता सूची या टिकट बिक्री का खुलासा नहीं करता है।

अतः विकल्प (A) सही है।

79.

- प्रति इकाई क्षेत्र की सतह पर लगाए गए बल की मात्रा को 'दाब' के रूप में परिभाषित किया गया है।
- इसे उस क्षेत्र में बल के अनुपात के रूप में भी परिभाषित किया जा सकता है (जिस पर बल कार्य कर रहा है)।
- दाब का सूत्र: (Pa)= पृष्ठ के लंबवत बल/पृष्ठ का क्षेत्रफल
- दाब की इकाई: एसआई इकाई 'पास्कल (Pa)' है।

अतः विकल्प (D) सही है।

80.

- सूर्य द्वारा उत्सर्जित प्रकाश का रंग सफेद होता है।
- सफेद रंग सभी दृश्य प्रकाश आवृत्तियों की संरचना है।
- प्रकाश की सबसे अधिक तरंगदैर्ध्य लाल है और प्रकाश की सबसे कम तरंगदैर्ध्य बैंगनी है।

अतः विकल्प (D) सही है।

81.

- चींटी के काटने में फॉर्मिक अम्ल मौजूद होता है।
- एक चींटी के डंक में सरल कार्बोक्जिलिक अम्ल होता है, जिसे फॉर्मिक अम्ल के रूप में भी जाना जाता है।
- वही अम्ल ततैया, मधुमक्खियों आदि के डंक में मौजूद होता है।
- फार्मिक अम्ल का रासायनिक सूत्र H-COOH है।

अतः विकल्प (A) सही है।

82.

- लोकसभा के अध्यक्ष लोकसभा के प्रभारी व्यक्ति होते हैं और आम चुनावों से चुने जाते हैं।
- लोकसभा भारत की संसद का निचला सदन है।
- अध्यक्ष पांच वर्ष की अवधि के लिए कार्य करता है ।

अतः विकल्प (A) सही है।

83.

- अकबर के शासनकाल के दौरान राजस्व प्रणाली को ज़ब्त प्रणाली कहा जाता था।
- इस प्रणाली में, प्रत्येक प्रांत को प्रत्येक फसल के लिए राजस्व की अपनी दरों के साथ राजस्व मंडलियों में विभाजित किया गया था।

अतः विकल्प (D) सही है।

84.

- चौथे मुगल बादशाह जहांगीर ने फारसी में अपनी आत्मकथा 'तुजुक-ए-जहांगीरी' लिखी थी।
- उन्होंने बाबर की परंपरा का पालन किया, उनके महान दादा ने बाबरनामा लिखा था ।
- जहांगीर एक कदम आगे बढ़ गए और अपने शासनकाल का इतिहास लिखने के अलावा उन्होंने अपने परिवार, राजनीति और कलाओं के बारे में भी जानकारी शामिल की।

अतः विकल्प (C) सही है।

85.

- लॉर्ड कैनिंग भारत के पहले वायसराय थे। उनका कार्यकाल 1856-62 तक 6 साल तक रहा।
- 1858 के बाद, गवर्नर-जनरल का पद वायसराय के रूप में जाना जाने लगा।

अतः विकल्प (D) सही है।

86. महादेव देसाई को लोकप्रिय रूप से "महात्मा गांधी के सचिव" के रूप में जाना जाता था। उन्हें दिए गए अन्य नाम "गांधी का बॉस्वेल, आनंद से गांधी का बुद्ध और प्लेटो से गांधी का सुकरात" थे।

अतः विकल्प (C) सही है।

87.

- बारा लाचा एक उच्च पर्वतीय दर्रा है जो मनाली और लेह लद्दाख को जोड़ता है।
- यह समुद्र तल से 4843 मीटर की ऊंचाई पर जम्मू-कश्मीर में स्थित है।

अतः विकल्प (C) सही है।

88.

- लूनी भारतीय थार रेगिस्तान में एकीकृत एकमात्र नदी है।
- यह अजमेर के पास अरावली पर्वतमाला की पुष्कर घाटी से निकलती है और गुजरात में कच्छ के रण की दलदली भूमि में समाप्त होती है।
- पहले इसे सागरमती के नाम से जाना जाता था, फिर गोविंदगढ़ से गुजरने के बाद यह अपनी सहायक सरस्वती से मिलती है, जो पुष्कर झील से निकलती है, और तब से इसका नाम लूनी पड़ा।

अतः विकल्प (B) सही है।

89.

- सुनीता लाकरा एक भारतीय फील्ड हॉकी खिलाड़ी हैं।
- लाकरा ने भारत की महिला राष्ट्रीय फील्ड हॉकी टीम में कैप करके अपने देश का प्रतिनिधित्व किया है।
- लाकरा ने 2 जनवरी 2020 को हॉकी इंडिया के माध्यम से हॉकी से अपने संन्यास की घोषणा की।
- लाकरा 18 सदस्यीय टीम का एक हिस्सा है जो महिला हॉकी विश्व कप के 14वें संस्करण में खेल रही है।
- 17वें एशियाई खेलों और 2016 के रियो ओलंपिक में महत्वपूर्ण प्रदर्शन के साथ लाकरा भारतीय हॉकी में शीर्ष की कई सीढ़ी पर चढ़ गई।
- लाकरा ने 2017 में न्यूजीलैंड के खिलाफ पांच मैचों की श्रृंखला के तीसरे मैच में एक मैच के साथ अपना 100वां अंतर्राष्ट्रीय मैच पूरा किया।

अतः विकल्प (D) सही है।

90.

- बाउल, बांग्लादेश और पश्चिम बंगाल, असम भारतीय राज्यों की त्रिपुरा और बराक घाटी जैसे सूफीवाद और सहजा के मिश्रित तत्वों के बंगाल क्षेत्र से रहस्यमय गवैयों या वार्डों का एक समूह है।
- एक समकालिक धार्मिक संप्रदाय और एक संगीत परंपरा दोनों बाउल हैं। कई संप्रदायों के साथ बाउल एक बहुजातीय समूह है, लेकिन ज्यादातर वेष्णव-सहजिया और सूफी मुस्लिम हैं।

अतः विकल्प (C) सही है।

91.

- पंडित शिव कुमार शर्मा एक भारतीय संगीतकार और जम्मू और कश्मीर राज्य के संतूर वादक हैं।
- उन्होंने हरिप्रसाद चौरसिया (प्रसिद्ध बाँसुरी वादक) के साथ मिलकर कई हिंदी फ़िल्मों के लिए संगीत की रचना भी की।
- उन्हें वर्ष 1985 में संगीत नाटक अकादमी पुरस्कार से सम्मानित किया गया था।
- उन्हें 1991 में 'पद्म श्री पुरस्कार' मिला। उन्होंने 2001 में पद्म विभूषण भी प्राप्त किया।

अतः विकल्प (D) सही है।

92. एक कंप्यूटर में डेटा आउटपुट उपकरण प्रिंटर का उपयोग करके कागज पर प्रिंट किया जा सकता हे। डेटा प्रिंट करने की शॉर्टकट कुंजी Ctrl + P है।

अतः विकल्प (A) सही है।

93.

- रैंडम एक्सेस मैमरी (रैम) एक अस्थायी मैमरी है जो इनपुट डेटा, या मध्यवर्ती परिणाम, या प्रोग्राम, या निर्देश, या आउटपुट स्टोर करती है।
- यह कंप्यूटिंग करने के लिए प्रोसेसर के लिए आवश्यक डेटा संग्रहित करने में सहायता करता है।
- यह एक अस्थिर मैमरी है जो बिजली बंद होने पर नष्ट हो जाती है।

अतः विकल्प (D) सही है।

94.

- लाइकेन ऐसे पौधे होते हैं जो चट्टानों या पेड की छाल जैसे उजागर स्थानों में उगते हैं ।
- लाइकेन व्यापक रूप से पर्यावरणीय संकेतक या जैव-संकेतक के रूप में उपयोग किया जाता है।
- वे वायुमंडलीय प्रदूषण के प्रति अत्यधिक संवेदनशील हैं और उनका उपयोग वायु प्रदूषण , विशेष रूप से वातावरण में सल्फर डाइऑक्साइड की मात्रा के संकेतकों के रूप में किया जा सकता है।
- उन्हें विकसित होने के लिए पानी और पोषक तत्वों को अवशोषित करने में प्रबल होना चाहिए।

अतः विकल्प (B) सही है।

95.

- एक पारिस्थितिकी तंत्र की संरचना इसके जैविक और अजैविक कारकों को संदर्भित करती है और एक पारिस्थितिकी तंत्र के कार्य में ऊर्जा प्रवाह और पोषक चक्र शामिल है।
- एक पारिस्थितिक तंत्र जिसकी संरचना और कार्य लंबे समय तक अप्रभावित रहते हैं, उसे एक स्थिर पारिस्थितिकी तंत्र माना जाता है।
- समुद्र सबसे स्थिर पारिस्थितिकी तंत्र हैं क्योंकि वे बडे, गहरे और निरंतर होते हैं, जिसके कारण संरचना और कार्य में कोई भी बदलाव मुश्किल है या आसानी से इसका प्रतिरोध किया जा सकता है।

अतः विकल्प (A) सही है।

96.

- दीपा मेहता की "फनी बॉय" 2021 ऑस्कर में सर्वश्रेष्ठ अंतर्राष्ट्रीय फीचर फिल्म की दोड़ में कनाडा का प्रतिनिधित्व करेगी।
- श्याम सेल्वदुरई द्वारा सबसे अधिक बिकने वाले उपन्यास पर आधारित, फिल्म अवशवर्ती तमिल-सिंहली संघर्ष - जोकि बाद में गृहयुद्ध में बदल गया - के दौरान श्रीलंका में एक युवा लड़के के यौन उत्तेजना के बारे में है।
- 10 दिसंबर को कनाडा के बाहर नेटफ्लिक्स पर फिल्म का प्रीमियर होगा।

अतः विकल्प (D) सही है।

97.

- सिरका का pH मान लगभग 2.5 है।
- सिरका अम्लीय है।
- 7 से कम pH स्तर वाले पदार्थ प्रकृति में अम्लीय होते हैं।

अतः विकल्प (A) सही है।

98. मुकेश अंबानी:

- रिलायंस इंडस्ट्रीज के चेयरपर्सन मुकेश अंबानी फोर्ब्स इंडिया बिलियनेयर्स लिस्ट 2020 में शीर्ष पर रहे।
- उन्हें वर्ष 2010 में एन.डी.टी.वी बिजनेस लीडर पुरुस्कार मिला था।
- उन्हें अर्नस्ट एंड यंग एंटरप्रेन्योर ऑफ द ईयर इंडिया 2000 पुरस्कार से भी सम्मानित किया गया था।
- जेफ बेजोस वर्ल्ड फोर्ब्स बिलियनेयर्स लिस्ट 2020 में शीर्ष पर रहे।

अतः विकल्प (A) सही है।

99.

- भारत जनवरी 2022 में राष्ट्रमंडल निशानेबाज़ी और तीरंदाजी चैंपियनशिप की मेजबानी करेगा।
- दोनों स्पर्धाओं के पदकों को बर्मिंघम खेलों में प्रतिस्पर्धी राष्ट्रों की रैंकिंग के लिए गिना गया ।
- यह कार्यक्रम चंडीगढ़ में जनवरी 2022 में आयोजित किया गया था।
- बर्मिंघम कॉमनवेल्थ गेम्स 27 जुलाई से 7 अगस्त 2022 तक होने वाले हैं।

अतः विकल्प (D) सही है।

100.

- एक एकाधिकार तब होता है जब एक उत्पाद या सेवा का निर्माण करने वाली फर्म बाजार को किसी करीबी विकल्प के साथ नियंत्रित करती है।
- एक बार एकाधिकार स्थापित हो जाने के बाद, प्रतिस्पर्धा की कमी से विक्रेता को उपभोक्ताओं से उच्च मूल्य वसूलने का नेतृत्व कर सकता है।
- एक एकाधिकार भी उपभोक्ताओं के लिए उपलब्ध विकल्पों को कम करता है। एकाधिकार तब शुद्ध हो जाता है जब बाजार में कोई दुसरा विकल्प उपलब्ध नहीं होता है।

अतः विकल्प (A) सही है।

मॉक टेस्ट 07

General Intelligence and Reasoning

Q.1 निर्देश: निम्नलिखित प्रश्न में एक संख्या श्रृंखला दी गयी है। श्रृंखला का अनुसरण करने वाली लुप्त संख्या ज्ञात कीजिये।

159, 135, ?, 93

A. 121 **B.** 100 **C.** 113 **D.** 115

Q.2 निर्देश: निम्न प्रश्नों में कुछ कथन दिए गए हैं। कथनों के पश्चात् निष्कर्ष दिए गए हैं। कथनों का ध्यान पूर्वक अध्ययन करते हुए नीचे दिए गए निष्कर्षों पर विचार कीजिए। नीचे दिए गए कूट का उपयोग करते हुए सही निष्कर्ष का चयन कीजिए।

कथन:

कुछ कुत्ते चमगादड़ हैं।

कुछ चमगादड़ बिल्लियाँ है।

निष्कर्ष:

I. कुछ कुत्ते बिल्लियाँ हैं।

II. कुछ बिल्लियाँ कुत्ते हैं।

A. केवल निष्कर्ष I पालन करता है।

B. केवल निष्कर्ष II पालन करता है।

C. या तो निष्कर्ष I या निष्कर्ष II पालन करता है।

D. न तो निष्कर्ष I और न ही निष्कर्ष II पालन करता है।

Q.3 निर्देश: निम्न शब्दों को उनकें शब्दकोश के क्रम में व्यवस्थित कीजिये और चौथे आने वाले शब्द का चयन कीजिये।

Toothless, Topper, Tomorrow, Tonight, Tower

A. Tonight **B.** Topper

C. Tower **D.** Toothless

Q.4 निम्नलिखित प्रश्न में, दो संख्याओं को परस्पर बदलकर दिए गये समीकरण को सही कीजिये।

36 × 2 + 3 - 10 ÷ 4 = 18

A. × और ÷ **B.** × और + **C.** + और - **D.** ÷ और +

Q.5 प्रश्न में उस आरेख की पहचान करें जो नीचे दिए गए वर्गों के बीच संबंधों का सबसे अच्छा प्रतिनिधित्व करता है:

गहने, सोना, चांदी।

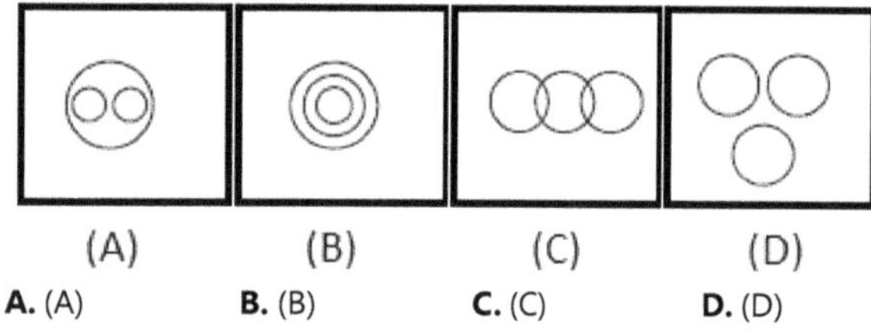

(A) (B) (C) (D)

A. (A) **B.** (B) **C.** (C) **D.** (D)

Q.6 दिए गए विकल्पों से सही विकल्प चुनें जो श्रृंखला को पूरा करेगा।

Y _ YXZX _ ZY _ ZXYZ _ XZ _ Y

A. ZYXYX **B.** ZXYZY **C.** YZXYX **D.** XYZZY

Q.7 यदि $18\ (9)\ 3$ और $36\ (30)\ 5$ है, तो $19\ (A)\ 18$ में A का मान क्या है?

A. 33 **B.** 57 **C.** 75 **D.** 96

Q.8 किसी कूट भाषा में '256' का अर्थ 'red colour chalk'; '589' का अर्थ 'green colour flower' तथा '245' का अर्थ 'White colour chalk' है। उसी कूट भाषा में कौन से अंक का अर्थ 'green' है?

A. 2

B. 4

C. 5

D. निर्धारित नहीं किया जा सकता है

Q.9 निम्नलिखित प्रश्न में दिए गए विकल्पों में से संबंधित अक्षरों की जोड़ी को चुनिए।

सोना : आभूषण : ? : ?

A. लुग़दी : प्रिज्म **B.** फर्नीचर : जूट

C. ईंट : दीवार **D.** बीज : पुस्तक

Q.10 एक कागज़ के टुकड़े को निम्न प्रश्न आकृतियों में दर्शाए गए अनुसार मोड़ा जाता है और उसमें छेद किया जाता है| खोलने के बाद वह किस उत्तर आकृति के समान दिखाई देगा?

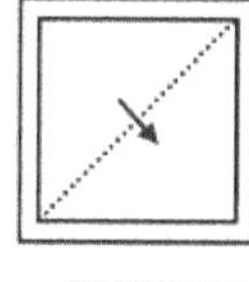 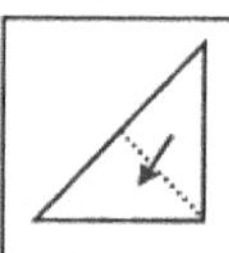 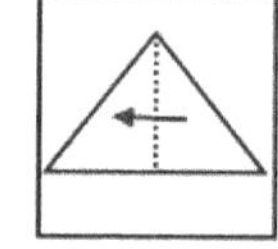 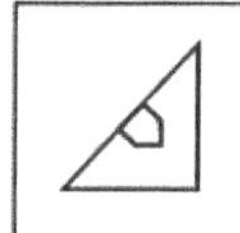

A. 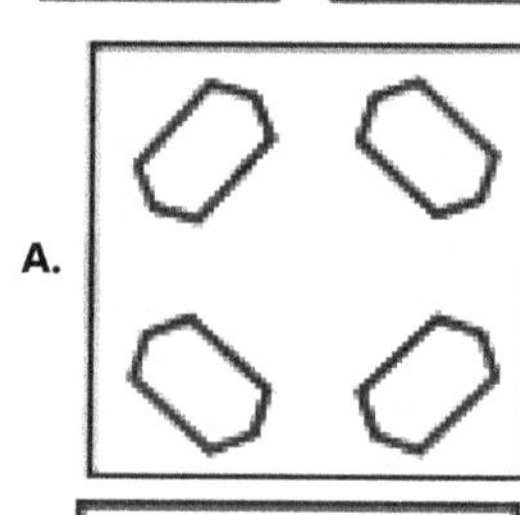 **B.** 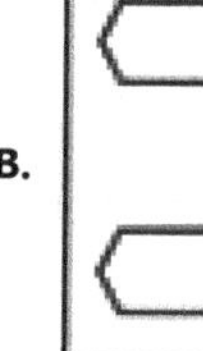

C. 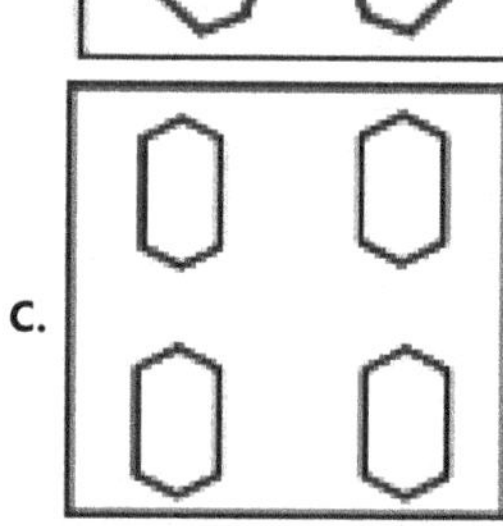 **D.** 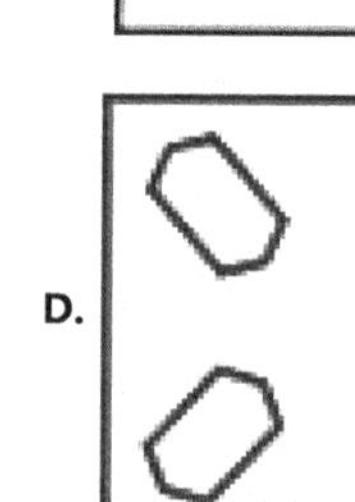

Q.11 जमीन पर चार सामान्य पासे फेंके जाते हैं। इन चार पासाओं के शीर्ष चेहरों पर कुल संख्या 13 है क्योंकि शीर्ष चेहरों को क्रमशः 4, 3, 1 और 5 दिखाया गया है। जमीन को छूने वाले चेहरो की संख्या का योग क्या है?

A. 12

B. 13

C. 15

D. निर्धारित नहीं किया जा सकता है

Q.12 निर्देश: एक श्रृंखला दी गई है जिसका एक पद लुप्त है। दिए गए विकल्पों में से सही विकल्प का चयन कीजिए जो श्रृंखला को पूरा करेगा।

K2S, Q4O, W8K, C16G, ?

A. I32B **B.** I32C **C.** J32B **D.** J32C

Q.13 यदि ' −' का अर्थ है जोड़ना, ' +' का अर्थ है भाग करना, ' ÷' का अर्थ है गुणा करना और ' ×' का अर्थ है घटाना, तो,

34 – 25 + 5 × 8 ÷ 4 + 2 – 7 =?

A. 27 **B.** 30 **C.** 14 **D.** 12

Ques (14-15):निर्देश: निम्नलिखित प्रत्येक प्रश्न में दिए गए विकल्पों में से संबंधित संख्या को चुनिए।

Q.14 224 : 817 :: 163 : ?

A. 497 **B.** 563 **C.** 572 **D.** 593

Q.15 6 : 42 : : 9 :?

A. 81 **B.** 90 **C.** 72 **D.** 99

Q.16 दी गयी उत्तर आकृतियों में से उस उत्तर आकृति को चुनिए, जिसमें प्रश्न आकृति छिपी/निहित है?

प्रश्न आकृति:

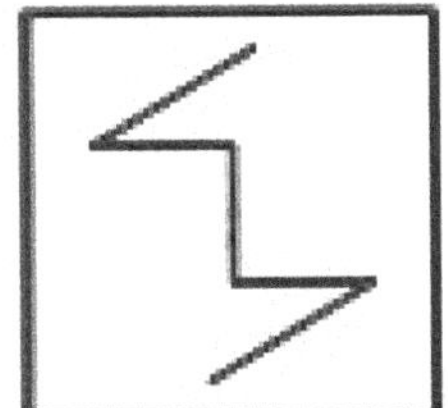

उत्तर आकृतियाँ:

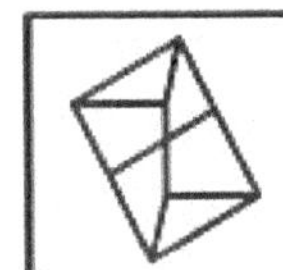 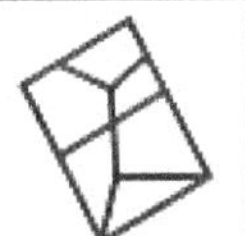 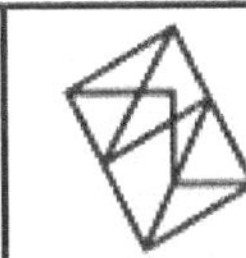 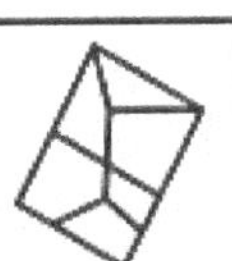

(A) (B) (C) (D)

A. A और D **B.** A और C **C.** B और D **D.** B और C

Q.17 एक निश्चित कोड में, **VISHWANATHAN** को **NAAWTHHSANIV** के रूप में लिखा गया है। उस कोड में **KARUNAKARANA** कैसे लिखा जाता है?

A. AKNUARRANKA
B. KAANRAURNAAK
C. NKKRANKRAUK
D. RURNKAAUNAK

Q.18 नीचे दिए गए प्रश्न में, दो कथन I, II के बाद दो निष्कर्ष दिए गए हैं।आपको उन कथनों को सत्य मानना होगा, भले ही वे सामान्यतः ज्ञात तथ्यों से भिन्न प्रतीत होते हों। आपको तय करना है कि दिए गए निष्कर्ष में से कौन सा निष्कर्ष दिए गए कथनों का पालन करता है।

कथन:

सभी शिक्षक अनुभवी हैं।

कुछ शिक्षक स्प्रिंटर हैं।

निष्कर्ष:

I. कुछ अनुभवी स्प्रिंटर हैं।

II. कुछ स्प्रिंटर अनुभवी हैं।

A. केवल निष्कर्ष I अनुसरण करता है
B. केवल निष्कर्ष II अनुसरण करता है।
C. न तो I और न ही II अनुसरण करता है।
D. I और II दोनों ही अनुसरण करते हैं।

Q.19 नर्स केम्प ने नर्स रोजर्स जिन्होंने पांच रात काम किया है की तुलना में लगातार रात की पाली में अधिक बार काम किया है। नर्सेस केम्प और रोजर्स दोनों से अधिक नर्स मिलर ने एक साथ पंद्रह रात की शिफ्ट में काम किया है।नर्स केल्विन ने नर्स केम्प से कम, लगातार आठ-रात की शिफ्ट में काम किया है। नर्स केम्प ने लगातार कितने रात की शिफ्ट में काम किया है?

A. आठ **B.** नौ **C.** दस **D.** ग्यारह

Q.20 निम्नलिखित प्रश्न में, दिए गए विकल्पों में से बेजोड़ आकृति को चुनिए।

A. 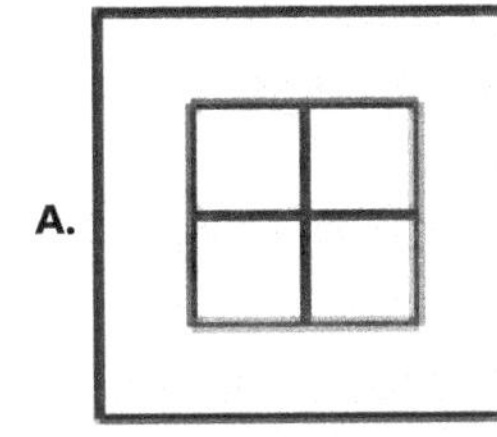 **B.** 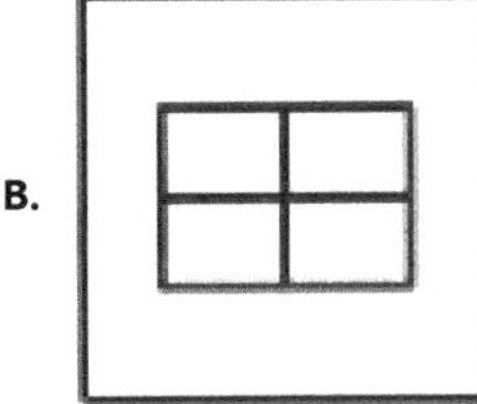

C. 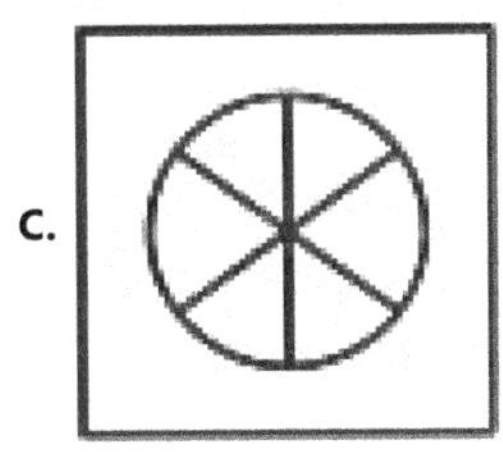 **D.** 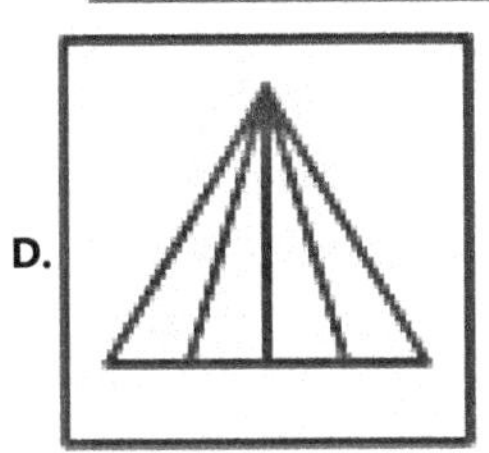

Q.21 दिए गए विकल्प में से विषम संख्या ज्ञात कीजिए।

331, 482, 551, 263, 383, 362, 284

A. 263 **B.** 383 **C.** 331 **D.** 551

Q.22 दिए गए विकल्पों में से विषम अक्षर को चुनिए।

A. MPR **B.** HKN **C.** PSV **D.** DGJ

Q.23 दी गई श्रेणियों के बीच संबंधों को सबसे बेहतर तरीके से दर्शाने वाले आरेख की पहचान कीजिये।

लाल, कार, बाइक

A. 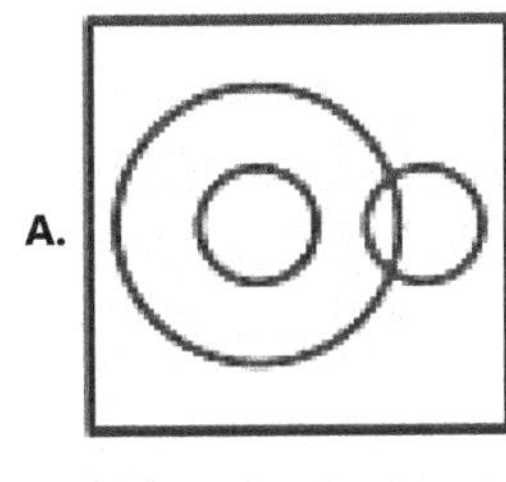 **B.** 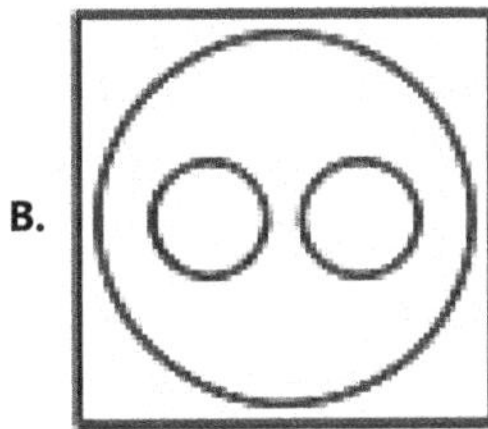

C. 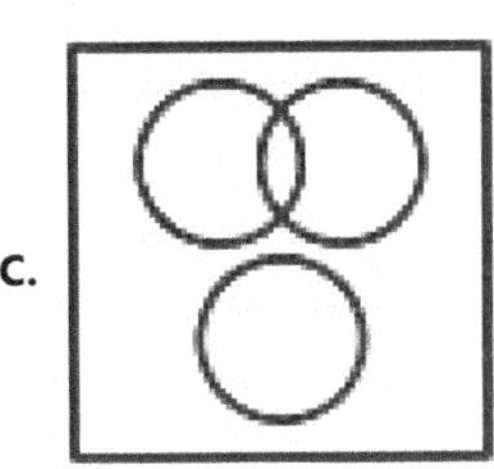 **D.** 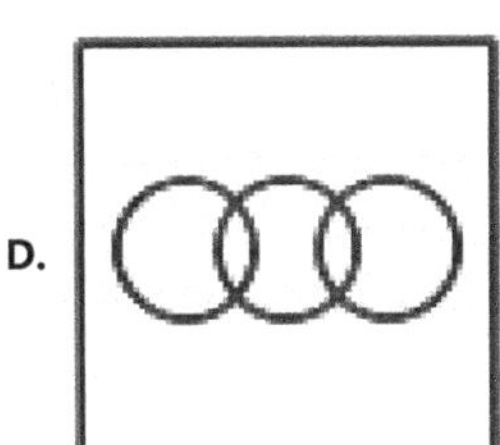

Q.24 एक निश्चित कोड में 'MDSC' को '69' के रूप में लिखा गया है, उस कोड में 'KTAP' कैसे लिखा जा सकता है?

A. 48 **B.** 55 **C.** 60 **D.** 64

Q.25 दिए गए विकल्पों में से वह शब्द ज्ञात कीजिए जिसे दिए गए शब्द में प्रयोग किये गए अक्षरों से बनाया जा सकता है?

RATIONALIST

A. NATIONAL **B.** RATIONAL
C. FRACTIONAL **D.** VOCATIONAL

Numerical Aptitude/ Quantitative Ability

Q.26 दस संख्याओं का औसत 7 है। यदि प्रत्येक संख्या को 12 से गुणा किया जाए, तो संख्याओं के नए समूह का योग क्या होगा?

A. 7 **B.** 19 **C.** 82 **D.** 84

Q.27 यदि $N = \sqrt{9} + \sqrt{6}$ है तो $\frac{1}{N}$ का मान ज्ञात कीजिये?

A. $\sqrt{9} - \sqrt{6}$ **B.** $3(\sqrt{9} - \sqrt{6})$

C. $\frac{\sqrt{9}-\sqrt{6}}{3}$ **D.** $\frac{\sqrt{9}-\sqrt{6}}{4}$

Q.28 यदि Q, P से 40% कम अंक प्राप्त करता है, तो P के अंक Q से कितने प्रतिशत अधिक हैं?

A. 40 **B.** 33.33 **C.** 25 **D.** 66.66

Q.29 एक देश की जनसंख्या में 8% वार्षिक की दर से वृद्धि होती है। यदि देश की वर्तमान जनसंख्या 46656 है, तब 2 वर्ष पूर्व जनसंख्या क्या थी?

A. 15000 **B.** 40000 **C.** 50000 **D.** 80000

Q.30 ΔABC में, A से BC पर लंब AD खींचा गया है। यदि AD^2 = BD × CD; तो ∠BAC है:

A. 30° **B.** 45° **C.** 60° **D.** 90°

Q.31 प्रतिवर्ष 5% की दर से 2 वर्षों के लिए 2000 रुपये के मूलधन पर साधारण ब्याज (रुपये में) क्या है?

A. 250 **B.** 200 **C.** 150 **D.** 225

Q.32 एक त्रिभुज के कोण $2 : 3 : 7$ के अनुपात में हैं। सबसे छोटे कोण का माप है:

A. 30° **B.** 60° **C.** 45° **D.** 90°

Q.33 A, B और C मिलकर एक काम को 3 दिन में खत्म कर सकते हैं। A और B मिलकर उसी काम को 4 दिन में खत्म कर सकते हैं। C अकेला उस काम को कितने दिनों में खत्म कर सकता है?

A. 12 **B.** 16 **C.** 20 **D.** 24

Q.34 एक कार 50 मीटर/सेकंड की गति से 5 घंटे चलती है। तो कार द्वारा तय की गयी दूरी (किमी में) क्या है?

A. 1000 **B.** 900 **C.** 990 **D.** 500

Q.35 किसी वर्ग का क्षेत्रफल, आयताकार के क्षेत्रफल का छह गुना है। यदि आयातकार का आयाम 216 सेमी. × 100 सेमी है, तो वर्ग का परिधि क्या है?

A. 1660 **B.** 1440 **C.** 1400 **D.** 1000

Q.36 एक वस्तु को 20% की हानि पर बेचा जाता है। यदि विक्रय मूल्य को दोगुना कर दिया जाता है, तो लाभ प्रतिशत क्या होगा?

A. 160 **B.** 100 **C.** 60 **D.** 37.5

Q.37 त्रिभुज ABC की भुजा AB और AC पर क्रमशः बिंदु P और Q इस प्रकार हैं कि रेखाखंड PQ भुजा BC के समानांतर है। यदि AP : PB का अनुपात 2 : 5 है और ΔAPQ का क्षेत्रफल 4 वर्ग सेमी है, तब समलंब PQCB का क्षेत्रफल क्या है?

A. 49 वर्ग सेमी **B.** 45 वर्ग सेमी

C. 25 वर्ग सेमी **D.** 21 वर्ग सेमी

Q.38 A और B की वर्तमान आय का अनुपात क्रमश 2 : 3 है। वर्तमान में A और B की आय का योग 21500 रु. हो तो B की आय ज्ञात कीजिए

A. 6000 **B.** 7000 **C.** 12900 **D.** 13500

Q.39 किसी वस्तु पर क्रमशः 15%, 20% और 25% की छूट निम्नलिखित में से किस छूट के बराबर होगी?

A. 60% **B.** 47% **C.** 49% **D.** 40%

Q.40 20 संख्यायों का औसत 15 है। प्रथम पाँच संख्यायों का औसत 12 है। बाकी का औसत है-

A. 16 **B.** 15 **C.** 14 **D.** 13

Ques (41-45):नीचे दिया गया बार ग्राफ लगातार दो वर्षों 2000 और 2001 के दौरान एक प्रकाशन कंपनी की छह शाखाओं से पुस्तकों की बिक्री (हजार संख्या में) दिखाता है।

2000 और 2001 में एक प्रकाशन कंपनी की छह शाखाओं - B1, B2, B3, B4, B5 और B6 से पुस्तकों की बिक्री (हजार संख्या में)।

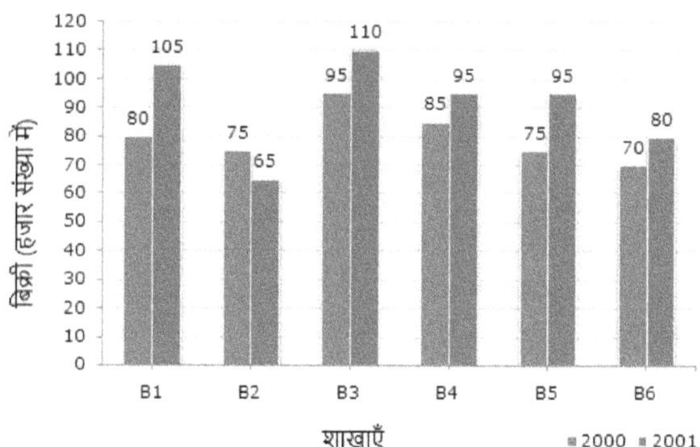

Q.41 दोनों वर्षों के लिए शाखा B4 की कुल बिक्री में दोनों वर्षों के लिए शाखा B2 की कुल बिक्री का अनुपात क्या है?

A. 2:3 **B.** 3:5 **C.** 4:5 **D.** 7:9

Q.42 दोनों वर्षों के लिए शाखा B6 की कुल बिक्री शाखा B3 की दोनों वर्षों के लिए कुल बिक्री का कितना प्रतिशत है?

A. 68.54% **B.** 71.11% **C.** 73.17% **D.** 75.55%

Q.43 2001 में शाखाओं B1, B2 और B3 की औसत बिक्री का प्रतिशत 2000 में शाखाओं B1, B3 और B6 की औसत बिक्री क्या है?

A. 75% **B.** 77.5% **C.** 82.5% **D.** 87.5%

Q.44 वर्ष 2000 के लिए सभी शाखाओं (हजार संख्या में) की औसत बिक्री क्या है?

A. 73 **B.** 80 **C.** 83 **D.** 88

Q.45 B1, B3 और B5 शाखाओं की कुल बिक्री दोनों वर्षों के लिए एक साथ (हजार संख्या में) है?

A. 250 **B.** 310 **C.** 435 **D.** 560

Q.46 यदि 6 वस्तुओं का क्रय मूल्य 9 वस्तुओं के विक्रय मूल्य के बराबर है, तो हानि प्रतिशत क्या है?

A. 25 **B.** 33.33 **C.** 50 **D.** 20

Q.47 130 से कम सभी प्राकृतिक विषम संख्याओं के योग का पता लगाएं।

A. 4286 **B.** 4275 **C.** 3456 **D.** 4225

Q.48 एक विक्रेता 8200 रूपये के अंकित मूल्य वाले मिनी-रेफ्रिजरेटर पर 11% की छूट देता है। यदि वह फिर भी 600 रूपये लाभ अर्जित करता है। तो रेफ्रिजरेटर का क्रय मूल्य क्या है?

A. 6698 रूपये **B.** 7600 रूपये

C. 7350 रूपये **D.** 4960 रूपये

Q.49 यदि sin 3A = cos (A – 26°), जहां 3A एक न्यूनकोण है, तो A का मान है:

A. 33° **B.** 29° **C.** 45° **D.** 52°

Q.50 यदि $\tan\theta = \tan 30°.\tan 60°$ और θ एक न्यून कोण है, तो 2θ का मान है:

A. 30° **B.** 45° **C.** 90° **D.** 0°

General English & Comprehension

Ques (51-52):Direction: Read each sentence to find out whether there is any grammatical error in it. The error, if any will be in one part of the sentence. If there is no error choose option (D) 'No error' as the answer.

Q.51 The expansion of the People's Liberation Army (1)/ and its assertive actions (2)/ have damaging the bilateral relation. (3)/ No error (4)

A. (1) **B.** (2) **C.** (3) **D.** (4)

Q.52 They said they will (1)/ be focusing on developing healthy ties,(2)/ signaled towards a new start. (3)/ No error (4)

A. (1) **B.** (2) **C.** (3) **D.** (4)

Ques (53-54):Direction: Out of the four alternatives, choose the one which can be substituted for the given words/sentences.

Q.53 One who abandons his religious faith.

A. Apostate **B.** Prostate **C.** Profane **D.** Agnostic

Q.54 Hater of knowledge and learning.

A. Bibliophile **B.** Philologist
C. Misogynist **D.** Misologist

Q.55 Direction: Four alternatives are given for the idiom/phrase. Choose the correct alternative that best expresses the meaning of the idiom/phrase.

To catch a tartar.

A. To trap wanted criminal with great difficulty
B. To catch a dangerous person
C. To meet with disaster
D. To deal with a person who is more than one's match

Ques (56-57):Direction: Fill in the blank with the correct word.

Q.56 A pony can be arranged for the ride up, but only ____ the cafeteria.

A. Until **B.** At **C.** Till **D.** Unless

Q.57 It is estimated to ____ at the rate of 42% over the next five years annually

A. Grows **B.** Grow **C.** Growing **D.** Grown

Q.58 You are given a sentence with an underlined part. Four options are given which may improve the underlined part. Choose the best correction of the underlined part as your answer.

BJP govt. has always in favour of a "HINDU RASTRAH".

A. Has always been favoured
B. Has always favoured
C. Has always been in favour
D. Is always favorite

Q.59 Select the correctly spelt word.

A. lisence **B.** Patner
C. Knowledge **D.** Neice

Q.60 Direction: Select the most appropriate meaning of the given idiom.

Stand one's ground

A. To maintain one's position
B. To confess completely
C. To try to attain something
D. To be at distance

Ques (61-62):Direction: A sentence has been given in Direct/Indirect speech. Out of the four alternatives choose the one which best expresses the same sentence in Direct/Indirect speech.

Q.61 Raman said to Harish, "Where were you sitting?"

A. Raman asked Harish where he has been sitting
B. Raman asked Harish where he was sitting
C. Raman asked Harish where he would be sitting
D. Raman asked Harish where he had been sitting

Q.62 Indira said to Biren, "This is a nice house!"

A. Indira told Biren that it was being a nice house
B. Indira told Biren that it is a nice house.
C. Indira told Biren that it was a nice house.
D. Indira exclaimed that it was a nice house.

Ques (63-64):Direction: In the following questions, a sentence has been given in Active/Passive voice. Out of four alternatives suggested, select the one, which best expresses the same sentence in Passive/Active voice.

Q.63 They will visit the hospital tomorrow.

A. The hospital would be visited by them tomorrow
B. The hospital will be visited by them tomorrow
C. The hospital will be visited tomorrow
D. The hospital has been visited tomorrow

Q.64 Sell off this bicycle.

A. Should the bicycle be sold off
B. Let the bicycle be sold
C. You should sell off this bicycle
D. Let this bicycle be sold off

Q.65 Direction: Select the most appropriate synonym of the given word.

Bliss

A. Upset **B.** Euphoria **C.** Sadness **D.** Mirage

Q.66 Direction: Identify the tense of the main verb.

The plane had left by the time I got to the airport.

A. Simple past
B. Past perfect
C. Past perfect continuous

D. Past continuous

Ques (67-68):Direction: Choose the word SIMILAR in meaning to the given word.

Q.67 Encumbrance

A. Torture **B.** Trauma
C. Hindrance **D.** Bulwark

Q.68 Eternal

A. Perpetual **B.** Esteem
C. Quell **D.** Instigated

Ques (69-70):Direction: Choose the word OPPOSITE in meaning to the given word.

Q.69 Petulant

A. Sycophant **B.** Pragmatic
C. Affable **D.** Frugal

Q.70 Opine

A. Taciturn **B.** Usurp **C.** Ornate **D.** Perish

Ques (71-75):Direction: Read the passage and answer the following questions.

The organization is working to end the inhumane culling of stray dogs, which many countries do in a **misguided** effort to eliminate rabies. The organization points out that vaccination programs are the only effective way to eliminate rabies and work with governments on vaccination programs. In 2012, a mass vaccination program was started in the Shaanxi, Guizhou, and Anhui provinces of China, working with the Chinese Animal Disease Control Centre; as of June 2014, 750 veterinarians have been trained and over 90,000 dogs have been vaccinated. A second focus is on stray dog population management itself, through proven humane methods such as education, improved legislation, registration and identification of dogs, sterilisation, and contraception, holding facilities, and rehoming centres. The charity has two disaster operations teams located in Asia and Latin America. In the **aftermath** of disasters, they travel to the worst affected areas to administer, distribute food and reunite animals with their owners where possible. The work is of particular benefit in developing world countries, where communities rely on animals for food, transport, and income.

Q.71 What is the major function of the organization?

A. To educate people on animal health
B. Disaster management in China
C. To take proper care of animals
D. To improve living conditions after disasters

Q.72 What does the organization suggest as a way to end rabies?

A. Emergency veterinary care
B. Stop culling of stray dogs
C. Vaccination programs
D. Establishment of rehoming centres

Q.73 Which of the following is MOST SIMILAR in meaning to the word 'aftermath'?

A. Casualty **B.** After effects
C. Illness **D.** Recovery

Q.74 Why is work particularly significant in developing countries?

A. The reliance on animals is more in these places
B. The number of animals is more in this place
C. These are disaster-prone areas.
D. The animals are treated in the worst way here.

Q.75 Which of the following is MOST OPPOSITE in meaning to the word 'misguided'?

A. Effective **B.** Fallacious
C. Obstruct **D.** Well informed

General Awareness

Q.76 निम्नलिखित में से किस खेल में, 'क्रॉल', 'ब्रेस्टस्ट्रोक' और 'बटरफ्लाई' शब्द का इस्तेमाल किया जाता है?

A. तैराकी **B.** शूटिंग **C.** टेनिस **D.** बैडमिंटन

Q.77 विश्व शतरंज संघ की स्थापना कब हुई थी?

A. 1935 **B.** 1924 **C.** 1905 **D.** 1896

Q.78 पोलियो के टीके का आविष्कार किसने किया था?

A. अर्नेस्ट रदरफोर्ड **B.** जोनास ई. सॉल्क
C. रिचर्ड टेलर **D.** कार्ल जांस्की

Q.79 कंप्यूटर में, एन.आई.सी (NIC) का पूर्ण रूप कौन सा है?

A. नेटवर्क इंटरफ़ेस कार्ड
B. नेटवर्क इनफार्मेशन कार्ड
C. न्यू इंटरफ़ेस कार्ड
D. न्यू इनफार्मेशन कार्ड

Q.80 निम्नलिखित में से कौन कैल्शियम और मैग्नीशियम दोनों का अयस्क है?

A. मैग्नेसाइट **B.** जिप्सम **C.** सेंध नमक **D.** डोलोमाइट

Q.81 निम्नलिखित तत्वों में से किस की परमाणु संख्या ब्रोमाइन की तुलना में अधिक है?

A. चांदी **B.** कॉपर **C.** आयरन **D.** क्रोमियम

Q.82 निम्नलिखित में से कौन-सा बल सबसे मजबूत होता है?

A. गुरुत्वाकर्षण बल **B.** परमाणु बल
C. विद्युत चुम्बकीय बल **D.** घर्षण बल

Q.83 उष्मा की एस.आई. इकाई क्या है?

A. लक्स **B.** टेस्ला **C.** जूल **D.** फैराड

Q.84 विटामिन A को ____ नाम से भी जाना जाता है।

A. थायमिन **B.** राइबोफ्लेविन
C. रेटिनॉल **D.** कैल्सिफेरोल

Q.85 निम्नलिखित में से कौन सा उत्पादन का कारक है?

1. भूमि
2. श्रम
3. भौतिक पूंजी

A. केवल I **B.** I और II दोनों
C. II & III दोनों **D.** I, II और III सभी

Q.86 निम्नलिखित में से किस शहर को 'प्रधानमंत्रियों का शहर' कहा जाता है?

A. जयपुर **B.** कोलकाता **C.** इलाहाबाद **D.** मुम्बई

Q.87 हाल ही में (फरवरी 2021 में), किस देश ने आर्कटिक में जलवायु परिवर्तन की निगरानी के लिए 'आर्कटिक-M' उपग्रह को लॉन्च किया?

A. जापान **B.** फ्रांस **C.** भारत **D.** रूस

Q.88 समताप मंडल में तापमान में वृद्धि _______ के अवशोषण के कारण होती है।

A. दृश्यमान प्रतिबिम्ब
B. समताप मंडल में मौजूद आयन
C. अल्ट्रा वायलेट विकिरण
D. अवरक्त विकिरण

Q.89 अंडमान और निकोबार में सैडल पर्वत क्षेत्र निम्नलिखित में से किस भाग में स्थित है?

A. छोटा अंडमान **B.** उत्तरी अंडमान
C. ग्रेट निकोबार **D.** दक्षिणी निकोबार

Q.90 भारतीय संविधान में एकल नागरिकता की अवधारणा किस देश से प्रेरित है?

A. जर्मनी **B.** फ्रांस **C.** आयरलैंड **D.** इंग्लैंड

Q.91 लॉर्ड कैनिंग ने निम्नलिखित समूहों में से कौन-से समूह को "ब्रेक वाटर्स इन द स्टॉर्म" से उल्लिखित किया था, जिसने 1857 के विद्रोह के दमन में मदद की थी?

A. ज़मींदार **B.** राजसी राज्यों
C. भारतीय लोक सेवक **D.** साहूकार

Q.92 सतपुड़ा राष्ट्रीय उद्यान कहाँ स्थित है?

[SBI PO, 2021]

A. हिमाचल प्रदेश **B.** आंध्र प्रदेश
C. मध्य प्रदेश **D.** केरल

Q.93 2021 के राष्ट्रीय विज्ञान दिवस का विषय क्या है जो 28 फरवरी को मनाया गया था?

A. मेक इन इंडिया: S और T संचालित नवाचार
B. स्थायी भविष्य के लिए विज्ञान और प्रौद्योगिकी
C. STI का भविष्य: शिक्षा, कौशल और कार्य पर प्रभाव
D. लोगों के लिए विज्ञान, और विज्ञान के लिए लोग

Q.94 वर्ली चित्रकला भारत के किस राज्य की है ?

A. महाराष्ट्र **B.** राजस्थान
C. गुजरात **D.** हिमाचल प्रदेश

Q.95 सबसे छोटा महाद्वीप कौन सा है?

A. ऑस्ट्रेलिया **B.** अंटार्कटिका
C. अफ्रीका **D.** दक्षिण अमेरिका

Q.96 भारतीय इतिहास के संदर्भ में, निम्नलिखित में से कौन भविष्य का बुद्ध है, जिसे फिर से दुनिया को बचाना है?

[UPSC Prelims, 2018]

A. अवलोकितेश्वर **B.** लोकेश्वर
C. मैत्रेय **D.** पद्मपाणि

Q.97 हैण्डआउट में हैडर व फुटर डालने के लिए किसका प्रयोग किया जाता है?

A. टाईटल मास्टर **B.** नोट्स और हैंडआउट्स
C. स्लाइड मास्टर **D.** F-1

Q.98 मुनाफे का वह हिस्सा जो एक कंपनी अपने शेयरधारकों के बीच नकदी के रूप में वितरित करती है, आमतौर पर ____ के रूप में जाना जाता है?

A. प्राप्ति **B.** लाभांश
C. शेयर विभाजन **D.** फ्री फ्लोट

Q.99 बैंड की अपेक्षाकृत घनी परत जो थर्मोस्फीयर में पाई जाती है, किस के रूप में जानी जाती है?

A. क्षोभ मंडल **B.** मीसोस्फीयर
C. स्ट्रैटोस्फियर **D.** आयनमंडल

Q.100 सबसे लम्बी अवधि तक लोकसभा अध्यक्ष के पद पर अपनी सेवाएं देने वाले व्यक्ति कौन हैं?

A. जी वी मावलनकर **B.** सोमनाथ चटर्जी
C. बलराम जाखर **D.** नीलम संजीव रेड्डी

// स्मार्ट उत्तर पुस्तिका //

सही उत्तर — उन छात्रों का प्रतिशत जिन्होंने प्रश्नों का सही उत्तर दिया था। छोड़ दिया — उन छात्रों का प्रतिशत जिन्होंने प्रश्नों को छोड़ दिया था।

प्रश्न संख्या	उत्तर	सही उत्तर	छोड़ दिया	प्रश्न संख्या	उत्तर	सही उत्तर	छोड़ दिया	प्रश्न संख्या	उत्तर	सही उत्तर	छोड़ दिया	प्रश्न संख्या	उत्तर	सही उत्तर	छोड़ दिया	प्रश्न संख्या	उत्तर	सही उत्तर	छोड़ दिया	प्रश्न संख्या	उत्तर	सही उत्तर	छोड़ दिया
1	C	54.34 %	1.71 %	18	D	52.24 %	1.55 %	35	B	61.81 %	1.19 %	52	C	64.81 %	1.37 %	69	C	62.7 %	1.31 %	86	C	78.82 %	0.0 %
2	D	40.35 %	1.62 %	19	B	60.48 %	1.82 %	36	C	46.9 %	1.43 %	53	A	54.73 %	1.9 %	70	A	80.12 %	0.0 %	87	D	52.01 %	1.26 %
3	B	89.38 %	0.0 %	20	C	80.34 %	0.0 %	37	B	54.21 %	1.67 %	54	D	57.36 %	1.43 %	71	C	49.32 %	1.75 %	88	C	50.0 %	1.37 %
4	D	50.46 %	1.39 %	21	B	60.39 %	1.9 %	38	C	52.26 %	1.51 %	55	B	58.23 %	1.91 %	72	C	65.15 %	1.68 %	89	B	47.05 %	1.04 %
5	A	57.02 %	1.26 %	22	A	55.18 %	1.32 %	39	C	65.75 %	1.58 %	56	C	76.39 %	0.0 %	73	B	55.45 %	1.48 %	90	D	42.09 %	1.4 %
6	A	77.94 %	0.0 %	23	D	62.72 %	1.17 %	40	A	42.42 %	1.97 %	57	B	83.56 %	0.0 %	74	A	67.85 %	1.77 %	91	B	65.62 %	1.29 %
7	B	65.59 %	1.82 %	24	C	55.92 %	1.75 %	41	D	66.58 %	1.59 %	58	C	11.86 %	4.76 %	75	D	45.19 %	1.46 %	92	C	88.67 %	0.0 %
8	D	45.37 %	1.47 %	25	B	80.85 %	0.0 %	42	C	52.79 %	1.89 %	59	C	79.6 %	0.0 %	76	A	58.52 %	1.56 %	93	C	54.49 %	1.27 %
9	C	85.06 %	0.0 %	26	D	59.95 %	1.13 %	43	D	52.46 %	1.86 %	60	A	64.34 %	1.07 %	77	B	65.59 %	1.01 %	94	A	66.79 %	1.73 %
10	A	55.84 %	1.48 %	27	C	68.61 %	1.42 %	44	B	45.99 %	1.17 %	61	D	51.72 %	1.53 %	78	B	23.85 %	3.64 %	95	A	41.35 %	1.49 %
11	C	87.12 %	0.0 %	28	D	63.01 %	1.16 %	45	D	56.31 %	1.35 %	62	D	69.95 %	1.81 %	79	A	64.0 %	1.16 %	96	C	67.91 %	1.07 %
12	B	40.3 %	1.07 %	29	B	65.54 %	1.13 %	46	B	66.22 %	1.97 %	63	B	17.48 %	3.59 %	80	D	47.47 %	1.07 %	97	B	62.42 %	1.17 %
13	B	69.45 %	1.39 %	30	D	47.06 %	1.4 %	47	D	61.2 %	1.81 %	64	D	61.94 %	1.0 %	81	A	47.54 %	1.03 %	98	B	68.54 %	1.51 %
14	A	58.65 %	1.84 %	31	B	61.41 %	1.25 %	48	A	56.91 %	1.47 %	65	B	59.19 %	1.91 %	82	B	45.95 %	1.48 %	99	D	58.36 %	1.16 %
15	B	85.27 %	0.0 %	32	A	40.8 %	1.03 %	49	B	57.06 %	1.18 %	66	B	54.61 %	1.78 %	83	C	54.76 %	1.35 %	100	C	42.12 %	1.66 %
16	B	69.56 %	1.26 %	33	A	48.59 %	1.61 %	50	C	58.01 %	1.07 %	67	C	78.81 %	0.0 %	84	C	49.35 %	1.64 %				
17	B	56.97 %	1.2 %	34	B	88.59 %	0.0 %	51	C	51.99 %	1.68 %	68	A	64.2 %	1.59 %	85	D	46.69 %	1.16 %				

//संकेत और समाधान//

1. $13^2 - 10 = 159$

$12^2 - 9 = 135$

$11^2 - 8 = 113$

$10^2 - 7 = 93$

इसलिए लुप्त पद 113 है।

अतः विकल्प (C) सही है।

2.

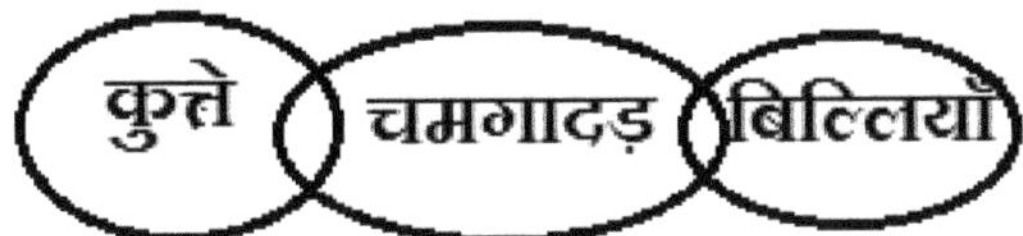

दोनों निष्कर्ष एक निश्चित मामला नहीं हो सकता है, इसलिए न तो निष्कर्ष I और न ही II अनुसरण करता है।

अतः विकल्प (D) सही है।

3. शब्दकोश क्रमानुसार दिए गए शब्दों को व्यवस्थित करने पर,

1) **Tom**orrow

2) **Ton**ight

3) **Too**thless

4) **Top**per

5) **Tow**er

अतः Topper चौथे स्थान पर आयेगा।

अतः विकल्प (B) सही है।

4. दिया गया समीकरण है: 36 × 2 + 3 - 10 ÷ 4 = 18

प्रत्येक विकल्प का अवलोकन करने पर,

1. × और ÷ को बदलने पर

समीकरण बनेगा, 36 × 2 + 3 - 10 ÷ 4 =72.5 ≠ 18

2. × और + को बदलने पर

समीकरण बनेगा, 36 + 2 × 3 - 10 ÷ 4 = 39.5 ≠ 18

3. + और - को बदलने पर

समीकरण बनेगा, 36 × 2 - 3 + 10 ÷ 4 = 71.5 ≠ 18

4. ÷ और + को बदलने पर

समीकरण बनेगा, 36 × 2 ÷ 3 - 10 + 4 = 18

अतः, ÷ और +, को बदलने पर, हमें सही उत्तर प्राप्त होता है।

अतः विकल्प (D) सही है।

5.

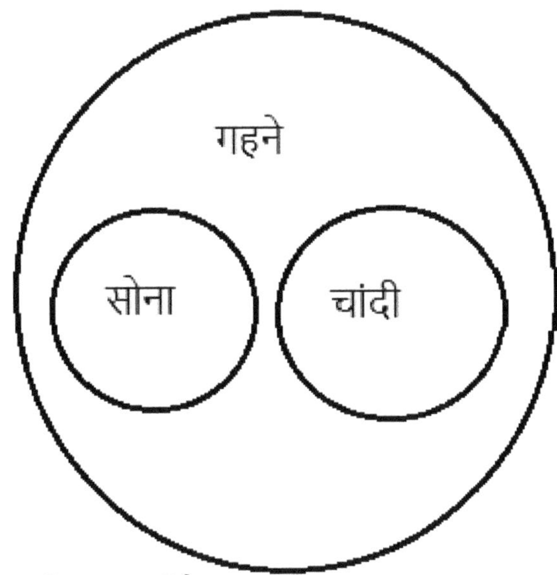

अतः विकल्प (A) सही है।

6. श्रृंखला का दिया गया पैटर्न है –

Y Z Y/X Z X/Y Z Y/X Z X/Y Z Y/X Z X Y

= ZYXYX

अतः विकल्प (A) सही है।

7. $\frac{18\times3}{9} = 6$

$\frac{36\times5}{30} = 6$

उसी प्रकार,

$\frac{19\times18}{A} = 6 \Rightarrow A = 57$

अतः विकल्प (B) सही है।

8. दिए गए जानकारी के आधार पर हम जानकारी को नीचे के चित्र में संक्षेपित कर सकते हैं,

2 5 6 → red colour chalk

5 8 9 → green colour flower

2 4 5 → white colour chalk

अतः 'green' के लिए कूट भाषा या तो '8' या '9' होगी

अतः कहा नहीं जा सकता सही विकल्प है।

अतः विकल्प (D) सही है।

9. चूँकि हम आभूषण बनाने के लिए सोने का प्रयोग करते हैं, उसी प्रकार ईंट का प्रयोग दीवार बनाने के लिए किया जाता है।

इसलिए 'ईंट : दीवार' सही विकल्प है।

अतः विकल्प (C) सही है।

10.

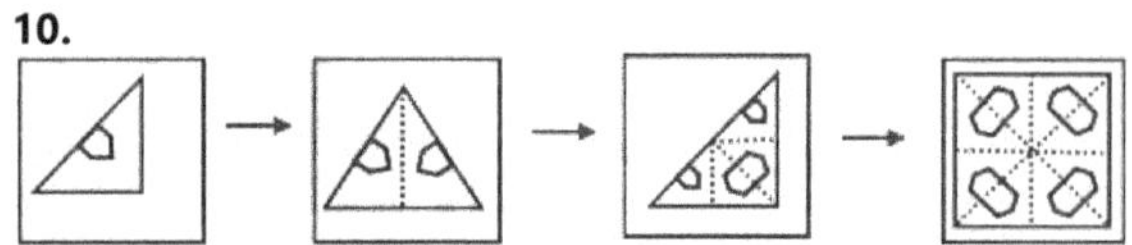

अतः विकल्प (A) सही है।

11. सामान्य पासा में, किसी भी दो विपरीत चेहरों पर संख्याओं का योग हमेशा 7 होता है। इस प्रकार, 1 6 के विपरीत है, 2 5 के विपरीत है और 3 4 के विपरीत है।

इसके फलस्वरूप, जब 4, 3, 1 और 5 शीर्ष चेहरों पर नंबर होते हैं, तो क्रमशः 3, 4, 6 और 2 चेहरे पर संख्याएं होती हैं जो जमीन को छूती हैं।

इन संख्याओं का कुल = 3 + 4 + 6 + 2 = 15 है।

अतः विकल्प (C) सही है।

12. दी गई श्रृंखला:

K2S, Q4O, W8K, C16G, ?

पहले अक्षर के लिए अनुसरित तर्क:

पद के पहले अक्षर : K, Q, W, C,

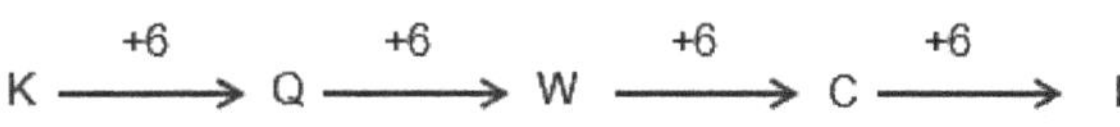

संख्याओं के लिए अनुसरित तर्क:

पद के अंक : 2, 4, 8, 16,

2 × 2 = 4

4 × 2 = 8

8 × 2 = 16

16 × 2 = **32**

दूसरे अक्षर के लिए अनुसरित तर्क:

पद के दूसरे अक्षर : S, O, K, G,

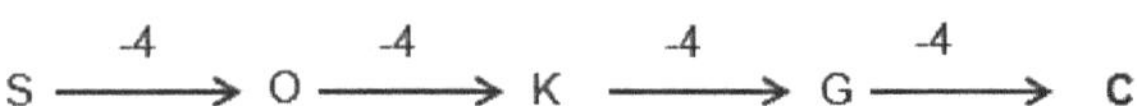

इसलिए, अगला पद I32C होगा।

अतः विकल्प (B) सही है।

13. दिया है,

$$34 - 25 + 5 \times 8 \div 4 + 2 - 7 = ?$$

संकेत बदलने के बाद-

$$34 + 25 \div 5 - 8 \times 4 \div 2 + 7$$

$$= 34 + 5 - 8 \times 2 + 7$$

$$= 39 - 16 + 7 = 30$$

अतः विकल्प (B) सही है।

14. दिया है,

2 + 2 + 4 = 8

और

8 + 1 + 7 = 16

इसी प्रकार,

1 + 6 + 3 = 10

और

4 + 9 + 7 = 20

यहां, दूसरी संख्या के अंकों का योग, पहली संख्या के अंकों के योग का दोगुना है।

अतः विकल्प (A) सही है।

15. पहले दो पद इस तरह से सम्बन्धित हैं:

$6 + 6^2 = 42$

उसी प्रकार,

$9 + 9^2 = 90$

अतः विकल्प (B) सही है।

16. निम्न प्रकार से दी गई आकृति विकल्प (A) और (C) में छिपी हुई है:

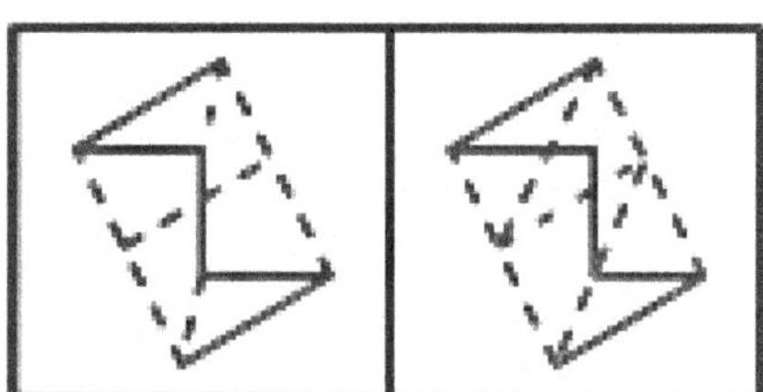

अतः विकल्प (B) सही है।

17. शब्द को दो अक्षरों के छह सेटों में विभाजित करें और इन सेटों को 1 से 6 तक अंकित करें।

फिर, कोड में इन सेटों को क्रम 4, 3, 5, 2, 6, 1 के साथ सेट 3, 2, 1 के अक्षरों के साथ रिवर्स ऑर्डर में लिखा गया है।

इस प्रकार, हमारे पास:

$$\frac{VI}{1}\frac{SH}{2}\frac{WA}{3}\frac{NA}{4}\frac{TH}{5}\frac{AN}{6} \rightarrow \frac{NA}{4}\frac{AW}{3}\frac{TH}{5}\frac{HS}{2}\frac{AN}{6}\frac{IV}{1}$$

इसी तरह,

$$\frac{KA}{1}\frac{RU}{2}\frac{NA}{3}\frac{KA}{4}\frac{RA}{5}\frac{NA}{6} \rightarrow \frac{KA}{4}\frac{AN}{3}\frac{RA}{5}\frac{UR}{2}\frac{NA}{6}\frac{AK}{1}$$

अतः विकल्प (B) सही है।

18. कथनों के अनुसार, आरेख है

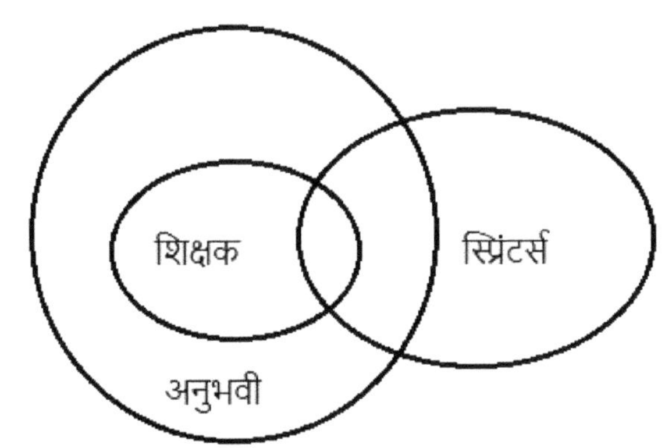

इसलिए, निष्कर्ष I और II दोनों अनुसरण करता हैं।

अतः विकल्प (D) सही है।

19. नर्स केल्विन की तुलना में नर्स केम्प ने लगातार अधिक शिफ्टों में काम किया है; इसलिए, केम्प ने आठ से अधिक शिफ्टों में काम किया है। केम्प की पारियों की संख्या और रोजर्स की पारियों की संख्या (पांच) पंद्रह या मिलर की शिफ्टों की संख्या से अधिक नहीं हो सकती है

इसलिए, केम्प ने लगातार नौ शिफ्टों में काम किया है (5 + 9 = 14)

अतः विकल्प (B) सही है।

20. यहाँ 6 भागों में विभाजित विकल्प (C) की आकृति के अतिरिक्त सभी आकृतियाँ 4 समान भागों में विभाजित की गई हैं।

इस प्रकार विकल्प (C) विषम छवि है।

अतः विकल्प (C) सही है।

21. 383 को छोड़कर प्रत्येक संख्या में, पहले और तीसरे अंक का गुणक मध्य संख्या के बराबर है।

अतः विकल्प (B) सही है।

22.

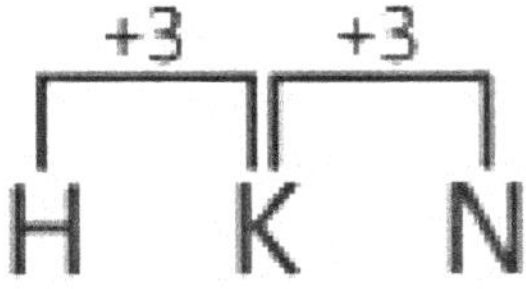

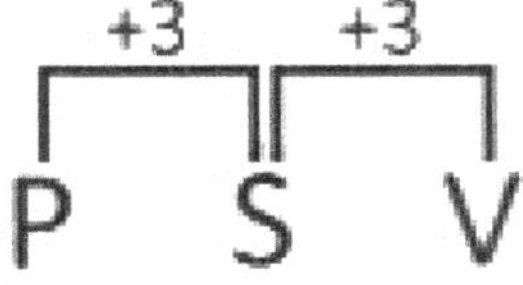

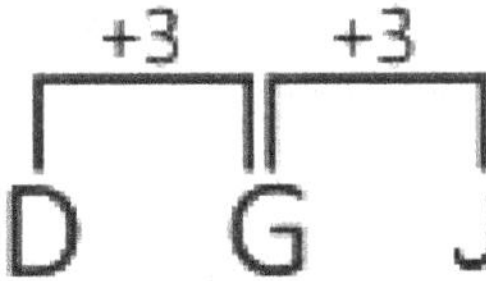

लेकिन,

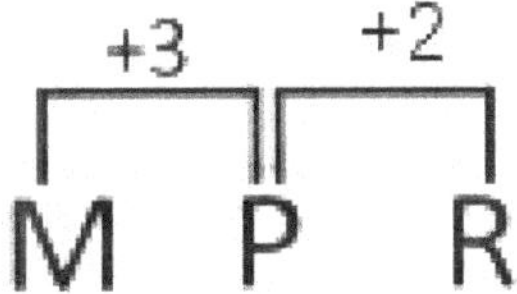

अतः विकल्प (A) सही है।

23. दिया है:

लाल, कार, बाइक → 'कार' और 'बाइक' दोनों 'लाल' रंग की हो सकती हैं।

इस प्रकार, वेन आरेख दिए गए संबंध को सबसे बेहतर तरीके से दर्शाता है, जैसा कि विकल्प (D) में दर्शाया गया है।

अतः विकल्प (D) सही है।

24. MDSC ↔ NWHX (विपरीत अक्षर)

अब विपरीत अक्षर की स्थिति संख्या जोड़ें अर्थात, 14 + 23 + 8 + 24 = 69

इसी तरह,

KTAP ↔ PGZK (16 + 7 + 26 + 11 = 60)

अतः विकल्प (C) सही है।

25. 1) NATIONAL → RATIONALIST में केवल एक N मौजूद है, इसलिए इसे नहीं बनाया जा सकता है।

2) RATIONAL → इसे बनाया जा सकता है।

3) FRACTIONAL → RATIONALIST में अक्षर F और C मौजूद नहीं है, इसलिए इसे नहीं बनाया जा सकता है।

4) VOCATIONAL → RATIONALIST में अक्षर V और C मौजूद नहीं है, इसलिए इसे नहीं बनाया जा सकता है।

अतः विकल्प (B) सही है।

26. दस संख्याओं का औसत = 7

प्रत्येक संख्या को 12 से गुणा किया जाता है

फिर, औसत भी 12 से गुणा हो जाएगा

इसलिए, नया औसत = 12 × 7 = 84

अतः विकल्प (D) सही है।

27. $N = \sqrt{9} + \sqrt{6}$

$$\therefore \frac{1}{N} = \frac{1}{\sqrt{9}+\sqrt{6}}$$

$$\Rightarrow \frac{1}{N} = \frac{\sqrt{9}-\sqrt{6}}{\left(\sqrt{9}+\sqrt{6}\right)\left(\sqrt{9}-\sqrt{6}\right)}$$

$$\Rightarrow \frac{1}{N} = \frac{\sqrt{9}-\sqrt{6}}{\left(\sqrt{9}\right)^2\left(\sqrt{6}\right)^2}$$

$$\Rightarrow \frac{1}{N} = \frac{\sqrt{9}-\sqrt{6}}{9-6}$$

$\Rightarrow \frac{1}{N} = \frac{\sqrt{9}-\sqrt{6}}{3}$

अतः विकल्प (C) सही है।

28. माना P को x अंक प्राप्त होते हैं

तो, $Q = x - \left(\frac{40x}{100}\right) = \frac{3x}{5}$

अब हमारे पास है, $P = x$ और $Q = \frac{3x}{5}$

$\Rightarrow \frac{P-Q}{Q} \times 100$

$\Rightarrow \frac{x-\frac{3x}{5}}{\frac{3x}{5}} \times 100 = 66.66\%$

अतः विकल्प (D) सही है।

29. वर्तमान जनसंख्या = 46656

जनसंख्या में सालाना वृद्धि = 8%

माना 2 वर्ष पूर्व जनसंख्या = x

प्रश्नानुसार,

$\Rightarrow x\left(1 + \frac{8}{100}\right)^2 = 46656$

$\Rightarrow x \times 1.08^2 = 46656$

$\Rightarrow x = \frac{46656}{1.1664}$

$\Rightarrow x = 40000$

∴ 2 वर्ष पूर्व जनसंख्या = 40000

अतः विकल्प (B) सही है।

30. दिया हैं,

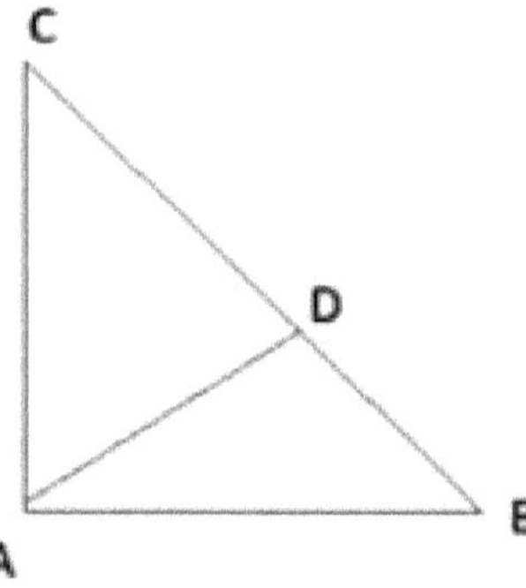

समकोण त्रिभुज ADB और ADC से, हमारे पास है:

$AB^2 = AD^2 + BD^2$ 1

$AC^2 = AD^2 + DC^2$ 2

1 और 2 से,

$AB^2 + AC^2 = 2AD^2 + BD^2 + DC^2$

= 2BD . CD + BD2 + CD2 [दिया हैं: AD × 2 = BD . CD]

$= (BD + CD)^2 = BC^2$

इस प्रकार, त्रिभुज ABC से हमारे पास, $AB^2 + AC^2 = BC^2$ है

इसलिए, त्रिभुज ABC एक समकोण त्रिभुज है जो A पर स्थित है।

अतः विकल्प (D) सही है।

31. हम साधारण ब्याज का सूत्र जानते हैं-

$SI = \frac{(P \times T \times R)}{100}$

जहाँ,

SI = साधारण ब्याज

P = मूलधन

R = ब्याज की दर

T = समय अवधि

$\Rightarrow SI = \frac{(2000 \times 2 \times 5)}{100} = 200$ रुपये

∴ साधारण ब्याज = 200 रुपये

अतः विकल्प (B) सही है।

32. माना एक त्रिभुज के कोण $2x$, $3x$ और $7x$ हैं।

कोण योग के हिसाब से

$2x + 3x + 7x = 180°$

$\Rightarrow 12x = 180°$

$\Rightarrow x = \frac{180°}{12} = 15°$

$2x = 2 \times 15 = 30°$

$3x = 3 \times 15 = 75°$

$7x = 7 \times 15 = 105°$

इसलिए, सबसे छोटा कोण = 30° हैं।

अतः विकल्प (A) सही है।

33. (A + B + C) काम को कर सकते हैं = 3 दिनों में

∴ (A + B + C) का 1 दिन का काम $= \frac{1}{3}$

(A + B) एक काम को कर सकते हैं = 4 दिनों में

∴ (A + B) का 1 दिन का काम $= \frac{1}{4}$

∴ C के एक दिन का काम,

$\Rightarrow \frac{1}{3} - \frac{1}{4}$

$\Rightarrow \frac{1}{12}$

∴ C काम को पूरा कर सकता है = 12 दिनों में

अतः विकल्प (A) सही है।

34. गति = 50 मीटर/सेकंड $= \frac{(50 \times 18)}{5} = 180$ किमी/घंटा

समय = 5 घंटा

∴ दूरी = गति × समय = 180 × 5 = 900 किमी

अतः विकल्प (B) सही है।

35. वर्ग का क्षेत्रफल = भुजा × भुजा

$A^2 = 6 \times (216 \times 100)$

A = 360 सेमी

परिधि = 4 × भुजा

परिधि = 1440 सेमी

अतः विकल्प (B) सही है।

36. माना वस्तु का क्रय मूल्य x है।

हानि प्रतिशत = 20%

तब, विक्रय मूल्य = क्रय मूल्य – हानि

हानि = x का 20% = 0.2x

⇒ विक्रय मूल्य = x - 0.2x = 0.8x

यदि विक्रय मूल्य दोगुना कर दिया जाता है,

विक्रय मूल्य = 2 × 0.8x = 1.6x

लाभ = विक्रय मूल्य – क्रय मूल्य = 1.6x - x = 0.6x

लाभ प्रतिशत = (लाभ × 100)/क्रय मूल्य

लाभ प्रतिशत $= \frac{(0.6x \times 100)}{x} = 60\%$

अतः विकल्प (C) सही है।

37.

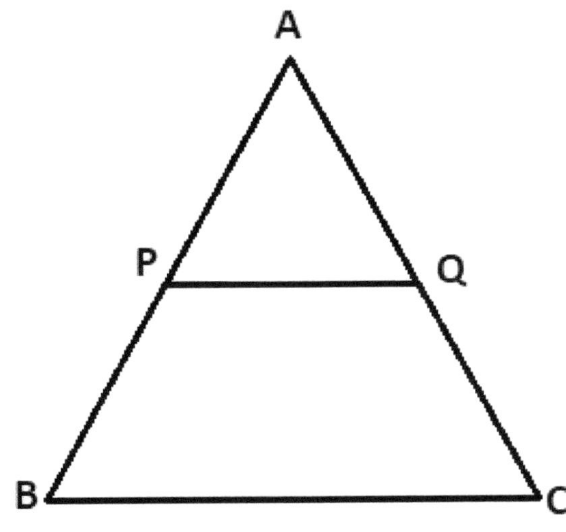

दिए गए आंकड़ों के अनुसार,

∠ QPA = ∠ CBA

∠ PAQ = ∠ BAC

∴ ΔPAQ ~ ΔABC

साथ ही दिया है कि AP : PB का अनुपात = 2 : 5

$\frac{AP}{PB} = \frac{2}{5}$

$PB = \frac{5}{2} AP$

ΔPAQ का क्षेत्रफल = 4 वर्ग सेमी

ΔABC का क्षेत्रफल = $(AP + PB)^2$

$= \left(\frac{AP+5}{2AP}\right)^2$

$= \left(\frac{7AP}{2}\right)^2$

$= \frac{49(AP)^2}{4}$

$= \frac{49(2)^2}{4}$

= 49 वर्ग सेमी

हम जानते हैं कि समलंब PQCB का क्षेत्रफल = ΔABC का क्षेत्रफल – ΔPAQ का क्षेत्रफल

= 49 वर्ग सेमी – 4 वर्ग सेमी

= 45 वर्ग सेमी

अतः विकल्प (B) सही है।

38. वर्तमान में A और B की आय का योग 21500 रु.

A और B की वर्तमान आय का अनुपात 2 : 3

माना की A की वर्तमान आय = 2x

माना की B की वर्तमान आय = 3x

प्रश्न के अनुसार,

$3x + 2x = 21500$

$x = \frac{21500}{5} = 4300$

इसलिए, B की आय,

$= 3x = 3 \times 4300 = 12900$

अतः विकल्प (C) सही है।

39. प्रभावी छूट प्रतिशत $= x + y - \frac{(xy)}{100}$

जहां, x और y क्रमिक छूट की दर हैं

इसलिये,

15% और 20% पर प्रभावी छूट $= 15 + 20 - \frac{(15 \times 20)}{100} = 32\%$

अब इसे 25% और 32% पर लागू करें

25% और 32% पर प्रभावी छूट $= 25 + 32 - \frac{(25 \times 32)}{100} = 49\%$

अतः विकल्प (C) सही है।

40. 20 संख्यायों का औसत 15 है।

∴ 20 संख्याओं का योग = 15 × 20

= 300

प्रथम पाँच संख्यायों का औसत 12 है।

प्रथम पाँच संख्याओं का योग = 12 × 5

= 60

शेष 15 संख्याओं का योग = 300 – 60

= 240

शेष 15 संख्याओं का औसत $= \frac{240}{15}$

= 16

अतः विकल्प (A) सही है।

41. 2000 में शाखा B2 से पुस्तकों की बिक्री = 75

2001 में शाखा B2 से पुस्तकों की बिक्री = 65

2000 में शाखा B4 से पुस्तकों की बिक्री = 85

2001 में शाखा B4 से पुस्तकों की बिक्री = 95

आवश्यक अनुपात $= \frac{(75+65)}{(85+95)} = \frac{140}{180} = \frac{7}{9}$

अतः विकल्प (D) सही है।

42. अभीष्ट अनुपात $= \left[\frac{(70+80)}{(95+110)} \times 100\right]\%$

$= \left[\frac{150}{205} \times 100\right]\%$

$= 73.17\%$

अतः विकल्प (C) सही है।

43. 2000 में शाखाओं B1, B3 और B6 की औसत बिक्री (हजार संख्या में)

$= \frac{1}{3} \times (80 + 95 + 70) = \left(\frac{245}{3}\right)$

2001 में शाखाओं B1, B2 और B3 की औसत बिक्री (हजार संख्या में)

$= \frac{1}{3} \times (105 + 65 + 110) = \left(\frac{280}{3}\right)$

∴ अभीष्ट अनुपात

$= \left[\frac{\frac{245}{3}}{\frac{280}{3}} \times 100\right]\% = \left(\frac{245}{280} \times 100\right)\% = 87.5\%$

अतः विकल्प (D) सही है।

44. वर्ष 2000 के लिए सभी छह शाखाओं (हजार संख्या में) की औसत बिक्री

$= \frac{1}{6} \times [80 + 75 + 95 + 85 + 75 + 70]$

$= 80$

अतः विकल्प (B) सही है।

45. दोनों वर्षों के लिए शाखाओं की कुल बिक्री B1, B3 और B5 (हजार संख्या में)

= (80 + 105) + (95 + 110) + (75 + 95)

= 560

अतः विकल्प (D) सही है।

46. माना 1 वस्तु का क्रय मूल्य 1 रु. है

6 वस्तुओं का क्रय मूल्य = 6 रु.

दिया है,

6 वस्तुओं का क्रय मूल्य = 9 वस्तुओं का विक्रय मूल्य

∴ 9 वस्तुओं का विक्रय मूल्य = 6 रु.

और 9 वस्तुओं का क्रय मूल्य = 9 रु.

हमें ज्ञात है कि,

हानि प्रतिशत = (क्रय मूल्य - विक्रय मूल्य)/(क्रय मूल्य) $\times 100 = \frac{9-6}{9} \times 100 = \frac{100}{3} = 33.33\%$

अतः विकल्प (B) सही है।

47. 130 से कम सभी विषम प्राकृतिक संख्याओं का योग

$= 1 + 3 + 5 + 7 + \ldots\ldots + 129$

हम स्पष्ट रूप से देख सकते हैं कि उपरोक्त श्रृंखला $A.P$ है

श्रृंखला में शब्दों की संख्या, $n = \frac{130}{2} = 65$

यहां, $a = 1$ और $l = 129$

$A.P$ के अनुसार, निम्नलिखित श्रृंखला का योग,

$= \left(\frac{n}{2}\right) \times (a + l)$

$= \left(\frac{65}{2}\right) \times (1 + 129)$

$= \left(\frac{65}{2}\right) \times 130$

$= 4225$

अतः विकल्प (D) सही है।

48. माना मिनी-रेफ्रिजरेटर का क्रय मूल्य = x

⇒ अंकित मूल्य × (1 - छूट%) = विक्रय मूल्य

$\Rightarrow 8200 \times \left(\frac{1-11}{100}\right)$ = विक्रय मूल्य

⇒ विक्रय मूल्य = 7298 रूपये

क्रय मूल्य = विक्रय मूल्य - लाभ

⇒ x = 7298 - 600 = 6698 रूपये

अतः विकल्प (A) सही है।

49. दिया है,

sin 3A = cos (A – 26°)

⇒ cos (90° – 3A) = cos (A – 26°) [∵cos (90° – θ) = sin θ]

⇒ 90° – 3A = A – 26°

⇒ 4A = 116°

⇒ A = 29°

अतः विकल्प (B) सही है।

50. दिया है,

$$\tan\theta = \tan 30°.\tan 60°$$

$$\tan\theta = \frac{1}{\sqrt{3}} \times \sqrt{3} = 1$$

$$\tan\theta = \tan 45°$$

$$\therefore\ \theta = 45°$$

$$\Rightarrow 2\theta = 2 \times 45° = 90°$$

अतः विकल्प (C) सही है।

51. The error lies in part 3 of the sentence as the word 'been' is missing after the verb 'have.' The correct tense here is a present perfect progressive tense form which is used to signify an activity that has started and is in continuity. Thus 'have been damaging' is correct. It should read as:'..have been damaging the bilateral relation.'

Hence, the correct option is (C).

52. The error lies in part 3 of the sentence as the verb 'signaled' in the past tense is incorrect. The sentence has the verbs in future continuous form thus the uniformity has to be maintained. It should read as:'.. signaling towards a new start.'

Hence, the correct option is (C).

53. The apostate is the right word which means a person who renounces or abandons a religious or political belief or principle.

The meaning of the rest of the words are:

Prostate: a gland surrounding the neck of the bladder in male mammals and releasing a fluid component of semen.

Profane: (of a person or their behaviour) not respectful of religious practice; irreverent.

Agnostic: a person who believes that nothing is known or can be known of the existence or nature of God.

Hence, the correct option is (A).

54. Misologist is the right word which means hater of knowledge and learning, debate, argument.

The meaning of the rest of the words are:

Bibliophile: a person who collects or has a great love for books.

Philologist: learner of the language, or linguist.

Misogynist: a person who hates women.

Hence, the correct option is (D).

55. The phrase "To catch a tartar" means to deal with someone or something that proves unexpectedly troublesome or powerful.

Ex: They thought that I would simply give up if my complaint had to go to court, but they'll soon realize that they've caught a Tartar.

Hence, the correct option is (B).

56. The only word which conveys the correct meaning is 'till' which means the ride can only be till the cafeteria. The other options do not fit here.

Hence, the correct option is (C).

57. The correct form of the verb is transitive as 'to' is mentioned before the blank thus 'grow' is the correct word.

Hence, the correct option is (B).

58. Option (A) is grammatically wrong as it shows a sentence in a passive voice with an object. Option (B) Would have been correct if "of " had not been given in sentence option (D) doesn't make any sense.

Hence, the correct option is (C).

59. Option (C) is the correctly spelt word as knowledge which means facts, information, and skills acquired through experience or education; the theoretical or practical understanding of a subject.

Other correct spellings and their meanings are:-

Partner = either of a pair of people engaged together in the same activity.

License = permit (someone) to do something.

Niece = a daughter of one's brother or sister, or of one's brother-in-law or sister-in-law.

Hence, the correct option is (C).

60. The idiom 'stand one's ground' means ' not retreat or lose one's advantage in the face of opposition.

For example, you will be able to hold your ground and resist the enemy's attack.

Hence, the correct option is (A).

61. Since this is an interrogative sentence the word 'asked' must be used here. The tense indirect speech is past continuous thus the correct tense in indirect speech is past perfect continuous.

Hence, the correct option is (D).

62. In indirect speech, the words of the speaker are not written in quotes. Usually, the word 'that' is used to convey the words of the speaker. The correct tense should be simple past as the tense in direct speech is simple present. The word 'this' needs to be written as 'that' but 'it' can be used as well and we can see in the options "that" is not given so we will use the word "it " as "it " also represents indirect speech. The sentence given is an exclamatory sentence so in place of "said to" we will use "exclaimed".

Hence, the correct option is (D).

63. The sentence is in active voice thus in the passive voice the object 'hospital' must be written before the subject 'they.'

In active voice :

Subject+verb+object

In a passive voice:

Object+verb+subject

The tense here is future So 'will be visited' is the correct verb to be used here.

The other options use incorrect tenses or change the meaning of the sentence.

Hence, the correct option is (B).

64. The sentence is in active voice thus in the passive voice the object 'bicycle' must be written before the subject 'you.'

In active voice :

Subject+verb+object

In a passive voice:

Object+verb+subject

Here 'you' is not mentioned thus 'let' is the correct word to be used here. The correct verb to be used here is 'sold' as the sentence is in the present tense.

Hence, the correct option is (D).

65. The meanings of the words are:

Bliss: Perfect happiness; great joy.

Euphoria: A feeling or state of intense excitement and happiness.

Upset: Make (someone) unhappy, disappointed, or worried.

Sadness: The condition or quality of being sad.

Mirage: An optical illusion caused by atmospheric conditions, especially the appearance of a sheet of water in a desert or on a hot road caused by the refraction of light from the sky by heated air.

Hence, the correct option is (B).

66. The PAST PERFECT TENSE indicates that an action was completed (finished or "perfected") at some point in the past before something else happened.

The form is: Subject + had + past participle = past perfect tense.

Hence, the correct option is (B).

67. The word 'Encumbrance' means 'Hindrance.'

Hindrance => Obstruction

Torture => Torment

Trauma => A deeply distressing or disturbing experience.

Bulwark => Support

Hence, the correct option is (C).

68. The word 'eternal' means 'perpetual; endless.'

Esteem => Respect and admiration

Quell => Reduce

Instigated => Bring about or initiate (an action or event)

Hence, the correct option is (A).

69. The word 'petulant' means '(of a person or their manner) childishly sulky or bad-tempered.' The meanings of the words are:

Affable => Good humoured

Sycophant => A person who acts obsequiously towards someone important in order to gain the advantage.

Pragmatic => Practical

Frugal => Thrifty

Hence, the correct option is (C).

70. The word 'opine' means 'express opinion;suggest.' The meanings of the words are:

Taciturn => Uncommunicative

Usurp => Take (a position of power or importance) illegally or by force.

Ornate => Decorate

Perish => Die

Hence, the correct option is (A).

71. The passage clearly states that the organization wants to improve the living conditions of the animals and stop all sorts of cruel treatment against them. The author talks about the effective measures taken by the organization as well.

Hence, the correct option is (C).

72. It is mentioned in the passage 'The organization points out that vaccination programs are the only effective way to eliminate rabies, and work with governments on vaccination programs.'

Hence, the correct option is (C).

73. The word 'aftermath' means 'the consequences or after-effects of a significant unpleasant event'.

Hence, the correct option is (B).

74. It is mentioned in the passage ' The work is of particular benefit in developing world countries, where communities rely on animals for food, transport, and income.'

Hence, the correct option is (A).

75. The word 'misguided' means 'having or showing faulty judgment or reasoning.' Thus the word 'well informed' conveys the opposite meaning.

Hence, the correct option is (D).

76. क्रॉल, ब्रेस्टस्ट्रोक और बटरफ्लाई शब्द तैराकी के खेल से जुड़े हैं।

इस खेल में, व्यक्ति के पूरे शरीर को पानी के माध्यम से स्थानांतरित किया जाता है। पूल या खुले पानी में, खेल होते हैं। इवेंट बटरफ्लाई, ब्रेस्टस्ट्रोक, फ्रीस्टाइल और व्यक्तिगत मेडली तैराकी से जुड़े हैं। तैराकी द्वारा विशिष्ट तकनीकों का एक सेट आवश्यक है।

अत: विकल्प (A) सही है।

77. फेडरेशन इंटरनेशनेल डेस एचेक्स (FIDE), या वर्ल्ड चेस फेडरेशन का गठन रविवार, 20 जुलाई, 1924 को हुआ था।

अतः विकल्प (B) सही है।

78.

- **जोनास एडवर्ड सॉल्क** ने पोलियो के टीके का आविष्कार किया था।
- **पोलियो के टीके** का उपयोग **पोलियोमाइलाइटिस** को रोकने के लिए किया जाता है। इसका प्रयोग दो प्रकार से किया जाता हैं एक इंजेक्शन द्वारा निष्क्रिय पोलियोवायरस देकर और दूसरा मुंह द्वारा कमजोर किये गए पोलियोवायरस को देकर किया जाता हैं।

वैज्ञानिक	निम्न के लिए जाने जाते हैं
अर्नेस्ट रदरफोर्ड	परमाणु भौतिकी के पिता
रिचर्ड टेलर	भौतिकी में नोबेल पुरस्कार (1990)
कार्ल जानस्की	रेडियो खगोल विज्ञान का संस्थापक आंकड़े

अतः विकल्प (B) सही है।

79.

- नेटवर्क इंटरफेस कार्ड (NIC) कंप्यूटर हार्डवेयर का एक हिस्सा है जो एक कंप्यूटर को नेटवर्क से जोड़ने की अनुमति देता है। NIC का उपयोग तार वाले और बिना तार वाले दोनों संपर्कों के लिए किया जा सकता है।
- NIC को नेटवर्क इंटरफ़ेस कंट्रोलर (NIC), नेटवर्क इंटरफ़ेस कंट्रोलर कार्ड के रूप में भी जाना जाता है।

अतः विकल्प (A) सही है।

80. डोलोमाइट कैल्शियम (Ca) और मैग्नीशियम (Mg) दोनों का एक अयस्क है। डोलोमाइट का रासायनिक सूत्र $CaCO_3.MgCO_3$ है।

ट्रिक : MaCaDonalds> Ma- मैग्नीशियम, Ca- कैल्शियम, Do- डोलोमाइट।

अतः विकल्प (D) सही है।

81.

- चांदी ब्रोमाइन की तुलना में बड़ा है।
- ब्रोमाइन की तुलना में चांदी की परमाणु संख्या अधिक होती है।
- आवर्त सारणी में चांदी की परमाणु संख्या 47 है, जबकि ब्रोमाइन की परमाणु संख्या 35 है।

अतः विकल्प (A) सही है।

82.

- परमाणु बल एक ऐसा बल है जो परमाणुओं के प्रोटॉन और न्यूट्रॉन के बीच कार्य करता है।
- परमाणु बल , परमाणु ऊर्जा और परमाणु हथियारों में उपयोग की जाने वाली ऊर्जा को संग्रहित करने में एक महत्वपूर्ण भूमिका निभाती है।
- गुरुत्वाकर्षण बल सबसे कमजोर बल है।

अतः विकल्प (B) सही है।

83.

- उष्मा की एस.आई. इकाई जूल है।
- किये गए काम का 1 जूल वस्तु में स्थानांतरित ऊर्जा के बराबर तब होता है जब एक न्यूटन का एक बल एक मीटर की दूरी के माध्यम से इसकी गति की दिशा में इस वस्तु पर कार्य करता है।

भौतिक मात्राएँ	इकाई
इल्युमीनेंस	लक्स
चुम्बकीय प्रवाह घनत्व	टेस्ला
धारिता	फैराड

अतः विकल्प (C) सही है।

84.

- विटामिन A को रेटिनॉल भी कहा जाता है।
- यह मनुष्यों में दृष्टि बनाए रखने में मदद करता है और उपकला कोशिकाओं के सही संचालन के लिए भी आवश्यक है।

अतः विकल्प (C) सही है।

85.

- आर्थिक लाभ कमाने के लिए वस्तुओं या सेवाओं के उत्पादन में उपयोग किए जाने वाले इनपुट को उत्पादन के कारक के रूप में जाना जाता है।
- उत्पादन के कारकों में भूमि, श्रम, पूंजी, उद्यमशीलता आदि शामिल हैं।

अतः विकल्प (D) सही है।

86. इलाहाबाद को 'प्रधानमंत्रियों के शहर' के रूप में जाना जाता है क्योंकि देश के 7 प्रधानमंत्री इलाहाबाद शहर से जुड़े हुए हैं।

अतः विकल्प (C) सही है।

87. 28 फरवरी 2021 को,आर्कटिक क्षेत्र में जलवायु परिवर्तन की निगरानी के लिए रूस ने 'अर्कटिका-M' पहला उपग्रह लॉन्च किया। उपग्रह को कजाकिस्तान के बैकोनूर कोस्मोड्रोम से सोयुज-2.1 b वाहक रॉकेट से प्रक्षेपित किया गया था। आर्कटिक में जलवायु और पर्यावरण की निगरानी के लिए एक हाइड्रोमीटरेटोलॉजिकल एंड क्लाइमेट मॉनिटरिंग सिस्टम बनाने के लिए रूस द्वारा लॉन्च किया गया 'अर्कटिका-M' दो उपग्रहों में से पहला उपग्रह है। आर्कटिक में तेल और गैस के विशाल भंडार हैं जो संयुक्त राज्य अमेरिका, कनाडा, नॉर्वे और रूस जैसे देशों द्वारा देखे जा रहे हैं।

अतः विकल्प (D) सही है।

88.

- समताप मंडल में तापमान में वृद्धि अल्ट्रा वायलेट विकिरणों के अवशोषण के कारण होती है।
- समताप मंडल में ओजोन परत का निर्माण यूवी किरणों और ऑक्सीजन के बीच प्रतिक्रिया के कारण होता है।
- ओजोन सूर्य से विकिरणों को अवशोषित करने में सक्षम है और इससे तापमान में वृद्धि समताप मंडल के ऊपरी हिस्से की ओर होती है जबकि निचले हिस्से में कम तापमान दिखाई देता है। इसे तापमान व्युत्क्रम कहा जाता है।

अतः विकल्प (C) सही है।

89.

- सैडल पर्वत उत्तरी अंडमान में स्थित है।
- यह अंडमान और निकोबार द्वीपों की सबसे ऊँची चोटी है, जिसकी ऊँचाई 731 मी है।
- यह उत्तर अंडमान द्वीप के एक शहर दिगलीपुर के पास स्थित है।

अतः विकल्प (B) सही है।

90.

- हालांकि भारतीय संविधान संघीय और दोहरी राजनीति पर विचार करता है, यह यू.एस.ए. के विपरीत केवल एक नागरिकता प्रदान करता है जिसमें दोहरी नागरिकता है।

- यह विशेषता ब्रिटिश संविधान से अपनाई गई है।

अतः विकल्प (D) सही है।

91. लॉर्ड कैनिंग ने राजसी राज्यों के समूह को "ब्रेकवेटर्स इन द स्टॉर्म" से व्याख्यायित किया था, जिसने रियासत की समय पर 1857 के विद्रोह के दमन में मदद की थी|

अतः विकल्प (B) सही है।

92. सतपुड़ा राष्ट्रीय उद्यान भारत में मध्य प्रदेश के होशंगाबाद जिले में स्थित है। इसका नाम सतपुरा रेंज से निकला है। आस-पास बोरी और पचमढ़ी वन्यजीव अभयारण्यों के साथ, यह 1,427 वर्ग किमी का अद्वितीय केंद्रीय भारतीय पहाड़ी मैदानी पारिस्थितिक तंत्र प्रदान करता है। यह 1981 में स्थापित किया गया था।

अतः विकल्प (C) सही है।

93. भारतीय भौतिकी विज्ञानविद् सर चंद्रशेखर वेंकट रमन (CV रमन) द्वारा 'रमन इफेक्ट' की खोज, जिसके लिए उन्हें 1930 में भौतिकी का नोबेल पुरस्कार दिया गया, उसके उपलक्ष्य में 28 फरवरी को पूरे भारत में विज्ञान दिवस को वार्षिक रूप से मनाया जाता है। राष्ट्रीय विज्ञान दिवस 2021 का विषय "विज्ञान, प्रौद्योगिकी और नवाचार (STI) का भविष्य: शिक्षा, कौशल और कार्य पर प्रभाव" है। 2021 के केंद्रीय बजट में, भारत सरकार ने विज्ञान के क्षेत्र में अनुसंधान का समर्थन करने में राष्ट्रीय अनुसंधान फाउंडेशन के लिए 5 वर्षों में 50000 करोड़ रुपये आवंटित किए हैं।

अतः विकल्प (C) सही है।

94. वारली पेंटिंग भारत में उत्तर सह्याद्री रेंज से जनजातीय लोगों द्वारा बनाई गई जनजातीय कला की एक शैली है। श्याद्री रेंज का अधिकांश हिस्सा महाराष्ट्र में स्थित है।

अतः विकल्प (A) सही है।

95. ऑस्ट्रेलिया एक देश और महाद्वीप है जो भारतीय और प्रशांत महासागर से घिरा हुआ है। इसकी जमीन 7,617,930 वर्ग किलोमीटर की है। यह दुनिया का सबसे छोटा महाद्वीप है और कुल क्षेत्रफल का छठा सबसे बड़ा देश है।

अतः विकल्प (A) सही है।

96. बौद्ध परंपरा के अनुसार, मैत्रेय एक बोधिसत्व है जो भविष्य में पृथ्वी पर दिखाई देगा, पूर्ण ज्ञान प्राप्त करेगा, और शुद्ध धर्म सिखाएगा। शास्त्रों के मुताबिक, मैत्रेय वर्तमान बुद्ध, गौतम बुद्ध (जिसे अकामीमुनी बुद्ध भी कहा जाता है) के उत्तराधिकारी होंगे।

अतः विकल्प (C) सही है।

97. नोट्स और हैंडआउट्स का उपयोग हेडर और फूटर को हैंडआउट में रखने के लिए किया जाता है। "इंसर्ट" कुंजी पर क्लिक करने के बाद, "हैडर और फुटर" पर जाने पर और फिर "नोट्स और हैंडआउट्स"। कोई भी हैडर और फूटर को इन्सर्ट कर सकता है।

अतः विकल्प (B) सही है।

98. लाभांश मुनाफे का वह हिस्सा है जो एक कंपनी अपने शेयरधारकों के बीच नकदी के रूप में वितरित करती है। आमतौर पर, यह प्रति शेयर व्यक्त किया जाता है। कुछ मामलों में, इसे शेयर के अंकित मूल्य के प्रतिशत के रूप में व्यक्त किया जाता है। लाभांश प्राप्ति प्रति शेयर प्रचलित बाजार मूल्य के प्रति शेयर की लाभांश राशि का अनुपात है, जो आकर्षक रूप से मूल्यवान शेयरों की पहचान करने का एक पैमाना है। अन्य चीजें समान रूप से शेष हैं, लाभांश उपज जितनी अधिक है, उतना ही आकर्षक निवेशकों के लिए स्टॉक है।

अतः विकल्प (B) सही है।

99. थर्मोस्फेयर पृथ्वी की पपड़ी से 1000 किमी ऊपर फैला हुआ है। आयनमंडल आवेशित कणों का एक घना बैंड है, जो विशेष रूप से थर्मोस्फीयर में पाया जाता है।

अतः विकल्प (D) सही है।

100. बलराम जाखर को सातवीं लोक सभा में पहली बार चुनाव के तुरंत बाद लोकसभा अध्यक्ष का कार्यभार ग्रहण कर के संसद में अपना कार्यभार लेने का गौरव प्राप्त है| उन्होंने ने सबसे लम्बी अवधि तक यह पदभार संभाला है|

अतः विकल्प (C) सही है।

मॉक टेस्ट 08

General Intelligence and Reasoning

Q.1 एक श्रृंखला दी गई है जिसमें एक शब्द लुप्त है। दिए गये विकल्पों में से वह सही विकल्प चुनिए, जो श्रृंखला को पूरा करेगा।

Pen, Apron, Top, Teapot, Cheap, ?

A. Prayer **B.** Output **C.** Occupy **D.** Backup

Q.2 निम्नलिखित प्रश्न में, दिए गए विकल्पों में से संबंधित अक्षरों का चयन कीजिये।

MEAT : LDZS :: PALE : ?

A. OKZD **B.** OBMF **C.** OZKD **D.** OZDK

Q.3 निर्देशः दिये गये प्रश्न आकृति में, श्रृंखला को पूरा करने के लिए उपयुक्त उत्तर आकृति को चूनिये।

प्रश्न आकृति

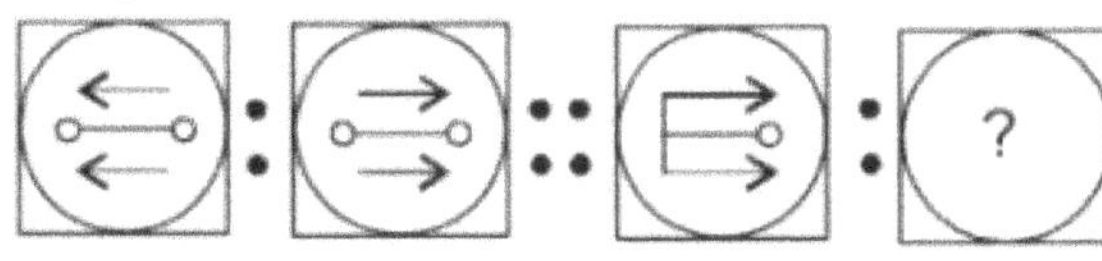

A.

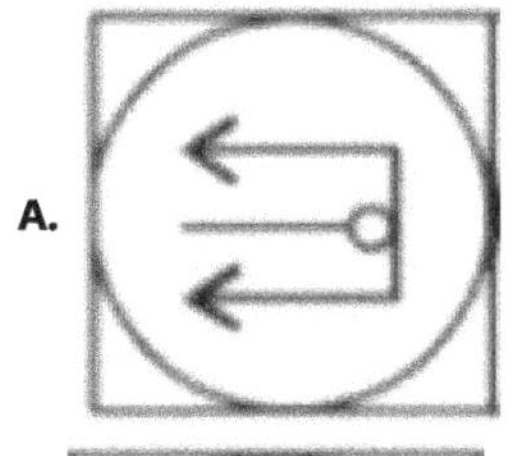

B.

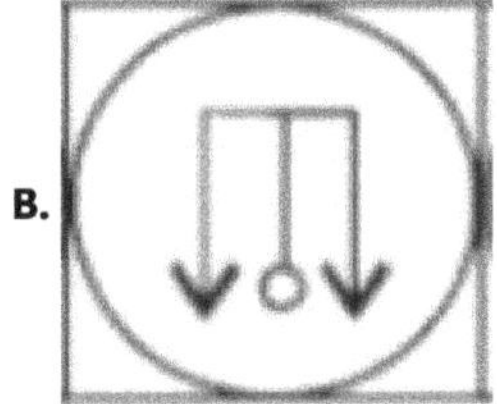

C.

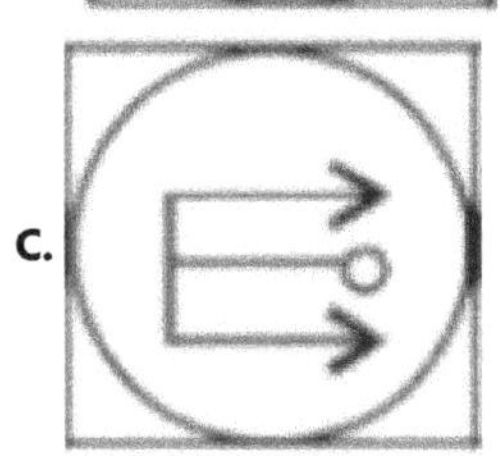

D.

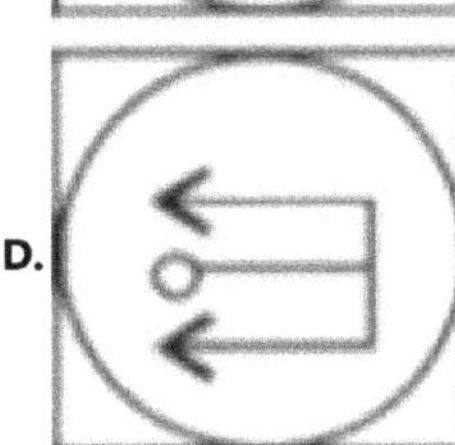

Q.4 निर्देश: दी गई श्रृंखला में गलत संख्या ज्ञात कीजिए।

4131, 1377, 461, 153, 51

A. 461 **B.** 153 **C.** 1377 **D.** 51

Q.5 A पश्चिम की ओर 5 किमी चलता है। वह दाएं मुड़ता है और 10 किमी चलता है। वह फिर से दाएं मुड़ता है और 15 किमी चलता है। वह आरंभिक बिंदु से कितनी दूरी (किमी में) पर है?

A. $10\sqrt{2}$ **B.** $10\sqrt{3}$ **C.** 20 **D.** 10

Q.6 निम्नलिखित प्रश्न में दिए गए विकल्पों में से बेजोड़ शब्द को चुनिए।

A. काला **B.** पीला **C.** इन्द्रधनुष **D.** गुलाबी

Q.7 निर्देश: दिए गए शब्दों को अर्थपूर्ण क्रम में व्यवस्थित करें और दिए गए विकल्पों में से सही विकल्प का चयन करें।

1) इनपुट
2) आउटपुट
3) डेटा
4) सूचना
5) प्रसंस्करण

A. 43251 **B.** 23541 **C.** 31524 **D.** 53421

Q.8 एक विशिष्ट कूट भाषा में, "ODD" को "22" लिखा जाता है तथा "SAD" को "23" लिखा जाता है। इस कूट भाषा में "CUP" को किस प्रकार लिखा जायेगा?

A. 38 **B.** 39 **C.** 40 **D.** 37

Q.9 निर्देश: इस प्रश्न में दिए गए विकल्पों में से विषम शब्द/अक्षर/संख्या युग्म चुनिए।

A. 32-42 **B.** 48-58 **C.** 96-106 **D.** 86-78

Q.10 निम्नलिखित प्रश्न में, दिए गये विकल्पों में से सम्बंधित संख्या को चुनिए।

APE : 23 : : BS : ?

A. 12 **B.** 21 **C.** 22 **D.** 18

Q.11 निम्नलिखित प्रश्न में वह शब्द चुनिए जिसे दिए गए शब्द के अक्षरों का प्रयोग करके नहीं बनाया जा सकता है।

FROLICSOME

A. Colors **B.** Crimes **C.** Looser **D.** Frame

Q.12 नीचे दिए गए आकृति में 1 चिह्नित क्षेत्र क्या दर्शाता है?

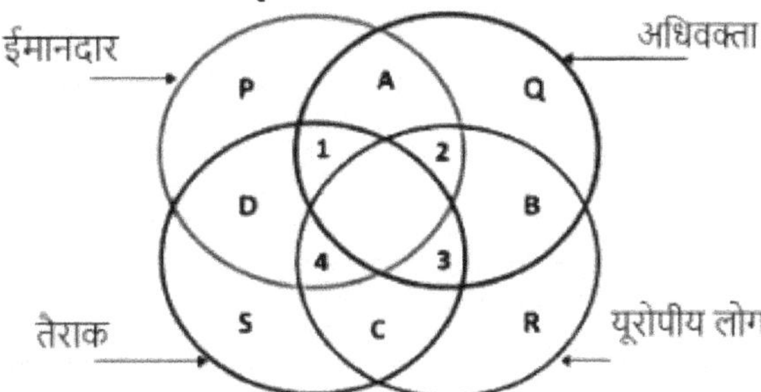

A. सभी ईमानदार यूरोपीय तैराक हैं
B. सभी ईमानदार अधिवक्ता जो तैराक हैं
C. सभी यूरोपीय अधिवक्ता नहीं हैं जो ईमानदार तैराक हैं
D. सभी गैर-यूरोपीय जो ईमानदार तैराक हैं

Q.13 यदि एक विशिष्ट कूट भाषा में, URECKON को VSFDLPO के रूप में लिखा जाता है, तो कौन सा शब्द ECSTASI के रूप में लिखा जाएगा?

A. DSRBZRH **B.** DBZRSHR
C. DBRSZRH **D.** DZRBHZS

Q.14 निर्देशः निम्नलिखित प्रश्न में दिए गए विकल्पों में से विषम शब्द को चुनिए।

A. टंगस्टन **B.** निकिल **C.** हीरा **D.** सोना

Q.15 निम्नलिखित प्रश्न में तीन संख्याओं के चार समूह दिए गए हैं। प्रत्येक समूह में दूसरी और तीसरी संख्या एक तर्क/नियम/संबंध द्वारा पहली संख्या से संबंधित हैं। तीन समान तर्क/नियम/संबंध के आधार पर एकसमान हैं। तो दिए गए विकल्पों में से बेजोड़ को चुनिए।

A. (17, 21, 25) **B.** (12, 16, 20)
C. (19, 23, 27) **D.** (22, 26, 32)

Q.16 निम्नलिखित प्रश्न में किन गणितीय संक्रियाओं का प्रयोग करने पर व्यंजक सही हो जाएगा?

(69_63) _6_36

A. -, +, = **B.** -, -, = **C.** -, ×, = **D.** +, ÷,=

Q.17 यदि एक दर्पण को AB की रेखा पर रखा जाता है, तो कौन सा विकल्प आंकड़ा दिए गए प्रश्न आकृति की सही छवि दिखाता है?

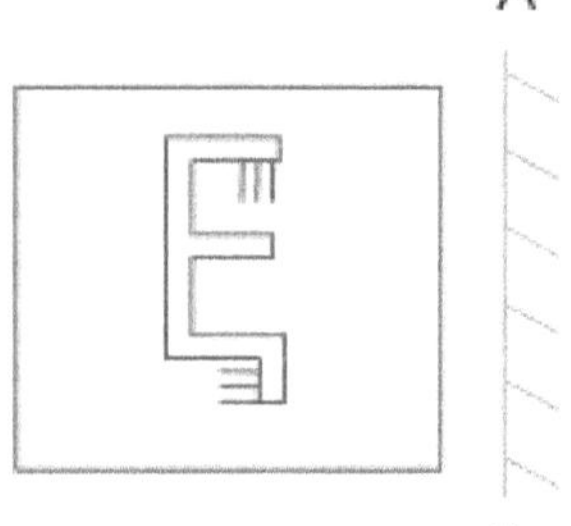

A.

B. 

C. 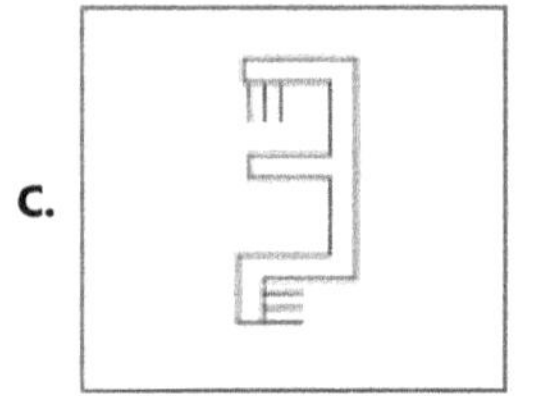

D. 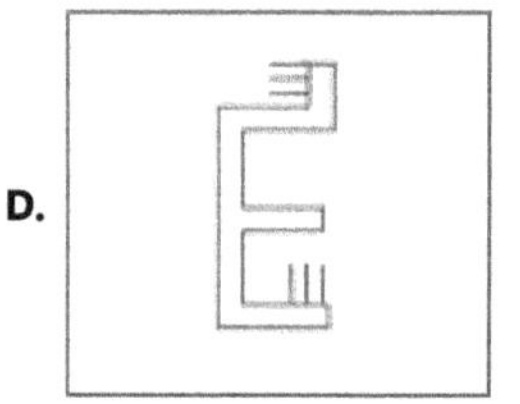

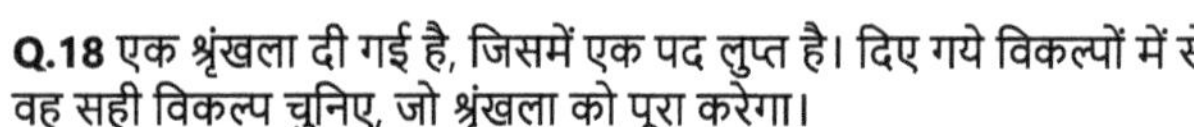

Q.18 एक श्रृंखला दी गई है, जिसमें एक पद लुप्त है। दिए गये विकल्पों में से वह सही विकल्प चुनिए, जो श्रृंखला को पूरा करेगा।

XQC, UNZ, RKW, OHT, ?

A. LFP **B.** MED **C.** LEQ **D.** MFQ

Q.19 दिए गए चार उत्तर चित्रों में से, दिए गए टुकड़ों से कौनसा चित्र बनाया जा सकता है?

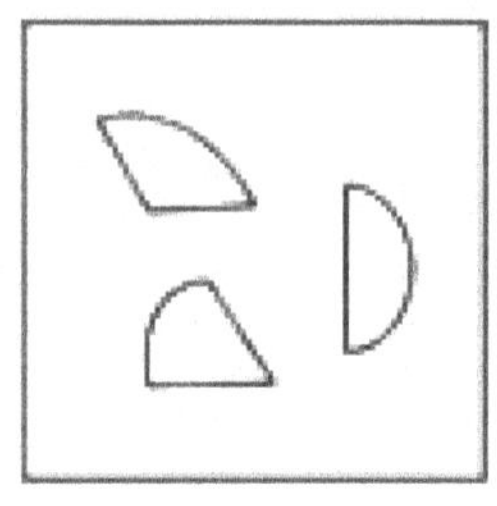

A. 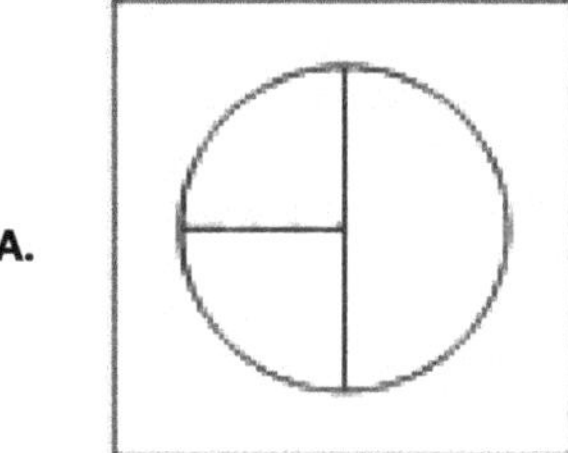

B. 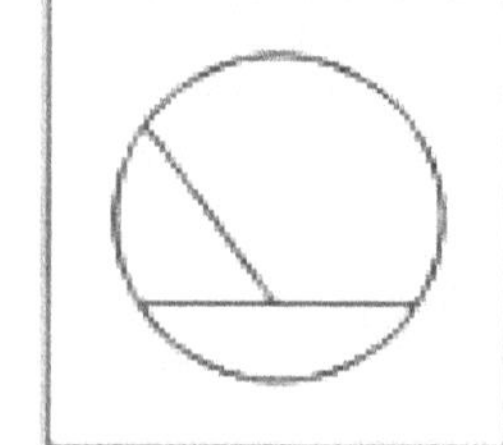

C. 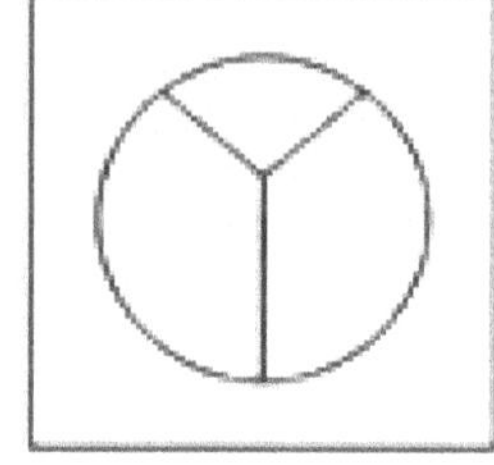

D. 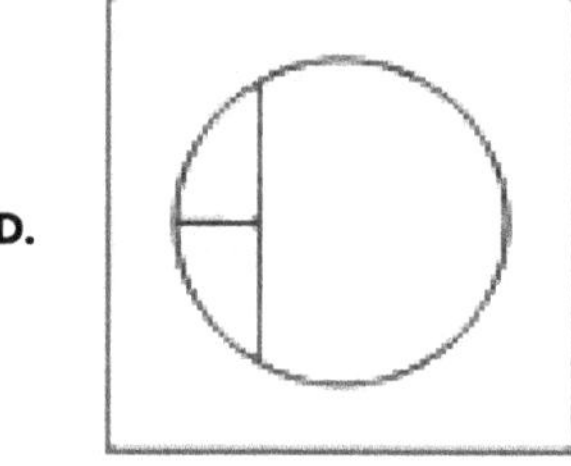

Q.20 एक कागज के टुकड़े को मोड़ा जाता है और नीचे प्रश्न आकृति में दर्शाए गए अनुसार पंच किया जाता है। दी गई उत्तर आकृति में से बताइए कि कागज खोलने के बाद वह किस आकृति का दिखाई देगा।

 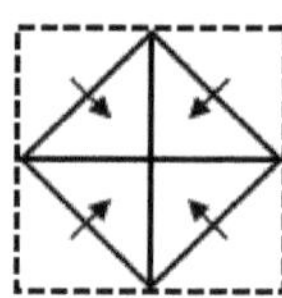 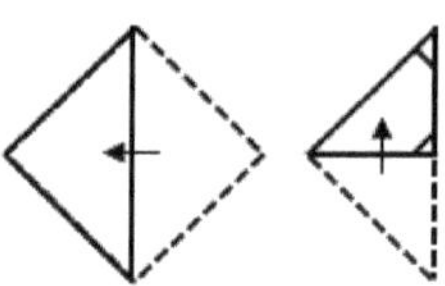

[SSC MTS, 2019], [UP Police Constable, 2019]

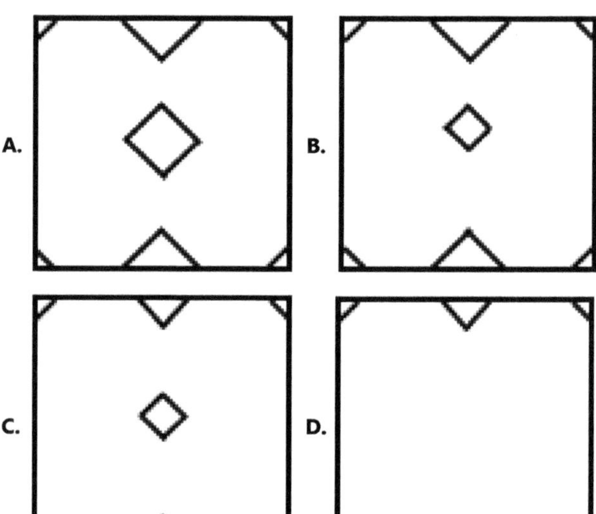

Q.21 निम्न प्रश्न में चार आकृतियां दी हुई हैं। इनमें से भिन्न आकृति ज्ञात कीजिये।

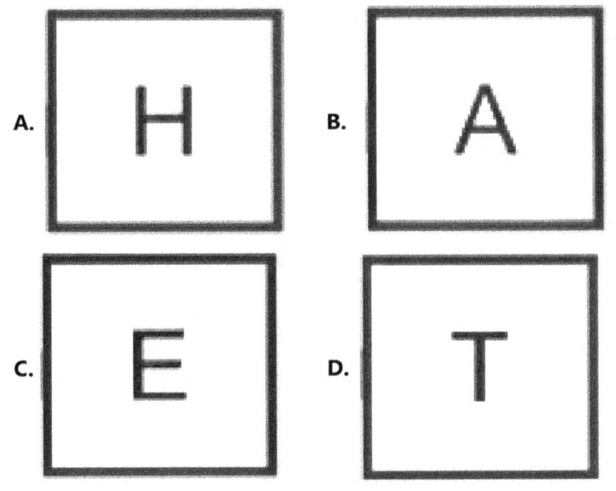

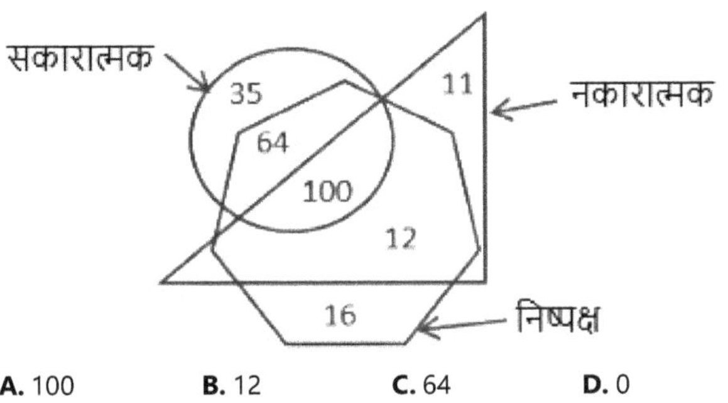

Q.22 निम्नलिखित आरेख में सकारात्मक, नकारात्मक और निष्पक्ष व्यक्तियों को क्रमशः वृत्त, त्रिभुज और सप्तभुज के द्वारा दर्शाया गया है। कितने व्यक्ति नकारात्मक और निष्पक्ष हैं लेकिन सकारात्मक नहीं हैं?

A. 100 **B.** 12 **C.** 64 **D.** 0

Q.23 निर्देशः यदि + का अर्थ भाग, × का अर्थ जोड़, – का अर्थ गुणन और ÷ का अर्थ घटाव है, तो निम्नलिखित में से कौन सा सही है?

1. 15 ÷ 5 × 2 – 6 + 3 = 28
2. 15 × 5 + 2 – 6 ÷ 3 = 56.5
3. 15 + 5 – 2 ÷ 6 × 3 = 3
4. 15 – 5 + 2 × 6 ÷ 3 = 41

A. 3 **B.** 1 **C.** 2 **D.** 4

Q.24 निर्देशः दिए गए विकल्पों में वह उत्तर आकृति चुनें जिसमें प्रश्न आकृति सन्निहित हो:

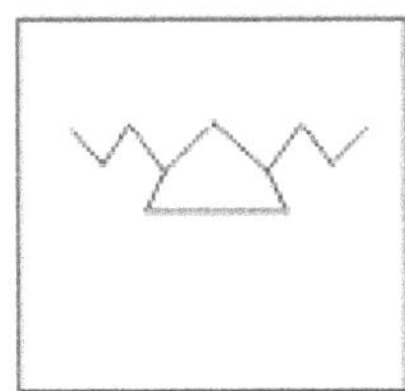

A. 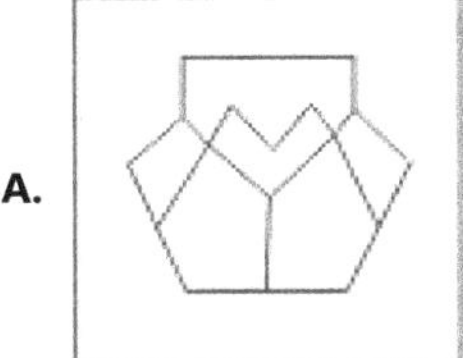

B. 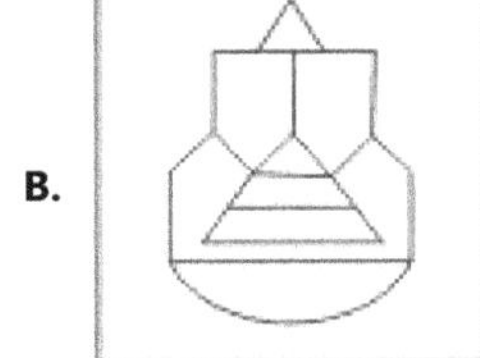

C. 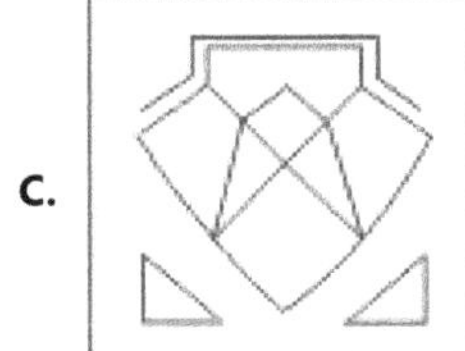

D. 

Q.25 निर्देशः प्रश्न में, कागज का एकटुकडें को मोड़कर काटा जाता है, जैसा कि प्रश्न आकृति में नीचे दिखाया गया है। दिए गए विकल्प आकृति, यह इंगित करता है कि खोला जाने पर यह कैसे दिखाई देगा।

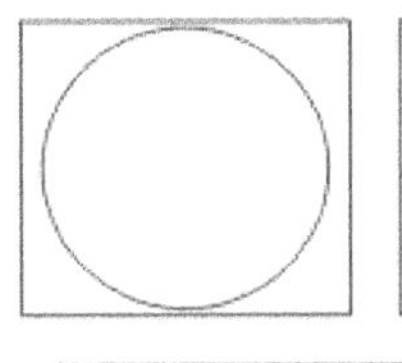 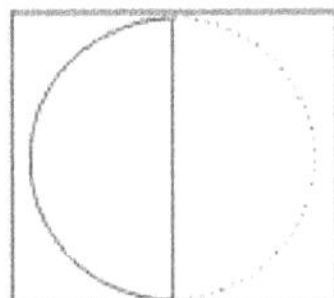 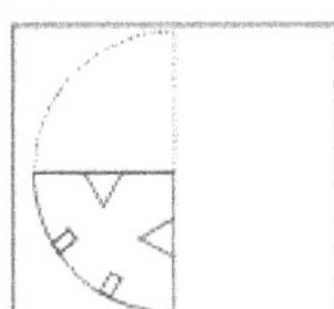

A. 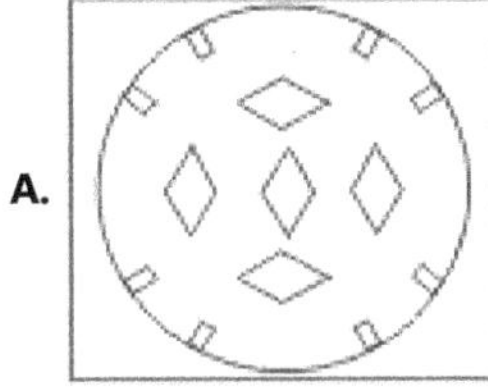

B. 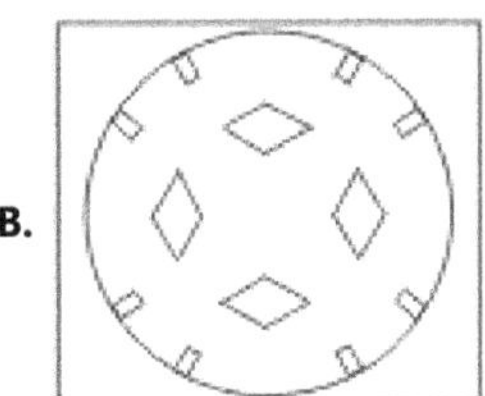

C. 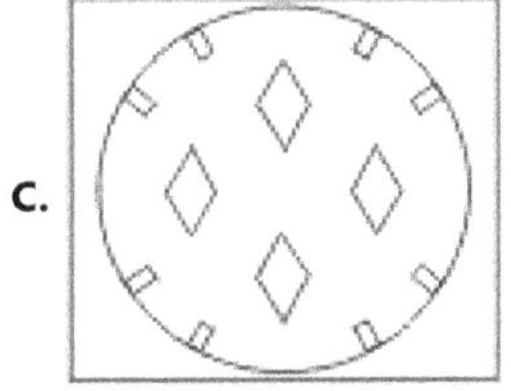

D. 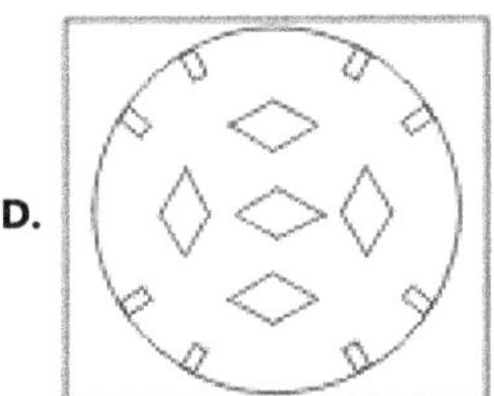

Numerical Aptitude/ Quantitative Ability

Q.26 $[(1.4)^3 + (0.9)^3] \div [(1.4)^2 + (0.9)^2 - (1.4) \times (0.9)]$ का मान क्या है?

A. 0.5 **B.** 2.3 **C.** 1.6 **D.** 2.2

Q.27 x का मान क्या है?

$x = 81$ का $33.33\% + 171$ का $77.78\% - 144$ का 62.5%

A. 70 **B.** 120 **C.** 60 **D.** 82

Q.28 19 के प्रथम 31 गुणकों का औसत क्या है?

A. 304
B. 418
C. 279
D. निर्धारित नहीं किया जा सकता है

Q.29 यदि बादाम की मूल्य 450 रुपये से बढ़कर 500 रुपये प्रति किलोग्राम हो जाती है, तो राज को बादाम की अपनी खपत कम करनी होगी (यदि व्यय स्थिर है):

A. 25% **B.** 10% **C.** 30% **D.** 90%

Q.30 17 संख्याओं का औसत 7 है। यदि एक संख्या को बाहर रखा जाता है, तो औसत 4 हो जाता है। बहिष्कृत संख्या क्या है?

A. 21 **B.** 55 **C.** 24 **D.** 20

Q.31 15 सेमी त्रिज्या और ऊंचाई 18 सेमी की एक शंकु पूरी तरह से पानी से भर जाती है। यह पानी 4.5 सेमी के त्रिज्या के एक खाली बेलनाकार बर्तन में खाली कर दिया जाता है। इस बर्तन में पानी की ऊँचाई कितनी होगी?

A. $\frac{100}{3}$ सेमी **B.** $\frac{200}{3}$ सेमी **C.** 200 सेमी **D.** 320 सेमी

Q.32 A किसी विशेष कार्य को 6 दिनों में कर सकता है। B उसी कार्य को 8 दिनों में कर सकता है। A और B ने इसे 3200 रुपये के लिए करने के लिए हस्ताक्षर किए। उन्होंने C की मदद से 3 दिनों में काम पूरा कर लिया। C को कितना भुगतान किया जाना है?

A. 600 **B.** 420 **C.** 400 **D.** 380

Q.33 एक फैक्ट्री में, A, B ओर C तीन मशीने हैं। A की कुशलता, B की कुशलता का तिगुना है और C की कुशलता, A और B दोनों की संयुक्त कुशलता का आधा है। यदि संयुक्त तौर पर सभी तीन मशीने कार्य करती हुई 360 इकाई का उत्पादन 15 घंटो में कर सकती हैं, तो अकेले मशीन A को इन इकाइयों का उत्पादन करने में कितना समय लगेगा?

A. 30 घंटे **B.** 20 घंटे **C.** 45 घंटे **D.** 90 घंटे

Q.34 सुधीर ने 13600 रुपये में एक अलमीरा खरीदा और इसके परिवहन पर 400 रुपये खर्च किए। उन्होंने इसे 16800 रुपये में बेचा। लाभ प्रतिशत होगा:

A. 20% **B.** 30% **C.** 35% **D.** 15%

Q.35 1 सेमी की त्रिज्या की कितनी गेंद को एक बड़ी गेंद को पिघलाकर बनाया जा सकता है जिसका व्यास 8 सेमी है?

A. 65 **B.** 66 **C.** 68 **D.** 64

Q.36 यदि कुछ वस्तुओं को 16 रुपये प्रत्येक की दर पर ख़रीदा जाता है और 18 रुपये प्रत्येक की दर पर बेचा जाता है, तो लाभ प्रतिशत क्या है?

A. 11.11 **B.** 12.5 **C.** 25 **D.** 9.09

Q.37 A, B और C एक साझेदारी में प्रवेश करते हैं। A शुरुआत में कुछ पैसे निवेश करता है, B छह महीने के बाद दोगुना निवेश करता है और C आठ महीनों के बाद तीन गुना धनराशि निवेश करता है। यदि वार्षिक लाभ 27000 रुपये है, C का हिस्सा (रु. में) है?

A. 10508 **B.** 9000 **C.** 11340 **D.** 15002

Q.38 20% और 25% की दो क्रमागत छूट दी जाती हैं। प्रभावी छूट (प्रतिशत में) क्या होगी?

A. 43.5 **B.** 42.5 **C.** 45 **D.** 40

Q.39 अमित को 200000 रुपये की तत्काल आवश्यकता है। उसने वीर से 5% वार्षिक साधारण ब्याज दर पर 120000 रुपये उधार लिए, और आयुश से 4% वार्षिक साधारण ब्याज दर पर 80000 रुपये उधार लिए। उसने वीर का उधार 6 महीनों में और आयुश का उधार 9 महीनों में चुका दिया। उसने कुल कितने ब्याज का भुगतान किया?

A. 5100 रुपये **B.** 5400 रुपये
C. 5500 रुपये **D.** 5800 रुपये

Q.40 $\frac{\sin\theta-\cos\theta+1}{\sin\theta+\cos\theta-1}$ का मान ज्ञात कीजिए।

A. $\frac{1+\sin\theta}{\cos\theta}$ **B.** $\frac{1-\sin\theta}{\cos\theta}$ **C.** $\frac{1-\cos\theta}{\sin\theta}$ **D.** $\frac{1+\cos\theta}{\sin\theta}$

Q.41 दो साल में सालाना 8% की दर से चक्रवृद्धि ब्याज पर 9000 रुपये की राशि पर चक्रवृद्धि ब्याज क्या होगा?

A. 1498.76 रुपये **B.** 1497.6 रुपये
C. 1597.6 रुपये **D.** 1480.60 रुपये

Q.42 यदि 210 मीटर लंबी एक ट्रेन 240 मीटर लंबे एक प्लेटफार्म को 20 सेकेंड में पार करती है, तो ट्रेन की गति ज्ञात कीजिए।

A. 37.8 किमी/घंटा **B.** 43.2 किमी/घंटा
C. 54 किमी/घंटा **D.** 81 किमी/घंटा

Q.43 दो नल, P और Q अकेले क्रमशः 200 और 300 घंटों में एक टैंक को भर सकते हैं। यदि उन्हें एक साथ खोला जाता है, तो टैंक कितने घंटों में भर जाएगा?

A. 240 **B.** 120 **C.** 50 **D.** 250

Q.44 एक कमरा 6 मीटर लम्बा, 5मीटर चोड़ा एवं 4 मीटर ऊँचा है। यदि कमरे के दीवारों को 50 सेमी चौड़े कागज से ढँकना है, तो उस कागज की लम्बाई क्या है?

A. 96 मीटर **B.** 176 मीटर **C.** 421 मीटर **D.** 208 मीटर

Q.45 640 छात्रों के विद्यालय में लड़कों की संख्या से लड़कियों की संख्या का अनुपात 5: 3 है। यदि विद्यालय में 30 और लड़कियों को प्रवेश दिया जाता है, तो कितने और लड़कों को प्रवेश दिया जाना चाहिए ताकि लड़कों से लड़कियों का अनुपात 14: 9 हो जाए।

A. 20 **B.** 15 **C.** 25 **D.** 30

Q.46 दी गयी आकृति में, A, B, C, D एकवृत्तीय बिंदु हैं, तो x का मान है:

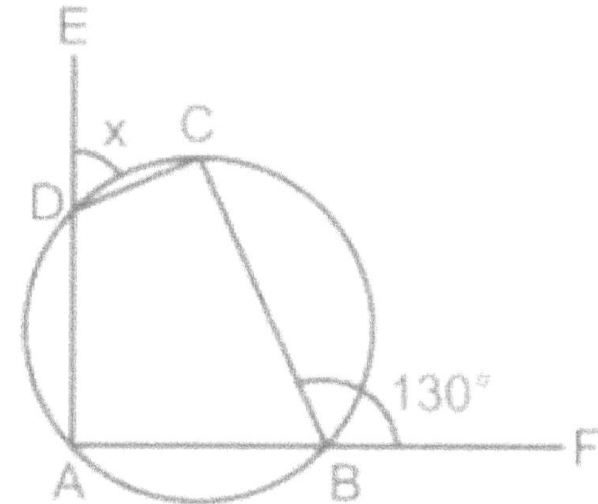

A. 50° **B.** 60° **C.** 70° **D.** 90°

Q.47 सतह के एक बिंदु P पर 10 मीटर ऊंची इमारत और ईमारत के ऊपर कुछ दूरी पर एक हेलीकॉप्टर के उन्नयन कोण क्रमशः 30° और 60° है। तो, सतह से ऊपर हेलीकॉप्टर की ऊंचाई है -

A. $\frac{10}{\sqrt{3}}$ मीटर **B.** $10\sqrt{3}$ मीटर
C. $\frac{20}{\sqrt{3}}$ मीटर **D.** 30 मीटर

Ques (48-50):निर्देश: निम्न बार चार्ट वर्ष 2011 से 2015 तक 2 कंपनियों X और Y द्वारा की गयी बिक्री (लाख में) को दर्शाता है।

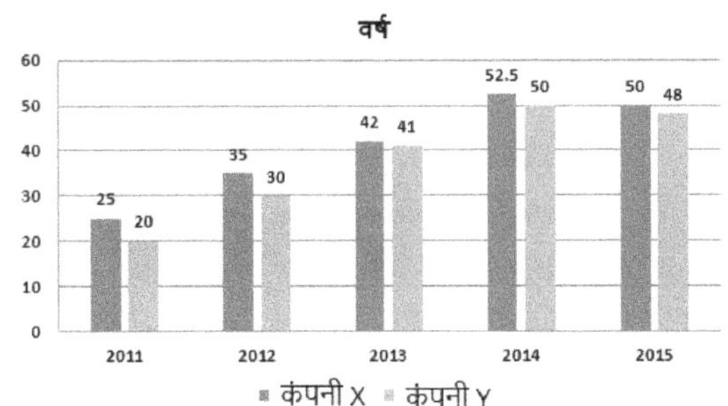

Q.48 कंपनी X और Y निम्नलिखित में से किस वर्ष में समान बिक्री दर्शाती है?

A. 2012 और 2013 **B.** 2011 और 2012
C. 2012 और 2014 **D.** इनमें से कोई नहीं

Q.49
दिये गए पांच वर्षों में कंपनी Y की औसत बिक्री (लाख में) क्या है?

A. 47 **B.** 37.8 **C.** 84 **D.** 42

Q.50
वर्ष 2011 से 2013 तक कंपनी X की बिक्री में प्रतिशत बदलाव क्या है?

A. 68 **B.** 84 **C.** 78 **D.** 34

General English & Comprehension

Ques (51-52):Direction: In the following question, one part of the sentence may have an error. Find out which part of the sentence has an error and click the option corresponding to it. If the sentence is free from error, click the 'No error' option.

Q.51 Nancy was (A) / accompanied with (B) / her mom on her first day at college (C) / No error. (D)

A. (A) **B.** (B) **C.** (C) **D.** (D)

Q.52 Jay was under the illusion (A) / that the world (B) / revolved in him (C) / No error. (D)

A. (A) **B.** (B) **C.** (C) **D.** (D)

Q.53 Direction: The sentence(s) given with blanks are to be filled with an appropriate word(s). Four alternatives are suggested for each question. For each question, choose the correct alternative and click the button corresponding to it.

A 9-year-old Indian chess genius ________ battle today to stay in the UK after the expiry of his father's work visa.

A. Had won a **B.** Has won a
C. Is winning a **D.** Was winning a

Q.54 Direction: The sentence(s) given with blanks are to be filled with an appropriate word(s). Four alternatives are suggested for each question. For each question, choose the correct alternative and click the button corresponding to it.

Shreyas, who was born in India, moved to the UK aged three with parents Jitendra and Anju Singh from Bangalore _________.

A. Six years ago **B.** Six years ahead
C. Six years since **D.** Six years hence

Q.55 Direction: In the following question, out of the four alternatives, select the word opposite in meaning to the given word.

Enlarge

A. Condense **B.** Glorify
C. Amplify **D.** Augment

Q.56 Direction: In the following question, out of the four alternatives, select the word opposite in meaning to the given word.

Tranquil

A. Unruffled **B.** Perpetual
C. Temporal **D.** Agitated

Q.57 Direction: In the following question, out of the four alternatives, select the alternative which best expresses the meaning of the Idiom/Phrase.

Hear it on the grapevine:

A. To hear rumors about something or someone though informal means
B. To present a counter-argument
C. People's intentions can be judged better by what they do than what they say
D. Believe someone's statement, without proof

Q.58 Direction: A sentence has been given in active/passive voice. Out of the four alternatives suggested selecting the one which best expresses the same sentence in active/passive voice.

Flowers were being plucked by the students.

A. The flowers are being plucked by the students
B. The students have been plucking flowers
C. The students plucked flowers
D. The students were plucking flowers

Q.59 Direction: A sentence has been given in active/passive voice. Out of the four alternatives suggested selecting the one which best expresses the same sentence in active/passive voice.

The work had already been completed by them.

A. They are completing the work
B. They had already completed the work
C. They have already completed the work
D. They already completed the work

Q.60 Direction: In the following question, out of the four alternatives, select the alternative which best expresses the meaning of the Idiom/Phrase.

Raining cats and dogs:

A. To rain heavily
B. To win a big lottery
C. To get wealth beyond what one deserves
D. To become filthy rich by honest means

Q.61 Direction: Improve the bracketed part of the sentence.

(As good as) an investor concerned, the high relating to indemnities is of no importance.

A. As far as **B.** As soon as

C. As much as **D.** No improvement

Ques (62-66):Direction: Choose the correct word by filling up the numbered blanks and complete the passage.

Opinions have been _(A)_ that the pace of development of the Indian Himalayan Region (IHR) has been slow. At the same time, its fragile nature and difficulty of taking up conventional development initiatives have not been _(B)_. In this report, arguments have been presented recommending _(C)_ of policies to bring in the "mountain perspective" for the IHR, in the national planning. _(D)_ has also been laid on developing norms for good governance and for _(E)_social capital at the grassroots.

Q.62 Which of the following fits in the blank labeled (A)?

A. Tormented **B.** Sanguine
C. Expressed **D.** Demented

Q.63
Which of the following fits in the blank labeled (B)?

A. Scurrilous **B.** Appreciated
C. Mocked **D.** Underrated

Q.64
Which of the following fits in the blank labeled (C)?

A. Signaling **B.** Vilifying
C. Reshaping **D.** Depriving

Q.65
Which of the following fits in the blank labeled (D)?

A. Travesty **B.** Emphasis
C. Laws **D.** Censure

Q.66
Which of the following fits in the blank labeled (E)?

A. Rescinding **B.** Commenting
C. Procuring **D.** Harnessing

Q.67 Direction: Improve the bracketed part of the sentence.

I usually (make) a shower after I play tennis, but today I couldn't.

A. Has **B.** Give
C. Take **D.** No improvement

Q.68 Direction: In the following question, out of the four alternatives, choose the word which is opposite in meaning of the given word and click the button corresponding to it.

Torrid

A. Slack **B.** Rushed **C.** Flashy **D.** Frigid

Q.69 Direction: In the following question, out of the four alternatives, choose the word which best expresses the meaning of the given word and click the button corresponding to it.

Conceal

A. Receive **B.** Connive **C.** Hide **D.** Reveal

Q.70 Direction: In the following question, out of the four alternatives, choose the word which best expresses the meaning of the given word and click the button corresponding to it.

Dawdle

A. Rumble **B.** Amble **C.** Fumble **D.** Tumble

Q.71 Direction: Improve the bracketed part of the sentence.

There (are demonstrations against) the government by Japanese university students in the 1960's.

A. Is demonstrations against
B. Were demonstrations against
C. Are demonstrations from
D. No improvement

Q.72 Direction: In the following question, a sentence has been given in Direct/Indirect Speech. Out of the four alternatives suggested, select the one which best expresses the same sentence in Indirect/Direct Speech.

Prakash will say, "I will always know where to find him".

A. Prakash will say that he will always know where to find him
B. Prakash will say that he would always know where to find him
C. Prakash would say that he would always know where to find him
D. Prakash says that he would always know where to find him

Q.73 Direction: In the following question, a sentence has been given in Direct/Indirect Speech. Out of the four alternatives suggested, select the one which best expresses the same sentence in Indirect/Direct Speech.

He said, " bathe regularly".

A. He said that he had taken bath regularly
B. He said that he bathed regularly
C. He said that he has taken a bath regularly
D. He said that he took a bath regularly

Q.74 Direction: Choose an option, which can be substituted for a given word/sentence/phrase out of given options.

To draw out; to cause to be emitted in vapor.

A. Conceal **B.** Exhale **C.** Repress **D.** Quell

Q.75 Direction: In the following question, out of the four alternatives, select the word similar in meaning to the given word.

Superstitious

A. Pious **B.** Traditional
C. Irrational **D.** Sacred

General Awareness

Q.76 मध्यप्रदेश का विश्वामित्र सम्मान किस क्षेत्र में उत्कृष्ट प्रदर्शन के लिए दिया गया?

A. खेलों में उत्कृष्ट प्रदर्शन
B. सामाजिक कार्य-संबंधी गतिविधियाँ
C. खेल प्रशिक्षण में उत्कृष्ट प्रदर्शन
D. साहित्य के लिए आउट-स्टैंडिंग पुरस्कार

Q.77 एशिया की ओलंपिक परिषद का आदर्श वाक्य क्या है?

A. कभी आगे **B.** कभी आज़ादी

C. कभी एकता **D.** सभी एक साथ

Q.78 चेपदार पट्टी (बैंड-एड) का आविष्कार किसने किया था?

A. अर्ले डिक्सन **B.** एलन गैंट
C. लुई पाश्चर **D.** फ्रैंक एपर्सन

Q.79 निम्नलिखित में से किसने हैदराबाद राज्य की स्थापना की थी?

A. मुर्शिद कुली खान **B.** अलीवर्दी खान
C. निजाम-उल-मुल्क **D.** इनमें से कोई नहीं

Q.80 'जिप्सम' _______ का अयस्क है।

A. तांबा **B.** मैग्नीशियम **C.** चांदी **D.** कैल्शियम

Q.81 निम्नलिखित में से किस तत्व की परमाणु संख्या सबसे अधिक है?

A. लैड **B.** टिन **C.** जर्मेनियम **D.** सिलिकॉन

Q.82 किस स्थिति में अधिक बल की आवश्यकता है?

स्थिति 1: 3 मी/से^{2} की गति से 6 किलोग्राम द्रव्यमान का त्वरण हो रहा है
स्थिति 2: 2 मी/से^{2} की गति से 9 किलोग्राम द्रव्यमान का त्वरण हो रहा है

A. स्थिति 1 > स्थिति 2
B. स्थिति 1 < स्थिति 2
C. स्थिति 1 = स्थिति 2
D. ज्ञात नहीं किया जा सकता है

Q.83 संवेग की एस आई इकाई _______ है।

A. किलोग्राम मीटर प्रति सेकंड
B. किलोग्राम मीटर प्रति सेकंड वर्ग
C. किलोग्राम-मीटर-सेकंड
D. किलोग्राम मीटर-सेकंड वर्ग

Q.84 मुग़ल काल के दौरान निम्न में से दिल्ली के किस क्षेत्र में दिल्ली के लिए युद्ध हुआ था?

A. लाल किला **B.** पुराना किला
C. तुगलकाबाद किला **D.** बदरपुर

Q.85 प्रोग्राम या निर्देश _______ प्रणाली में हैं।

A. हार्डवेयर **B.** आइकन
C. निर्देश **D.** सॉफ्टवेयर

Q.86 'सिक्योर एप्लीकेशन फॉर इंटरनेट' (SAI) नाम का मैसेजिंग एप्लिकेशन किस भारतीय सशस्त्र बल द्वारा विकसित किया गया है?

A. भारतीय नौसेना **B.** भारतीय तटरक्षक बल
C. भारतीय वायु सेना **D.** भारतीय सेना

Q.87 भारत के मैनचेस्टर के रूप में कौन सा शहर जाना जाता है?

A. अहमदाबाद **B.** इलाहाबाद
C. आगरा **D.** आसनसोल

Q.88 वाराणसी किस नदी के तट पर स्थित है?

A. गंगा **B.** यमुना **C.** सरस्वती **D.** नर्मदा

Q.89 भारत की जलवायु को मोटे तौर पर किस प्रकार के रूप में वर्णित किया गया है?

A. सूखा **B.** मानसून **C.** शुष्क **D.** नम

Q.90 सूचना साझा करने के लिए दो या दो से अधिक कम्प्यूटरों को एक दूसरे से जोड़ने की अवस्था _______ है।

A. नेटवर्क **B.** राउटर **C.** सर्वर **D.** टनल

Q.91 तेलंगाना के मुख्यमंत्री कल्वाकुंतला चंद्रशेखर राव किस पार्टी से हैं?

A. तेलंगाना राष्ट्र समिति **B.** कांग्रेस पार्टी
C. तेलंगाना परजा फ्रंट **D.** जन सेना

Q.92 इजरायल की संसद को _______ के रूप में भी जाना जाता है।

A. नेसेट **B.** सीनेट
C. कांग्रेस **D.** जनरल काउंसिल

Q.93 वर्ष 1888 के किस सम्मेलन में कांग्रेस के लिए संविधान बनाया गया था?

A. बॉम्बे **B.** कलकत्ता **C.** मद्रास **D.** इलाहाबाद

Q.94 भद्रा वन्यजीव अभ्यारण्य _______ में स्थित है।

A. छत्तीसगढ़ **B.** कर्नाटक **C.** असम **D.** आंध्र प्रदेश

Q.95 किस वर्ष बॉम्बे स्टॉक एक्सचेंज स्थापित किया गया?

A. 1865 **B.** 1876 **C.** 1875 **D.** 1886

Q.96 बांग्लादेश अपना स्वतंत्रता दिवस कब मनाता है?

A. 26 मार्च, 1971 **B.** 26 मार्च, 1972
C. 22 जून, 1976 **D.** 22 जून, 1977

Q.97 संगाई महोत्सव का आयोजन _____ में किया जाता है:

A. असम **B.** मणिपुर **C.** बिहार **D.** नागालैंड

Q.98 क्वांटम सिद्धांत किसके द्वारा पहली बार वर्ष 1900 में प्रस्तावित किया गया था?

A. अल्बर्ट आइंस्टीन **B.** मैक्स प्लांक
C. सी वी रमन **D.** लुइस डी ब्रोगली

Q.99 किस राज्य में प्रधानमंत्री नरेंद्र मोदी ने देश की पहली सीप्लेन सेवा शुरू की है?

A. गुजरात **B.** केरल **C.** ओडिशा **D.** हरियाणा

Q.100 प्रधानमंत्री नरेंद्र मोदी किस शहर में देश की पहली पूरी तरह से स्वचालित चालक रहित ट्रेन को हरी झंडी दिखाने वाले हैं?

A. नागपुर **B.** नयी दिल्ली **C.** मुंबई **D.** चेन्नई

// स्मार्ट उत्तर पुस्तिका //

सही उत्तर उन छात्रों का प्रतिशत जिन्होंने प्रश्नों का सही उत्तर दिया था। **छोड़ दिया** उन छात्रों का प्रतिशत जिन्होंने प्रश्नों को छोड़ दिया था।

प्रश्न संख्या	उत्तर	सही उत्तर	छोड़ दिया	प्रश्न संख्या	उत्तर	सही उत्तर	छोड़ दिया	प्रश्न संख्या	उत्तर	सही उत्तर	छोड़ दिया	प्रश्न संख्या	उत्तर	सही उत्तर	छोड़ दिया	प्रश्न संख्या	उत्तर	सही उत्तर	छोड़ दिया	प्रश्न संख्या	उत्तर	सही उत्तर	छोड़ दिया
1	D	50.2 %	1.44 %	18	C	45.74 %	1.23 %	35	D	21.52 %	3.18 %	52	C	60.56 %	1.64 %	69	C	26.34 %	4.61 %	86	D	55.83 %	1.75 %
2	C	30.01 %	4.95 %	19	B	49.95 %	1.88 %	36	B	86.22 %	0.0 %	53	B	29.81 %	3.8 %	70	B	20.63 %	3.05 %	87	A	84.09 %	0.0 %
3	D	21.67 %	3.08 %	20	B	52.02 %	1.59 %	37	B	76.7 %	0.0 %	54	A	12.15 %	3.25 %	71	B	66.2 %	1.72 %	88	A	80.71 %	0.0 %
4	A	16.24 %	3.79 %	21	C	82.8 %	0.0 %	38	D	46.98 %	1.06 %	55	A	78.7 %	0.0 %	72	A	55.01 %	1.96 %	89	B	24.89 %	4.03 %
5	A	19.34 %	4.11 %	22	B	22.3 %	4.98 %	39	B	11.56 %	3.95 %	56	D	10.02 %	4.27 %	73	B	46.29 %	1.53 %	90	A	27.26 %	4.12 %
6	C	60.56 %	1.02 %	23	A	64.04 %	1.81 %	40	A	10.63 %	4.91 %	57	A	84.83 %	0.0 %	74	B	43.67 %	1.35 %	91	A	52.63 %	1.39 %
7	C	80.19 %	0.0 %	24	D	87.08 %	0.0 %	41	B	51.15 %	1.23 %	58	D	48.57 %	1.04 %	75	C	89.19 %	0.0 %	92	A	28.41 %	3.77 %
8	B	27.01 %	3.11 %	25	B	17.26 %	4.9 %	42	D	79.3 %	0.0 %	59	B	67.84 %	1.2 %	76	C	69.83 %	1.02 %	93	D	89.34 %	0.0 %
9	D	62.36 %	1.1 %	26	B	65.78 %	1.13 %	43	B	51.12 %	1.27 %	60	A	23.33 %	3.06 %	77	A	56.26 %	1.67 %	94	B	61.24 %	1.81 %
10	C	29.18 %	4.75 %	27	A	12.9 %	4.16 %	44	B	81.89 %	0.0 %	61	A	42.01 %	1.71 %	78	A	58.91 %	1.5 %	95	C	69.93 %	1.2 %
11	D	87.79 %	0.0 %	28	A	24.58 %	3.55 %	45	A	60.36 %	1.64 %	62	C	67.45 %	1.03 %	79	C	16.71 %	3.07 %	96	A	69.23 %	1.32 %
12	C	15.54 %	3.67 %	29	B	21.02 %	3.97 %	46	A	55.49 %	1.47 %	63	B	56.48 %	1.33 %	80	D	87.17 %	0.0 %	97	B	17.57 %	3.84 %
13	C	65.68 %	1.23 %	30	B	82.74 %	0.0 %	47	D	23.95 %	3.02 %	64	C	47.89 %	1.18 %	81	A	19.8 %	4.15 %	98	B	21.44 %	3.62 %
14	C	45.12 %	1.91 %	31	B	62.12 %	1.93 %	48	B	66.79 %	1.65 %	65	B	66.18 %	1.38 %	82	C	41.24 %	1.2 %	99	A	67.21 %	1.14 %
15	D	67.05 %	1.79 %	32	C	50.51 %	1.7 %	49	B	53.61 %	1.64 %	66	D	68.17 %	1.1 %	83	A	41.62 %	1.26 %	100	B	64.87 %	1.94 %
16	C	18.32 %	4.87 %	33	A	13.89 %	3.61 %	50	A	65.79 %	1.62 %	67	C	87.07 %	0.0 %	84	C	30.54 %	4.16 %				
17	C	45.98 %	1.87 %	34	A	41.55 %	1.03 %	51	B	65.83 %	1.48 %	68	D	60.36 %	1.44 %	85	D	69.3 %	1.07 %				

//संकेत और समाधान//

1. यहां अनुसरित प्रतिरूप निम्न प्रकार है,

Pen, Apron, Top, Teapot, Cheap

यहां, प्रत्येक पद में अक्षर 'p' एक स्थान दायीं ओर आगे बढ़ जाता है।

इसलिए, अगले पद में अक्षर 'p' छठे स्थान पर होगा।

इसलिए अगला पद 'Backup' होगा।

अतः विकल्प (D) सही है।

2. यहाँ अनुसरण किया गया प्रतिरूप इस प्रकार है,

M – 1 = L

E – 1 = D

A – 1 = Z

T – 1 = S

इसी प्रकार,

P – 1 = O

A – 1 = Z

L – 1 = K

E – 1 = D

इसलिए PALE, OZKD से संबंधित है।

अतः विकल्प (C) सही है।

3. पहले दो समस्या के आंकड़ों में, तीर दिशा बदलते हैं। इसी तरह, तीसरी समस्या के आंकड़ों में तीर की दिशा को प्रश्न चिह्न को बदलने के लिए उलट दिया जाना चाहिए।

अतः विकल्प (D) सही है।

4. दी गई श्रृंखला निम्नलिखित प्रतिरूप का अनुसरण करती है:

$$\frac{4131}{3} = 1377$$

$$\frac{1377}{3} = 459$$

$$\frac{459}{3} = 153$$

$$\frac{153}{3} = 51$$

इस प्रकार 461 गलत प्रविष्टि है, यह 459 होना चाहिए।

अतः विकल्प (A) सही है।

5. A द्वारा चली गई दूरी को निम्न आरेख द्वारा दर्शाया गया है:

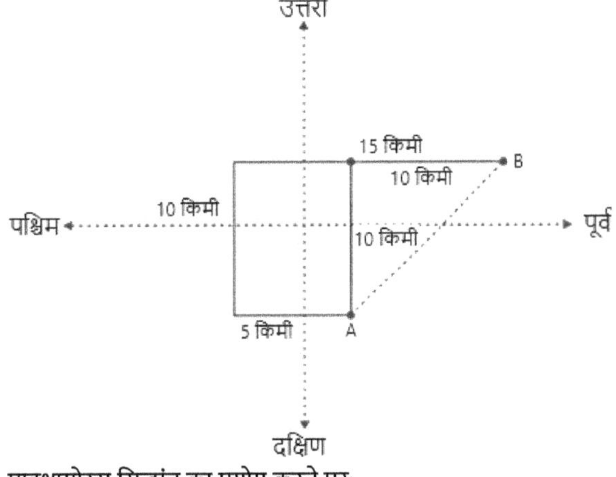

पाइथागोरस सिद्धांत का प्रयोग करने पर:

$10^2 + 10^2 = AB^2$

$AB = \sqrt{200}$

$= 10\sqrt{2}$

अतः विकल्प (A) सही है।

6. काला, पीला और गुलाबी रंग हैं जबकि इन्द्रधनुष रंगों का संयोजन है।

इसलिए, दिए गए विकल्पों में से बेजोड़ शब्द "इन्द्रधनुष" है।

अतः विकल्प (C) सही है।

7.

- अनुक्रम सूचना में डेटा के रूपांतरण की प्रक्रिया का प्रतिनिधित्व करता है।
- सबसे पहले कुछ "डेटा" होना चाहिए।
- फिर ऐसे डेटा को कंप्यूटर में दर्ज किया जाता है जिसे "इनपुट" कहा जाता है।
- उसके बाद कंप्यूटर उस पर काम करता है जिसे "प्रसंस्करण" कहा जाता है।
- प्रसंस्करण के बाद कंप्यूटर द्वारा एक "आउटपुट" दिया जाता है।
- वह आउटपुट अंतिम उपयोगकर्ता के लिए "सूचना" बन जाता है।
- इस प्रकार, सही क्रम 31524 है।

अतः विकल्प (C) सही है।

8. यहां अनुसरित तर्क निम्न प्रकार है,

ODD → (15 + 4 + 4) – 1 = 22

SAD → (19 + 1 + 4) – 1 = 23

इसी प्रकार,

CUP → (3 + 21 + 16) – 1 = 39

इसलिए CUP को 39 कूटित किया जाएगा।

अतः विकल्प (B) सही है।

9. दी गई श्रृंखला निम्नलिखित प्रतिरूप का अनुसरण करती है:

42 - 32 = 10

58 - 48 = 10

106 - 96 = 10

लेकिन, 86 - 78 = 8

अतः विकल्प (D) सही है।

10. अंग्रेजी वर्णमाला के अनुसार,

A = 1; P = 16; E = 5

(A + P + E) = (1 + 16 + 5) = 22; 22 + 1 = 23

उसी प्रकार,

B = 2; S = 19

(B + S) = (2 + 19) = 21; 21 + 1 = 22

अतः विकल्प (C) सही है।

11. प्रत्येक विकल्प की जाँच करने पर,

(A) Colors → F**ROL**I**CSO**ME से बनाया जा सकता है।

(B) Crimes → F**ROL**I**CSOME** से बनाया जा सकता है।

(C) Looser → F**ROL**I**CSO**ME से बनाया जा सकता है।

(D) Frame → नहीं बनाया जा सकता है। क्योंकि FROLICSOME में कोई A नहीं है।

इसलिए शब्द 'Frame' को दिए गए शब्द से नहीं बनाया जा सकता है।

अतः विकल्प (D) सही है।

12. दिए गए आकृति में 1 चिह्नित क्षेत्र "सभी गैर-यूरोपीय अधिवक्ताओं जो ईमानदार तैराक हैं।"

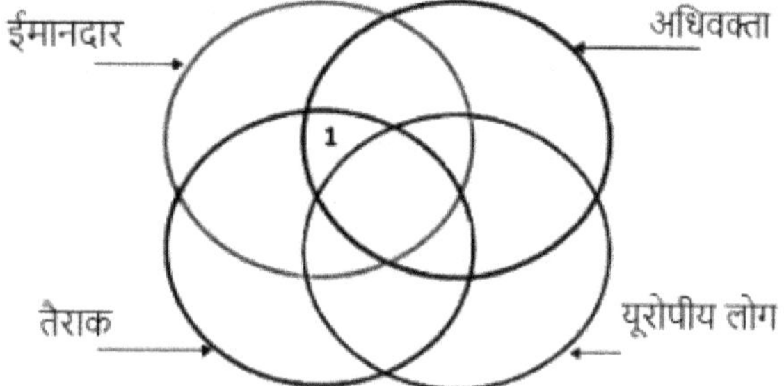

अतः विकल्प (C) सही है।

13. इस कूट के लिए प्रतिरूप निम्नानुसार है।

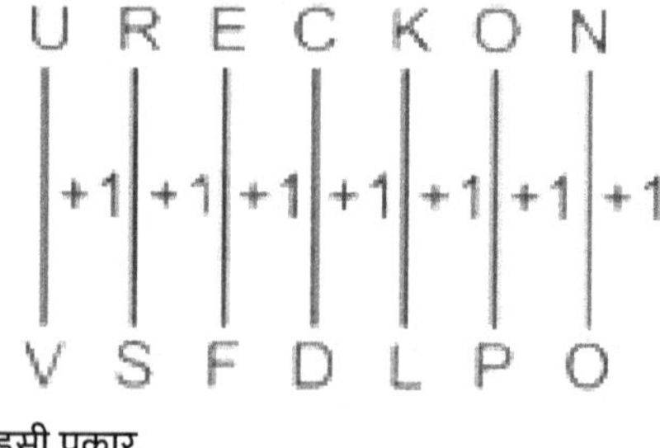

इसी प्रकार,

इसलिए, DBRSZRH को ECSTASI के रूप में लिखा जाएगा।

अतः विकल्प (C) सही है।

14. चूंकि हीरा, कार्बन का अपरूप है और अन्य चार धातुएं हैं।

इसलिए, हीरा इस समूह से संबंध नहीं रखता है।

इस प्रकार, हीरा, अन्य विकल्पों से भिन्न है।

अतः विकल्प (C) सही है।

15. अनुसरण किया गया तर्क इस प्रकार है:

(x, x + 4, x + 4)

प्रत्येक विकल्प की जाँच करने पर:

1) (17, 21, 25) → 17 + 4 = 21; 21 + 4 = 25

2) (12, 16, 20) → 12 + 4 = 16; 16 + 4 = 20

3) (19, 23, 27) → 19 + 4 = 23; 23 + 4 = 27

4) (22, 26, 32) → 22 + 4 = 26; 26 + 6 = 32

अतः विकल्प (D) सही है।

16. सभी विकल्पों की जांच करने पर,

1) (69 - 63) + 6 = 36, गलत

2) (69 - 63) - 6 = 36, गलत

3) (69 - 63) × 6 = 36, सही

4) (69 + 63) ÷ 6 = 36, गलत

अतः "-, ×, =" सही उत्तर है।

अतः विकल्प (C) सही है।

17. यदि एक दर्पण रेखा AB पर स्थित है, तो उत्तर आकृतियों के निम्नलिखित दिए गए चित्र की सही छवि है:

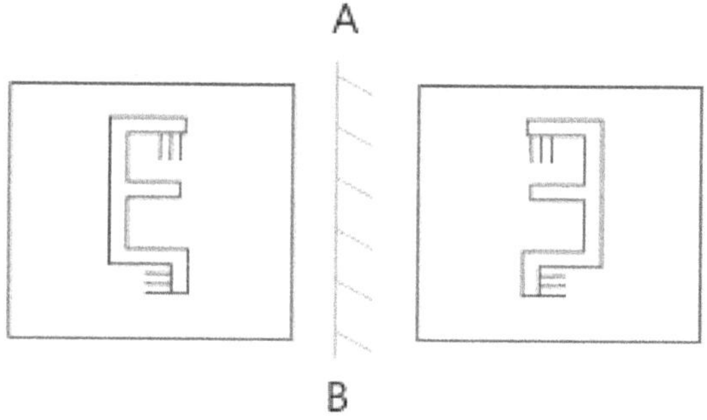

अतः विकल्प (C) सही है।

18. यहाँ इस स्वरुप/तर्क का पालन किया गया है:

X – 3 = U; U – 3 = R; R – 3 = O; O – 3 = L

Q – 3 = N; N – 3 = K; K – 3 = H; H – 3 = E

C – 3 = Z; Z – 3 = W; W – 3 = T; T – 3 = Q

अतः विकल्प (C) सही है।

19.

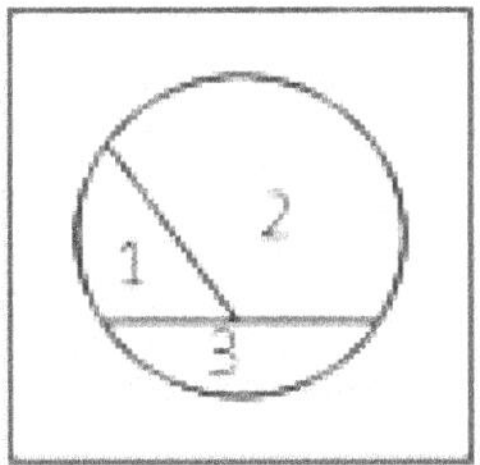

जब हम प्रश्न में दिए गए टुकड़ों को जोड़ते हैं तो हमें विकल्प (B) का चित्र प्राप्त होता हैं।

अतः विकल्प (B) सही है।

20. एक कागज के टुकड़े को मोड़कर, प्रश्न आकृति में दर्शाए गए अनुसार पंच करने के बाद उसे खोलने के बाद वह निम्न आकृति के समान दिखाई देगा:

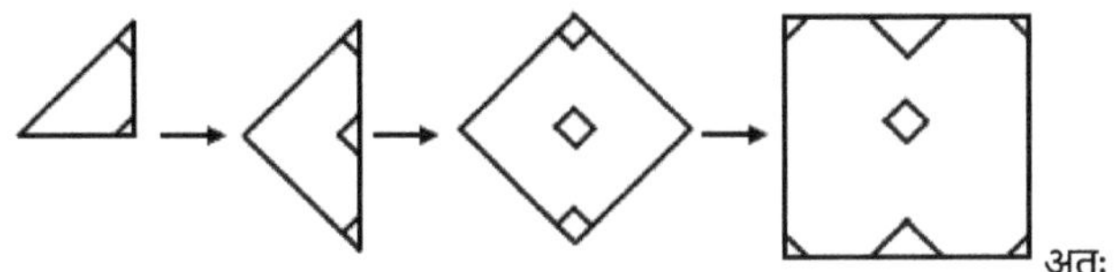

अतः विकल्प (B) सही है।

21.

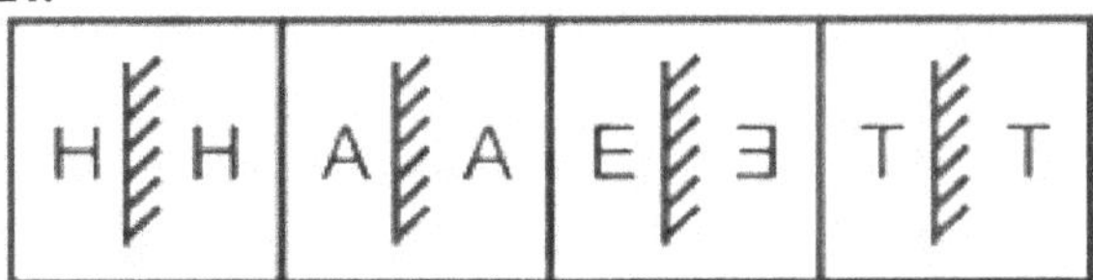

जैसा हम देख सकते हैं कि H, A और T की दर्पण आकृतियाँ नहीं बदल रही हैं, तथा समान रहती हैं परन्तु E की दर्पण आकृति बदल रही है।

अतः विकल्प (C) सही है।

22. सकारात्मक, नकारात्मक और निष्पक्ष को क्रमशः वृत्त, त्रिभुज और सप्तभुज के द्वारा दर्शाया गया है। वह क्षेत्र जो नकारात्मक और निष्पक्ष को दर्शाता है लेकिन सकारात्मक को नहीं दर्शाता है, उसे 12 के द्वारा दर्शाया गया है।

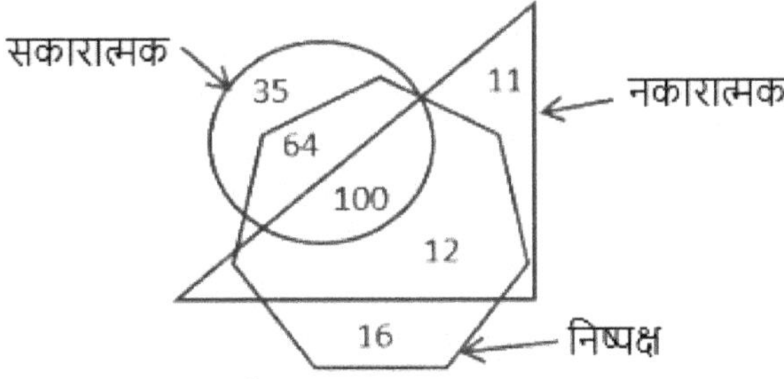

अतः विकल्प (B) सही है।

23. तीसरे समीकरण से,

15 + 5 – 2 ÷ 6 × 3 = 3

प्रतीक को आपस में बदलने पर,

⇒15 ÷ 5 × 2 – 6 + 3 = 3

⇒ 3 × 2 - 6 + 3 = 3

⇒ 6 - 6 + 3 = 3

⇒ 3 = 3

अतः विकल्प (A) सही है।

24. नज़दीकी अवलोकन पर, हम पाते हैं कि प्रश्न आकृति नीचे दिखाए गए विकल्प (D) में सन्निहित है:

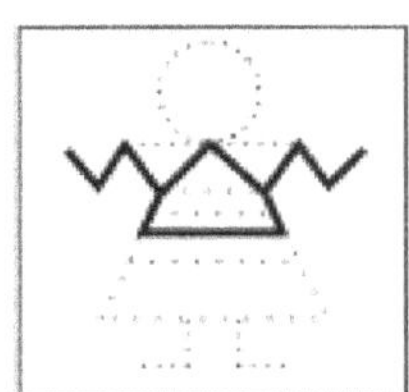

अतः विकल्प (D) सही है।

25. कागज के एक टुकड़े को मोड़कर काटने के बाद, उसे खोलने पर, यह निम्न आकृति जैसा दिखेगा:

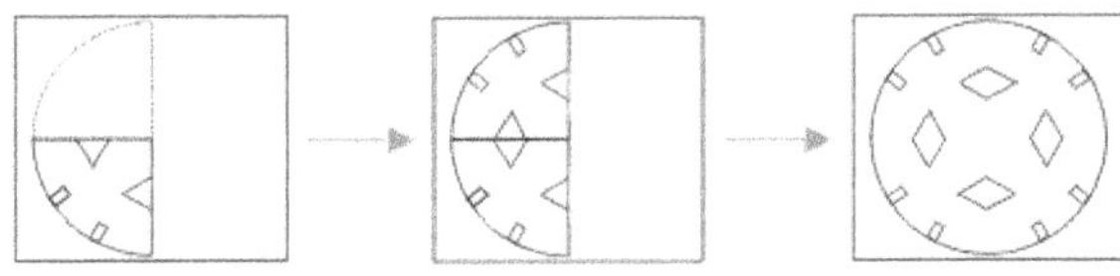

अतः विकल्प (B) सही है।

26. दिया हैं:

$[(1.4)^3 + (0.9)^3] \div [(1.4)^2 + (0.9)^2 - (1.4) \times (0.9)]$

$\Rightarrow \frac{[(1.4)^3+(0.9)^3]}{(1.4)^2+(0.9)^2-(1.4)\times(0.9)}$

हम जानते हैं कि, $(a^3 + b^3) = (a + b)(a^2 + b^2 - ab)$

$\Rightarrow \frac{[(1.4)+(0.9][(1.4)^2+(0.9)^2-(1.4)\times(0.9)]}{[(1.4)^2+(0.9)^2-(1.4)\times(0.9)]}$

$\Rightarrow 1.4 + 0.9 = 2.3$

अतः विकल्प (B) सही है।

27. दिया हैं:

$x = 81$ का $33.33\% + 171$ का $77.78\% - 144$ का 62.5%

$\Rightarrow x = 1/3 \times 81 + 7/9 \times 171 - 5/8 \times 144$

$\Rightarrow x = 27 + 133 - 90$

$\Rightarrow x = 160 - 90$

$\Rightarrow x = 70$

अतः विकल्प (A) सही है।

28. 19 के प्रथम 31 गुणक 19,38,57 ... ... 589 हैं।

सभी गुणकों का योग $= 19 + 38 + 57 + \cdots + 589$

$\Rightarrow 19(1+2+3+\cdots+31)$

$\Rightarrow 19 \times 496 = 9424$

$\therefore$ औसत $= \frac{9424}{31} = 304$

अतः विकल्प (A) सही है।

29. जैसा कि हम जानते हैं, व्यय $=$ मूल्य $\times$ खपत

माना कि बादाम का वास्तविक खपत $= 100$ किग्रा

नई खपत, वास्तविक खपत का $M\%$ है $= M$ किग्रा

बादाम का वास्तविक मूल्य $= 450$ रुपए

बादाम का नया मूल्य $= 500$ रुपए

तब,

$\Rightarrow 100 \times 450 = 500 \times M$

$\Rightarrow M = \frac{45000}{500}$

$\Rightarrow M = 90\%$

$\therefore$ बादाम के खपत में होने वाली कमी $= 100 - 90 = 10\%$

अतः विकल्प (B) सही है।

30. माना, बहिष्कृत संख्या x है।

17 संख्या का औसत $= 7$

$\therefore$ 17 संख्या का योग $= 17 \times 7 = 119$

प्रश्न के अनुसार,

$\Rightarrow 119 - x = (17-1) \times 4$

$\Rightarrow 119 - x = 64$

$\Rightarrow x = 55$

$\therefore$ बहिष्कृत संख्या $= 55$

अतः विकल्प (B) सही है।

31. दिया हैं:

बेलन की ऊंचाई $= h$ सेमी और त्रिज्या $r = 4.5$ सेमी

शंकु की ऊंचाई, $H = 18$ सेमी और त्रिज्या, $R = 7$ सेमी

प्रश्न के अनुसार, बेलन का आयतन = शंकु का आयतन

$\Rightarrow \pi r^2 h = \frac{1}{3}\pi R^2 H$

$\Rightarrow (4.5)^2 h = \frac{1}{3} \times (15)^2 \times 18$

$\Rightarrow 20.25 \times h \times 3 = 225 \times 18$

$\Rightarrow h = 225 \times \frac{18}{20.25 \times 3}$

$\Rightarrow h = \frac{200}{3}$

अतः विकल्प (B) सही है।

32. A की एक दिन के कार्य की राशि $= \frac{1}{6}$

B की एक दिन के कार्य की राशि $= \frac{1}{8}$

$A + B$ की एक दिन के कार्य की राशि $= \frac{1}{6} + \frac{1}{8} = \frac{7}{24}$

$A + B + C$ की कार्य की राशि $= \frac{1}{3}$

C की एक दिन के कार्य की राशि $= \frac{1}{3} - \frac{7}{24} = \frac{1}{24}$

A का एक दिन का कार्य : B का एक दिन का कार्य : C का एक दिन का कार्य

$= \frac{1}{6} : \frac{1}{8} : \frac{1}{24} = 4:3:1$

C को भुगतान की जाने वाली राशि $= 3200 \times \frac{1}{8} = 400$

अतः विकल्प (C) सही है।

33. माना B द्वारा उत्पादित इकाइयों की संख्या $= N$

A द्वारा उत्पादित इकाइयों की संख्या $= 3N$

C द्वारा उत्पादित इकाइयों की संख्या $= \frac{(N+3N)}{2} = 2N$

एक ही घंटे में तीनों मशीनों द्वारा उत्पादित इकाइयों की कुल संख्या

$= (N + 3N + 2N)$ इकाइयाँ $= 6N$ इकाइयाँ

इसलिए, $6N = \frac{360}{15}$

$\Rightarrow N = 4$

इसलिए 360 इकाइयों के निर्माण के लिए A द्वारा लिया गया समय $= \frac{360}{12}$ घंटे

$= 30$ घंटे

अतः विकल्प (A) सही है।

34. दिया हैं:

एक अलमीरा की लागत मूल्य $= 13600$ रुपये

परिवहन लागत $= 400$ रुपये

कुल लागत मूल्य $= (13600 + 400) = 14000$ रुपये

बिक्री मूल्य $= 16800$ रुपये

अब, $SP > CP$

लाभ $= SP - CP = (16800 - 14000) = 2800$ रुपये

लाभ $\% = ($ लाभ $/CP) \times 100\%$

$= \left(\frac{2800}{14000} \times 100\right)\%$

$= \frac{2800}{140}\%$

$= 20\%$

अतः विकल्प (A) सही है।

35. दिया है:

बड़ी गेंद का व्यास $= 8$ सेमी

इसलिए, बड़ी गेंद की त्रिज्या = 4 सेमी

$\therefore$ आयतन $= \frac{4}{3}\pi r^3$

$= \frac{4}{3}\pi \times 4 \times 4 \times 4 = \frac{256\pi}{3}$ सेमी ^{3}

छोटी गेंद की त्रिज्या $= 1$ सेमी

$\therefore$ आयतन $= \frac{4}{3}\pi r^3$

$= \frac{4}{3}\pi \times 1 \times 1 \times 1 = \frac{4\pi}{3}$ सेमी ^{3}

गेंदों की संख्या $= \frac{\frac{256x}{3}}{\frac{4\pi}{3}}$

$= \frac{256\pi}{3} \times \frac{3}{4\pi}$

$= 64$

अतः विकल्प (D) सही है।

36. दिया हैं:

क्रय मूल्य $= 16$ रुपये

विक्रय मूल्य $= 18$ रुपये

लाभ $= SP - CP = 18 - 16 = 2$ रुपये

$\therefore$ लाभ $\% =$ (लाभ/क्रय मूल्य) $\times 100 = \frac{2}{16} \times 100 = 12.5\%$

अतः विकल्प (B) सही है।

37. माना कि A, B और C द्वारा निवेश किए गए धन क्रमशः x रुपये, $2x$ रुपये और $3x$ रुपये है।

तब, $A : B : C = (x \times 12) : (2x \times 6) : (3x \times 4)$

$= 12x : 12x : 12x$

$= 1 : 1 : 1$

$\therefore$ C का हिस्सा $= \left(27000 \times \frac{1}{3}\right)$ रुपये

$= 9000$ रुपये

अतः विकल्प (B) सही है।

38. माना कि क्रय मूल्य $= x$ रुपये

20% की पहली छूट के बाद,

मूल्य $= x - x \times \frac{20}{100}$ रुपये

$\Rightarrow x - \frac{20x}{100} = 0.8x$

25% की दूसरी छूट के बाद, मूल्य $= 0.8x - 0.8x \times \frac{25}{100}$

$= 0.6x$ रुपये

$\therefore$ कुल छूट $= \frac{x - 0.6x}{x} \times 100\%$

$= 40\%$

अतः विकल्प (D) सही है।

39. जैसा कि हम जानते हैं, साधारण ब्याज $=$ (मूलधन $\times$ दर $\times$ समय)/ 100

उसने वीर से 5% वार्षिक ब्याज दर पर 120000 रुपये 6 महीनों के लिए उधार लिए,

भुगतान किया गया साधारण ब्याज $= \frac{120000 \times 5 \times 6}{100 \times 12} = 3000$ रुपये

उसने आयुश से 4% वार्षिक ब्याज दर पर 80000 रुपये 9 महीनों के लिए उधार लिए,

भुगतान किया गया साधारण ब्याज $= \frac{80000 \times 4 \times 9}{100 \times 12} = 2400$ रुपये

$\therefore$ भुगतान किया गया कुल ब्याज $= 3000 + 2400 = 5400$ रुपये

अतः विकल्प (B) सही है।

40. दिया है:

$\frac{\sin\theta - \cos\theta + 1}{\sin\theta + \cos\theta - 1}$

हर का परिमेयकरण करने पर,

$= \frac{(\sin\theta - \cos\theta + 1)(\sin\theta + \cos\theta + 1)}{(\sin\theta + \cos\theta - 1)(\sin\theta + \cos\theta + 1)}$

$= \frac{(1 + \sin\theta)^2 - \cos^2\theta}{(\sin\theta + \cos\theta)^2 - 1^2}$

$= \frac{1 + \sin^2\theta - 2\sin\theta - \cos^2\theta}{1 + 2\sin\theta\cos\theta - 1}$

हम जानते हैं कि, $(1 - \cos^2\theta = \sin^2\theta)$

$= \frac{2\sin^2\theta + 2\sin\theta}{2\sin\theta \cdot \cos\theta} = \frac{1 + \sin\theta}{\cos\theta}$

अतः विकल्प (A) सही है।

41. दिया है: साल

हम जानते है कि $CI = A - P$

$\Rightarrow CI = P\left(1 + \frac{R}{100}\right)^n - P$

$= 9000\left(1 + \frac{8}{100}\right)^2 - 9000$

$= 9000\left(\frac{27}{25}\right)^2 - 9000$

$= 9000\left(\frac{729}{625} - 1\right)$

$= 9000 \times 104 = 1497.6$ रुपये

अतः विकल्प (B) सही है।

42. प्लेटफार्म को पार करने में लिया गया समय $=$ (ट्रेन की लम्बाई $+$ प्लेटफार्म की लम्बाई)/ट्रेन की गति

$\therefore$ ट्रेन की गति $= \frac{(210+240)}{20} = 22$ मीटर/सेकेंड

$\Rightarrow 22.5 \times \frac{18}{5} = 81$ किमी/घंटा

अतः विकल्प (D) सही है।

43. दिया हैं:

नल P टैंक को भर सकता है $= 200$ घंटे में

नल P के एक घंटे का कार्य $= \frac{1}{200}$

नल Q टैंक को भर सकता है $= 300$ घंटे में

नल Q के एक घंटे का कार्य $= \frac{1}{300}$

जब दोनों नल एक साथ खोले जाते हैं,

$P + Q = \left(\frac{1}{200} + \frac{1}{300}\right)$

$= \frac{(3+2)}{600}$

$= \frac{5}{600}$

$= \frac{1}{120}$

इसलिए, $(P + Q)$ एक साथ इस टैंक को 120 घंटे में भर सकते हैं।

अतः विकल्प (B) सही है।

44. हम जानते हैं कि,सभी दीवारों का कुल क्षेत्रफल $= 2(l \times h) + 2(b \times h)$

$= 2(6 \times 4) + 2(5 \times 4) = 88$

कागज का क्षेत्रफल $= b \times l$

$\Rightarrow 88 = 0.5 \times$ कागज़ की लम्बाई

$\therefore$ कागज़ की लम्बाई $= 176$ मीटर

अतः विकल्प (B) सही है।

45. कुल छात्र $= 640$

लड़कों से लड़कियों का अनुपात $= 5:3$

लड़कों की संख्या $= \left[\frac{5}{8}\right] 640 = 400$

लड़कियों की संख्या $= 640 - 400 = 240$

मान लीजिए विद्यालय में x लड़कों ने प्रवेश लिया।

प्रश्न के अनुसार,

$\frac{(400+x)}{(240+30)} = \frac{14}{9}$

$\Rightarrow 400 + x = \left[\frac{14}{9}\right] \times 270$

$\Rightarrow x = 420 - 400$

$\Rightarrow x = 20$

$\therefore$ विद्यालय में 20 छात्रों ने प्रवेश लिया।

अतः विकल्प (A) सही है।

46. दिया है:

∠CBF = 130°

जैसा कि ज्ञात है,

∠CBA + ∠CBF = 180°

⇒ ∠CBA = 180° - 130°

⇒∠CBA = 50°

बाहरी कोण प्रमेय द्वारा,

∠EDC = ∠CBA

∴ ∠EDC = x = ∠CBA = 50°

अतः विकल्प (A) सही है।

47. माना बिंदु और ईमारत के बीच की दूरी y मीटर है।

ईमारत $AB = 10$ मीटर

और इमारत के ऊपर से हेलीकॉप्टर की ऊंचाई r मीटर है।

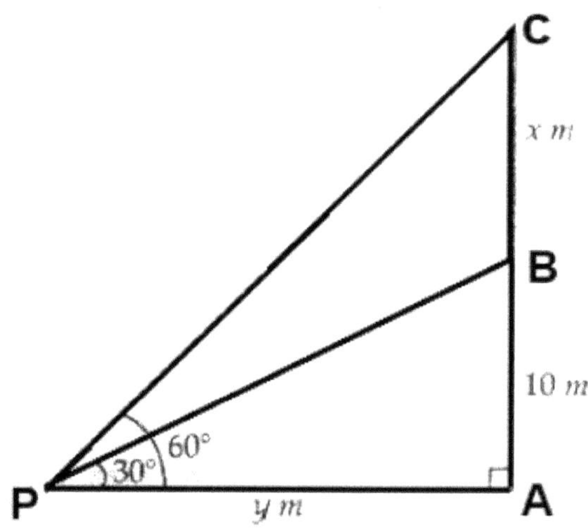

जमीन से हेलीकाप्टर की ऊंचाई $= (10 + x)$ मीटर

$\Rightarrow \frac{10}{y} = \frac{1}{\sqrt{3}}$

$\Rightarrow y = 10\sqrt{3}$ ...(i)

$\triangle ACP$ में, $\frac{AC}{PA} = \tan 60°$

$\Rightarrow \frac{10+x}{y} = \sqrt{3}$

$\Rightarrow 10 + x = y\sqrt{3}$ ...(ii)

(i) और (ii) से,

$10 + x = 10\sqrt{3} \times \sqrt{3}$

$\Rightarrow x = 30$

इस प्रकार, हेलीकॉप्टर की ऊँचाई $= 20 + 10 = 30$ मीटर

अतः विकल्प (D) सही है।

48. वर्ष 2011 में बिक्री में अंतर $= 25$ लाख -20 लाख $= 5$ लाख

वर्ष 2012 में बिक्री में अंतर $= 35$ लाख -30 लाख $= 5$ लाख

वर्ष 2013 में बिक्री में अंतर $= 42$ लाख -41 लाख $= 1$ लाख

वर्ष 2014 में बिक्री में अंतर $= 52.5$ लाख -50 लाख $= 2.5$ लाख

वर्ष 2011 और 2012 के लिए बिक्री समान है।

अतः विकल्प (B) सही है।

49. 5 वर्षों के लिए कंपनी Y की बिक्री का योग $= 20 + 30 + 41 + 50 + 48 = 189$ लाख

औसत बिक्री $= \frac{189}{5} = 37.8$ लाख

अतः विकल्प (B) सही है।

50. वर्ष 2011 में कंपनी X की बिक्री $= 25$ लाख

वर्ष 2013 में कंपनी X की बिक्री $= 42$ लाख

प्रतिशत परिवर्तन $= \frac{42-25}{25} \times 100 = 68\%$

अतः विकल्प (A) सही है।

51. The error lies in part (B) of the sentence. Here, the sentence refers to Nancy's mother accompanying her on her first day at college. Since we are referring to the act of accompanying, we cannot use the preposition 'with' because we are not referring to a place or position. The correct usage is 'accompanied by' which is why part (B) is incorrect.

Thus, the correct sentence is, 'Nancy was accompanied by her mom on her first day at college'.

Hence, the correct option is (B).

52. The error lies in part (C) of the sentence. The sentence speaks about Jay's illusion and the verb 'revolved' is used. The correct preposition to be used with 'revolved' (which is a circular motion) is 'around'. Here, the preposition used is 'in' which is used to denote 'inside' or 'within' and this is incorrect.

Thus, the correct sentence is, 'Jay was under the illusion that the world revolved around him'.

Hence, the correct option is (C).

53. There is no way we can use Past/Present continuous tense here. So options (C) and (D) are canceled. Since it says 'today' we must go for "has won a".

Hence, the correct option is (B).

54. This is a past event. The subject moved to the UK in the past. We use 'ago' for past events. Thus forth and anything 'forth' refers to the future.

Hence, the correct option is (A).

55. The condense is the opposite word of the enlarge.

Enlarge means to make something bigger; to become bigger.

Condense means reduce; to put something into fewer words.

Glorify means to make glorious by bestowing honor, praise, or admiration.

Amplify means to make larger or greater (as in amount or intensity).

Augment means make (something) greater by adding to it; increase.

Hence, the correct option is (A).

56. The agitated is the opposite word of the tranquil.

Tranquil (Adjective) means free from disturbance; calm.

Agitated means feeling or appearing troubled or nervous or disturbed.

Unruffled means not disordered or disarranged.

Perpetual means never-ending or changing.

Temporal means relating to worldly as opposed to spiritual affairs; secular.

Hence, the correct option is (D).

57. To hear something through the grapevine is to learn of something informally and unofficially by means of gossip or rumor. The usual implication is that the information was passed person to person by word of mouth, perhaps in a confidential manner among friends or colleagues.

Hence, the correct option is (A).

58. The sentence is in the passive voice. The verb here expresses the action on the object. To Change it into active, we need to use the following formation.

Taking into consideration the fact that the sentence is in the past continuous tense.

Passive: Object+was/were+being+V3+Subject

Active voice: Subject+was/were+V1-ing+Object

Here "flowers" is the object "pluck" is the verb and 'The students" is the subject.

Active voice of given sentence: The students were plucking flowers.

Hence, the correct option is (D).

59. The sentence is in the passive voice. The verb here expresses the action on the object. To Change it into active, we need to use the following formation.

taking into consideration the fact that the sentence is in the past perfect tense.

Passive: Object+had+been+V3+Subject

Active: Subject+had+V3+Object

Here "the work" is the object "complete" is the verb and "They" is the subject.

Active voice of given sentence: They had already completed the work.

Hence, the correct option is (B).

60. It's raining cats and dogs is an idiom that means it's raining extremely heavily. The origin of the phrase raining cats and dogs is steeped in mystery. There are several theories, one being that the phrase raining cats and dogs references the mythologies of the Norse god Odin and English witches.

Hence, the correct option is (A).

61. 'As far as' also means 'with reference to' and the context to sentence demands this as it is in the reference of the investors.

Correct sentence: "As far as an investor concerned, the high relating to indemnities is of no importance".

Hence, the correct option is (A).

62. The word 'tormented' means 'disturbed' and 'sanguine' means 'hopeful'. Thus they cannot be fit in the blank. Opinions cannot be demented as the word means 'made mad'. The word 'expressed' which means 'conveyed' fits here correctly meaning that there have been opinions about the pace of development in the Himalayan region.

Hence, the correct option is (C).

63. The words at the same time give us the hint that this sentence should have the same tone as that of the previous one thus a negative meaning should be conveyed. The word 'scurrilous' means 'abusive' and does not convey any meaning. The word 'appreciated' means 'accepted and encouraged' and conveys a proper meaning that the fragility of the region and the difficulties existing in the region which are hindrances to any sort of development have not been considered. 'Mocked' means 'ridiculed' and 'underrated' means 'undervalued.'

Hence, the correct option is (B).

64. The sentence talks about recommending something thus the word 'reshaping' which means 'reframing' is the correct word. It means that policies should be framed. The other words do not convey any meaning here. 'vilifying' means 'speak or write about in an abusively disparaging manner.

Hence, the correct option is (C).

65. The word 'travesty' means a false, absurd, or distorted representation of something and does not fit here. 'Emphasis' means 'focus' and conveys the proper meaning that importance has been given to the development of norms.

Hence, the correct option is (B).

66. The sentence talks about social capital which means the network of relationships among people of a society. Thus 'harnessing' which means 'utilizing' frames a proper meaning here that norms should be such that can bring about good governance and use social capital at the basic level. The other words do not convey any meaning here.

Hence, the correct option is (D).

67. Here, the sentence needs a verb that goes with 'a shower'. Take is the only verb that goes with it.

Correct sentence: "I usually take a shower after I play tennis, but today I couldn't".

Hence, the correct option is (C).

68. The meaning of the word "torrid" is "very hot and dry" so the antonym must be "frigid" which means "very cold in temperature".

Slack: not taut or held tightly in position; loose

Rushed: done or completed too hurriedly; hasty

Flashy: ostentatiously attractive or impressive.

Hence, the correct option is (D).

69. The correct word here is "conceal" which means "not allow to be seen; hide" and therefore they are synonyms.

Receive: be given, presented with, or paid

Connive: secretly allow (something immoral, illegal, or harmful) to occur

Reveal: make (previously unknown or secret information) known to others

Hence, the correct option is (C).

70. The meaning of the word "dawdle" is "move slowly and idly in a particular direction" and therefore the synonym is "amble" which means "walk or move at a slow, relaxed pace'.

Rumble: make a continuous deep, resonant sound

Fumble: do or handle something clumsily

Tumble: fall suddenly, clumsily, or headlong

Hence, the correct option is (B).

71. "In the 1960's" shows that the sentence is in the past tense. So we use a past verb "were demonstrations against" in place of "are demonstrations against".

Correct sentence: "There were demonstrations against the government by Japanese university students in the 1960's".

Hence, the correct option is (B).

72. Whenever the main verb is in simple present/future tense, the tense of the verb in indirect speech remains as it is.

So, 'Prakash will say' remains unchanged.

The next simple future tense verb 'will know', will also remain unchanged.

Thus, the indirect sentence is: Prakash will say that he will always know where to find him.

Hence, the correct option is (A).

73. The original sentence is in 'direct speech' and this needs to be converted to 'indirect speech'.

In order to convert from direct speech to indirect speech, the inverted commas need to be removed.

The conjunction 'that' is added in order to join the 2 clauses in the sentence.

There will be a change in the tense of the reported speech as this is cannot be considered a habitual action.

Therefore, The correct indirect speech will be: "He said that he bathed regularly".

Hence, the correct option is (B).

74. Quell: put an end to (a rebellion or other disorder), typically by the use of force.

Repress: subdue (someone or something) by force.

Conceal: not allow to be seen; hide.

Exhale meaning: to breathe out.

And other words are the antonyms of Exhale.

Hence, the correct option is (B).

75. The irrational is a similar word to the superstitious.

Superstitious means having or showing a belief in superstitions, not logical.

Pious means strongly believing in religion.

Traditional means existing in or as part of a tradition; long-established.

Irrational means not logical or reasonable.

Sacred means connected with God or dedicated to a religious purpose and so deserving veneration.

Hence, the correct option is (C).

76. मध्यप्रदेश के विश्वामित्र सम्मान ने खेल प्रशिक्षण में उत्कृष्ट प्रदर्शन के लिए दिया है।

- विश्वामित्र सम्मान की शुरुआत वर्ष 1996 में हुई थी।
- 2018 तक, कुल 72 प्रशिक्षकों को विश्वामित्र पुरस्कार से सम्मानित किया गया है।
- कबीर सम्मान पुरस्कार मध्य प्रदेश सरकार द्वारा 1986 में स्थापित किया गया था।
- इसे साहित्य (कविता) में प्रतिष्ठित कार्यों के लिए प्रतिवर्ष प्रदान किया जाता है।

अत: विकल्प (C) सही है।

77. "एवर ऑनवर्ड" एशियाई खेलों का आदर्श वाक्य है। एशियाई खेल, जिसे एशियाड के नाम से भी जाना जाता है, पूरे एशिया के एथलीटों के बीच हर चार साल में आयोजित एक महाद्वीपीय बहु-खेल आयोजन है।

अतः विकल्प (A) सही है।

78. चेपदार पट्टी (बैंड-एड) का आविष्कार 1920 में अर्ले डिक्सन ने अपनी पत्नी जोसेफीन के लिए किया था, जो खाना बनाते समय अक्सर जल जाती थी। वह अमेरिकी औषधीय और चिकित्सा उपकरणों की दिग्गज कंपनी जॉनसन एंड जॉनसन कंपनी के कर्मचारी थे।

अतः विकल्प (A) सही है।

79. हैदराबाद, दक्षिण-मध्य भारत की पूर्व रियासत है जो हैदराबाद शहर पर केंद्रित थी। इसकी स्थापना निजाम-उल-मुल्क ने की थी, जो 1713 से 1721 तक मुग़ल बादशाहों के अधीन दक्कन के प्रमुख रूप से वायसराय थे।

अतः विकल्प (C) सही है।

80.

- जिप्सम कैल्शियम (Ca) का एक अयस्क है। जिप्सम का रासायनिक सूत्र $CaSO_4.2H_2O$ है।
- जिप्सम मुख्य रूप से उर्वरक के रूप में उपयोग किया जाता है, प्लास्टर, चाक आदि में मुख्य घटक के रूप में भी इसका उपयोग किया जाता है।

अतः विकल्प (D) सही है।

81. लैड का परमाणु संख्या दिये गये सभी तत्वों में सबसे अधिक है। लैड का निष्कर्षण मुख्यतः उसके अयस्क गैलना (Pbs) से किया जाता है।
लैड सर्वाधिक स्थायी तत्व है।

तत्व	परमाणु संख्या	प्रतीक
लैड	82	Pb
टिन	50	Sn
जर्मेनियम	32	Ge
सिलिकॉन	14	Si

अतः विकल्प (A) सही है।

82. प्रश्नानुसार,

m_1 = 6 किलोग्राम, m_2 = 9 किलोग्राम और $a_1 = 3m/s^2$, $a_2 = 2\ m/s^2$

हम जानते हैं कि, F = ma,

जहाँ, F = बल, m = द्रव्यमान, तथा a = त्वरण

F_1 = 6 किलोग्राम × $3m/s^2$ = 18N

F_2 = 9 किलोग्राम × $2m/s^2$ = 18N

इस प्रकार $F_1 = F_2$, दोनों स्थितियों में समान बल की आवश्यकता है।
अतः विकल्प (C) सही है।

83.

- गणितीय रूप से, संवेग को द्रव्यमान और वेग के गुणक के रूप में परिभाषित किया जाता है।
- संवेग बल = द्रव्यमान × वेग
- चूंकि द्रव्यमान की एस आई इकाई किलोग्राम है और संवेग की मीटर प्रति सेकंड है, इसलिए, गति की एस आई इकाई किलो मीटर प्रति सेकंड (किलोग्राम/सेकंड) है।

अतः विकल्प (A) सही है।

84. मुगल काल के दौरान दिल्ली के लिए लड़ाई दिल्ली के तुगलकाबाद किले क्षेत्र में हुई थी। तुगलकाबाद की लड़ाई (जिसे दिल्ली की लड़ाई भी कहा जाता है) 7 अक्टूबर 1556 को हेम चंद्र विक्रमादित्य और मुगल सम्राट अकबर की सेनाओं के बीच लड़ी गई एक उल्लेखनीय लड़ाई थी।

अतः विकल्प (C) सही है।

85. कंप्यूटर प्रोग्राम या निर्देश प्रणाली सॉफ्टवेयर में होते है; ये निर्देश सामूहिक रूप से एक एल्गोरिथम को बढ़ाता है जो सॉफ़्टवेयर के उन कार्यों को पूरा करता है जिसके लिए सॉफ्टवेयर को बनाया जाता है। प्रोग्राम को जावा, C+, C++, पायथन,आदि प्रोग्रामिंग लैंग्वेज में लिखा जाता है।

अतः विकल्प (D) सही है।

86. भारतीय सेना ने एक इन-हाउस मैसेजिंग एप्लिकेशन को विकसित और प्रशंसित किया है जिसे 'सिक्योर एप्लीकेशन फॉर इंटरनेट (SAI)' कहा जाता है।

यह मैसेजिंग एप्लिकेशन इंटरनेट पर एंड्रॉइड प्लेटफॉर्म के लिए एंड-टू-एंड सुरक्षित वॉयस, टेक्स्ट और वीडियो कॉलिंग सेवाओं का समर्थन करता है

SAI को सबसे पहले राजस्थान में एक सिग्नल यूनिट के कमांडिंग ऑफिसर कर्नल साई शंकर द्वारा विकसित किया गया था, और फिर सैन्य-ग्रेड मानकों में अपग्रेड किया गया था।

भारत का पहले चीफ ऑफ डिफेंस स्टाफ: जनरल बिपिन रावत।

अतः विकल्प (D) सही है।

87. गुजरात के अहमदाबाद शहर को मैनचेस्टर या बॉस्टन ऑफ इंडिया के नाम से जाना जाता है। अहमदाबाद को मैनचेस्टर कहा जाता है क्योंकि यह कपास वस्त्र उद्योगों के लिए प्रसिद्ध ग्रेट ब्रिटेन के मैनचेस्टर शहर से यह नाम प्राप्त करता है। अहमदाबाद में भारत का सबसे बड़ा कपड़ा केंद्र है।

शहर	उपाधि
अहमदाबाद	मैनचेस्टर या बोस्टन ऑफ इंडिया।
इलाहाबाद	संगम शहर
आगरा	ताज का शहर
आसनसोल	ब्लैक डायमंड की भूमि

अतः विकल्प (A) सही है।

88. वाराणसी, जिसे बनारस, या काशी भी कहा जाता है। यह गंगा नदी के बाएं किनारे पर स्थित है और हिंदू धर्म के सात पवित्र शहरों में से एक है।

नदी	नजदीक स्थित शहर हैं
गंगा	हरिद्वार, बनारस, पटना, इलाहाबाद, कोलकाता इत्यादि
यमुना	दिल्ली, इलाहाबाद, आगरा, मथुरा इत्यादि
नर्मदा	जबलपुर

अतः विकल्प (A) सही है।

89.

- भारतीय जलवायु को हवाओं के मौसमी उलटफेर के कारण मानसून प्रकार की जलवायु के रूप में वर्णित किया गया है।
- यह भूमि और जल निकायों के गर्म होने में भिन्नता और दबाव स्थितियों के कारण होता है।
- मानसून की जलवायु भिन्न मौसम पर आधारित होती है।
- भारत, जलवायु क्षेत्रों में एक असाधारण उदहारण है, जो दक्षिण में उष्णकटिबंधीय से लेकर समशीतोष्ण और हिमालय उत्तर में समशीतोष्ण है, लेकिन मोटे तौर पर यह मानसून प्रकार की जलवायु माना जाता है।

अतः विकल्प (B) सही है।

90. कंप्यूटर नेटवर्क कंप्यूटर का एक समूह है जो संसाधनों को साझा करने के लिए एक साथ जुड़ा हुआ है। कंप्यूटर और डिवाइस जो किसी नेटवर्क को संसाधन आवंटित करते हैं उन्हें सर्वर कहा जाता है। कंप्यूटर नेटवर्क बड़ी संख्या में एप्लिकेशन और सेवाओं जैसे वर्ल्ड वाइड वेब और डिजिटल वीडियो तक पहुंच का समर्थन करता है। सबसे प्रसिद्ध कंप्यूटर नेटवर्क इंटरनेट है।

अतः विकल्प (A) सही है।

91.

- तेलंगाना के मुख्यमंत्री कल्वाकुंतला चंद्रशेखर राव तेलंगाना राष्ट्र समिति के हैं।
- वह वर्ष 2014 में नवगठित राज्य तेलंगाना के दूसरे मुख्यमंत्री हैं और दिसंबर 2018 से फिर से मुख्यमंत्री बन रहे हैं।
- पार्टी का चुनाव चिन्ह कार है।

अतः विकल्प (A) सही है।

92.

- इजरायल की संसद को नेसेट के नाम से भी जाना जाता है।
- यूली-योएल एडेलस्टीन 2013 से नेसेट के अध्यक्ष हैं।
- इज़राइल में चुनाव देशव्यापी आनुपातिक प्रतिनिधित्व पर आधारित हैं।
- नेसेट, गिवट राम, यरुशलम में स्थित है।

अतः विकल्प (A) सही है।

93.

- इलाहाबाद में भारतीय राष्ट्रीय कांग्रेस का 1888 सत्र आयोजित किया गया था।
- सत्र की अध्यक्षता जॉर्ज ने की थी।
- वह पहले गैर-भारतीय अध्यक्ष थे।

अतः विकल्प (D) सही है।

94. भद्रा वन्य अभ्यारण्य भारत के कर्नाटक राज्य के चिकमगलूर ज़िले में स्थित बाघ के लिए एक संरक्षित क्षेत्र है। यह बाघ संरक्षित क्षेत्र भारत की प्रोजेक्ट टाईगर नामक परियोजना के अधीन आता है।

अतः विकल्प (B) सही है।

95. एशिया में सबसे पुराना स्टॉक एक्सचेंज, बॉम्बे स्टॉक एक्सचेंज (बीएसई), 1875 में स्थापित किया गया था। यह दलाल स्ट्रीट के नाम से है। बीएसई को 2005 में बीएसई लिमिटेड नाम दिया गया। भारत में 23 स्टॉक एक्सचेंज हैं। उनमें से दो राष्ट्रीय स्टॉक एक्सचेंज हैं, जिनका नाम बॉम्बे स्टॉक एक्सचेंज (बीएसई) और नेशनल स्टॉक एक्सचेंज (एनएसई) है। बाकी 21 क्षेत्रीय स्टॉक एक्सचेंज (आरएसई) हैं।

अतः विकल्प (C) सही है।

96.

- बांग्लादेश का स्वतंत्रता दिवस 26 मार्च 1971 को मनाया गया था।
- यह 25 मार्च 1971 के अंत में देश को पाकिस्तान से स्वतंत्रता की घोषणा की याद दिलाता है।

अतः विकल्प (A) सही है।

97. संगाई त्योहार एक वार्षिक सांस्कृतिक उत्सव है जिसका आयोजन मणिपुर पर्यटन विभाग द्वारा हर साल 21 से 30 नवंबर तक किया जाता है।

इस त्यौहार को सांई फेस्टिवल का नाम दिया गया, जो शर्मीले और सौम्य ब्रो-एंटीलर्ड हिरण की विशिष्टता को संगाई हिरण के रूप में जाना जाता है, जो मणिपुर का राज्य पशु है।

अतः विकल्प (B) सही है।

98. मैक्स प्लांक एक जर्मन सैद्धांतिक भौतिक विज्ञानी थे जिन्होंने 1900 में प्लांक स्थिरांक की खोज की थी। इस खोज के लिए उन्हें 1918 में भौतिकी का नोबेल पुरस्कार दिया गया था।

अतः विकल्प (B) सही है।

99. प्रधानमंत्री नरेंद्र मोदी ने गुजरात के नर्मदा जिले में केवडिया के पास स्टैचू ऑफ यूनिटी और अहमदाबाद में साबरमती रिवरफ्रंट के बीच देश की पहली सीप्लेन सेवा शुरू की।

19 सीटर सीप्लेन को निजी एयरलाइन स्पाइसजेट द्वारा प्रबंधित किया जाएगा।

गुजरात के मुख्यमंत्री: विजय रूपानी, राज्यपाल: आचार्य देवव्रत।

अतः विकल्प (A) सही है।

100. प्रधानमंत्री नरेंद्र मोदी देश की पहली पूरी तरह से स्वचालित चालक रहित ट्रेन सेवा को हरी झंडी दिखाने वाले हैं जो 28 दिसंबर को दिल्ली मेट्रो की मजेंटा लाइन पर चलेगी।

37 किलोमीटर की मैजेंटा लाइन जनकपुरी पश्चिम और बॉटनिकल गार्डन मेट्रो स्टेशनों को जोड़ती है।

वे 23 किलोमीटर की एयरपोर्ट एक्सप्रेस लाइन पर यात्रा के लिए पूरी तरह से संचालन करने वाला राष्ट्रीय कॉमन मोबिलिटी कार्ड भी लॉन्च करेगा।

अतः विकल्प (B) सही है।

अनुभागीय टेस्ट 01

Q.1 Pick out the word opposite in meaning to the given word.
SENTIENT

A. Abnormal **B.** Irregular
C. Unconscious **D.** Irrelevant

Q.2 Pick out the word opposite in meaning to the given word.
SEQUESTER

A. Discover **B.** Correlate
C. Integrate **D.** Convict of

Q.3 Pick out the word opposite in meaning to the given word.
SERE

A. Humid **B.** Livid **C.** Parched **D.** Drained

Q.4 In the following question, any part of the sentence may have errors. Find out which part of the sentence has an error and select the appropriate option. If a sentence is free from error, select 'No Error'.
I have watched many movies (1)/ of Rajnikanth's who is called the (2)/ Amitabh Bachchan of Tollywood. (3)/ No error

A. 1 **B.** 2 **C.** 3 **D.** No error

Q.5 In the following question, any part of the sentence may have errors. Find out which part of the sentence has an error and select the appropriate option. If a sentence is free from error, select 'No Error'.
There are some people who believe (1)/ asking for government assistance is (2)/ akin with admitting one is a failure. (3)/ No error

A. 1 **B.** 2 **C.** 3 **D.** No error

Q.6 In the following question, out of the four alternatives, select the word similar in meaning to the given word.
Licentious

A. Immoral **B.** Intellectual
C. Moral **D.** Without license

Q.7 In the following question, out of the four alternatives, select the word similar in meaning to the given word.
Commemorate

A. Boast **B.** Harmonize
C. Manipulate **D.** Remember

Q.8 In the following question, out of the four alternatives, select the word similar in meaning to the given word.
Squander

A. Expensive **B.** Waste
C. Litter **D.** Economical

Q.9 In the following question, out of the four alternatives, select the alternative which best expresses the meaning of the Idiom/Phrase.
In black and white

A. Useless **B.** In writing
C. In short **D.** In full swing

Q.10 In the following question, out of the four alternatives, select the alternative which best expresses the meaning of the Idiom/Phrase.
Stick one's neck out

A. Interfere **B.** Look outside
C. Move **D.** Invite trouble

Ques (11-15):Direction: Read the passage carefully and select the best answer to each question out of the four alternatives.

The Great Leap Forward of the People's Republic of China (PRC) was an economic and social plan used from 1958 to 1960 which aimed to use China's vast population to rapidly transform mainland China from a primarily agrarian economy dominated by peasant farmers into a modern, industrialized communist society.

Mao Zedong based this program on the Theory of Productive Forces, a widely-used concept in communism and Marxism placing primary emphasis on achieving abundance in a nominally socialist economy before real communism, or even real socialism can have a hope of being achieved. It was allegedly necessitated by the fact that, despite the theoretical predictions of Marxism, China's revolution took place, not in modern, industrialized society, but a poor, agrarian one. It was epitomized by the absurdity of rural farmers having backyard furnaces to increase national steel production (yet what was produced was nearly unusable pig iron).

The concept has been used in all examples of state-supervised socialism to date. Joseph Stalin is one proponent of this view. The most influential philosophical defense of this idea has been promulgated by Gerald Cohen in his book Karl Marx's Theory of History: A Defence. According to this view, technical change can beget social change; in other words, changes in the means (and intensity) of production cause changes in the relations of production, i.e., in people's ideology and culture, their interactions with one another, and their social relationship to the wider world.

In this view, actual socialism or communism, based on the "redistribution of wealth" to the most oppressed sectors of society, cannot come to pass until that society's wealth is built up enough to satisfy whole populations. Using this theory as a basis for their practical programs meant that communist theoreticians and leaders, while paying lip service to the primacy of ideological change in individuals to sustain a communist society, actually put productive forces first, and ideological change second.

The Theory of Productive Forces was the basis of Stalin's Five Year Plans, Mao Zedong's Great Leap Forward, and most other examples of attempts to build and refine communism throughout the world in the 20th Century.

Q.11 According to the passage, in increasing which of the following did the rural farmers in China succeed?

A. Iron ore production **B.** Cotton
C. Steel production **D.** None of these

Q.12 Which of the following best describe 'The Great Leap Forward of the People's Republic of China'?

A. Economic and environmental
B. Social and economic
C. Social and ecological
D. Economic and theoretical

Q.13 On the basis of which of the following theories was communism honed across the globe?

A. Theory of Production Forces
B. Theory of Product Forces
C. Theory of Productive Forces
D. Theory of Produce Forces

Q.14 What does the word 'Beget' refers to in the passage?

A. Be the cause of **B.** Be the result of
C. Be the yield of **D.** Be the gape of

Q.15 What does the word 'Primacy' refer to in the passage?

A. Sub-ordinate **B.** Pre-eminence
C. Peripheral **D.** Ancillary

Q.16 In the following question, a sentence has been given in Direct/Indirect Speech. Out of the four alternatives suggested, select the one which best expresses the same sentence in Indirect/Direct Speech.

I told her, "It was raining last night when you left".

A. I told her that it had been raining the previous night when she had left.
B. I told her that it has been raining last night when she had left.
C. I told her that it had been raining the night before when she left.
D. I told her that it have been raining last night when she had left.

Q.17 In the following question, a sentence has been given in Direct/Indirect Speech. Out of the four alternatives suggested, select the one which best expresses the same sentence in Indirect/Direct Speech.

The beggar said, "Poverty is a great curse".

A. The beggar said poverty has a great curse.
B. The beggar said that poverty is a great curse.
C. The beggar said that poverty were a great curse.
D. The beggar said that poverty had been a great curse.

Q.18 A sentence is given below in jumbled order. Arrange the sentence in the right order to form a meaningful and coherent sentence.

Let us all be
P) until we realize
Q) we are all the same
R) unique together

A. QPR **B.** PRQ **C.** PQR **D.** RPQ

Q.19 A sentence is given below in jumbled order. Arrange the sentence in the right order to form a meaningful and coherent sentence.

The author has chosen
P) on this story
Q) responses
R) not to show

A. PQR **B.** QPR **C.** RQP **D.** PRQ

Q.20 In the following question, a sentence has been given in Active/Passive Voice. Out of the four alternatives suggested, select the one which best expresses the same sentence in Passive/Active Voice.

The washerman will return the clothes in the evening.

A. The clothes will have to be returned by the washerman in the evening.
B. The clothes will be returned by the washerman in the evening.
C. The clothes will return by the washerman in the evening.
D. In the evening the clothes will have been returned by the washerman.

Q.21 In the following question, a sentence has been given in Active/Passive Voice. Out of the four alternatives suggested, select the one which best expresses the same sentence in Passive/Active Voice.

Do the children play football?

A. Does football played by children?
B. Is football played by the children?
C. Football is played by the children?
D. The children do play football?

Q.22 In the following question, a sentence has been given in Active/Passive Voice. Out of the four alternatives suggested, select the one which best expresses the same sentence in Passive/Active Voice.

They have made a film based on this novel.

A. A film was based on this novel and made.
B. A film have been made based on this novel.
C. A film based on this novel has been made.
D. A film has been based and made on this novel.

Q.23 In the following question, the sentence is given with blank to be filled in with an appropriate word. Select the correct alternative out of the four and indicate it by selecting the appropriate option.

The servant ______ the picture on the wall.

A. Hang **B.** Hung **C.** Hanged **D.** Hunged

Q.24 In the following question, the sentence is given with blank to be filled in with an appropriate word. Select the correct alternative out of the four and indicate it by selecting the appropriate option.

She is one of the best ________ I know.

A. Teachers **B.** Student **C.** Doctor **D.** Lawyer

Q.25 Choose an option, which can be substituted for a given word/sentence/phrase out of given options.

A person who is skilled in horsemanship

A. Cavalier **B.** Equestrian
C. Jockey **D.** Cavalryman

// Smart Answer Sheet //

Correct Percentage of students who answered correctly. **Skipped** Percentage of students who skipped.

Q.	Ans.	Correct	Skipped	Q.	Ans.	Correct	Skipped	Q.	Ans.	Correct	Skipped	Q.	Ans.	Correct	Skipped	Q.	Ans.	Correct	Skipped	Q.	Ans.	Correct	Skipped
1	C	33.03 %	1.81 %	6	A	18.7 %	10.11 %	11	C	29.56 %	8.0 %	16	A	22.62 %	11.01 %	21	B	24.43 %	16.44 %				
2	C	29.86 %	9.81 %	7	D	18.55 %	13.73 %	12	B	42.08 %	7.24 %	17	B	38.16 %	2.87 %	22	C	25.49 %	14.78 %				
3	A	25.94 %	4.98 %	8	B	25.79 %	11.01 %	13	C	30.17 %	8.59 %	18	D	20.06 %	11.46 %	23	B	23.68 %	12.67 %				
4	B	32.28 %	12.52 %	9	B	30.62 %	14.18 %	14	A	29.41 %	6.03 %	19	C	31.37 %	9.2 %	24	A	34.99 %	1.21 %				
5	C	24.43 %	14.48 %	10	D	17.5 %	10.55 %	15	B	25.49 %	8.75 %	20	B	40.72 %	5.43 %	25	B	23.08 %	4.22 %				

//संकेत और समाधान//

1. Sentient means conscious or alert. The opposite of conscious is unconscious.

Hence, the correct option is (C).

2. To sequester means; to separate, segregate, or isolate. The opposite of that is to integrate which means to blend, coordinate, or form.

Hence, the correct option is (C).

3. Sere means arid, droughty, dry, thirsty, waterless. The opposite of that is humid which means wet, damp, moist.

Hence, the correct option is (A).

4. "Rajnikanth" will come instead of "Rajnikanth's" because in the sentences which have the construction like "Many + Noun + of ", we don't use an apostrophe. So, the correct sentence is,

I have watched many movies of Rajinikanth who is called the Amitabh Bachchan of Tollywood.

Hence, the correct option is (B).

5. 'Akin' is always used with the preposition 'to' instead of 'with'. So, the correct sentence is,

There are some people who believe asking for government assistance is akin to admitting one is a failure.

Hence, the correct option is (C).

6. Licentious means behaving in a way that is considered sexually immoral. Hence, the word "immoral" is the correct synonym of the given word.

Hence, the correct option is (A).

7. Commemorate means to remember officially and give respect to a great person or event, especially by a public ceremony or by making a statue or special building. So, the word similar in the meaning is "Remember".

Hence, the correct option is (D).

8. Squander means to waste money, time etc in a stupid or careless way. So, the opposite meaning to 'squander' is 'waste'.

Hence, the correct option is (B).

9. The idiom "in black and white" means in writing or in print.

Hence, the correct option is (B).

10. The idiom "stick your neck out" means risk incurring criticism or anger by acting or speaking boldly, to take a risk or invite trouble by your actions.

Hence, the correct option is (D).

11. Refer to the following statement of the passage, 'It was epitomized by the absurdity of rural farmers having backyard furnaces to increase national steel production (yet what was produced was nearly unusable pig iron).'

Hence, the correct option is (C).

12. Refer to the first statement of the passage, 'The Great Leap Forward of the People's Republic of China (PRC) was an economic and social plan'.

Hence, the correct option is (B).

13. Communism was honed on the theory of productive forces.

Hence, the correct option is (C).

14. Beget means to be the cause of something.

Hence, the correct option is (A).

15. Primacy means the state of being the most important thing. Pre-eminence also means the state of being the most important thing.

Hence, the correct option is (B).

16. Rules for changing the direct speech into indirect speech are given below:

The inverted commas (" ") used in direct narration is removed in indirect narration and "that" conjunction is used. The direct narration is in past continuous tense, so it will be changed into past perfect continuous tense. Also, 'last night' will be changed into 'previous night'. So, the indirect speech of the given sentence will be:

I told her that it had been raining the previous night when she had left.

Hence, the correct option is (A).

17. The reported speech shows a universal truth. It means there will be no changes in its tense while converting the narration to indirect speech.

Hence, the correct option is (B).

18. The starting statement starts with 'let us', the continuing statement will be talking about the uniqueness of all i.e. R. P follows R as it describes up to when we all can be unique. Q will be the concluding statement as it talks about the realization that we all are the same. The correct option is RPQ as only that arrangement would make a coherent paragraph.

The correct formation would be, 'let us all be unique together until we realize, we all are the same'.

Hence, the correct option is (D).

19. Since the statement talks about the choice of an author, the continuing statement would be his choice of not showing responses on something. So, R follows Q and P will be the concluding statement as he chooses not to respond on his writings. Thus, the correct option is RQP as only that arrangement would make a coherent paragraph.

The correct formation would be, 'The author has chosen not to show responses on this story'.

Hence, the correct option is (C).

20. The given sentence is in the active voice. It is in future indefinite tense. Let us understand the structures for active/passive voices for such sentences.
Active: Subject + will/shall + verb (Ist form) + object.

Passive: Object+ will/shall + be + verb (IIIrd form) + by + subject.
So, with the help of the above structures, we can convert the sentence into passive voice:
The clothes will be returned by the washerman in the evening.

Hence, the correct option is (B).

21. The given sentence is in the active voice. It is in interrogative form of present indefinite tense. The structures for active/passive voices are:

Active: Do/does + subject + verb (Ist form) + object?

Passive: Is/are/am + object + verb (IIIrd form) + by + subject?

So, based on the above structures, we can convert the given sentence into passive voice:

Is football played by the children?

Hence, the correct option is (B).

22. The given sentence is of present perfect tense and it is the active form. The structures for active/passive voices are:

Active: Subject + has/have + verb (IIIrd form) + object.

Passive: Object + has/have + been + verb (IIIrd form) + by + subject.

So, the passive voice of the given sentence would be:

A film based on this novel has been made.

Hence, the correct option is (C).

23. Hang means kill (someone) by tying a rope attached from above around their neck and removing the support from beneath them (often used as a form of capital punishment).

Forms- Hang, Hanged, Hanged.

He was hanged for murder.

Hang- to have been suspended in the air or placed on a wall

Forms- Hang, Hung, Hung.

He hung up his coat.

Hence, the correct option is (B).

24. After the phrase 'one of the', a plural noun is used. Hence, 'teachers' is the only suitable choice for this blank.

Hence, the correct option is (A).

25. An equestrian is a person who is skilled in horsemanship.

A cavalier is an arrogant person or someone indifferent or casual about important matters.

A jockey is a person who rides horses in races, especially as a profession.

A cavalryman is a soldier who is in the cavalry, especially one who rides a horse.

Hence, the correct option is (B).

अनुभागीय टेस्ट 02

Q.1 In the following question, out of the four alternatives, select the word opposite in meaning to the given word.

Desecration

A. Hopelessness **B.** Disbelief
C. Veneration **D.** Manifestation

Q.2 In the following question, out of the four alternatives, select the word opposite in meaning to the given word.

Impoverished

A. Pure **B.** Affluent
C. Important **D.** Efficient

Q.3 In the following question, out of the four alternatives, select the word opposite in meaning to the given word.

Pensive

A. Careless **B.** Thoughtful
C. Penitent **D.** Unattached

Q.4 In the following question, some part of the sentence may have errors. Find out which part of the sentence has an error and select the appropriate option. If a sentence is free from error, select 'No Error'.

He has decided to visit Mumbai (1)/ with a view to explore the new (3)/ opportunities lying in front of him. (3)/ No error

A. 1 **B.** 2 **C.** 3 **D.** No Error

Q.5 In the following question, some part of the sentence may have errors. Find out which part of the sentence has an error and select the appropriate option. If a sentence is free from error, select 'No Error'.

I expected that you would (1)/ score much better (2)/ marks but unfortunately you didn't. (3)/ No error

A. 1 **B.** 2 **C.** 3 **D.** No Error

Q.6 In the following question, some part of the sentence may have errors. Find out which part of the sentence has an error and select the appropriate option. If a sentence is free from error, select 'No Error'.

My husband told me that he (1)/ will be coming to Singapore (2)/ next year for the new project. (3)/ No error

A. 1 **B.** 2 **C.** 3 **D.** No Error

Q.7 In the following question, out of the four alternatives, select the word similar in meaning to the given word.

Dogma

A. Possibility **B.** Feeling
C. Tenet **D.** Doubt

Q.8 In the following question, out of the four alternatives, select the word similar in meaning to the given word.

Smear

A. Mark **B.** Laud **C.** Blank **D.** Hymn

Q.9 In the following question, a sentence has been given in Active/Passive Voice. Out of the four alternatives suggested, select the one which best expresses the same sentence in Passive/Active Voice.

They should shoot the traitor dead.

A. The traitor should be shot at by them.
B. The traitor should be shot them.
C. The traitor should be shot dead by them.
D. The traitor is shot dead by them.

Q.10 In the following question, a sentence has been given in Active/Passive Voice. Out of the four alternatives suggested, select the one which best expresses the same sentence in Passive/Active Voice.

Is a letter being written by you?

A. Are you writing a letter?
B. Were you writing a letter?
C. Had you been writing a letter?
D. Did you write a letter?

Ques (11-15):Direction: Read the passage carefully and select the best answer to the question out of the given four alternatives.

The saddest part of life lies not in the act of dying, but in failing to truly live while we are alive. Too many of us play small with our lives, never letting the fullness of our humanity see the light of day. I've learned that what really counts in life, in the end, is not how many toys we have collected or how much money we've accumulated, but how many of our talents we have liberated and used for a purpose that adds value to this world. What truly matters most are the lives we have touched and the legacy that we have left. Tolstoy put it so well when he wrote: "We live for ourselves only when we live for others." It took me forty years to discover this simple point of wisdom.

Forty long years to discover that success cannot really be pursued. Success ensues and flows into your life as the unintended yet inevitable by-product of a life spent enriching the lives of other people. When you shift your daily focus from a compulsion to survive towards a lifelong commitment to serving, your existence cannot help but explode into success. I still can't believe that I had to wait until the "half-time" of my life to figure out that true fulfillment as a human being comes not from achieving those grand gestures that put us on the front pages of the newspapers and business magazines, but instead from those basic and incremental acts of decency that each one of us has the privilege to practice each and every day if we simply make the choice to do so.

Mother Teresa, a great leader of human hearts if ever there was one, said it best: "There are no great acts, only small acts done with great love." I learned this the hard way in my life. Until recently, I had been so busy striving, I had missed out on living. I was so busy chasing life's big pleasures that I had missed out on the little ones, those micro joys that weave themselves in and out of our lives on a daily basis but often go unnoticed. My days were overscheduled, my mind was overworked and my spirit was underfed.

Q.11 According to the passage, what does "failing to truly live while we are alive" answer?

A. End up thinking of death all our lives
B. Never letting the fullness of our humanity see the light of day
C. Focus on basic and incremental acts of decency
D. Over scheduling our days and overpaying ourselves

Q.12 Suggest a suitable title for the passage?

A. True happiness as experienced by Mother Teresa
B. Forty years of discovery Tolstoy
C. Living truly
D. Learning it the hard way

Q.13 According to the passage, what took Tolstoy forty years to discover?

A. Simple point of happiness
B. That we live for ourselves only when we live for others
C. That his spirit was undeterred
D. That he was a great leader of human hearts

Q.14 What according to the passage is success?

A. Success cannot be pursued
B. Success is an unintended yet inevitable byproduct of a life spent enriching the lives of others
C. Success is true fulfillment
D. Success is an incremental act of decency

Q.15 According to the passage, what did Mother Teresa learn in a hard way in her life?

A. That there are no great acts, only small acts are done with great love
B. That she had been so busy striving that she had missed out on living
C. That her days were overscheduled and her mind was overworked
D. That she was so busy chasing life's big pleasures that she had missed out on the little ones

Q.16 In the following question, a sentence has been given in Direct/Indirect Speech. Out of the four alternatives suggested, select the one which best expresses the same sentence in Indirect/Direct Speech.

The teacher asked me why I had been absent the day before.

A. The teacher asked me, "Why were you absent yesterday?".
B. The teacher asked me, "Why are you absent yesterday?".
C. The teacher asked me, "Why are you absent the day before?".
D. The teacher asked me, "Were you absent the day before?".

Q.17 In the following question, a sentence has been given in Direct/Indirect Speech. Out of the four alternatives suggested, select the one which best expresses the same sentence in Indirect/Direct Speech.

He said, "Thanks for reminding me".

A. He thanked me reminding him.
B. He thanked me for reminding him.
C. He said to me thanks for reminding him.
D. He said that he is thankful to me for reminding him.

Q.18 In the following question, a sentence has been given in Direct/Indirect Speech. Out of the four alternatives suggested, select the one which best expresses the same sentence in Indirect/Direct Speech.

He said, "Where shall I be this time next year!"

A. He asked that where should he be that time next year.
B. He wondered where he should be that time the next year.
C. He contemplated where shall he be that time the following year.
D. He wondered where he would be that time the following year.

Q.19 In the following question, out of the four alternatives, select the alternative which best expresses the meaning of the Idiom/Phrase.

To carry weight

A. To carry burden **B.** Carry the day
C. Be important **D.** Carry through

Q.20 In the following question, out of the four alternatives, select the alternative which best expresses the meaning of the Idiom/Phrase.

To be fair and square

A. Worthy **B.** Honest
C. Successful **D.** Obedient

Q.21 A sentence is given below in jumbled order. Arrange the sentence in the right order to form a meaningful and coherent sentence.

Seeking help
P) always easy
Q) is not
R) for everyone

A. PQR **B.** QPR **C.** RPQ **D.** QRP

Q.22 A sentence is given below in jumbled order. Arrange the sentence in the right order to form a meaningful and coherent sentence.

I will sign
P) the cheque
Q) the work
R) when you finish

A. PQR **B.** PRQ **C.** RPQ **D.** QPR

Q.23 In the following question, the sentence is given with blank to be filled in with an appropriate word. Select the correct alternative out of the four and indicate it by selecting the appropriate option.

Soldiers are not prepared __________ that kind of attack.

A. At **B.** By **C.** For **D.** About

Q.24 Choose an option, which can be substituted for a given word/sentence/phrase out of given options.

One who loves mankind is called

A. Optimist **B.** Philanthropist
C. Optometrist **D.** Truant

Q.25 Choose an option, which can be substituted for a given word/sentence/phrase out of given options.

A remedy for all diseases is

A. Medicine **B.** Medical

C. Panacea **D.** None of these

// Smart Answer Sheet //

Correct Percentage of students who answered correctly. Skipped Percentage of students who skipped.

Q.	Ans.	Correct	Skipped	Q.	Ans.	Correct	Skipped	Q.	Ans.	Correct	Skipped	Q.	Ans.	Correct	Skipped	Q.	Ans.	Correct	Skipped	Q.	Ans.	Correct	Skipped
1	C	61.72 %	1.26 %	6	B	87.33 %	0.0 %	11	B	57.99 %	1.02 %	16	A	56.29 %	1.33 %	21	B	88.64 %	0.0 %				
2	B	41.21 %	1.78 %	7	C	49.12 %	1.89 %	12	C	60.09 %	1.27 %	17	B	68.77 %	1.51 %	22	B	77.01 %	0.0 %				
3	A	53.09 %	1.66 %	8	A	51.86 %	1.27 %	13	B	53.48 %	1.99 %	18	D	45.74 %	1.02 %	23	C	79.81 %	0.0 %				
4	B	89.99 %	0.0 %	9	C	41.9 %	1.85 %	14	B	48.33 %	1.02 %	19	C	65.01 %	1.77 %	24	B	59.53 %	1.57 %				
5	A	49.3 %	1.91 %	10	A	60.46 %	1.25 %	15	A	56.69 %	1.12 %	20	B	86.11 %	0.0 %	25	C	66.21 %	1.75 %				

//संकेत और समाधान//

1. Desecration means making lose face or showing disrespect.

Veneration means having and showing a lot of respect for something.

Manifestation means the action or fact of showing something.

Hopelessness means the absence of hope.

Disbelief means inability or refusal to accept that something is true or real.

Hence, the correct option is (C).

2. Impoverished means very poor.

Affluent means having a lot of money or owning a lot of things; a rich person.

Efficient means working or operating quickly and effectively in an organized way.

Hence, the correct option is (B).

3. Pensive means thinking deeply or seriously.

Careless means not giving sufficient attention or thought to avoid harm or errors.

Thoughtful means absorbed in or involving thought.

Penitent means feeling or showing sorrow and regret for having done wrong; repentant.

Unattached means not working for or belonging to a particular body or organization.

Hence, the correct option is (A).

4. We always use gerund (V+ing) form with the structure like "with the view to". Therefore, it should be "exploring" instead of "explore" in part (2) of the sentence. The correct sentence is-

He has decided to visit Mumbai with a view to exploring the new opportunities lying in front of him.

Hence, the correct option is (B).

5. The Past Perfect tense is used with words like hope, expect, intend etc to indicate hope, expectation, intension etc. The correct sentence is-

I had expected that you would score much better marks but unfortunately you didn't.

Hence, the correct option is (A).

6. Since the reporting verb is in the past tense, therefore reporting speech will also be in the past tense. Hence 'would be coming' will come instead of 'will be coming'. So, the correct sentence is-

My husband told me that he would be coming to Singapore next year for the new project.

Hence, the correct option is (B).

7. Dogma = a belief or set of beliefs held by a group or organization, which others are expected to accept without argument.

Tenet = a principle or belief, especially one of the main principles of a religion or philosophy.

So, 'Tenet' is the word similar in meaning to the word 'Dogma'.

Hence, the correct option is (C).

8. Smear refers to a mark or streak of a greasy or sticky substance. So, 'Mark' is the word similar in meaning to "Smear'.

Hence, the correct option is (A).

9. The given sentence is of active voice and it uses a modal verb. The structures for active/passive voices for modal verbs are:

Active: Subject + modal verb + verb (Ist form) + object.

Passive: Object + modal verb + be + verb (IIIrd form) + by + subject.

So, with the help of the above structures, we can convert the given sentence into passive voice:

The traitor should be shot dead by them.

Hence, the correct option is (C).

10. The given sentence is in the passive voice. Here, the tense is present continuous interrogative. The structures for passive/active voices are:

Passive: Is/are/am + object + being + verb (IIIrd from) + by + subject?
Active: Is/are/am + subject + verb (ing) + object?

So, with the help of the above structures, we can convert the given sentence into active voice:
Are you writing a letter?

Hence, the correct option is (A).

11. The passage reflects on the importance of humanity. The line here reflects that as human beings we live our whole life believing that our life is only about achieving goals that will give us monetary benefits. What we fail to see is that we never let our humanity see that living fully means living for others.

Hence, the correct option is (B).

12. The passage reflects on the importance of humanity and states that we forget to live or help others and become selfish to achieve things, which won't satisfy our soul. What should matter here is that the loves we will touch or bring a change in other's life for good. The passage is all about reflecting the living purpose of humans.

Hence, the correct option is (C).

13. The last lines of the first paragraph state that Tolstoy learned that we live for ourselves only when we live for others and it took him forty years to discover this simple point of wisdom.

Hence, the correct option is (B).

14. The second line of the second paragraph clearly states that success ensues and flows into our life as the unintended yet inevitable byproduct of a life spent enriching the lives of other people. This is not understood by most people and they live their life without enriching the lives of others.

Hence, the correct option is (B).

15. The last paragraph states that "Mother Teresa, a great leader of human hearts if ever there was one, said it best: "There are no great acts, only small acts done with great love."

Hence, the correct option is (A).

16. The given sentence is in indirect speech. While converting it to direct speech, following changes are made:
1. "asked" will change to "said to".
2. The reported verb will be of simple past and the question word "why" will start the sentence in reported verb.
3. Word "the day before" will change to "yesterday". The question mark will be placed at the end of reported verb.
We can see that only option A follows the above rules correctly, so, it is the correct answer.

Hence, the correct option is (A).

17. This is a sentence of optative direct speech. Rules for changing such sentences into indirect narrations are given below:

Said changes to prayed/wished/bade/cursed/thanked etc as per the sense of the sentence. Inverted commas (" ") are removed and "that" is used instead. However, in some sentences, "that" is not used. Reported speech (which has the verb and subject) is now written in the form of (subject + verb); reported speech is made assertive. So, the answer will be:

He thanked me for reminding him.

Hence, the correct option is (B).

18. The given sentence is in interrogative form. To convert such sentences into the direct narration, the below rules are followed:

'Said/say' is changed to ask/asked/wonder/wondered/enquire of/enquired of. If the reported speech is in the form of WH-Question (who/what/why/how/where/when/which etc), no conjunction is used before the question word. The question word itself works as conjunction. The reported verb is made assertive; i.e. it is kept in the order of subject + verb.

So, the answer will be:

He wondered where he would be that time the following year.

Hence, the correct option is (D).

19. The idiom "to carry weight" means be important; effective or strong.

Hence, the correct option is (C).

20. The idiom "fair and square" means being very accurate or honest.

Hence, the correct option is (B).

21. As the starting statement talks about the seeking help, the next statement would be carrying a verb, so, Q follows. P follows Q as it describes that taking help is not that easy. R will be the concluding statement as it states that it is not easy for everyone. Thus, the correct option is QPR as only that arrangement would make a coherent paragraph.

The correct formation would be, 'Seeking help is not always easy for everyone'.

Hence, the correct option is (B).

22. As the work can't be signed, so P follows the opening statement as it talks about the signing of the cheque. The next statement will be the condition on which the cheque will get signed. So, R follows P. The concluding statement would be Q as it talked about the work that is yet to be finished. Thus, the correct option is PRQ as only that arrangement would make a coherent paragraph.

The correct formation would be, 'I will sign the check when you finish the work'.

Hence, the correct option is (B).

23. 'For' is the most appropriate choice of preposition here as 'prepare for' means to make plans for a future event. So, the sentence is-

Soldiers are not prepared for that kind of attack.

Hence, the correct option is (C).

24. One who loves mankind is called a philanthropist.

A person who is inclined to be hopeful and to expect good outcomes is called an optimist.

A healthcare professional who provides primary vision care ranging from sight testing and correction to the diagnosis, treatment and management of vision changes is called an optometrist.

A child who stays away from school without permission is called a truant.

Hence, the correct option is (B).

25. A remedy for all diseases is called a panacea.

The art, science, and practice of caring for a patient and managing the diagnosis are called medicine.

An examination of the body by a doctor to check your state of health is called medical.

Hence, the correct option is (C).

अनुभागीय टेस्ट 03

Q.1 In the following question, out of the four alternatives, select the word opposite in meaning to the given word.
Calumny
A. Revoke **B.** Slander
C. Cantankerous **D.** Accolade

Q.2 In the following question, out of the four alternatives, select the word opposite in meaning to the given word.
Eternity
A. Perpetuity **B.** Yonder
C. Aeon **D.** Ephemeral

Q.3 In the following question, out of the four alternatives, select the word opposite in meaning to the given word.
Dawdle
A. Loiter **B.** Mosey **C.** Hasten **D.** Saunter

Q.4 In the following question, some part of the sentence may have errors. Find out which part of the sentence has an error and select the appropriate option. If the sentence is free from error, select 'No error'.
I purchased (A)/ this ball yesterday (B)/ and have given it to my friend. (C)/ No error (D)
A. A **B.** B **C.** C **D.** No Error

Q.5 In the following question, some part of the sentence may have errors. Find out which part of the sentence has an error and select the appropriate option. If the sentence is free from error, select 'No error'.
The actress (A)/ with all her fans (B)/ are sent to the theatre. (C)/ No error (D)
A. A **B.** B **C.** C **D.** No Error

Q.6 In the following question, some part of the sentence may have errors. Find out which part of the sentence has an error and select the appropriate option. If the sentence is free from error, select 'No error'.
Aradhaya learnt (A)/ the alphabets (B)/ at her playschool. (C)/ No error (D)
A. A **B.** B **C.** C **D.** No Error

Q.7 Choose an option, which can be substituted for a given word/sentence/phrase out of given options.
A doctor who specializes in diseases of the nose
A. Rhinologist **B.** Otologist
C. Pathologist **D.** Podiatrist

Q.8 In the following question, out of the four alternatives, select the word similar in meaning to the given word.
Jeer
A. Compliment **B.** Hoot
C. Flatter **D.** Praise

Q.9 In the following question, out of the four alternatives, select the word similar in meaning to the given word.
Bombastic
A. Eloquent **B.** Ornate
C. Glorious **D.** Grandiloquent

Q.10 In the following question, out of the four alternatives, select the word similar in meaning to the given word.
Engross
A. Dismiss **B.** Oppress
C. Absorb **D.** Endanger

Ques (11-15):Direction: Read the passage carefully and select the best answer to each question out of the four alternatives.

The Ebola virus causes an acute, serious illness that is often fatal if untreated. Ebola virus disease (EVD) first appeared in 1976 in two simultaneous outbreaks, one in what is now, Nzara, South Sudan, and the other in Yambuku, Democratic Republic of Congo. The latter occurred in a village near the Ebola River, from which the disease takes its name. The 2014 - 2016 outbreak in West Africa was the largest and most complex Ebola outbreak since the virus was first discovered in 1976. There were more cases and deaths in this outbreak than all others combined. It also spread between countries, starting in Guinea then moving across land borders to Sierra Leone and Liberia.

The virus family Filoviridae includes three genera: Cuevavirus, Marburgvirus, and Ebolavirus. Within the genus Ebolavirus, five species have been identified: Zaire, Bundibugyo, Sudan, Reston and Taï Forest. The first three, Bundibugyo ebolavirus, Zaire ebolavirus, and Sudan ebolavirus have been associated with large outbreaks in Africa. The virus causing the 2014 - 2016 West African outbreak belongs to the Zaire ebolavirus species.

It is thought that fruit bats of the Pteropodidae family are natural Ebola, virus hosts. Ebola is introduced into the human population through close contact with the blood, secretions, organs or other bodily fluids of infected animals such as chimpanzees, gorillas, fruit bats, monkeys, forest antelope and porcupines found ill or dead or in the rainforest.

Q.11 How did the Ebola Virus get its name?
A. It is not known how the virus was named Ebola
B. The name was kept on the name of the person who was first diagnosed with it
C. It was kept on the name of a river near the village where the virus was first reported
D. Ebola is the name of the Vaccine used to cure it

Q.12 Which of the following is not the genus of the virus family Filoviridae?
A. Cuevavirus **B.** Ebolavirus
C. Hyphomycetes **D.** Marburgvirus

Q.13 The virus causing the 2014–2016 West African outbreak belonged to which ebolavirus species?

A. Bundibugyo **B.** Sudan
C. Reston **D.** Zaire

Q.14 Which of the following is not the way the Ebola virus is introduced into human body?

A. Through contaminated water
B. Through fruit bats
C. Through infected animals
D. Through antelope and porcupines

Q.15 Which of the following is the opposite in meaning to the word "outbreak"?

A. Berserk **B.** Epidemic
C. Doldrums **D.** Insurgence

Q.16 In the following question, a sentence has been given in Active/Passive Voice. Out of the four alternatives suggested, select the one which best expresses the same sentence in Passive/Active Voice.

He was not given the information he needed.

A. Somebody was not given the information he needed.
B. The information he needed wasn't given to him.
C. He needed the information he wasn't given.
D. They didn't give him the information he needed.

Q.17 In the following question, a sentence has been given in Active/Passive Voice. Out of the four alternatives suggested, select the one which best expresses the same sentence in Passive/Active Voice.

Bipin was not told about the meeting.

A. Somebody did not tell Bipin about the meeting.
B. There was nobody who could tell Bipin about the meeting.
C. Nobody told Bipin about the meeting.
D. The meeting was not told about Bipin.

Q.18 In the following question, a sentence has been given in Active/Passive Voice. Out of the four alternatives suggested, select the one which best expresses the same sentence in Passive/Active Voice.

End the war now.

A. Now must the war be ended.
B. Let the war be ended now.
C. You must end the war now.
D. Must the war be ended now.

Q.19 In the following question, out of the four alternatives, select the alternative which best expresses the meaning of the Idiom/Phrase.

No room to swing a cat.

A. An open public area
B. To catch a cat in a closed room
C. To have a bad luck
D. To be in a very small and crowded place

Q.20 In the following question, out of the four alternatives, select the alternative which best expresses the meaning of the Idiom/Phrase.

Crocodile tears

A. To feel sad for another person's misfortunes
B. To laugh so much that your eyes start to water
C. A person whose sadness is never noticed
D. Expressions of sorrow that are insincere

Q.21 In the following question, a sentence has been given in Direct/Indirect Speech. Out of the four alternatives suggested, select the one which best expresses the same sentence in Indirect/Direct Speech.

Tom said to me, "I shall meet you at the station".

A. Tom told me that he would meet me at the station.
B. Tom told me that he will meet me at the station.
C. Tom told me that I would meet me at the station.
D. Tom told me that he would have met me at the station.

Q.22 In the following question, a sentence has been given in Direct/Indirect Speech. Out of the four alternatives suggested, select the one which best expresses the same sentence in Indirect/Direct Speech.

The boss said to her secretary, "Did you discuss this matter with the manager?"

A. The boss asked her secretary whether she discussed that matter with the manager.
B. The boss asked her secretary if you have discussed that matter with the manager.
C. The boss asked her secretary if she had discussed that matter with the manager.
D. The boss asked her secretary whether she has discussed that matter with the manager.

Q.23 In the following question, a sentence has been given in Direct/Indirect Speech. Out of the four alternatives suggested, select the one which best expresses the same sentence in Indirect/Direct Speech.

The robber said to Alexander, "I am your captive".

A. The robber told Alexander that he is his captive.
B. The robber told Alexander that he was your captive.
C. The robber told to Alexander that he was his captive.
D. The robber told Alexander that he was his captive.

Q.24 Choose the correct option from the given alternatives and improve the bracketed part of the sentence.

400 million people speak English as (there first language).

A. There native language
B. Their first language
C. His first language
D. No improvement

Q.25 Choose the correct option from the given alternatives and improve the bracketed part of the sentence.

She could have left then, and might have if curiosity hadn't gotten (best of her).

A. The best of her
B. The most best of her
C. A best of her
D. No improvement

// Smart Answer Sheet //

Correct Percentage of students who answered correctly. **Skipped** Percentage of students who skipped.

Q.	Ans.	Correct / Skipped	Q.	Ans.	Correct / Skipped	Q.	Ans.	Correct / Skipped	Q.	Ans.	Correct / Skipped	Q.	Ans.	Correct / Skipped	Q.	Ans.	Correct / Skipped
1	D	55.66 % / 1.34 %	6	B	77.74 % / 0.0 %	11	C	83.76 % / 0.0 %	16	D	25.33 % / 3.48 %	21	A	47.0 % / 1.84 %			
2	D	80.41 % / 0.0 %	7	A	64.88 % / 1.77 %	12	C	89.29 % / 0.0 %	17	C	14.11 % / 3.09 %	22	C	63.74 % / 1.68 %			
3	C	53.95 % / 1.06 %	8	B	42.38 % / 1.57 %	13	D	84.11 % / 0.0 %	18	B	43.79 % / 1.92 %	23	D	64.97 % / 1.31 %			
4	C	89.2 % / 0.0 %	9	D	44.3 % / 1.93 %	14	A	51.61 % / 1.85 %	19	D	42.3 % / 1.06 %	24	B	79.99 % / 0.0 %			
5	C	81.59 % / 0.0 %	10	C	65.47 % / 1.55 %	15	C	58.73 % / 1.15 %	20	D	83.78 % / 0.0 %	25	A	81.17 % / 0.0 %			

//संकेत और समाधान//

1. Calumny = a statement about someone that is not true and is intended to damage the reputation

Accolade = a formal expression of praise

Revoke = official cancel a decree, decision or promise

Cantankerous = quarrelsome, arguing and complaining a lot

Slander = a false spoken statement about someone that damages their reputation

So, 'Accolade' is the opposite word for 'Calumny'.

Hence, the correct option is (D).

2. Eternity means forever; infinite or unending time.

Ephemeral means short-lived; lasting for a very short time.

Perpetuity means continuance; the state or quality of lasting forever.

Yonder means farther; at some distance in the direction indicated.

Aeon means lifetime; an indefinite and very long period of time.

So, 'Ephemeral' is the opposite word for 'Eternity'.

Hence, the correct option is (D).

3. Dawdle = waste time; be slow

Hasten = be quick to do something

Loiter = walk slowly and with no apparent purpose; dawdle

Mosey = walk or move in a leisurely manner

Saunter = walk in a slow, relaxed manner; a leisurely stroll

So, 'Hasten' is the opposite word for 'Dwadle'.

Hence, the correct option is (C).

4. The error is in part (C) of the sentence. The use of verb "purchased" and the word "yesterday" makes it clear that the given sentence is in past tense. Therefore, it is grammatically incorrect to use present verb "have given" in part (C) of the sentence. Thus, The correct sentence is-

I purchased this ball yesterday and gave it to my friend.

Hence, the correct option is (C).

5. If the subject is joined by 'as well as', 'with', 'along with', 'together with' etc. the verb will agree with the first subject. Here, the first subject is "the actress" which is singular; hence, the verb used should also be singular. Hence, replace 'are' with 'is'. So, the correct sentence is-

The actress with all her fans is sent to the theatre.

Hence, the correct option is (C).

6. The error is in part (B) of the sentence. The noun 'alphabet' is not used in plural form. It is because it is a collective noun which is used for the letters referring to a to z in English language. So, the correct sentence is-

Aradhaya learnt the alphabet at her playschool.

Hence, the correct option is (B).

7. A doctor who specializes in diseases of the nose is called a Rhinologist.

A doctor who specializes in diseases of the ears is called an Otologist.

A medical healthcare provider who examines bodies and body tissues is called a Pathologist.

A physician and surgeon who treats the foot, ankle and related structures of the leg is called Podiatrist.

Hence, the correct option is (A).

8. Jeer = a rude and mocking remark

Hoot = a shout expressing scorn or disapproval

Compliment = a polite expression of praise or admiration

Flatter = lavish praise and compliments on (someone), often insincerely and with the aim of furthering one's own interests

Praise = express warm approval or admiration

So, the word 'Hoot' has a similar meaning as 'Jeer'.

Hence, the correct option is (B).

9. Bombastic = sounding important but in actual meaningless; pompous, grandiloquent

Grandiloquent = pompous or extravagant in language, style, or manner, especially in a way that is intended to impress; bombastic

Eloquent = fluent or persuasive in speaking or writing

Ornate = highly decorated

Glorious = having great beauty and splendor

So, the word 'Grandiloquent' has a similar meaning as 'Bombastic'.

Hence, the correct option is (D).

10. Engross = absorb all the attention or interest of; to occupy completely, as the mind or attention

Absorb = take up the attention of (someone); interest greatly

Dismiss = order or allow to leave; send away; treat as unworthy of serious consideration

Oppress = to govern people in an unfair and cruel way and prevent them from having opportunities and freedom

Endanger = put (someone or something) at risk or in danger

So, the word 'Absorb' has a similar meaning as 'Engross'.

Hence, the correct option is (C).

11. It is given in the first paragraph that the virus first appeared at two places in 1976. Out of these two places, one was found in a village near the river "Ebola" in Yambuku, Democratic Republic of Congo.

Hence, the correct option is (C).

12. There are only three genera of virus family Filoviridae has been given in the passage which are Cuevavirus, Marburgvirus, and Ebolavirus.

Hence, the correct option is (C).

13. It is clearly mentioned in the following line of the passage, "The virus causing the 2014–2016 West African outbreak belongs to the Zaire ebolavirus species".

Hence, the correct option is (D).

14. As mentioned in the passage, the Ebola virus can infect the human body through the blood, secretions, organs or other bodily fluids of infected animals such as chimpanzees, gorillas, fruit bats, monkeys, forest antelope and porcupines found ill or dead or in the rainforest. The aspects of its affecting the human body through contaminated water is nowhere mentioned in the passage.

Hence, the correct option is (A).

15. Outbreak = a sudden and unusual occurrence of something, such as a war or a disease

Doldrums = unsuccessful or showing no activity or development

Berserk = out of control with anger or excitement; wild or frenzied.

Epidemic = a widespread occurrence of an infectious disease in a community at a particular time.

Insurgence = an act of rebellion

So, the correct opposite meaning of the given word "outbreak" is "doldrums".

Hence, the correct option is (C).

16. The given sentence is in passive form and its structure is:

Passive: Object + was/were (not) + verb (IIIrd form) + (by + subject).

Its active structure would be:

Active: Subject + did not + verb (Ist form) + object.

It is optional to include the part (By + subject) in the passive voice. In sentences where the subject is hidden or not given, we need to create a subject accordingly.

The active form of the given sentence would be:

They didn't give him the information he needed.

Hence, the correct option is (D).

17. The sentence is in passive form and needs to be changed into active voice. The structure for passive/active voice has been shown below:

Passive: Object + was/were + verb (IIIrd form) + (by + subject).

Active: Subject + verb (IInd form) + object.

So, according to the above structure, the active voice of the given sentence would be:

Nobody told Bipin about the meeting.

Hence, the correct option is (C).

18. The given sentence is an imperative sentence. It is given in the form:

Active: Verb + object

So, the passive form of the sentence will be:

Passive: Let + object + be + past participle

So, the passive voice of the given sentence would be:

Let the war be ended now.

Hence, the correct option is (B).

19. The idiom "no room to swing a cat" means a place is very small and crowded.

Hence, the correct option is (D).

20. The idiom "crocodile tears" means to show sadness which is not sincere or actual; fake cry. The same meaning is depicted by option (D).

Hence, the correct option is (D).

21. The given sentence is of direct speech. "Said to" will change to "told". Since the reporting verb is in the past tense, changes will be made to the reported verb. "Shall" will change to "would" as the pronoun "I" will change to "he". Option (A) follows the rules correctly, so, it is the correct answer. So, the answer is-

Tom told me that he would meet me at the station.

Hence, the correct option is (A).

22. The given sentence is in interrogative form. To convert such sentences into the indirect narration, the below rules are followed:

Say/Said is changed to ask/asked/wonder/wondered/enquire of/enquired of etc as per the sense of the sentence.

If the reported speech is in the form of WH-Question (who/what/why/how/where/when/which etc), no conjunction is used before the question word. The question word itself works as conjunction.

So, the correct answer is:

The boss asked her secretary if she had discussed that matter with the manager.

Hence, the correct option is (C).

23. The given sentence is indirect speech. To convert it into indirect speech, we'll convert "said to" into "told". The tense of the reported speech is simple present which will change to simple past. The pronoun "I" is the first-person pronoun. First-person pronoun changes according to the subject of the reporting speech which is "robber" in the sentence. So, "I" will change to "he" in indirect speech. "Your" is a second-person pronoun. Second-person pronoun changes according to the object of the reporting verb which is Alexander in the sentence. So, "your" will change to "his". So, the correct answer is-

The robber told Alexander that he was his captive.

Hence, the correct option is (D).

24. The word "there" refers to a place, "their" means belonging to, or associated with, a group of people. Here, "their" should be used in place of there. So, the correct sentence is-

400 million people speak English as their first language.

Hence, the correct option is (B).

25. Before the superlative degree "best", article 'the' should come. Hence option A is correct. For option B, "most" can't be used before "best". So, the correct sentence is-

She could have left then, and might have if curiosity hadn't gotten the best of her.

Hence, the correct option is (A).

अनुभागीय टेस्ट 04

Q.1 निम्नलिखित में से कौन सा पुरस्कार ऑस्ट्रेलियाई क्रिकेट ऑलराउंडर एलिस पेरी द्वारा नहीं जीता गया है?

A. आईसीसी महिला वनडे प्लेयर ऑफ द ईयर 2019
B. रशेल हीहो-फ्लिंट अवार्ड 2017
C. आईसीसी महिला इमर्जिंग प्लेयर ऑफ़ द इयर 2019
D. रशेल हीहो-फ्लिंट अवार्ड 2019

Q.2 भूटान की राजधानी क्या है?

A. पारो **B.** पुनाखा
C. थिम्पू **D.** इनमें से कोई नहीं

Q.3 कठोर जल के धातु घटक हैं:

A. मैग्नीशियम, कैल्शियम और टिन
B. आयरन, टिन और कैल्शियम
C. कैल्शियम, मैग्नीशियम और आयरन
D. मैग्नीशियम, टिन और आयरन

Q.4 भारत में सबसे बड़ी प्रायद्वीपीय नदी कौन सी है?

A. कृष्णा **B.** गोदावरी **C.** कावेरी **D.** महानदी

Q.5 'एम्पियर' _______ की इकाई है।

A. विद्युत प्रवाह **B.** गति
C. तापमान **D.** दाब

Q.6 कंप्यूटर का मस्तिष्क किसे कहा जाता है?

A. एएलयू **B.** सीपीयू **C.** कीबोर्ड **D.** मॉनिटर

Q.7 भारत के संविधान के किस अनुच्छेद के अंतर्गत सशस्त्र बलों के सदस्यों के मौलिक अधिकारों को विशेष रूप से प्रतिबंधित किया जा सकता है?

A. अनुच्छेद 21 **B.** अनुच्छेद 25
C. अनुच्छेद 33 **D.** अनुच्छेद 19

Q.8 यदि आप एक एनिमेटेड प्रस्तुति बनाना चाहते हैं, तो इसके लिए किस एप्लीकेशन प्रोग्राम का प्रयोग करना सबसे अच्छा होगा ?

A. MS पॉवरपॉइंट **B.** MS वर्ड
C. MS एक्सेस **D.** MS एक्सेल

Q.9 प्रकाश के विद्युत चुम्बकीय स्वरूप की खोज किसने की थी?

A. स्नेल **B.** न्यूटन **C.** मैक्सवेल **D.** यंग

Q.10 अकबर ने 'मियां' शीर्षक किसे दिया था?

A. राजा टोडर मल **B.** मान सिंह प्रथम
C. बीरबल **D.** तानसेन

Q.11 निम्नलिखित में से कौन सा वीडियो को सेव करने के लिए एक एक्सटेंशन है?

A. JPEG **B.** PNG **C.** DOX **D.** MPEG

Q.12 ब्रिटिश सरकार ने भारत सरकार अधिनियम 1919 की समीक्षा करने के लिए एक भारतीय वैधानिक आयोग की नियुक्ति की, इस आयोग को किस नाम से जाता है?

A. साइमन आयोग **B.** हंटर आयोग
C. एलबर्ट आयोग **D.** क्रिप्स मिशन

Q.13 वर्तमान केंद्रीय इस्पात मंत्री कौन हैं?

A. राजकुमार सैनी **B.** रमेश चंद्र
C. धर्मेंद्र प्रधान **D.** अश्विनी कुमार

Q.14 आपातकाल के दौरान निम्नलिखित में से कौन से मौलिक अधिकार रद्द नहीं किए जा सकते?

A. संगठन की स्वतंत्रता
B. भाषण और अभिव्यक्ति की स्वतंत्रता
C. जीवन और व्यक्तिगत स्वतंत्रता
D. शस्त्र रहित संगठित होने की स्वतंत्रता

Q.15 भारत के पहले मुख्य चुनाव आयुक्त कौन थे?

[DSSSB TGT Social Science, 2014]

A. के. वी. के. सुंदरम **B.** एस. पी. सेन वर्मा
C. सुकुमार सेन **D.** राजमन्ना

Q.16 निम्नलिखित में से कौन सा नियम गैसों से संबंधित नहीं हैं?

A. चार्ल्स का नियम **B.** डाल्टन का नियम
C. लेन्ज़ का नियम **D.** बॉयल का नियम

Q.17 वॉशिंग मशीन का कार्य सिद्धांत है:

A. विपरीत परासरण **B.** प्रसार
C. केन्द्रापसारण **D.** डायलिसिस

Q.18 निम्नलिखित में से कौन सा घरेलू पदार्थ प्रकृति में क्षारीय नहीं है?

A. दंतमंजन **B.** सिरका
C. धुलाई के सोडे का घोल **D.** डिटर्जेंट का घोल

Q.19 गन्ने, गेहूं और चावल जैसी फसलों के उत्पादन के लिए निम्नलिखित में से कौन सी खेती अधिक उपयुक्त है?

A. सिंचित खेती **B.** निर्वाह खेती
C. स्थानांतरण खेती **D.** वेदिका खेती

Q.20 राजस्थान में खारे पानी की कौन सी झील स्थित है?

A. सांभर झील **B.** चिल्का झील
C. बारापानी **D.** डल झील

Q.21 निम्नलिखित में से कौन भारत के दूसरे सर्वोच्च पद पर काबिज है?

A. भारत के राष्ट्रपति
B. भारत के मुख्य न्यायाधीश
C. भारत के प्रधान मंत्री
D. भारत के उपराष्ट्रपति

Q.22 ल्यूसिफ़ेरिन निम्नलिखित में से किस कीड़े में पाया जाता है?

A. जुगनू **B.** मरूमक्षिका
C. घरेलू मक्खी **D.** फल मक्खी

Q.23 किस देश ने अपने पहले आर्कटिक-निगरानी उपग्रह को सफलतापूर्वक लॉन्च किया है जो आर्कटिक की जलवायु और पर्यावरण की निगरानी करेगा?

A. जापान **B.** रूस **C.** चीन **D.** भारत

Q.24 रेडियो तरंगों के विक्षेपण के लिए वायुमंडल की निम्न में से कौन सी परत जिम्मेदार है?

A. क्षोभ मंडल **B.** आयनमंडल
C. समताप मंडल **D.** मध्यमंडल

Q.25 निम्नलिखित में से किसने कांग्रेस- खिलाफत स्वराज पार्टी की स्थापना की थी?

A. महात्मा गांधी
B. सुभाष चंद्र बोस
C. जवाहर लाल नेहरू
D. मोतीलाल नेहरू

// स्मार्ट उत्तर पुस्तिका //

सही उत्तर — उन छात्रों का प्रतिशत जिन्होंने प्रश्नों का सही उत्तर दिया था। छोड़ दिया — उन छात्रों का प्रतिशत जिन्होंने प्रश्नों को छोड़ दिया था।

प्रश्न संख्या	उत्तर	सही उत्तर	छोड़ दिया	प्रश्न संख्या	उत्तर	सही उत्तर	छोड़ दिया	प्रश्न संख्या	उत्तर	सही उत्तर	छोड़ दिया	प्रश्न संख्या	उत्तर	सही उत्तर	छोड़ दिया	प्रश्न संख्या	उत्तर	सही उत्तर	छोड़ दिया	प्रश्न संख्या	उत्तर	सही उत्तर	छोड़ दिया
1	C	41.53 %	1.27 %	6	B	76.16 %	0.0 %	11	D	52.7 %	1.35 %	16	C	46.49 %	1.66 %	21	D	79.76 %	0.0 %				
2	C	41.37 %	1.01 %	7	C	57.42 %	1.55 %	12	A	44.29 %	1.38 %	17	C	57.94 %	1.06 %	22	A	66.43 %	1.17 %				
3	C	50.49 %	1.73 %	8	A	85.7 %	0.0 %	13	C	49.13 %	1.12 %	18	B	82.0 %	0.0 %	23	B	14.53 %	4.58 %				
4	B	44.61 %	1.68 %	9	C	54.36 %	1.86 %	14	C	60.26 %	1.82 %	19	A	78.62 %	0.0 %	24	B	43.94 %	1.87 %				
5	A	82.97 %	0.0 %	10	D	87.68 %	0.0 %	15	C	53.9 %	1.87 %	20	A	69.84 %	1.7 %	25	D	67.5 %	1.95 %				

//संकेत और समाधान//

1.

- ऑस्ट्रेलियाई क्रिकेट ऑलराउंडर एलिसे पेरी ने आईसीसी महिला इमर्जिंग प्लेयर ऑफ़ द इयर 2019 नहीं जीता है।
- एलिसे पेरी एक ऑस्ट्रेलियाई खिलाड़ी हैं, जिन्होंने क्रिकेट और एसोसिएशन फुटबॉल में अपने देश का प्रतिनिधित्व किया है।
- वह क्रिकेट और फुटबॉल विश्व कप दोनों में ऑस्ट्रेलिया का प्रतिनिधित्व करने का गौरव रखती है।
- चैनिडा सुथिर्युंग ने महिला इमर्जिंग प्लेयर ऑफ़ द इयर 2019 जीता है।

अतः विकल्प (C) सही है।

2. थिम्पू भूटान की राजधानी और सबसे बड़ा शहर है। यह भूटान के पश्चिमी मध्य भाग में स्थित है।

अतः विकल्प (C) सही है।

3. कठोर जल के धातु घटक कैल्शियम, मैग्नीशियम और आयरन हैं।

हालांकि कुछ धातुओं में आयरन, एल्यूमीनियम और मैंगनीज भी पाया जा सकता है। ये धातुएं पानी में घुलनशील होती हैं, जिसका अर्थ है कि वे पानी में घुल जाएंगी।

अतः विकल्प (C) सही है।

4. गोदावरी भारत की सबसे बड़ी प्रायद्वीपीय नदी है।

लंबाई, जलग्रहण क्षेत्र और मुक्ति के संदर्भ में, गोदावरी प्रायद्वीपीय भारत में सबसे बड़ी है।

अतः विकल्प (B) सही है।

5. 'एम्पियर 'विद्युत प्रवाह की इकाई है।

एम्पियर का नाम फ्रांस के आंद्रे-मैरी एम्पीयर के नाम पर रखा गया है। एम्पियर को प्रति सेकंड एक कूलाम्ब के आवेश के प्रवाह के रूप में परिभाषित किया जाता है।

अतः विकल्प (A) सही है।

6. सीपीयू को कंप्यूटर का मस्तिष्क कहा जाता है।

इसमें कंप्यूटर सिस्टम की नियंत्रण प्रणाली और अरिथमेटिक लॉजिक यूनिट शामिल है। कंप्यूटर में सभी प्रमुख गणना और संकलक सीपीयू द्वारा निष्पादित किए जाते हैं। यह सभी आंतरिक और बाह्य उपकरणों को नियंत्रित करता है।

अतः विकल्प (B) सही है।

7. भारत के संविधान के अनुच्छेद 33 के तहत, सशस्त्र बलों के सदस्यों के मौलिक अधिकारों को विशेष रूप से प्रतिबंधित किया जा सकता है।

अनुच्छेद 33 संसद को सशस्त्र बलों, अर्ध-सैन्य बलों, पुलिस बलों, खुफिया एजेंसियों के सदस्यों या इसी तरह की सेवाओं के सदस्यों के मौलिक अधिकारों को प्रतिबंधित करने, संशोधित करने या निरस्त करने का अधिकार देता है। यह उनके कर्तव्यों के उचित निर्वहन करने के लिए आवश्यक है जो प्रकृति में संवेदनशील और जरूरी हैं।

अतः विकल्प (C) सही है।

8. MS पॉवरपॉइंट एक एनिमेटेड प्रस्तुति बनाने के लिए सबसे अच्छा होगा।

'बिल्ट-इन ट्रांजिशन एंड एनिमेशन' के क्षेत्र में, पॉवरपॉइंट ने 2012 तक लगभग 95% प्रस्तुति सॉफ्टवेयर प्राप्त किया है, जिससे इनिंग प्रस्तुति वास्तव में सरल हो गई है। यह उपयोगकर्ताओं को उन्नत और कस्टम एनिमेशन बनाने की अनुमति देता है।

अतः विकल्प (A) सही है।

9. मैक्सवेल ने प्रकाश की विद्युत चुम्बकीय प्रकृति की खोज की।

विद्युत चुंबकत्व नामक विद्युत सिद्धांत को 19 वीं शताब्दी के दौरान विभिन्न भौतिकविदों द्वारा विकसित किया गया था, जो जेम्स क्लर्क मैक्सवेल के काम के निष्कर्ष के समान था, जिन्होंने उसी सिद्धांत में पहले सफलता प्राप्त की थी।

अतः विकल्प (C) सही है।

10. अकबर ने तानसेन को 'मियां' की शीर्षक दिया था।

तानसेन बंदवगढ़ (रीवा) के राजा रामचंद्र के दरबार में दरबारी संगीतकार थे। जब अकबर ने उसकी विलक्षण प्रतिभा के बारे में सुना, तो उसने राजा को तानसेन के लिए एक फरमान भेजा और उसे अपने दरबार में नवरत्नों में से एक बना दिया।

अतः विकल्प (D) सही है।

11. MPEG एक वीडियो को सेव करने के लिए एक एक्सटेंशन है।

MPEG का अर्थ है 'मूविंग पिक्चर एक्सपर्ट्स ग्रुप'। MPEG एक संगठन है जो डिजिटल ऑडियो और वीडियो को एन्कोडिंग के लिए मानक विकसित करता है। यह मानकीकरण के लिए अंतर्राष्ट्रीय संगठन (ISO) और अंतर्राष्ट्रीय इलेक्ट्रोटेक्निकल कमीशन (IEC) के साथ काम करता है ताकि मीडिया संपीड़न मानकों को व्यापक रूप से अपनाया और सार्वभौमिक रूप से उपलब्ध हो सके।

अतः विकल्प (D) सही है।

12. ब्रिटिश सरकार ने भारत सरकार अधिनियम 1919 की समीक्षा के लिए एक भारतीय वैधानिक आयोग की नियुक्ति की, इस आयोग को साइमन आयोग के नाम से भी जाना जाता है।

भारतीय वैधानिक आयोग, जिसे साइमन आयोग के नाम से भी जाना जाता है, सर जॉन साइमन की अध्यक्षता में संसद के सात सदस्यों का एक समूह था। ब्रिटेन के सबसे बड़े और सबसे महत्वपूर्ण कब्जे में संवैधानिक सुधार का अध्ययन करने के लिए आयोग 1928 में ब्रिटिश भारत पहुंचा।

अतः विकल्प (A) सही है।

13. धर्मेंद्र प्रधान वर्तमान केंद्रीय इस्पात मंत्री हैं।

धर्मेंद्र प्रधान भारत सरकार में पेट्रोलियम और प्राकृतिक गैस और इस्पात मंत्री हैं। 31 मई 2019 को, श्री प्रधान ने अपना दूसरा लगातार कार्यकाल पेट्रोलियम और प्राकृतिक गैस मंत्रालय में शुरू किया, जो स्वतंत्र भारत के इतिहास में इस तरह का पहला केंद्र बन गया।

अतः विकल्प (C) सही है।

14. आपातकाल के दौरान, जीवन और व्यक्तिगत स्वतंत्रता के अधिकार को रद्द नहीं किया जा सकता है।

राष्ट्रीय आपातकाल के दौरान, भारतीय नागरिकों के कई मौलिक अधिकारों को रद्द किया जा सकता है। स्वतंत्रता के अधिकार के तहत, छह मौलिक अधिकार अपने आप रद्द हो जाते हैं। जबकि, जीवन और व्यक्तिगत स्वतंत्रता के अधिकार को मूल संविधान के अनुसार रद्द नहीं किया जा सकता है।

अतः विकल्प (C) सही है।

15. सुकुमार सेन भारत के पहले मुख्य चुनाव आयुक्त थे।

सुकुमार सेन (1898-1963) भारतीय सिविल सेवा (ICS) के एक अधिकारी थे। यह भारत के पहले मुख्य चुनाव आयुक्त (सीईसी) थे, जो 21 मार्च 1950 से 19 दिसंबर 1958 तक सेवारत थे। उनकी देखरेख में दो आम चुनाव (1951-52 और 1957 में) हुए थे।

अतः विकल्प (C) सही है।

16. लेन्ज़ का नियम गैसों से संबंधित नहीं है।

लेन्ज़ के नियम में कहा गया है कि विभिन्न ध्रुवों के साथ प्रेरित इलेक्ट्रोमोटिव बल एक विद्युत धारा को प्रेरित करता है जिसका चुंबकीय क्षेत्र लूप के माध्यम से चुंबकीय प्रवाह में परिवर्तन का विरोध करता है ताकि यह सुनिश्चित हो सके कि जब उसमें प्रवाह होता है तो मूल प्रवाह लूप के माध्यम से बनाए रखा जाता है।

अतः विकल्प (C) सही है।

17. वॉशिंग मशीन का कार्य सिद्धांत केन्द्रापसारण है।

केन्द्रापसारण एक पृथक्करण प्रक्रिया है जो ठोस-तरल मिश्रण में कणों के त्वरित निपटान को बढ़ावा देने के लिए केन्द्रापसारक बल का उपयोग करती है। इस उद्देश्य के लिए वॉशिंग मशीन में एक अपकेंद्रित्र होता है।अपकेंद्रित्र उपकरण एक टुकड़ा है जो एक वस्तु को एक निश्चित अक्ष के चारों ओर रोटेशन में डालता है, स्पिन के अक्ष के लंबवत बल को लागू करता है जो बहुत मजबूत हो सकता है।

अतः विकल्प (C) सही है।

18. सिरका घरेलू पदार्थ प्रकृति में क्षारीय नहीं है।

टूथपेस्ट, वाशिंग सोडा का घोल, डिटर्जेंट का घोल, स्लेक्ड लाइम ऐसे घरेलू पदार्थ हैं जिनकी मूल प्रकृति क्षारीय होती है।

बाथरूम एसिड, विटामिन सी की गोलियाँ, नींबू का रस, संतरे का रस, सिरका, फ़िज़ी पेय आदि जैसे पदार्थ प्रकृति में अम्लीय हैं।

अतः विकल्प (B) सही है।

19. गन्ने, गेहूं और चावल जैसी फसलों के उत्पादन के लिए सिंचित खेती अधिक उपयुक्त है।

सिंचित खेती उन क्षेत्रों में की जाती है जहां औसत वर्षा 80 और 200 सेमी के बीच होती है, जो गन्ना, गेहूं और चावल जैसी फसलों के लिए पर्याप्त है।

खेती की ऐसी प्रणाली का अभ्यास केवल देश के उन क्षेत्रों में किया जाता है जहाँ पानी का स्रोत भूमिगत या सतही जल निकायों जैसे नदियों, टैंकों और झीलों से होता है।

अतः विकल्प (A) सही है।

20. राजस्थान में खारे पानी की सांभर झील स्थित है।

सांभर खारे पानी की झील (साल्ट लेक) भारत की सबसे बड़ी अंतर्देशीय खारे पानी की झील है। यह कटोरे के आकार की झील है, जो ऐतिहासिक सांभर लेक टाउन को घेरे हुए है, जो राजस्थान के जयपुर शहर से दक्षिण पश्चिम में 96 किलोमीटर और अजमेर शहर से 64 किलोमीटर उत्तर पूर्व में राष्ट्रीय राजमार्ग 8 पर स्थित है।

अतः विकल्प (A) सही है।

21. भारत के उपराष्ट्रपति भारत के दूसरे सर्वोच्च पद पर काबिज है।

उन्हें प्रधानता के आधिकारिक वारंट में भारत के राष्ट्रपति से अगला स्थान दिया गया है। यह कार्यालय अमेरिकी उपराष्ट्रपति की तर्ज पर बनाया गया है।

अतः विकल्प (D) सही है।

22. ल्यूसिफ़ेरिन एक कार्बनिक पदार्थ है, जो ल्यूसिफ़ेरिन जुगनू नामक कीड़े में पाया जाता है या कीड़ों में मौजूद होता है।

जैसे कि जुगनू, जो एंजाइम ल्यूसिफ़रेज़ की क्रिया द्वारा ऑक्सीकृत होने पर प्रकाश पैदा करता है। जुगनू ल्यूसिफरिन का उपयोग लूसिफ़ेरिन-लूसिफ़ेरेज़ सिस्टम में किया जाता है जिसके लिए सह-कारक के रूप में एटीपी की आवश्यकता होती है। इसका उपयोग ऊर्जा या जीवन की उपस्थिति के जैव-संकेतक के रूप में भी किया जा सकता है।

अतः विकल्प (A) सही है।

23. रूस ने अपने पहले आर्कटिक-निगरानी उपग्रह को सफलतापूर्वक लॉन्च किया है जो आर्कटिक की जलवायु और पर्यावरण की निगरानी करेगा। रूस के अंतरिक्ष संस्थान का नाम रोस्कोसमोस है।

अतः विकल्प (B) सही है।

24. रेडियो तरंगों के विक्षेपण के लिए वायुमंडल की आयनमंडल परत जिम्मेदार है।

ताप मंडल के निचले भाग में, 100 से 400 किमी के बीच, वायुमंडलीय गैसों का आयनीकरण होता है और परत को आयनमंडल कहा जाता है। आयनमंडल सौर विकिरण द्वारा आयनित होता है। 250 किलोमीटर पर आयनित कणों की सबसे अधिक सांद्रता होती है जो रेडियो तरंगों के विक्षेपण के लिए जिम्मेदार है।

अतः विकल्प (B) सही है।

25. कांग्रेस - खिलाफत स्वराज पार्टी की स्थापना चित्तरंजन दास और मोतीलाल नेहरू ने दिसंबर 1922 में की थी।

चित्तरंजन दास पार्टी अध्यक्ष थे, जबकि मोतीलाल नेहरू सचिवों में से एक थे।

नई पार्टी कांग्रेस के भीतर एक समूह के रूप में कार्य करती थी।

अतः विकल्प (D) सही है।

अनुभागीय टेस्ट 05

Q.1 विश्व के सबसे बड़े टेनिस संग्रहालय, इंटरनेशनल टेनिस हॉल ऑफ फ़ेम की स्थापना किसने की?
A. वाल्टर क्लॉप्टन विंगफील्ड
B. जिमी वैन एलेन
C. आर्थर ऐश
D. हैरी हॉपमैन

Q.2 1930 में आयोजित प्रथम फीफा फुटबॉल विश्व कप के फाइनल मैच में किन देशों ने भाग लिया था?
A. यूगोस्लाविया बनाम संयुक्त राज्य अमेरिका
B. उरुग्वे बनाम अर्जेंटीना
C. फ्रांस बनाम मेक्सिको
D. उरुग्वे बनाम संयुक्त राज्य अमेरिका

Q.3 टांका लगाने (सोल्डरिंग) के लिए इस्तेमाल किया जाने वाला मिश्रधातु 'सोल्डर' निम्नलिखित दो तत्वों में से किसकी रचना है?
A. तांबा और जस्ता **B.** तांबा और निकल
C. सीसा और चांदी **D.** सीसा और टिन

Q.4 दीप्त तीव्रता की SI इकाई क्या है?
A. मोल **B.** केल्विन **C.** कैन्डेला **D.** एम्पीयर

Q.5 निम्न में से ई-मेल का कौन सा क्षेत्र प्राप्तार्थी की पहचान को छिपाता है?
A. To **B.** From **C.** Cc **D.** Bcc

Q.6 म्यांमार की राष्ट्रीय मुद्रा क्या है?
A. नोंग्त्रुम **B.** यूरो **C.** रियाल **D.** कयात

Q.7 निम्नलिखित में से कौन सी भौतिक मात्रा सदिश मात्रा है?
A. द्रव्यमान **B.** गति **C.** समय **D.** वेग

Q.8 लाल चीटियों में निम्नलिखित में से कौन सा अम्ल पाया जाता है?
A. हाइड्रोक्लोरिक अम्ल **B.** ऑक्सालिक अम्ल
C. फॉर्मिक अम्ल **D.** बोरिक अम्ल

Q.9 'एनेमोफिली' परागण का एक रूप है जिसमें पराग को _______ द्वारा वितरित किया जाता है।
A. तितलियों **B.** चींटियों
C. हवा **D.** मधुमक्खियों

Q.10 निम्नलिखित में से कौन सा पौधों के लिए आवश्यक सूक्ष्म पोषक तत्व नहीं है?
A. जस्ता **B.** क्रोमियम
C. मैंगनीज **D.** मोलिब्डेनम

Q.11 निम्नलिखित में से कौन प्रोटेम स्पीकर को शपथ दिलाता है?
A. राष्ट्रपति
B. लोकसभा के नेता
C. निवर्तमान स्पीकर
D. भारत के मुख्य न्यायाधीश

Q.12 निम्नलिखित में से किसने ऐतिहासिक "उद्देश्य संकल्प" प्रस्तुत किया था?
A. जवाहर लाल नेहरू **B.** मोतीलाल नेहरू
C. डॉ भीमराव अंबेडकर **D.** महात्मा गांधी

Q.13 भारतीय अर्थव्यवस्था किस प्रकार की है?
A. स्वतंत्र अर्थव्यवस्था **B.** मिश्रित अर्थव्यवस्था
C. पूंजीवादी अर्थव्यवस्था **D.** साम्यवादी अर्थव्यवस्था

Q.14 निम्नलिखित में से कौन दक्षिण भारत की सबसे पुरानी भाषा है?
[NCERT National Talent Search Exam, 2020]
A. मलयालम **B.** तमिल **C.** तेलुगू **D.** कन्नड़

Q.15 अर्थव्यवस्था में "अतिमुद्रास्फीति" _________ का कारण बनती है
A. सुलभ ऋण **B.** पैसे के मूल्य में गिरावट
C. माल के उत्पादन में वृद्धि **D.** बैंकों के जमा में बढ़त

Q.16 निम्नलिखित में से कौन सा देश SAARC का सदस्य नहीं है?
A. नेपाल **B.** मालदीव
C. चीन **D.** अफगानिस्तान

Q.17 प्रोग्रामिंग भाषा 'लिस्प' (LISP) किसने बनाई थी?
A. जॉन मैकार्थी **B.** डेनिस रिची
C. लैरी वॉल **D.** रैसमस लेरडॉर्फ

Q.18 वह माल जिसकी मांग उसकी मूल्य के आनुपातिक होती है, उसे कहा जाता है:
A. निम्न कोटि की वस्तु **B.** वेबलेन वस्तु
C. सामान्य वस्तु **D.** विशेष वस्तु

Q.19 एक कंप्यूटर "बूट" नहीं कर सकता है अगर इसमें _________ नहीं है।
A. कम्पाइलर **B.** लोडर
C. ऑपरेटिंग सिस्टम **D.** असेम्बलर

Q.20 11वें राष्ट्रीय अंग दान दिवस समारोह के अवसर पर देश में पहली बार "ऑर्गन डोनर मेमोरियल" का उद्घाटन कहाँ किया गया है?
A. गुजरात **B.** महाराष्ट्र **C.** राजस्थान **D.** पंजाब

Q.21 निम्नलिखित में से कौन सा लोक नृत्य गुजरात से संबंधित है?
A. नौटंकी **B.** गरबा **C.** कथकली **D.** भांगड़ा

Q.22 किस पेट्रोलियम कंपनी ने भारत का पहला 100 ऑक्टेन पेट्रोल लॉन्च किया जिसे XP 100 के नाम से भी जाना जाता है?
A. इंडियन ऑयल कॉर्पोरेशन
B. भारत पेट्रोलियम
C. गैस अथॉरिटी ऑफ इंडिया लि
D. तेल और प्राकृतिक गैस निगम

Q.23 भारत के पहले मॉस गार्डन का उद्घाटन कहाँ किया गया है?
A. केवडिया, गुजरात **B.** नैनीताल, उत्तराखंड
C. मंडी, हिमाचल प्रदेश **D.** कोच्चि, केरल

Q.24 टेलीफोन का आविष्कारक कौन था?
A. अलेक्जेंडर ग्राहम बेल **B.** थॉमस एडिसन
C. आर्किमिडीज **D.** निकोला टेस्ला

Q.25 "एडवांटेज इंडिया: द स्टोरी ऑफ इंडियन टेनिस" नामक पुस्तक किसने लिखी है?
A. सानिया मिर्जा **B.** अनिंद्य दत्ता
C. विजय अमृतराज **D.** महेश भूपति

// स्मार्ट उत्तर पुस्तिका //

सही उत्तर उन छात्रों का प्रतिशत जिन्होंने प्रश्नों का सही उत्तर दिया था। छोड़ दिया उन छात्रों का प्रतिशत जिन्होंने प्रश्नों को छोड़ दिया था।

प्रश्न संख्या	उत्तर	सही उत्तर	प्रश्न संख्या	उत्तर	सही उत्तर	प्रश्न संख्या	उत्तर	सही उत्तर	प्रश्न संख्या	उत्तर	सही उत्तर	प्रश्न संख्या	उत्तर	सही उत्तर	प्रश्न संख्या	उत्तर	सही उत्तर
		छोड़ दिया			छोड़ दिया			छोड़ दिया			छोड़ दिया			छोड़ दिया			छोड़ दिया
1	B	26.26 %	6	D	62.01 %	11	A	82.15 %	16	C	76.44 %	21	B	78.15 %			
		3.43 %			1.55 %			0.0 %			0.0 %			0.0 %			
2	B	22.79 %	7	D	86.88 %	12	A	53.83 %	17	A	12.38 %	22	A	30.32 %			
		4.61 %			0.0 %			1.52 %			4.02 %			4.12 %			
3	D	67.34 %	8	C	76.54 %	13	B	76.77 %	18	B	79.89 %	23	B	48.88 %			
		1.5 %			0.0 %			0.0 %			0.0 %			1.89 %			
4	C	41.04 %	9	C	42.74 %	14	B	49.65 %	19	C	78.3 %	24	A	67.23 %			
		1.47 %			1.25 %			1.92 %			0.0 %			1.58 %			
5	D	66.82 %	10	B	79.29 %	15	B	65.65 %	20	C	60.15 %	25	B	14.27 %			
		1.47 %			0.0 %			1.6 %			1.33 %			4.99 %			

//संकेत और समाधान//

1. जिमी वैन एलेन ने अंतरराष्ट्रीय टेनिस हॉल ऑफ फ़ेम की स्थापना की, जो दुनिया का सबसे बड़ा टेनिस संग्रहालय है। जेम्स वैन एलेन एक अमेरिकी टेनिस अधिकारी थे। 1954 में, दिवंगत टेनिस नवप्रवर्तनक जिमी वैन एलेन ने न्यूपोर्ट, रोड आइलैंड में "खेल के आदर्शों के लिए तीर्थ" के रूप में हॉल ऑफ फ़ेम की स्थापना की।

अतः विकल्प (B) सही है।

2. फाइनल में, मेजबान और पूर्व-टूर्नामेंट पसंदीदा उरुग्वे ने 68,346 लोगों की भीड़ के सामने अर्जेंटीना को 4-2 से हराकर विश्व कप जीतने वाला पहला देश बन गया। फाइनल 30 जुलाई, बुधवार को उरुग्वे के मोंटेवीडियो में एस्टादियो सेंटेनारियो में खेला गया था।

अतः विकल्प (B) सही है।

3. टांका लगाने (सोल्डरिंग) के लिए इस्तेमाल किया जाने वाला मिश्रधातु 'सोल्डर' सीसा और टिन दो तत्वों की रचना है।

एक मिश्रधातु, दो या दो से अधिक विभिन्न तत्वों का मिश्रण है जिसमें कम से कम एक धातु है। सोल्डर का उपयोग इलेक्ट्रॉनिक उपकरणों में टांका लगाने और धातुओं के बीच दृढ़ जोड़ों को बनाने के लिए किया जाता है। सोल्डर सीसा और टिन की संरचना है।

अतः विकल्प (D) सही है।

4. दीप्त तीव्रता की SI इकाई कैन्डेला है।

पदार्थ की मात्रा की SI इकाई मोल है। तापमान की SI इकाई केल्विन है। विद्युत धारा की SI इकाई एम्पीयर है।

अतः विकल्प (C) सही है।

5. Bcc (Blind carbon copy) ई-मेल प्राप्तार्थी की पहचान को छिपाता है। किसी प्राप्तार्थी को भेजे गए ई-मेल की एक प्रतिलिपि होती है जिसका पता सन्देश में (प्रप्तार्थी के रूप में) प्रकट नहीं होता है।

छिपे हुए होने के कारण, 'Bcc प्राप्तार्थी' 'To एवं Cc प्राप्तार्थियों' से भिन्न होते हैं, जिनके पते सम्बंधित प्रवेशिका पंक्ति में प्रदर्शित होते हैं।

संदेश का प्रत्येक प्राप्तार्थी समस्त 'To एवं Cc प्राप्तार्थियों' को देख सकता है, लेकिन 'Bcc प्राप्तार्थी' के बारे में केवल प्रेषक को ही पता होता है।

अतः विकल्प (D) सही है।

6. म्यांमार की राष्ट्रीय मुद्रा कयात है। नोंग्लुम भूटान की मुद्रा है। ऐसे कई देश हैं जो यूरो का उपयोग अपनी मुद्रा के रूप में उपयोग करते हैं। उनमें से कुछ ऑस्ट्रिया, बेल्जियम, साइप्रस, एस्टोनिया, फिनलैंड, फ्रांस, जर्मनी आदि हैं। रियाल ईरान, ओमान और यमन की मुद्रा है।

अतः विकल्प (D) सही है।

7. वेग एक सदिश मात्रा है।

जिन भौतिक मात्राओं में केवल परिमाण होता है लेकिन कोई भी दिशा नहीं होती उन्हें अदिश मात्रा कहा जाता है। उदाहरण के लिए - भौतिक मात्राएँ जैसे गति, द्रव्यमान, आयतन, समय, कार्य ऊर्जा, शक्ति आदि को अदिश मात्रा कहा जाता है।

भौतिक मात्राएँ जिनमें परिमाण के साथ-साथ दिशा भी होती है, उन्हें सदिश राशियाँ कहा जाता है। उदाहरण के लिए - भौतिक मात्राएं जैसे बल, त्वरण, वेग, विस्थापन, टॉर्क आदि को सदिश मात्रा कहा जाता है।

अतः विकल्प (D) सही है।

8. लाल चींटियों में फॉर्मिक अम्ल पाया जाता है।

फॉर्मिक अम्ल, जिसे व्यवस्थित रूप से मेथनोइक अम्ल कहा जाता है, सबसे सरल कार्बोक्जिलिक अम्ल है, और इसका रासायनिक सूत्र HCOOH है। यह रासायनिक संश्लेषण में एक महत्वपूर्ण मध्यवर्ती है और स्वाभाविक रूप से होता है, सबसे विशेष रूप से कुछ चीटियों में पाया जाता है।

अतः विकल्प (C) सही है।

9. 'एनेमोफिली' परागण का एक रूप है जिसमें पराग को हवा द्वारा वितरित किया जाता है।

इसे वायुपरागण भी कहा जाता है जो घास, अधिकांश शंकुधारी और कई पर्णपाती पेड़ों में प्रमुख है। अन्य आम एनामोफिलस पौधे हैं ओक, स्वीट चेस्टनट, एल्डर आदि।

अतः विकल्प (C) सही है।

10. क्रोमियम पौधों के लिए आवश्यक सूक्ष्म पोषक तत्व नहीं है।

एक पौधे को विकसित होने के लिए कार्बन, हाइड्रोजन और ऑक्सीजन जैसे रासायनिक तत्व आवश्यक पोषक तत्व हैं जो हवा और पानी से उपलब्ध हो सकते हैं।

नाइट्रोजन, फास्फोरस, पोटेशियम, मैंगनीज और मोलिब्डेनम जैसे तत्व एक पौधे को विकसित होने के लिए आवश्यक तत्व हैं। पौधे इन पोषक तत्वों को मिट्टी और उर्वरकों से प्राप्त कर सकते हैं। क्रोमियम को एक गंभीर पर्यावरण प्रदूषक माना जाता है।

अतः विकल्प (B) सही है।

11. राष्ट्रपति 'प्रोटेम' स्पीकर की नियुक्ति करते हैं और उन्हें शपथ दिलाते हैं।

जब संसद के निचले सदन के नवनिर्वाचित सदस्यों की पहली बैठक से पहले निचले सदन के स्पीकर अपना कार्यालय खाली कर देते हैं, तो 'प्रोटेम' स्पीकर को नियुक्त किया जाता है।

'प्रोटेम' स्पीकर का प्रमुख कर्तव्य लोकसभा के नए सदस्यों को शपथ दिलाना है।

अतः विकल्प (A) सही है।

12. जवाहर लाल नेहरू ने ऐतिहासिक "उद्देश्य संकल्प" प्रस्तुत किया था।

संविधान सभा में 300 सदस्य थे। इनमें से छह सदस्यों ने विशेष रूप से महत्वपूर्ण भूमिका निभाई।

इनमें से तीन कांग्रेस के प्रतिनिधि थे, जवाहरलाल नेहरू, वल्लभ भाई पटेल और राजेंद्र प्रसाद।

अतः विकल्प (A) सही है।

13. भारतीय अर्थव्यवस्था एक मिश्रित अर्थव्यवस्था है।

भारत में मौजूद मिश्रित अर्थव्यवस्था की विशेषता उत्पादन के साधनों का निजी स्वामित्व है। यह अधिकांश कृषि, औद्योगिक और सेवा क्षेत्रों में देखा जाता है।

अतः विकल्प (B) सही है।

14. दक्षिण भारत की सबसे पुरानी भाषा तमिल (200 ईसा पूर्व) है। यह दुनिया की 7 प्राचीन भाषाओं में से एक है जो अभी भी बोली जाती है।

मलयालम तमिल की उपभाषा है जिसकी उत्पत्ति 9वीं शताब्दी में हुई, कन्नड़ 400 ईस्वी और तेलुगू की उत्पत्ति 571 ईस्वी में हुई।

अतः विकल्प (B) सही है।

15. अर्थव्यवस्था में "अतिमुद्रास्फीति" पैसे के मूल्य में गिरावट का कारण बनती है।

"अतिमुद्रास्फीति" में वस्तु और सेवाओं की कीमतें तेजी से बढ़ती हैं (आमतौर पर वस्तु और सेवाओं की कीमतों में 50% से अधिक वृद्धि)। यह नियमित रूप

से घरेलू मुद्रा के मूल्य को कम करता है। पैसे का मूल्य गिरता है और इससे क्रय शक्ति कमजोर होती है।

अतः विकल्प (B) सही है।

16. चीन SAARC का सदस्य नहीं है।

SAARC दक्षिण एशियाई क्षेत्रीय सहयोग संगठन है, जो एक क्षेत्रीय अंतर सरकारी संगठन है।

इसके सदस्य राष्ट्र हैं- भारत, अफगानिस्तान, पाकिस्तान, भूटान, नेपाल, मालदीव, श्रीलंका और बांग्लादेश।

अतः विकल्प (C) सही है।

17. LISP, एक कंप्यूटर प्रोग्रामिंग भाषा है जिसे 1960 में मैसाचुसेट्स इंस्टीट्यूट ऑफ टेक्नोलॉजी (MIT) में जॉन मैकार्थी द्वारा विकसित किया गया था। LISP को पुनरावर्ती कार्यों के गणितीय सिद्धांत पर स्थापित किया गया था (जिसमें एक फ़ंक्शन अपनी परिभाषा में प्रकट होता है)।

अतः विकल्प (A) सही है।

18. वेबलेन वस्तु वो हैं, जिनकी विशेष प्रकृति के कारण कीमत बढ़ने के साथ मांग बढ़ जाती है। वेबलन सामानों का नाम अमेरिकी अर्थशास्त्री थोरस्टीन वेबलेन के नाम पर रखा गया है।

अतः विकल्प (B) सही है।

19. एक कंप्यूटर "बूट" नहीं कर सकता है अगर इसमें ऑपरेटिंग सिस्टम नहीं है।

ऑपरेटिंग सिस्टम एक सिस्टम सॉफ्टवेयर है जो सॉफ्टवेयर और हार्डवेयर संसाधनों को संभालता है और कंप्यूटर प्रोग्राम के लिए सेवाएं प्रदान करता है।

अतः विकल्प (C) सही है।

20. 27 नवंबर 2020 को जयपुर में 11वें राष्ट्रीय अंग दान दिवस समारोह के अवसर पर, राजस्थान के सीएम अशोक गहलोत ने देश में अपनी तरह के पहले "ऑर्गन डोनर मेमोरियल" का उद्घाटन किया।

अतः विकल्प (C) सही है।

21. गरबा नृत्य का एक रूप है जो भारत के गुजरात राज्य से उत्पन्न होता है। यह नाम संस्कृत शब्द गर्भ ('गर्भ') और दीप ('एक छोटा सा मिट्टी का दीपक') से लिया गया है। कई पारंपरिक गरबों को लगभग दीप जलाकर देवी शक्ति की तस्वीर या मूर्ति के आसपास किया जाता है।

अतः विकल्प (B) सही है।

22. पेट्रोलियम और प्राकृतिक गैस मंत्रालय (MOP & NG) मंत्री धर्मेंद्र प्रधान ने भारत के पहले 100 ऑक्टेन पेट्रोल को लॉन्च किया, जिसे इंडियन ऑयल कॉर्पोरेशन (IOC) द्वारा निर्मित XP 100 के रूप में भी जाना जाता है। XP 100, प्रीमियम ग्रेड पेट्रोल IOC की मथुरा रिफाइनरी में उत्तर प्रदेश में निर्मित होता है, और चयनित पेट्रोल स्टेशनों पर दो चरणों में शुरू किया जाएगा।

अतः विकल्प (A) सही है।

23. उत्तराखंड के नैनीताल जिले के खुरपाताल में भारत के पहले मॉस गार्डन का उद्घाटन भारत के प्रसिद्ध जल संरक्षण कार्यकर्ता, राजेंद्र सिंह (जिन्हे भारत के जल पुरुष के रूप में भी जाना जाता है) द्वारा किया गया था। मॉस की विभिन्न प्रजातियों के संरक्षण के उद्देश्य से गार्डन की स्थापना की गई है।

अतः विकल्प (B) सही है।

24. अलेक्जेंडर ग्राहम बेल एक आविष्कारक, वैज्ञानिक और इंजीनियर थे, जिन्हें पहले प्रयोगात्मक टेलीफोन का आविष्कार और पेटेंट करने का श्रेय दिया जाता है। उन्होंने अमेरिकन टेलीफोन एंड टेलीग्राफ कंपनी की सह-स्थापना भी की थी।

अतः विकल्प (A) सही है।

25. अनिंद्य दत्ता ने "एडवांटेज इंडिया: द स्टोरी ऑफ इंडियन टेनिस" नामक पुस्तक को लिखा है। पुस्तक वेस्टलैंड प्रकाशन द्वारा प्रकाशित की गई है। पुस्तक पुरुषों और महिलाओं दोनों के पक्षों के लिए भारतीय टेनिस का व्यापक इतिहास प्रदान करती है।

अतः विकल्प (B) सही है।

अनुभागीय टेस्ट 06

Q.1 6 ओलंपिक स्वर्ण पदक जीतने वाली एकमात्र महिला ट्रैक और फील्ड एथलीट कौन है?

A. एलिसन फेलिक्स **B.** जेनी थॉम्पसन
C. नताली कफलिन **D.** एलीसन श्मिट

Q.2 निम्नलिखित में से कौन भारतीय भारोत्तोलक/वेटलिफ्टर नहीं है?

A. कर्णम मल्लेश्वरी **B.** दीपिका पल्लीकल
C. मीराबाई चानू **D.** राखी हलधर

Q.3 सूर्य अपनी ऊर्जा कैसे प्राप्त करता है?

A. गुरुत्वाकर्षण दबाव से **B.** परमाणु विखंडन से
C. परमाणु संलयन से **D.** इनमें से कोई नहीं

Q.4 कोयले की खानों में प्रायः विस्फोट करने वाली गैस है:

A. हाइड्रोजन **B.** कार्बन मोनो ऑक्साइड
C. वायु **D.** मीथेन

Q.5 इल्तुतमिश ने कहाँ पर अध्ययन केन्द्र की स्थापना की?

A. मुल्तान **B.** कोलकाता **C.** अलवर **D.** पटना

Q.6 सहारा रेगिस्तान में स्थित सबसे बड़ी ताजे पानी की झील ________ है।

A. चाड़ झील **B.** मिशिगन झील
C. सुपीरियर झील **D.** इनमें से कोई नहीं

Q.7 वे कौन से दो राजवंश है जिन्होने खिलजी के ठीक पहले और ठीक बाद शासन किया था?

A. मामलुक और लोधी **B.** सय्यद और लोधी
C. मामलुक और तुगलक **D.** तुगलक और लोधी

Q.8 कौन सा अनुच्छेद प्रेस की स्वतंत्रता से संबंधित है?

A. अनुच्छेद 19(1) A **B.** अनुच्छेद 20
C. अनुच्छेद 22 **D.** अनुच्छेद 21

Q.9 भौतिकी के मूल नियम क्या हैं?

A. पारम्परिक भौतिकी **B.** परमाणु भौतिकी
C. (A) और (B) दोनों **D.** उपर्युक्त में से कोई नहीं

Q.10 दिव्पक्षीय एकाधिकार स्थिति क्या है?

A. जब एक वस्तु के सिर्फ दो विक्रेता होते हैं
B. जब एक वस्तु के सिर्फ दो ग्राहक होते हैं
C. जब एक वस्तु के सिर्फ एक ग्राहक और एक विक्रेता होते हैं
D. जब एक वस्तु के दो ग्राहक और दो विक्रेता होते हैं

Q.11 भारतीय संविधान के आधीन विधान की अवशिष्ट शक्तियाँ किसमें निहित होती है ?

A. राष्ट्रपति **B.** प्रधान मंत्री **C.** संसद **D.** राज्य

Q.12 त्वरण ज्ञात करने का सही सूत्र क्या है?

A. $a = \frac{v-u}{t}$ **B.** $a = \frac{v+u}{t}$
C. $a = u + at$ **D.** $a = u - vt$

Q.13 मताधिकार (फ्रैंचाइजिंग) है-

A. जिसमें किसी भी शुल्क का भुगतान नहीं करना पड़ता
B. लाइसेंस प्राप्त करने का एक रूप
C. बिना लाइसेंस के कोई व्यापार प्रचालन करना
D. कम नियंत्रण के साथ प्रचालन करना

Q.14 नागालैंड को राज्य की स्थिति देने के लिए किस संशोधन के तहत विशेष प्रावधान को अपनाया गया था?

A. 10वां संशोधन **B.** 12वां संशोधन
C. 13वां संशोधन **D.** 14वां संशोधन

Q.15 समुद्र में रेखांश निर्धारित करने के लिए कौन से यंत्र का उपयोग किया जाता है?

A. फैदोमीटर **B.** क्रोनोमीटर
C. आर्द्रतामापी **D.** पवन-वेग-मापी

Q.16 किस संगठन ने संदीप कटारिया को कंपनी के सीईओ (प्रथम भारतीय के रूप में वैश्विक सीईओ के रूप में नियुक्त किया) को नियुक्त किया?

A. रेड चीफ **B.** बाटा **C.** पतंजलि **D.** लिबर्टी

Q.17 पूर्वी घाट और पश्चिमी घाट ______ पर मिलते हैं।

A. अन्नामलाई पहाड़ियाँ **B.** पलानी पहाड़ियाँ
C. नीलगिरि पहाड़ियाँ **D.** इनमें से कोई नहीं

Q.18 भांगड़ा _______ का लोक नृत्य है |

A. अरुणाचल प्रदेश **B.** पंजाब
C. असम **D.** नागालैंड

Q.19 ताडोबा राष्ट्रीय उद्यान, जो बाघ, पैंथर और भालू को आश्रय देने के लिए जाना जाता है, स्थित है:

A. असम **B.** महाराष्ट्र **C.** कर्नाटक **D.** तमिलनाडु

Q.20 पुरी में रथ यात्रा किस हिंदू देवता के सम्मान में मनाई जाती है?

A. राम **B.** जगन्नाथ **C.** शिव **D.** विष्णु

Q.21 एयर कंडीशनर का आविष्कार किसने किया था?

A. जॉन गोरी **B.** गेरूद दरनीस
C. डेविड गिटलिन **D.** विलिस हैविलैंड कैरियर

Q.22 भारतीय महिला लीग (IWL) की मेजबानी कौन सा राज्य करेगा?

A. मध्य प्रदेश **B.** हरियाणा **C.** ओड़िशा **D.** गुजरात

Q.23 सोफिया, बुल्गारिया में आयोजित 72वें स्ट्रैंड्जा मेमोरियल बॉक्सिंग टूर्नामेंट में रजत पदक किसने जीता?

A. दीपक कुमार **B.** मनीष कौशिक
C. अमित पंघाल **D.** सतीश कुमार

Q.24 अफगानिस्तान की राजधानी क्या है?

A. हेरात **B.** जलालाबाद
C. काबुल **D.** बल्ख

Q.25 नेपाल के वर्तमान प्रधान मंत्री कौन हैं?

A. शेर बहादुर देउबा **B.** माधव कुमार नेपाल
C. के पी शर्मा ओली **D.** बाबूराम भट्टराई

// स्मार्ट उत्तर पुस्तिका //

सही उत्तर उन छात्रों का प्रतिशत जिन्होंने प्रश्नों का सही उत्तर दिया था। **छोड़ दिया** उन छात्रों का प्रतिशत जिन्होंने प्रश्नों को छोड़ दिया था।

प्रश्न संख्या	उत्तर	सही उत्तर	छोड़ दिया	प्रश्न संख्या	उत्तर	सही उत्तर	छोड़ दिया	प्रश्न संख्या	उत्तर	सही उत्तर	छोड़ दिया	प्रश्न संख्या	उत्तर	सही उत्तर	छोड़ दिया	प्रश्न संख्या	उत्तर	सही उत्तर	छोड़ दिया	प्रश्न संख्या	उत्तर	सही उत्तर	छोड़ दिया
1	A	61.47 %	1.07 %	6	A	61.27 %	1.07 %	11	C	40.31 %	1.86 %	16	B	62.09 %	1.7 %	21	D	27.52 %	4.06 %				
2	B	65.66 %	1.42 %	7	C	42.32 %	1.81 %	12	A	87.93 %	0.0 %	17	C	76.15 %	0.0 %	22	C	57.65 %	1.63 %				
3	C	81.02 %	0.0 %	8	A	58.67 %	1.01 %	13	B	62.8 %	1.07 %	18	B	80.73 %	0.0 %	23	A	13.95 %	3.45 %				
4	D	40.2 %	1.83 %	9	C	87.42 %	0.0 %	14	C	42.15 %	1.12 %	19	B	63.72 %	1.61 %	24	C	78.22 %	0.0 %				
5	D	48.54 %	1.46 %	10	C	40.44 %	1.84 %	15	B	60.52 %	1.53 %	20	B	80.79 %	0.0 %	25	C	49.72 %	1.01 %				

//संकेत और समाधान//

1. एलिसन फेलिक्स एकमात्र महिला ट्रैक और फील्ड एथलीट हैं जिन्होंने छह ओलंपिक स्वर्ण पदक जीते और ट्रैक और फील्ड इतिहास में सबसे सुशोभित महिला ओलंपियन के रूप में मर्लिन ओटेटी के साथ मुकाबला हुआ था।

- इन्होंने 2004 में एथेंस में ओलंपिक की शुरुआत की, 200 मीटर में रजत जीता था।
- इन्होने 2008 में इसी स्पर्धा में एक और रजत और 2012 में स्वर्ण जीता था।
- इनके पास 2016 में 400 मीटर में जीता गया रजत भी है, और 2008-2016 तक पांच रिले स्वर्ण पदक जीते थे।

अतः विकल्प (A) सही है।

2. दीपिका पल्लीकल एक भारतीय पेशेवर स्क्वैश खिलाड़ी हैं।

- वह पीएसए महिला रैंकिंग में शीर्ष 10 में पहुंचने वाली पहली भारतीय हैं।

कर्णम मल्लेश्वरी एक सेवानिवृत्त भारतीय वेटलिफ्टर हैं।

- वह ओलंपिक में पदक जीतने वाली पहली भारतीय महिला हैं।

शेखोम मीराबाई चानू एक भारतीय वेटलिफ्टर हैं।

- खेल में उनके योगदान के लिए उन्हें भारत सरकार द्वारा पद्म श्री से सम्मानित किया गया था।

राखी हलधर भी एक वेट लिफ्टर हैं।

- 2019 में, उन्होंने कतर इंटरनेशनल कप में कांस्य पदक जीता।

अत: विकल्प (B) सही है।

3. परमाणु संलयन से सूर्य को अपनी ऊर्जा मिलती है।

- परमाणु संलयन एक प्रतिक्रिया है जिसमें दो या दो से अधिक परमाणु नाभिक एक या एक से अधिक भिन्न परमाणु नाभिक और उप-परमाणु कण (न्यूट्रॉन या प्रोटॉन) बनाने के लिए पर्याप्त रूप से करीब आते हैं।
    - 1H2 + 1H2→ 2He4
- हाइड्रोजन बम एक अत्यंत शक्तिशाली बम है जिसकी विनाशकारी शक्ति हाइड्रोजन (ड्यूटेरियम और ट्रिटियम) के समस्थानिकों के परमाणु संलयन के दौरान एक ट्रिगर के रूप में परमाणु बम का उपयोग करके ऊर्जा के तेजी से प्रकाशन से आती है।
- सूर्य परमाणु संलयन का सबसे अच्छा उदाहरण है जिसमें परमाणुओं के छोटे नाभिक बहुत उच्च तापमान और दबाव में बड़े नाभिक में जुड़ते हैं।
- यह संलयन सूर्य के केंद्र के अंदर होता है और ऊर्जा बाद में सूर्य की सतह पर चली जाती है।
- यह सौर विकिरण के उत्पादन के लिए जिम्मेदार है।

अतः विकल्प (C) सही है।

4. मीथेन के विस्फोट खानों में तब होते हैं, जब कोयले का उपोत्पाद मीथेन गैस का निर्माण होता है और वह ऊष्मा स्रोत के संपर्क में आता है और इसे तनु करने के लिए पर्याप्त हवा नहीं होती है।

अतः विकल्प (D) सही है।

5. इल्तुतमिश दिल्ली सल्तनत का तीसरा शासक था, जो मामलुक वंश से संबंधित था। उसने पटना के अजीमाबाद में शिक्षा का एक केंद्र स्थापित किया। उसने मौद्रिक प्रणाली, कुलीनता और साथ ही मैदान और जागीरों के वितरण को फिर से संगठित किया और कई इमारतों को खड़ा किया।

अतः विकल्प (D) सही है।

6. चाड़ झील सहारा रेगिस्तान के दक्षिण मध्य भाग में स्थित सबसे बड़ी ताजे पानी की झील है।नील और नाइजर दो महत्वपूर्ण नदियाँ हैं जो क्रमशः सहारा रेगिस्तान के पूर्वी और पश्चिमी भागों में बहती हैं।

अतः विकल्प (A) सही है।

7. खिलजी वंश तुर्क मूल का एक मुस्लिम राजवंश था, जिसने 1290-1320 के बीच दक्षिण एशिया के बड़े हिस्सों पर शासन किया।

मामलुक वंश 1193-1290 से खिलजी वंश से ठीक पहले था और तुगलक वंश 1320-1395 से इसके ठीक बाद था।

अतः विकल्प (C) सही है।

8. प्रेस की स्वतंत्रता की गारंटी देने के लिए हमारे संविधान में कोई विशेष प्रावधान नहीं है क्योंकि प्रेस की स्वतंत्रता को व्यापक स्वतंत्रता अभिव्यक्ति में शामिल किया गया है जो कि अनुच्छेद 19 (1) A द्वारा गारंटी दी गई है।

अभिव्यक्ति की स्वतंत्रता का अर्थ है, न केवल अपने विचारों को व्यक्त करने की स्वतंत्रता बल्कि दूसरों के विचारों और मुद्रण सहित साधनों से भी।

अतः विकल्प (A) सही है।

9. भौतिकी के मूल नियम दो श्रेणियों में आते हैं: शास्त्रीय भौतिकी जो कि अवलोकनीय दुनिया (शास्त्रीय यांत्रिकी) और परमाणु भौतिकी से संबंधित है जो प्राथमिक और उप-परमाणु कणों (क्वांटम यांत्रिकी) के बीच की बातचीत से संबंधित है।

अतः विकल्प (C) सही है।

10. एक द्विपक्षीय एकाधिकार एक बाजार संरचना है जिसमें एक एकाधिकार (एक विक्रेता) और एक मोनोपॉसी (एक एकल खरीदार) दोनों शामिल हैं। यह औपनिवेशिक काल में एक सामान्य घटना थी जिससे शाही शक्तियाँ माल बेचने वाली थीं और उपनिवेशित देश एकमात्र खरीदार थे।

अतः विकल्प (C) सही है।

11. जिन विषयों का उल्लेख तीनों सूचियों में से किसी में भी नहीं किया गया है उन्हें अवशिष्ट विषय कहा जाता है। हालाँकि, संविधान में कई प्रावधान किए गए हैं, जो इन सूचियों को संसद या राज्य विधान सभा को कानून बनाने की अनुमति देते हैं।

अवशिष्ट विषयों (संविधान में कहीं भी उल्लेखित नहीं) पर कानून बनाने की शक्ति, विशेष रूप से अनुच्छेद 248 के अनुसार संसद के साथ टिकी हुई है।

भारत के संविधान के अनुच्छेद 248 (2) में कहा गया है कि संसद के पास सूची II और III में सूचीबद्ध किसी भी मामले के संबंध में कोई भी कानून बनाने की विशेष शक्ति है। ऐसी शक्ति में किसी भी कानून को लागू करने की शक्ति शामिल होगी जो उन सूचियों में उल्लेखित नहीं है।

अतः विकल्प (C) सही है।

12. समय के सापेक्ष किसी वस्तु के वेग परिवर्तन की दर को त्वरण कहते हैं। त्वरण का एस.आई मात्रक मीटर प्रति वर्ग सेकेंड (ms^{-2}) होता है।

त्वरण का सूत्र,

$$a = \frac{v-u}{t}$$

जहां पर u वस्तु की प्रारंभिक गति, v अंतिम गति और t समयांतराल है।

अतः विकल्प (A) सही है।

13. फ्रैंचाइज़िंग एक निश्चित अवधि के लिए फर्म के बिजनेस मॉडल और ब्रांड का उपयोग करने के अधिकार का अभ्यास है। किसी भी कंपनी की फ्रैंचाइज़ी पाने के लिए उसे उस कंपनी का कार्यालय / आउटलेट खोलने की अपेक्षा लाइसेंस लेना होगा।

अतः विकल्प (B) सही है।

14. 13 वां संशोधन अधिनियम 1962, यह संशोधन भारत सरकार और नागालैंड पीपुल्स कन्वेंशन के नेताओं के बीच समझौते को लागू करने के लिए पारित किया गया था। यह समझौता नागालैंड को एक राज्य के रूप में मानने के लिए किया गया था। इसने संविधान में एक नया अनुच्छेद 371A जोड़ा, जिसमें नागालैंड के प्रशासन के लिए कुछ विशेष प्रावधान हैं।

अतः विकल्प (C) सही है।

15. समयमापी (क्रोनोमीटर), एक घड़ी अथवा समय युक्ति (टाइमिंग डिवाइज़) है, इसमें सटीकता को सुनिश्चित करने और समायोजित करने के लिए एक विशेष तंत्र है। इसका प्रयोग समुद्र में देशांतर के निर्धारण में अथवा किसी भी ऐसे उद्देश्य के लिए जहां पर समय की यर्थाथ माप की आवश्यक्ता होती है, वहां पर किया जाता है।

अतः विकल्प (B) सही है।

16. बाटा इंडिया के मुख्य कार्यकारी अधिकारी (CEO) संदीप कटारिया को बाटा संगठन के सीईओ के रूप में पदोन्नत किया गया है। वह बाटा के वैश्विक CEO के रूप में नियुक्त होने वाले पहले भारतीय बन गए। उन्होंने एलेक्सिस नास्ड के स्थान पर CEO का पद ग्रहण किया।

अतः विकल्प (B) सही है।

17. पूर्वी घाट और पश्चिमी घाट नीलगिरि पहाड़ियों पर मिलते हैं। पूर्वी घाट भारत के पूर्वी तट के साथ पहाड़ों की एक अलग श्रृंखला है, जबकि पश्चिमी घाट को सह्याद्री भी कहा जाता है जो भारतीय प्रायद्वीप के पश्चिमी तट के समानांतर चलता है।

अतः विकल्प (C) सही है।

18. भांगड़ा भारतीय उपमहाद्वीप का एक प्रकार का पारंपरिक नृत्य है, जिसका उद्भव पंजाब के माझा क्षेत्र के सियालकोट में हुआ था। यह नृत्य मुख्य रूप से वसंत फसल उत्सव बैसाखी से जुड़ा हुआ था।

अतः विकल्प (B) सही है।

19. महाराष्ट्र के चंद्रपुर जिले में ताडोबा राष्ट्रीय उद्यान स्थित है जो लगभग 43 बाघों को आश्रय देता है। टाइगर रिजर्व भारत के 50 टाइगर रिजर्वों में से एक है जो राज्य का सबसे बड़ा और सबसे पुराना राष्ट्रीय उद्यान भी है।

अतः विकल्प (B) सही है।

20. पुरी में रथ यात्रा हिंदू देवता जगन्नाथ के सम्मान में मनाई जाती है। भगवान जगन्नाथ को भगवान विष्णु का अवतार (अवतार) माना जाता है। वास्तव में, उनके पास भगवान विष्णु के सभी अवतारों की विशेषताएं हैं।

अतः विकल्प (B) सही है।

21. पहली आधुनिक एयर कंडीशनर का आविष्कार 1902 में विलिस हैविलैंड कैरियर द्वारा किया गया था। वह एक अमेरिकी इंजीनियर थे। 1915 में, उन्होंने कैरियर कॉर्पोरेशन की स्थापना की, जो हीटिंग, वेंटिलेशन और एयर कंडीशनिंग (HVAC) सिस्टम के निर्माण और वितरण में विशेषज्ञता वाली कंपनी थी।

अतः विकल्प (D) सही है।

22. ऑल इंडिया फुटबॉल फेडरेशन (AIFF) के अनुसार, ओड़िशा भारतीय महिला लीग (IWL) की मेजबानी करेगा। यह IWL का पाँचवाँ संस्करण है, जो भारत में शीर्ष श्रेणी की महिला लीग है।

अतः विकल्प (C) सही है।

23. दीपक कुमार (52 किग्रा) ने सोफिया, बुल्गारिया में आयोजित 72वें स्ट्रैंड्जा मेमोरियल बॉक्सिंग टूर्नामेंट में रजत पदक जीता।

अतः विकल्प (A) सही है।

24. काबुल अफगानिस्तान की राजधानी और सबसे बड़ा शहर है, जो देश के पूर्वी हिस्से में स्थित है। यह एक नगरपालिका भी है, जो काबुल प्रांत का हिस्सा है, और 22 जिलों में विभाजित है।

अतः विकल्प (C) सही है।

25. के पी शर्मा ओली (खड्ग प्रसाद शर्मा ओली) एक नेपाली राजनीतिज्ञ और नेपाल के वर्तमान प्रधानमंत्री हैं।

अतः विकल्प (C) सही है।

अनुभागीय टेस्ट 07

Q.1 एक लाइब्रेरियन ने अपनी लाइब्रेरी के लिए 60 स्टोरी बुक्स खरीदीं, लेकिन उसने पाया कि वह 336 रुपये अधिक खर्च करके 4 अतिरिक्त किताबें प्राप्त कर सकता है और फिर वह प्रति पुस्तक औसत कीमत 1 रुपये कम कर देता है । प्रत्येक पुस्तक की पिछली औसत कीमत थी?

A. 84 रूपये **B.** 83 रूपये **C.** 68 रूपये **D.** 100 रूपये

Q.2 11 परिणामों का औसत 50 है। पहले 6 परिणामों का औसत 49 है और अंतिम 6 परिणामों का औसत 52 है। छठा परिणाम क्या है?

A. 48 **B.** 51 **C.** 56 **D.** 49

Q.3 निम्नलिखित आकृति में, O वृत्त का केंद्र है और AB, बिंदु B पर $\angle BDC = 65°$ है। $\angle BAO$ ज्ञात कीजिए।

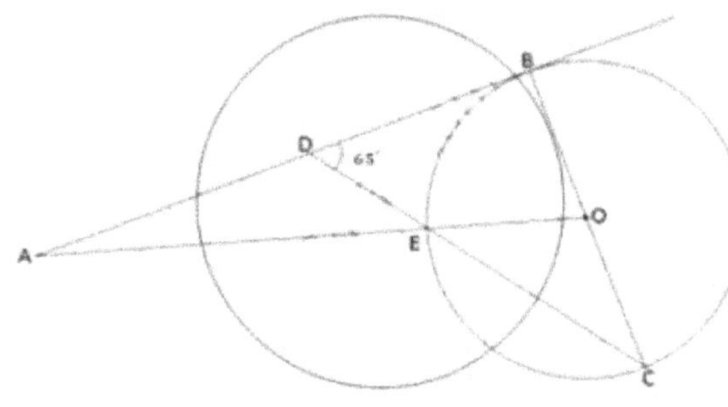

A. 40° **B.** 50° **C.** 60° **D.** 70°

Q.4 एक इलेक्ट्रिक आयरन का अंकित मूल्य 75 रूपये है। ग्राहक को इस पर दो क्रमिक छूट दी जाती है। ग्राहक को यह 63.45 रूपये में मिला। यदि पहली छूट 10% है तो दूसरी छूट कितनी है?

A. 5% **B.** 6.5% **C.** 4% **D.** 6%

Q.5 दो संख्याओं का ल.स.प. और म.स.प. क्रमश: 168 और 6 है। यदि एक संख्या 24 है, तो दूसरी संख्या ज्ञात कीजिये?

A. 36 **B.** 38 **C.** 40 **D.** 42

Q.6 एक दुकानदार ने एक साइकिल 10% लाभ पर बेचीं। यदि उसने वह साइकिल 10% कम मूल्य में खरीदी होती और 60 रूपये अधिक कीमत पर बेचा, तो उसे 25% लाभ होगा। साइकिल का क्रय मूल्य क्या था?

A. 2,400 **B.** 2,200 **C.** 2,000 **D.** 2,600

Q.7 एक आयत का क्षेत्रफल 42 वर्ग सेमी है और इसकी लंबाई 7 सेमी है। इसका परिमाप ज्ञात कीजिये।

A. 14 सेमी **B.** 21 सेमी **C.** 26 सेमी **D.** 24 सेमी

Q.8 एक ट्रक पहले $1\frac{1}{2}$ में 90 किमी/घंटा को गाति से यात्रा करता है। इसके बाद यह 70 किमी/घंटा की गति से यात्रा करता है। 310 किमी की यात्रा करने में ट्रक द्वारा लिया गया समय होगा:

A. 2.5 घंटे **B.** 3 घंटे **C.** 3.5 घंटे **D.** 4 घंटे

Q.9 एक ठेकेदार एक सड़क को 40 दिनों में पूरा करने का ठेका लेता है और 25 व्यक्ति काम पर लगाता है। 24 दिनों बाद वह पाता है कि सड़क का केवल एक-तिहाई हिस्सा ही पूरा हुआ है। उसे कितने अतिरिक्त व्यक्ति और काम पर लगाने चाहिए ताकि सड़क का निर्माण तय समय से 4 दिन पूर्व हो?

A. 100 **B.** 60 **C.** 50 **D.** 75

Q.10 एक घड़ी का अंकित मूल्य 800 है। एक दुकानदार दो क्रमिक छूट देता है और 612 पर घड़ी बेचता है। यदि पहली छूट 10% है, तो दूसरी छूट है:

A. 14% **B.** 13% **C.** 15% **D.** 12%

Q.11 ऊंचाई 14 सेमी और आधार त्रिज्या 7 सेमी के एक वृत्तीय शंकु की कुल सतह क्षेत्रफल होगा:

A. 498.35 वर्ग सेमी **B.** 128.35 वर्ग सेमी
C. 328.35 वर्ग सेमी **D.** 454.25 वर्ग सेमी

Q.12 यदि $A:B:C = 2:3:4$ है, तब $\frac{A}{B}:\frac{B}{C}:\frac{C}{A}$ बराबर है-

A. 8: 9: 16 **B.** 8: 9: 12 **C.** 4: 9: 16 **D.** 8: 9: 24

Q.13 यदि वर्ग की प्रत्येक भुजा को 25% बढ़ा दिया जाए तो इसके क्षेत्रफल में कितने (%) वृद्धि होगी ?

A. 15% **B.** 20% **C.** 44% **D.** 40%

Q.14 सोनू ने मोना के निवेश से 10% अधिक निवेश किया और मोना ने रघु के निवेश से 10% कम निवेश किया। यदि तीनों व्यक्तियों का कुल निवेश 5780 रूपये हैं, तब रघु का निवेश होगा:

A. 2010 रूपये **B.** 2000 रूपये
C. 2100 रूपये **D.** 2210 रूपये

Q.15 sin $34° + \cos 64° - \cos 4°$ का मान ज्ञात कीजिए।

A. 2 **B.** 0 **C.** 1 **D.** 3

Q.16 प्रति दिन 10 घंटे काम करने वाले 20 पुरुष 12 दिनों में $\frac{2}{3}$ कार्य पूरा कर सकते हैं, जबकि प्रति दिन 9 घंटे काम करने वाली 15 महिलाएं X दिनों में $\frac{2}{5}$ वें काम को पूरा कर सकती हैं। यदि एक महिला एक पुरुष की तुलना में दोगुनी कुशल है, तो X का मूल्य क्या है?

A. $2\frac{2}{3}$ **B.** $3\frac{3}{5}$ **C.** $5\frac{1}{3}$ **D.** $6\frac{2}{5}$

Q.17 मनु ने एक दर्जन घड़ियां 1454.64 रु. प्रति घड़ी की दर पर बेचीं और 16% का लाभ प्राप्त किया। एक घड़ी का क्रय मूल्य ज्ञात कीजिये?

A. 1294 **B.** 1354 **C.** 1254 **D.** 1634

Q.18 यदि 20 साइकिलों को बेचकर विनय को 2 साइकिलों के विक्रय मूल्य के बराबर की हानि होती है, तो उसका हानि प्रतिशत ज्ञात कीजिये?

A. 10% **B.** 11% **C.** $13\frac{1}{3}\%$ **D.** $9\frac{1}{11}\%$

Q.19 40,000 रु. की एक धनराशि 2 वर्षों में चक्रवृद्धि ब्याज की 20% वार्षिक दर पर कितनी हो जायेगी, यदि ब्याज वार्षिक रूप से देय है?

A. 48,620 रु **B.** 58,564 रु **C.** 57,600 रु **D.** 60,000 रु

Q.20 एक धनराशि स्वयं का दोगुना होने में कितना समय लेगी यदि यदि उसे साधारण ब्याज की 9.09% दर पर निवेश किया जाता है?

A. 12 वर्ष **B.** 14 वर्ष **C.** 11 वर्ष **D.** 13 वर्ष

Q.21 500 मीटर लंबी एक ट्रेन 1000 मीटर लंबी एक सुरंग को 1 मिनट में पार करती है। ट्रेन की गति क्या है?

A. 75 किमी/घंटा **B.** 90 किमी/घंटा
C. 87 किमी/घंटा **D.** 96 किमी/घंटा

Ques (22-25):निर्देश: नीचे दी गई जानकारी के आधार पर निम्नलिखित प्रश्न का उत्तर दें।

नीचे दी गई तालिका 2015-16 में विभिन्न राज्यों के पुलिस स्टेशनों पर दर्ज किए गए विभिन्न अपराधों के मामलों की संख्या को दर्शाती है।

राज्य	घरेलू हिंसा	दहेज	बलात्कार	छेड़छाड़	तस्करी
यूपी	354	496	263	132	342
एमपी	376	225	216	125	117
हिमाचल प्रदेश	87	125	43	56	57
केरल	535	352	226	364	126
गुजरात	455	225	252	175	144
बिहार	475	576	675	764	852
पंजाब	245	256	259	261	263
असम	278	274	276	252	363

Q.22 गुजरात से कुल कितने मामले दर्ज किए गए?

A. 1751 **B.** 1331 **C.** 1251 **D.** 1221

Q.23 बिहार में घरेलू हिंसा और दहेज के मामले पंजाब में दर्ज बलात्कार और तस्करी के मामलों से कितने प्रतिशत अधिक / कम हैं?

A. 98.7% कम **B.** 101.3% अधिक
C. 101.3% कम **D.** 98.7% अधिक

Q.24 राज्य के अनुसार बलात्कार और छेड़छाड़ के मामलों की औसत संख्या के आधार पर, मोलेस्टेशन लगभग कितने समय में बलात्कार के रूप में प्रचलित है?

A. 1.04 **B.** 0.96 **C.** 0.92 **D.** 0.86

Q.25 यूपी में दर्ज किए गए दहेज और छेड़छाड़ के मामलों की कुल संख्या लगभग सभी अपराधों के कुल मामलों में से कितने प्रतिशत है?

A. 40 **B.** 45 **C.** 37 **D.** 47

// स्मार्ट उत्तर पुस्तिका //

सही उत्तर — उन छात्रों का प्रतिशत जिन्होंने प्रश्नों का सही उत्तर दिया था। छोड़ दिया — उन छात्रों का प्रतिशत जिन्होंने प्रश्नों को छोड़ दिया था।

प्रश्न संख्या	उत्तर	सही उत्तर / छोड़ दिया	प्रश्न संख्या	उत्तर	सही उत्तर / छोड़ दिया	प्रश्न संख्या	उत्तर	सही उत्तर / छोड़ दिया	प्रश्न संख्या	उत्तर	सही उत्तर / छोड़ दिया	प्रश्न संख्या	उत्तर	सही उत्तर / छोड़ दिया	प्रश्न संख्या	उत्तर	सही उत्तर / छोड़ दिया
1	D	80.0 % 0.0 %	6	A	27.01 % 4.22 %	11	A	79.72 % 0.0 %	16	B	49.45 % 1.45 %	21	B	80.99 % 0.0 %			
2	C	61.13 % 1.09 %	7	C	79.97 % 0.0 %	12	D	46.02 % 1.43 %	17	C	53.83 % 1.47 %	22	C	49.69 % 1.66 %			
3	A	30.27 % 3.09 %	8	D	55.08 % 1.1 %	13	C	78.1 % 0.0 %	18	D	40.25 % 1.83 %	23	B	46.84 % 1.2 %			
4	D	44.2 % 1.16 %	9	D	44.54 % 1.75 %	14	B	23.81 % 3.36 %	19	C	68.41 % 1.12 %	24	B	57.37 % 1.64 %			
5	D	83.14 % 0.0 %	10	C	79.15 % 0.0 %	15	B	49.82 % 1.94 %	20	C	55.91 % 1.64 %	25	A	49.99 % 1.13 %			

//संकेत और समाधान//

1. माना, पिछली औसत कीमत रू $\overline{P}$ थी।

प्रश्न के अनुसार,

$\Rightarrow 60P + 336 = (P-1)64$

$\Rightarrow 60P + 336 = 64P - 64$

$\Rightarrow 64P - 60P = 336 + 64$

$\Rightarrow 4P = 400$

$\Rightarrow P = \frac{400}{4} =$ Rs 100

अतः विकल्प (D) सही है।

2. प्रश्न के अनुसार,

11 संख्याओं का औसत = 50

11 संख्याओं का कुल योग $= 11 \times 50 = 550$

पहले 6 परिणामों का औसत $= 6 \times 49 = 294$

अंतिम 6 परिणामों का औसत $= 6 \times 51 - 312$

अतः, छठी संख्या $= (294 + 312) - 550 = 56$

अतः विकल्प (C) सही है।

3. दी गई आकृति में, OB त्रिज्या है और BDC त्रिभुज है।

$\angle DBC + \angle BDC + \angle BCD = 180°$

$\Rightarrow 90° + 65° + \angle BCD = 180°$

$\Rightarrow \angle BCD = 25$

अब, $OE = OC =$ त्रिज्या,

$\angle OEC = \angle OCE = 25° (\angle OCE = \angle BCD)$

$\Rightarrow \angle AED = \angle OEC = 25°$ (ऊर्ध्वाधर कोणों के विपरीत)

इसी प्रकार, $\angle ADE = 180° - 65° = 115°$

इसलिए, त्रिभुज AED में

$\angle BAO = 180° - 115° - 25° = 40°$

अतः विकल्प (A) सही है।

4. दिया हैं:

इलेक्ट्रिक आयरन का अंकित मूल्य= 75 रुपये

10% छूट के बाद मूल्य $= 75 \times \frac{90}{100} = 67.5$

अन्तर $= 67.5 - 63.45 = 4.05$

दूसरी छूट $= \frac{4.05}{67.5} \times 100 = 6\%$

अतः विकल्प (D) सही है।

5. हम जानते हैं कि,

दो संख्याओं का गुणनफल = ल.स.प. × म.स.प.

माना दूसरी संख्या x है।

$24 \times x = 168 \times 6$

$\Rightarrow x = 6 \times 7$

$\Rightarrow x = 42$

अतः विकल्प (D) सही है।

6. माना, साइकिल का क्रय मूल्य = x रूपये

साइकिल का पुराना विक्रय मूल्य $= x \times 110\%$ ...(i)

नया क्रय मूल्य $CP = x \times 90\%$

और नया विक्रय मूल्य $SP = x \times 90\% \times 125\%$ ...(ii)

नए विक्रय मूल्य और पुराने विक्रय मूल्य के बीच अंतर = 60 रूपये

$x \times 90\% \times 125\% - x \times 110\% = 60$

$\Rightarrow \frac{x \times 11250}{10000} - \frac{x \times 110}{100} = 60$

$\Rightarrow x\left[\frac{1125-1100}{600}\right] = 60$

$\Rightarrow x = \frac{6000}{25}$

$\Rightarrow x = 2400$ रूपये

अतः विकल्प (A) सही है।

7. दिया है:

आयत का क्षेत्रफल = 42 वर्ग सेमी

आयत की लंबाई (l) = 7 सेमी

माना आयत की चौड़ाई "b" सेमी है।

हम जानते हैं कि, आयत का क्षेत्रफल = लंबाई × चौड़ाई

7 × b = 42

⇒b = 6 सेमी

परिमाप =2(l + b) =2(7+6) =26 सेमी

माना अतः विकल्प (C) सही है।

8. हम जानते है कि,

दूरी = गति × समय

ट्रक द्वारा $1\frac{1}{2}$ या $\frac{3}{2}$ घंटे में तय दूरी $= 90 \times \frac{3}{2} = 135$ किमी

शेष दूरी $= 310 - 135 = 175$ किमी

70 किमी/घंटा चाल पर लिया गया समय $= \frac{175}{70} = 2.5$ घंटे

कुल समय $= \frac{3}{2} + 2.5 = 4$ घंटे

अतः विकल्प (D) सही है।

9. दिया हैं:

कार्य को पूरा करने का निर्धारित समय $= 40$ दिन

24 दिनों में 25 पुरुष $\frac{1}{3}$ काम करते हैं।

$\therefore$ 1 आदमी 1 दिन में काम करेगा $= \frac{1}{3\times25\times24} = \frac{1}{1800}$

बचा काम $= 1 - \frac{1}{3} = \frac{2}{3}$

कार्य को शेड्यूल से 4 दिन पहले पूरा किया जाना है, अर्थात,

$(40 - 4) = 36$ दिनों में

$\frac{2}{3}$ कार्य के लिए बचे दिनों की संख्या $= 36 - 24 = 12$ दिन

$\therefore \frac{2}{3}$ काम, के द्वारा 12 दिनों में किया जाएगा

$= 1800 \times \frac{2}{3} \times \frac{1}{12} = 100$ पुरुष

25 पुरुष पहले से ही काम कर रहे हैं।

$\therefore$ अतिरिक्त पुरुषों को नियोजित किया जाना चाहिए

$= 100 - 25 = 75$

अतः विकल्प (D) सही है।

10. दिया है:

अंकित मूल्य $= 800$, प्रथम छूट $= 10\%$

$\therefore$ पहली छूट के बाद मूल्य $= 800$ रुपये का 90%

$= 0.9 \times$ 800 रुपये =720 रुपये

दूसरी छूट के बाद अंतिम मूल्य =612 रुपये

$\Rightarrow$ दूसरी छूट दर $= \frac{108}{720} \times 100\% = 15\%$

अतः विकल्प (C) सही है।

11. दिया हैं:

ऊंचाई $h = 14$ सेमी, और त्रिज्या $(r) = 7$ सेमी

सूत्र से, $l^2 = h^2 + r^2$

इसलिए, $l^2 = (7)^2 + (14)^2 = 245$

$\Rightarrow l = 7\sqrt{5}$ सेमी

कुल पृष्ठीय क्षेत्रफल $= \pi rl + \pi r^2$

$= \frac{22}{7} \times 7 \times 7\sqrt{5} + \frac{22}{7} \times 7 \times 7$

$= 154(\sqrt{5} + 1)$

$= (1543.236)$ वर्ग सेमी

$= 498.35$ वर्ग सेमी

अतः विकल्प (A) सही है।

12. दिया हैं:

$A:B:C = 2:3:4$

माना, $A = 2x,\ B = 3x, C = 4x$

$\therefore \frac{A}{B}:\frac{B}{C}:\frac{C}{A} = \frac{2x}{3x}:\frac{3x}{4x}:\frac{4x}{2x}$

$\Rightarrow \frac{2}{3}:\frac{3}{4}:\frac{2}{1}$

भिन्न को हटाने के लिए हर के L.C.M. द्वारा गुणा करें

इसलिए, $(3,4,1)$ का L.C.M. = 12

$\therefore \frac{A}{B}:\frac{B}{C}:\frac{C}{A}$

$\Rightarrow \frac{2}{3} \times 12 : \frac{3}{4} \times 12 : \frac{2}{1} \times 12$

$\Rightarrow 8:9:24$

अतः विकल्प (D) सही है।

13. माना वर्ग की प्रत्यके भुजा a है।

इसलिए, क्षेत्रफ़ल $= a^2$

जैसा कि दिया गया है कि भुजा में 25% की वृद्धि हुई, तो

नई भुजा $= \frac{125a}{100} = \frac{5a}{4}$

नया क्षेत्रफ़ल $= \left(\frac{5a}{4}\right)^2 = \frac{25a^2}{16}$

क्षेत्रफ़ल में वृद्धि $= \frac{25a^2}{16} - a^2$

वृद्धि % $= \frac{\left[\frac{9a^2}{16}\right]}{a^2} \times 100\% = 56.25\%$

अतः विकल्प (C) सही है।

14. माना, मोना का निवेश $= 100$ रु

सोनू का निवेश = 110 रुपये और

रघु का निवेश $= \frac{100}{90} \times 100 = \frac{1000}{9}$ रु

मोना का अनुपात, सोनू का और रघु का निवेश

$= 100:110:\frac{1000}{9}$

$= 90:99:100$

अनुपातों का योग $= 90 + 99 + 100 = 289$

रघु का निवेश $= \left(\frac{100}{289} \times 5870\right)$ रु

$= 2000$ रु

अतः विकल्प (B) सही है।

15. दिया हैं:

$\sin 34° + \cos 64° - \cos 4°$

$= \sin 34° + [\cos 64° - \cos 4°]$

सूत्र के अनुसार,

$$\cos C - \cos D = 2\sin\left[\frac{(C+D)}{2}\right]\sin\left[\frac{(D-C)}{2}\right]$$

$$= \sin 34° + \left[2\sin\left(\frac{64+4}{2}\right)\sin\left(\frac{4-64}{2}\right)\right]$$

$$= \sin 34° + 2\sin 34° \sin(-30)°$$

$$= \sin 34° - 2\sin 34° \sin 30°$$

$$= \sin 34° - 2\sin 34° \left(\frac{1}{2}\right)$$

$$= \sin 34° - \sin 34°$$

$$= 0$$

$$\therefore \sin 34° + \cos 64° - \cos 4° = 0$$

अतः विकल्प (B) सही है।

16. दिया है:

$$M_1 = 20, D_1 = 12, H_1 = 10,\ W_1 = \frac{2}{3}, M_2 = 15, D_2 = X, H_2 = 9,\ W_2 = \frac{2}{5}$$

प्रश्न के अनुसार, एक महिला एक पुरुष की तुलना में दोगुनी कुशल है।

इसलिए, महिला और पुरुष की दक्षता का अनुपात 2: 1 है।

$$\Rightarrow \frac{E_2}{E_1} = \frac{2}{1}$$

अब, MDH सूत्र से,

$$\frac{M_1D_1H_1E_1}{W_1} = \frac{M_2D_2H_2E_2}{W_2}$$

$$\Rightarrow \frac{20\times12\times10}{\frac{2}{3}} = \frac{15\times X\times 9}{\frac{2}{5}} \times \frac{E_2}{E_1}$$

$$\Rightarrow \frac{2400\times3}{2} = \frac{135\times5\times X}{2} \times 2$$

$$\Rightarrow X = 5\frac{1}{3} \text{ दिन}$$

अतः विकल्प (C) सही है।

17. माना सभी घड़ियों की लागत मूल्य x है।

प्रत्येक घड़ी का बिक्री मूल्य = 12 × 1454.64 = 17455.68 रु

लेकिन 16% लाभ पर बिक्री मूल्य $= x + \frac{16x}{100} = 1.16x$

इसलिए, 1.16x = 17455.68

$$\therefore x = 15048 \text{ रु}$$

दर्जन भर घड़ियों की लागत मूल्य = 15048 रु

प्रत्येक घड़ी का लागत मूल्य $= \frac{15048}{12} = 1254$ रु

इसलिए, सही विकल्प (C) है।

18. माना, प्रत्येक साइकिल का विक्रय मूल्य = x

तब हानि = 2x

विक्रय मूल्य = 20x

लागत मूल्य = विक्रय मूल्य + हानि

= 20x + 2x = 22x

हानि % = (हानि/लागत मूल्य) $\times 100$

$$= \frac{2x}{22x} \times 100 = \frac{100}{11} = 9\frac{1}{11}\%$$

अतः विकल्प (D) सही है।

19. दिया हैं:

$P = 40000$ रु, $r = 20\%$ तथा $n = 2$ वर्ष

यदि P की राशि n वर्ष के लिए ब्याज की r% दर पर वार्षिक रूप से कम हो जाती है, तो राशि बन जाती है:

$$A = P\left(1 + \frac{r}{100}\right)^n$$

$$= 40000\left(1 + \frac{20}{100}\right)^2$$

$$= 40000(1.2)^2$$

$$= 40000 \times 1.44$$

$$= 57600$$

अतः विकल्प (C) सही है।

20. दिया है:

R = 9.09%

हम जानते हैं कि, $SI = \frac{P\times R\times T}{100}$, और A = P + SI

यहां, SI = साधारण ब्याज, P= मूलधन, A = धनराशि, R= दर, और T = समय

प्रश्न के अनुसार, A = 2P

$$\Rightarrow 2P = P + \left(\frac{P\times9.09\times T}{100}\right)$$

$$\Rightarrow P = \frac{9.09PT}{100}$$

$$\Rightarrow T = \frac{100}{9.09} \approx 11 \text{वर्ष}$$

अतः विकल्प (C) सही है।

21. माना ट्रेन की गति x मीटर/सेकंड है।

ट्रेन की लंबाई दी है =500 m

सुरंग पार करने में समय लगा = 1 मिनट = 60 सेकंड

$$\therefore x = \frac{(500+1000)}{60}$$

$$\Rightarrow x = 25 \text{ मीटर/सेकंड}$$

किमी / घंटा में ट्रेन की गति $= \left(25 \times \frac{18}{5}\right)$ = 90 किमी/घंटा

अतः विकल्प (B) सही है।

22. गुजरात में दर्ज किए गए कुल मामले = 455 + 225 + 252 + 175 + 144 = 1251

अतः विकल्प (C) सही है।

23. बिहार में घरेलू हिंसा और दहेज = 475 + 576 = 1051

पंजाब में बलात्कार और तस्करी = 259 + 263 = 522

अंतर = 1051 − 522 = 529

आवश्यक % $= \frac{529}{522} \times 100 = 101.3\%$ अधिक

अतः विकल्प (B) सही है।

24. छेड़छाड़ के कुल मामले = 132 + 125 + 56 + 364 + 175 + 764 + 261 + 252 = 2129

बलात्कार के कुल मामले = 263 + 216 + 53 + 226 + 252 + 675 + 259 + 276 = 2220

∴ आवश्यक अनुपात = 2129: 2220 = 0.96

अतः विकल्प (B) सही है।

25. यूपी में दहेज और छेड़छाड़ के मामलों की कुल संख्या = 496 + 132 = 628

कुल मामले यूपी में दर्ज किए गए = 496 + 132 + 354 + 263 + 342 = 1587

∴ आवश्यक $\% = \frac{628}{1587} \times 100 = 39.57\%$

विकल्पों में निकटतम मूल्य 40% है।

अतः विकल्प (A) सही है।

अनुभागीय टेस्ट 08

Q.1 10 आदमी प्रतिदिन 6 घंटे काम करते हैं और 18 दिनों में एक काम पूरा कर सकते हैं। 12 दिनों में एक ही काम को पूरा करने के लिए 15 पुरुषों को कितने घंटे काम करना होगा?

A. 4 **B.** 5 **C.** 6 **D.** 7

Q.2 एक कंपनी में सभी कर्मचारियों की औसत आय प्रति माह 20,000 रुपये है। हाल ही में कंपनी ने सभी कर्मचारियों के लिए 2000 प्रति माह रुपये की वृद्धि की घोषणा की। सभी कर्मचारियों की नई औसत आय है

A. 22,000 रुपये **B.** 24,000 रुपये
C. 28,000 रुपये **D.** 26,000 रुपये

Q.3 सुरेश P से Q तक अपनी यात्रा बाइक द्वारा 40 किमी/घंटा की गति से तय करता है , फिर Q से R तक समान दूरी वह पैदल 10 किमी/घंटा की गति से चलता है। फिर वह Q से होते हुए R से P तक 24 किमी/घंटा की गति से वापस आता है। संपूर्ण यात्रा की औसत गति कितनी होगी?

A. 18.5 किमी/घंटा **B.** 19.8 किमी/घंटा
C. 18.2 किमी/घंटा **D.** 19.2 किमी/घंटा

Q.4 540 रूपये के बिल पर 90 रूपये की छूट है,तब बैंकर छूट है-

A. 60 रूपये **B.** 108 रूपये
C. 72 रूपये **D.** 75 रूपये

Q.5 दो संख्याओं का म.स.प. 4 है तथा ल.स.प. के दो अन्य गुणनखंड 5 और 7 हैं। दोनों में से छोटी संख्या ज्ञात कीजिये।

A. 10 **B.** 4 **C.** 20 **D.** 28

Q.6 4 फरवरी 2005 से 18 अप्रैल 2005 की अवधि के लिए 2000 रु पर $\frac{25}{4}$% प्रतिवर्ष की दर से साधारण ब्याज ज्ञात कीजिये।

A. 25 **B.** 30 **C.** 35 **D.** 40

Q.7 बाला कुल दूरी की पहली एक-तिहाई दूरी 10 किमी/घंटा की गति से और अगली एक-तिहाई दूरी 20 किमी/घंटा की गति से और अंतिम एक-तिहाई दूरी 60 किमी/घंटा की गति से तय करता है। बाला की औसत गति क्या है?

A. 18 किमी/घंटा **B.** 19 किमी/घंटा
C. 16 किमी/घंटा **D.** 12 किमी/घंटा

Q.8 उस कोण का माप बताइये जो अपने पूरक कोण के बराबर माप का होता है?

A. 90° **B.** 45° **C.** 80° **D.** 100°

Q.9 एक ट्रक मरम्मत के बाद 84 की गति से बढ़ता है और मरम्मत से पहले 74 की गति से आगे बढ़ता है। यह मरम्मत के बाद 6 घंटे में x की दूरी तय करता है। मरम्मत से पहले $3x$ की दूरी तय करने में कितना समय (घंटों में) लगेगा?

A. 48.12 **B.** 40.31 **C.** 20.43 **D.** 28.32

Q.10 $20\%, 10\%$ और 5% के क्रममिक छूट के बराबर एकल छूट है:

A. 36.1% **B.** 35% **C.** 35.6% **D.** 31.6%

Q.11 एक उम्मीदवार जो एक परीक्षा में 20% अंक प्राप्त करता है, वह 30 अंक से असफल हो जाता है, लेकिन 32% पाने वाले दूसरे उम्मीदवार को उत्तीर्ण अंकों से 42 अंक अधिक मिलते हैं। फिर पास अंकों का प्रतिशत है:

A. 52% **B.** 50% **C.** 33% **D.** 25%

Q.12 यदि जनवरी से जून तक श्रीमान शर्मा का औसत खर्च 4200 रूपए है और वह जनवरी के माह में 1200 रूपए और जुलाई के माह में 1500 रूपए खर्च करते हैं। तब फरवरी से जुलाई तक औसत खर्च कितना होगा?

[Intelligence Bureau Security Assistant, 2017]

A. 2750 रूपए **B.** 3250 रूपए
C. 4250 रूपए **D.** 4500 रूपए

Q.13 A, B और C की आय का अनुपात 7: 9: 12 है और उनके व्यय का अनुपात 8 : 9 : 15 है। यदि उसकी आय का $\frac{1}{4}$ बचता है तो उनकी बचत का अनुपात होगा:

A. 56: 99: 69 **B.** 69: 56: 99
C. 99: 56: 69 **D.** 99: 69: 56

Q.14 यदि 64 समान छोटे गोले 8 सेमी व्यास के एक बड़े गोले से बने हैं, तो प्रत्येक छोटे गोले का सतह क्षेत्र क्या है?

A. π सेमी ^{2} **B.** 2π सेमी ^{2} **C.** 4π सेमी ^{2} **D.** 8π सेमी ^{2}

Q.15 17 संख्याओं का औसत 7 है। यदि एक संख्या को बाहर रखा जाता है, तो औसत 4 हो जाता है। बहिष्कृत संख्या क्या है?

A. 21 **B.** 55 **C.** 24 **D.** 20

Q.16 1500 रु. की राशि एक योजना A मे 5 वर्षो के लिए 14% पर साधारण ब्याज की दर से निवेश की जाती है, 5 वर्ष पश्चात राशि में कुष अतिरिक्त राशि योजना B पर 2 वर्षो के लिए की 20% की वार्षिक दर चक्रवृद्धि ब्याज से निवेश करता है। यदि योजना B से उसे चक्रवृद्धि ब्याज रु. 1408 प्राप्त हों तो ज्ञात कीजिए कि योजना B मे योजना A से कितनी अतिरिक्त राशि निवेश की थी?

A. 450 **B.** 550 **C.** 500 **D.** 650

Q.17 यदि $0 \le \theta \le 90°$ और $\sin(8\theta + 12°) = \cos(4\theta + 6°)$ हैं, तो θ (डिग्री में) का मान क्या है?

A. 4° **B.** 16° **C.** 6° **D.** 12°

Q.18 अपर्णा ने एक वस्तु का अंकित मूल्य, क्रय मूल्य से 50% ऊपर तक परिवर्तित किया| लगभग 10% लाभ प्राप्त करने में कितनी छूट देनी चाहिए?

A. 27% **B.** 25% **C.** 35% **D.** 37%

Q.19 $ABCD$ एक चक्रीय चतुर्भुज है A और C की स्पशरिखा P पर एक दूसरे को प्रतिछेद करती है। यदि $< ABC = 100°$ है, तो $< APC$ किसके बराबर है?

A. 10° **B.** 20° **C.** 30° **D.** 40°

Q.20 एक वृत्त जिसकी दो जीवाएं AB तथा CD एक दूसरे को बिन्दू P पर बाह्य प्रतिछेद करती है। यदि AB =6 सेमी, CD = 3 सेमी और PD =4 हो, तो PB की लम्बाई होगी?

A. 5 सेमी **B.** 7.35 सेमी **C.** 6 सेमी **D.** 4 सेमी

Q.21 $\triangle ABC$ एक समकोणीय त्रिभुज है जिसका AB = 6 सेमी BC = 8 सेमी है। O त्रिभुज का अंत: केंद्र है। आंतरिक वृत्त की त्रिज्या क्या होगी?

A. 2 सेमी **B.** 5 सेमी **C.** 4 सेमी **D.** 3 सेमी

Ques (22-25):निर्देश: निम्नलिखित बार चार्ट का ध्यानपूर्वक अध्ययन करें और दिए गए प्रश्नों के उत्तर दें।

बार चार्ट में, सनशाइन और आर्यन समर कैंप में 2015 से 2019 तक विभिन्न वर्षों में नामांकित छात्रों की कुल संख्या दी गई है।

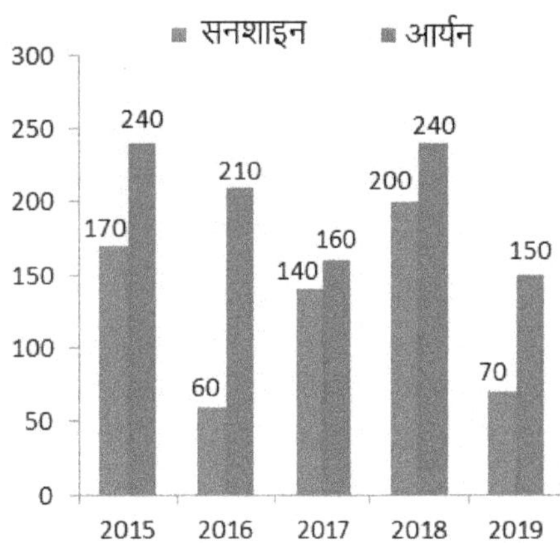

Q.22 यदि वर्ष 2020 में 2019 की तुलना में नामांकित कुल छात्रों की संख्या में 30% की वृद्धि हुई है, तो 2020 में नामांकित कुल छात्रों की संख्या ज्ञात कीजिए?

A. 286 **B.** 245 **C.** 292 **D.** 234

Q.23 2016 में कुल छात्रों के बीच दोनों ग्रीष्मकालीन शिविरों के 2019 में कुल छात्रों के बीच का अनुपात क्या है?

A. 25: 21 **B.** 27: 22 **C.** 29: 12 **D.** 31: 11

Q.24 2015 में सनशाइन के छात्रों की संख्या 2017 में आर्यन छात्रों की संख्या का कितना प्रतिशत है?

A. 101.25% **B.** 111.25% **C.** 106.25% **D.** 124.25%

Q.25 2016 से 2019 तक सनशाइन में नामांकित छात्रों की कुल संख्या 2018 और 2019 में आर्यन में नामांकित छात्रों की कुल संख्या से कितने प्रतिशत अधिक है?

A. 10.51% **B.** 15.51% **C.** 11.51% **D.** 20.51%

// स्मार्ट उत्तर पुस्तिका //

सही उत्तर उन छात्रों का प्रतिशत जिन्होंने प्रश्नों का सही उत्तर दिया था। छोड़ दिया उन छात्रों का प्रतिशत जिन्होंने प्रश्नों को छोड़ दिया था।

प्रश्न संख्या	उत्तर	सही उत्तर छोड़ दिया	प्रश्न संख्या	उत्तर	सही उत्तर छोड़ दिया	प्रश्न संख्या	उत्तर	सही उत्तर छोड़ दिया	प्रश्न संख्या	उत्तर	सही उत्तर छोड़ दिया	प्रश्न संख्या	उत्तर	सही उत्तर छोड़ दिया	प्रश्न संख्या	उत्तर	सही उत्तर छोड़ दिया
1	C	84.85 % 0.0 %	6	A	87.25 % 0.0 %	11	D	50.98 % 1.3 %	16	D	31.64 % 4.47 %	21	A	26.53 % 3.82 %			
2	A	56.86 % 1.79 %	7	A	58.93 % 1.34 %	12	C	61.91 % 1.34 %	17	C	63.29 % 1.92 %	22	A	61.63 % 1.31 %			
3	D	62.1 % 1.81 %	8	B	57.8 % 1.79 %	13	A	41.27 % 1.16 %	18	A	48.08 % 1.16 %	23	B	65.8 % 1.01 %			
4	B	77.82 % 0.0 %	9	C	15.26 % 3.59 %	14	C	60.83 % 1.31 %	19	B	69.58 % 1.67 %	24	C	51.83 % 1.54 %			
5	C	80.93 % 0.0 %	10	D	25.74 % 3.04 %	15	B	79.71 % 0.0 %	20	A	27.01 % 4.0 %	25	D	46.2 % 1.66 %			

//संकेत और समाधान//

1. दिया हुआ,

$M_1 = 10, M_2 = 15$

$D_1 = 18, D_2 = 12$

$H_1 = 6$ और $H_2 = ?$

हम जानते हैं कि, $M_1 D_1 H_1 = M_2 D_2 H_2$

$\Rightarrow 10 \times 18 \times 6 = 15 \times 12 \times H_2$

$\Rightarrow 180 \times 6 = 180 \times H_2$

$\Rightarrow H_2 = 6$

अतः विकल्प (C) सही है।

2. सभी कर्मचारियों की औसत आय प्रति माह 20,000 रुपये है।

कंपनी ने सभी कर्मचारियों की आय में प्रतिमाह 2000 रुपये की वृद्धि की घोषणा की है।

औसत आय = सभी कर्मचारियों को भुगतान की गई कुल आय/कर्मचारियों की संख्या

∵ प्रत्येक कर्मचारी की आय में समान मूल्य से वृद्धि हुई है।

⇒ नवीन औसत = वास्तविक औसत आय + प्रति कर्मचारी वेतन वृद्धि

∴ नवीन औसत आय = 20,000 + 2,000 = 22,000.00 रुपये

अतः विकल्प (A) सही है।

3. दिया है:

सुरेश P से Q तक अपनी यात्रा बाइक द्वारा जिस गति से तय करता है = 40 किमी/घंटा

Q से R तक समान दूरी वह पैदल जिस गति से चलता है = 10 किमी/घंटा

फिर उसके द्वारा Q से होते हुए R से P तक वापस आने की गति = 24 किमी/घंटा

प्रश्नानुसार,

PQ = QR

RP = 2PQ

सूत्र :औसत गति= कुल दूरी/ कुल समय

माना P और Q के बीच की दूरी 120 किमी है।

⇒ PQ = QR = 120 किमी

⇒ RP = 2 × 120 = 240 किमी

बिंदु P से Q तक सुरेश द्वारा लिया जाने वाला समय = दूरी/गति $= \frac{120}{40} =$ 3 घंटे

बिंदु Q से R तक सुरेश द्वारा लिया गया समय= दूरी/गति $= \frac{120}{10} =$ 12 घंटे

बिंदु R से P तक सुरेश द्वारा लिया गया समय = दूरी/गति $= \frac{240}{24} =$ 10 घंटे

∴ औसत गति $= \frac{(120+120+240)}{(3+12+10)} = \frac{480}{25} = 19.2$ किमी/घंटा

अतः विकल्प (D) सही है।

4. बिल का वर्तमान मूल्य = (540 – 90) रूपये = 450 रूपये

∴ 450 रूपये पर साधारण ब्याज= 90 रूपये

540 रूपये पर साधारण ब्याज, $= \frac{90}{450} \times 540 = 108$ रूपये

अतः बैंकर छूट = 108 रूपये

अतः विकल्प (B) सही है।

5. माना दो संख्याएं 4x और 4y हैं।

ल.स.प. = 4 × 5 × 7

क्योंकि x और y सह-अभाज्य संख्या हैं।

x = 5 और y = 7

छोटी संख्या =4 × 5 = 20

अतः विकल्प (C) सही है।

6. हमेशा याद रखें कि जिस दिन पैसा जमा होता है, उसकी गिनती नहीं की जाती है, जबकि जिस दिन पैसा निकाला जाता है, उसकी गिनती की जाती है।

इसलिए, अब दिनों की संख्या की गणना करते हैं,

समय $= (24 + 31 + 18)$ दिन $= \frac{73}{365}$ वर्ष $= \frac{1}{5}$ वर्ष

$P = 2000$

$R = \frac{25}{4}\%$

हम जानते हैं कि,

साधारण ब्याज =(मूलधन × दर × समय)/100

⇒ साधारण ब्याज $= \frac{2000 \times 25 \times 1}{4 \times 5 \times 100} = 25$

अतः विकल्प (A) सही है।

7. दिया है:

बाला द्वारा कुल दूरी की पहली एक-तिहाई दूरी की गति= 10 किमी/घंटा

अगली एक-तिहाई दूरी की गति = 20 किमी/घंटा

अंतिम एक-तिहाई दूरी की गति = 60 किमी/घंटा

सूत्र :औसत गति = कुल दूरी/कुल समय

माना कुल दूरी 180 किमी है।

⇒ कुल दूरी का $\frac{1}{3}$ भाग $= 180 \times \left(\frac{1}{3}\right) = 60$ किमी

बाला द्वारा कुल दूरी की पहली एक-तिहाई दूरी को पार करने में लगने वाला समय $= \frac{60}{10} = 6$ घंटे

बाला द्वारा कुल दूरी के अगले एक-तिहाई दूरी को पार करने में लगने वाला समय $= \frac{60}{20} = 3$ घंटे

बाला द्वारा कुल दूरी की अंतिम एक-तिहाई दूरी को पार करने में लगने वाला समय $= \frac{60}{60} = 1$ घंटा

औसत गति= कुल समय/ कुल दूरी $= \frac{180}{(6+3+1)} = \frac{180}{10} = 18$ किमी/घंटा

अतः विकल्प (A) सही है।

8. माना दो समान पूरक कोणों में से एक x है।

$x + x = 90°$

⇒ $2x = 90°$

⇒ $2x = 45°$

∴ $45°$ पूरक के बराबर है।

अतः विकल्प (B) सही है।

9. दिया हैं: मरम्मत के बाद,

गति $= 84$ किमी / घंटा

समय लिया $= 6$ घंटे

दूरी = गति × समय $= 84 \times 6 = 504$ किमी

माना, दूरी $x = 504$ किमी

मरम्मत से पहले:

⇒ दूरी $3x = 3 \times 504 = 1512$ किमी

⇒ दूरी $= 74$ किमी / घंटा

∴ समय लिया = दूरी / गति $= \frac{1512}{74} = 20.43$ घंटा

अतः विकल्प (C) सही है।

10. क्रमिक छूट $= 20\%, 10\%$ तथा 5%

अंकित मूल्य $= 100$ रु.

∴ लगातार तीन क्रमिक तीन छूटों के बाद,

∴ विक्रय मूल्य = [अंकित मूल्य ($100 -$ छूट)]/ 100

$= \frac{100(100-20)(100-10)(100-5)}{100\times100\times100}$

$= \frac{100\times80\times90\times95}{100\times100\times100}$

$= \frac{342}{5}$

∴ कुल छूट $= 100 - \frac{342}{5}$

$= \frac{500-342}{5} = \frac{158}{5}$

∴ एकल छूट $= \frac{158}{5}\%$

$= 31.6\%$

अतः विकल्प (D) सही है।

11. माना, अधिकतम अंक $= x$ है।

प्रश्न के अनुसार,

स्थिति (i) पास अंक $= \frac{20x}{100} + 30$

स्थिति (ii) पास अंक $= \frac{32x}{100} - 42$

पास अंक दोनों मामलों में समान होंगे।

$\frac{20x}{100} + 30 = \frac{32x}{100} - 42$

$\Rightarrow \frac{12x}{100} = 72$

$\Rightarrow x = 600$

इस प्रकार कुल अंक $x = 600$

आवश्यक प्रतिशत = पास अंक / कुल अंक $\times 100$

$= \frac{150}{600} \times 100 = 25\%$

अतः विकल्प (D) सही है।

12. दिया है:

जनवरी से जून तक श्रीमान शर्मा का औसत खर्च 4200 रूपए है।

श्रीमान शर्मा ने जनवरी के माह में 1200 रूपए खर्च किए थे,

श्रीमान शर्मा ने जुलाई के माह में 1500 रूपए खर्च किए थे,

सूत्र :औसत = सभी अवलोकनों का योग / सभी अवलोकनों की कुल संख्या

जनवरी से जून तक श्रीमान शर्मा का कुल खर्च = 6 × 4200 = 25200 रूपए

⇒ फरवरी से जून तक श्रीमान शर्मा का कुल खर्च = 25200 – 1200 = 24000 रूपए

फरवरी से जुलाई तक श्रीमान शर्मा का कुल खर्च = 24000 + 1500 = 25500 रूपए

∴ फरवरी से जुलाई तक औसत खर्च $= \frac{25500}{6} = 4250$ रूपए

अतः विकल्प (C) सही है।

13. A, B और C की आय क्रमशः $7x, 9x$ और $12x$ है और खर्च क्रमशः $8y, 9y$ ओर $15y$ है।

प्रश्न के अनुसार,

$7x - 8y = \frac{1}{4} \times 7x$

$\Rightarrow 7x - \frac{7x}{4} = 8y$

$\Rightarrow 28x - 7x = 32y$

$\Rightarrow 21x = 32y$

$\Rightarrow y = \frac{21}{22}x$

अपनी आय का $\frac{1}{4}$ हिस्सा बचाता है।

∴ A की बचत $= \frac{7x}{4}$

B की बचत $= 9x - 9y = 9(x - y)$

$= 9\left(x - \frac{21x}{32}\right)$

$= \frac{9\times11x}{32} = \frac{99x}{32}$

C की बचत $= 12x - 15y$

$= 12x - 15 \times \frac{21}{32}x = \frac{69x}{32}$

∴ आवश्यक अनुपात $= \frac{7x}{4} : \frac{99x}{32} : \frac{69x}{32}$

$= 56 : 99 : 69$

अतः विकल्प (A) सही है।

14. दिया है, बड़े गोले का व्यास $= 8$ सेमी

∴ बड़े गोले (R) की त्रिज्या $= 4$ सेमी

माना, प्रत्येक छोटे गोले की त्रिज्या $= r$

हम जानते हैं कि,

प्रत्येक छोटे गोले का आयतन = बड़े गोले की आयतन/छोटे गोले की संख्या

$\Rightarrow \frac{4}{3}\pi r^3 = \frac{\frac{4}{3}\pi R^3}{64}$

$\Rightarrow r^3 = \frac{(4)^3}{64} = 1$

$\Rightarrow r = 1$ सेमी

अब, प्रत्येक छोटे गोले का सतह क्षेत्र $= 4\pi r^2 = 4\pi(1)^2 = 4\pi$ सेमी ^{2}

अतः विकल्प (C) सही है।

15. माना, बहिष्कृत संख्या x है।

17 संख्याओं का औसत $= 7$

∴ 17 संख्याओं का योग $= 17 \times 7 = 119$

प्रश्न के अनुसार,

$119 - x = (17 - 1) \times 4$

$119 - x = 64$

$x = 55$

: बहिष्कृत संख्या $= 55$

अतः विकल्प (B) सही है।

16. हम जानते हैं कि, $SI =$ (मूलधन × समय × दर) $/100$

$= \frac{1500 \times 5 \times 14}{100} = 1050$ रु

मिश्रधन $= (1500 + 1050) = 2550$ रु

यदि अतिरिक्त राशि x है, तो

$CI = P\left[\left(\frac{1+R}{100}\right)^T - 1\right]$

$\Rightarrow 1408 = (2550 + x)\left[\left(1 + \frac{20}{100}\right)^2 - 1\right]$

$\Rightarrow 1408 = (2550 + x)\left(\frac{36}{25} - 1\right)$

$\Rightarrow 1408 = (2550 + x)\left(\frac{36-25}{25}\right)$

$\Rightarrow (2550 + x) = \frac{1408 \times 25}{11} = 3200$

$\Rightarrow x = 3200 - 2550 = 650$ रु

अतः विकल्प (D) सही है।

17. दिया है:

$\sin(8\theta + 12°) = \cos(4\theta + 6°)$

$\sin(8\theta + 12°) = \sin[90° - (4\theta + 6)]$
$[\because \cos\theta = \sin(90° - \theta)]$

$8\theta + 12° = 90° - 4\theta - 6°$

$= 8\theta + 4\theta = 84° - 12°$

$\Rightarrow 12\theta = 72°$

$\Rightarrow \theta = \frac{72°}{12} = 6°$

$\Rightarrow \theta = 6°$

अतः विकल्प (C) सही है।

18. दिए गए आंकड़ों के अनुसार,

माना लागत मूल्य 100 रु, तो अंकित मूल्य = 150 रु

दिए गए आवश्यक लाभ = 10%

∴ विक्रय मूल्य = 110 रुपये

हम जानते हैं कि छूट = अंकित मूल्य - विक्रय मूल्य

तो, छूट = 150 - 110 = 40

छूट प्रतिशत $= \frac{40}{150} \times 100 = 26.66\%$ ≈27%

अतः विकल्प (A) सही है।

19.

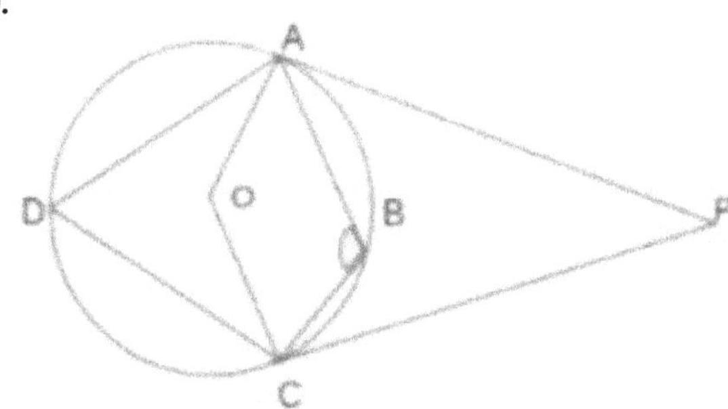

ACD एक चक्रीय चतुर्भुज है,

$\angle ABC + \angle ADC = 180°$

$\angle ADC = 180 - 100 = 80°$

$\angle AOC = 2 \times \angle ADC = 2 \times 80 = 160°$

चतुर्भुज $AOCP$ में-

$\angle OAP + \angle APC + \angle PCO + \angle COA = 360°$

$\angle OAP = \angle PCO = 90°$

(∵ स्पर्श कोण)

$\angle APC = 360 - 90 - 90 - 160 = 20°$

अतः विकल्प (B) सही है।

20.

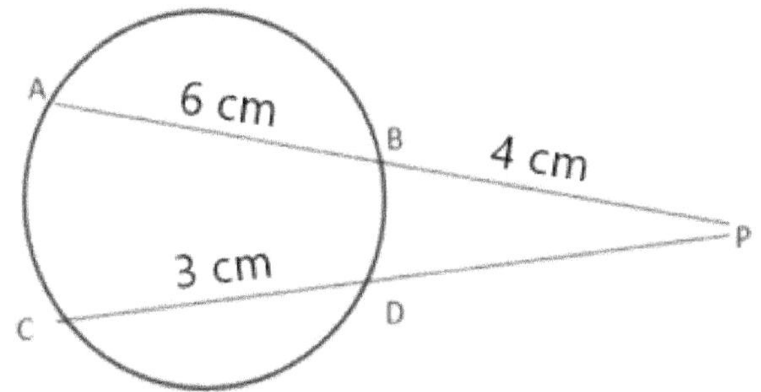

AB = 6 सेमी, CD = 3 सेमी और PB = 4 सेमी

हम छेदक नियम द्वारा जानते हैं:

PB × PA = PD × PC

$\Rightarrow 4 \times 10 = (x) \times (3 + x)$

$\Rightarrow 40 = 3x + x^2$

$\Rightarrow x^2 + 3x - 40 = 0$

$\Rightarrow x = 5$ सेमी

PD की लंबाई 5 सेमी है।

अतः विकल्प (A) सही है।

21. माना कि ABC समकोण त्रिभुज है जैसे कि ∠B = 90° , BC = 6 सेमी, AB = 8 सेमी है। माना अन्तःवृत्त में O केंद्र और r त्रिज्या है।

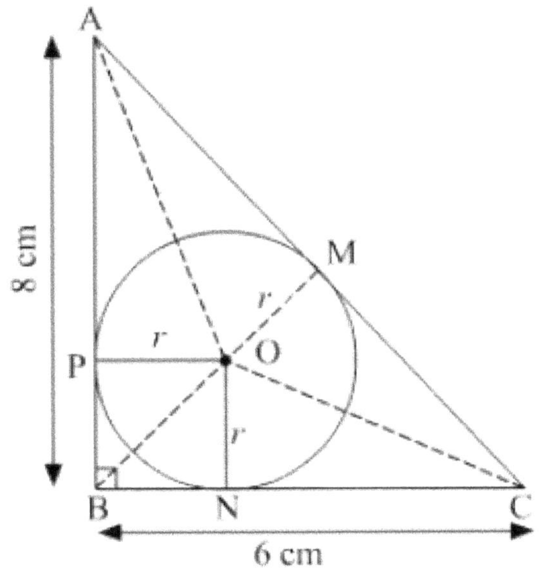

AB, BC और CA, P, N और M के वृत्त के स्पशरिखा हैं।

∴ OP = ON = OM = r (वृत्त की त्रिज्या)

$\triangle ABC$ का क्षेत्रफल= $\frac{1}{2} \times 6 \times 8 = 24$ सेमी ^{2}

पाइथागोरस प्रमेय द्वारा,

$CA^2 = AB^2 + BC^2$

$\Rightarrow CA^2 = 8^2 + 6^2$

$\Rightarrow CA^2 = 100$

$\Rightarrow CA = 10$ सेमी

$\triangle ABC$ का क्षेत्रफल $= \triangle OAB$ का क्षेत्रफल $+ \triangle OCA$ का क्षेत्रफल

$24 = \frac{1}{2} r \times AB + \frac{1}{2} r \times BC + \frac{1}{2} r \times CA$

$24 = \frac{1}{2} r (AB + BC + CA)$

$\Rightarrow r = \frac{2 \times 24}{(AB+BC+CA)}$

$\Rightarrow r = \frac{48}{8+6+10}$

$\Rightarrow r = \frac{48}{24}$

$\Rightarrow r = 2$ सेमी

अतः विकल्प (A) सही है।

22. दोनों कैंपों में 2019 में नामांकित छात्रों की संख्या = 70 + 150 = 220

दोनों कैंपों में 2020 में कुल छात्रों की संख्या $= \frac{130 \times 220}{100} = 286$

अतः विकल्प (A) सही है।

23. 2016 में, दोनों कैंपों में कुल छात्र = 60 + 210 = 270

2019 में, दोनों कैंपों में कुल छात्र = 70 + 150 = 220

आवश्यक अनुपात = 270: 220

= 27: 22

अतः विकल्प (B) सही है।

24. 2015 में, सनशाइन में छात्रों की संख्या = 170

2017 में, आर्यन में छात्रों की संख्या = 160

आवश्यक $\% = \frac{170}{160} \times 100 = 106.25\%$

अतः विकल्प (C) सही है।

25. 2016 से 2019 तक सनशाइन में नामांकित छात्रों की कुल संख्या = 60 + 140 + 200 + 70 = 470

आर्यन में 2018 और 2019 में नामांकित छात्रों की कुल संख्या = 240 + 150 = 390

अन्तर = 470 - 390 = 80

आवश्यक $\% = \frac{80}{390} \times 100 = 20.51\%$

अतः विकल्प (D) सही है।

अनुभागीय टेस्ट 09

Q.1 समद्विबाहु समकोण त्रिभुज का क्षेत्रफल 8 सेमी² है। इसके कर्ण की लंबाई है:

A. $\sqrt{32}$ सेमी **B.** $\sqrt{16}$ सेमी **C.** $\sqrt{48}$ सेमी **D.** $\sqrt{24}$ सेमी

Q.2 560 के 23% के19% का मान क्या है?

A. 24.472 **B.** 23.572 **C.** 25.762 **D.** 27.342

Q.3 एक $\triangle ABC$ में, $AB = 4$ सेमी और $AC = 8$ सेमी है। यदि M, BC का मध्य बिंदु है और $AM = 3$ सेमी है, तो BC की लंबाई है:

A. $2\sqrt{26}$ **B.** $2\sqrt{31}$ **C.** $\sqrt{31}$ **D.** $\sqrt{26}$

Q.4 23 लोगों का औसत अंक 78 है और शीर्ष 12 अंकों का औसत 90 है और नीचे के 12 अंकों का औसत 65 है और फिर 13वें शीर्ष स्कोरर के अंक क्या हैं?

A. 62 **B.** 64 **C.** 66 **D.** 68

Q.5 अगर कोई आदमी अपनी कुर्सी 720 रु. में बेचता है, तो उसे 25% की हानि होगी। 25% लाभ प्राप्त करने के लिए उसे इसे बेचना चाहिए:

A. 1200 रु. **B.** 1000 रु. **C.** 960 रु. **D.** 900 रु.

Q.6 एक धन राशि को 3: 7: 12 के अनुपात में P, Q और R के बीच विभाजित किया जाता है। यदि P और Q के शोयरों के बीच का अंतर x रु. और Q और R के बीच का अंतर 3000 रु. है। कुल धन राशि ज्ञात कीजिये?

A. 11000 रु. **B.** 12400 रु. **C.** 13200 रु. **D.** 14300 रु.

Q.7 एक व्यक्ति 120 किमी / घंटे की गति से A से B की यात्रा करता है और 80 किमी / घंटे की गति से B से A से लौटता है। उसकी औसत गति क्या है?

A. 100 किमी / घंटे **B.** 96 किमी / घंटे
C. 90 किमी / घंटे **D.** 60 किमी / घंटे

Q.8 सोहन ने 2500 रु. में एक पुराना फ्रिज खरीदा, फिर इसकी मरम्मत पर 500 रु. खर्च किए और इसे 3300 रु. में बेच दिया। उसका हानि या लाभ % ज्ञात कीजिये।

A. 10% **B.** 20% **C.** 30% **D.** 14%

Q.9 A 15 दिनों में और B 20 दिनों में एक कार्य कर सकता है। यदि वे 4 दिनों के लिए इस पर एक साथ काम करते हैं, तो बचा हुआ कार्य है:

A. $\frac{1}{4}$ **B.** $\frac{1}{10}$ **C.** $\frac{7}{15}$ **D.** $\frac{8}{15}$

Ques (10-13):निर्देश: निम्नलिखित जानकारी को ध्यान से पढ़ें और प्रश्नों के उत्तर दें।

निम्नलिखित पंक्ति चार्ट अमेरिका, भारत और ऑस्ट्रेलिया में 2016 - 2016 के बीच आग घटनाओं की वार्षिक संख्या को दर्शाता है।

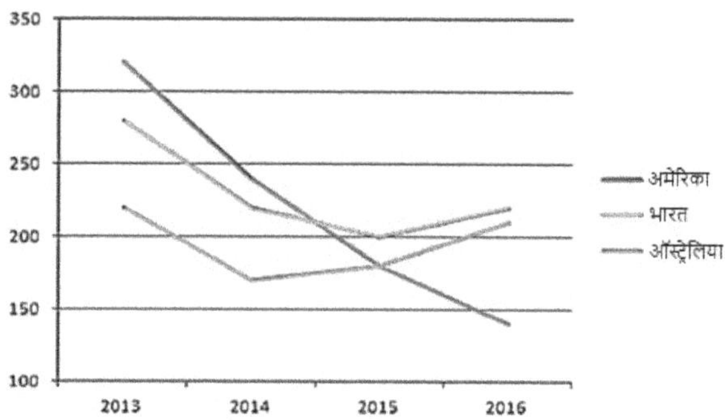

Q.10 दिए गए देशों में वर्ष 2014 में आग दुर्घटनाओं की औसत संख्या क्या है?

A. 190 **B.** 220 **C.** 210 **D.** 200

Q.11 यदि दी गई अवधि में किसी देश में आग दुर्घटनाओं की औसत संख्या 250 से कम है, तो देश को सुरक्षित माना जाता है। दिए गए चार्ट में कितने देश सुरक्षित हैं?

A. 2 **B.** 3 **C.** 1 **D.** 0

Q.12 कितने देशों में लगातार दो वर्षों के लिए दुर्घटनाओं की संख्या में वृद्धि हुई है?

A. 0 **B.** 1 **C.** 2 **D.** 3

Q.13 2014 से 2015 में भारत में दुर्घटनाओं की संख्या में प्रतिशत परिवर्तन क्या है?

A. 11.11% **B.** - 11.11% **C.** 9.09% **D.** - 9.09%

Q.14 राघव एक यात्रा को कार से पूरा करता है। यदि वह दूरी का 25% हिस्सा 30 किमी/ घंटा की गति से पूरा करता है, 50% हिस्सा 45 किमी/ घंटा की गति से और शेष दूरी 15 किमी/ घंटा की गति से पूरा करता है, तो उसकी औसत गति है

A. 23 **B.** 28 **C.** 43 **D.** 53

Q.15 12 मी उच्च शंक्वाकार तम्बू के आधार की परिधि 66 मी है। इसमें निहित वायु का आयतन ज्ञात कीजिए।

A. 1432 **B.** 1386 **C.** 1614 **D.** 1321

Q.16 $1\frac{5}{6} + 2\frac{3}{5} + 4\frac{2}{3} = ?$

A. $2\frac{1}{10}$ **B.** $7\frac{1}{10}$ **C.** $6\frac{1}{10}$ **D.** $9\frac{1}{10}$

Q.17 9000 रु. की राशि A, B और C के बीच 4: 5: 6 के अनुपात में वितरित की गई है। A और C के शेयरों में क्या अंतर होगा?

A. 1200 रु. **B.** 1400 रु. **C.** 1300 रु. **D.** 1600 रु.

Q.18 12 वस्तु का बिक्री मूल्य 15 वस्तु की लागत मूल्य के बराबर है। लाभ प्रतिशत ज्ञात कीजिये?

A. 13% **B.** 16% **C.** 25% **D.** 19%

Q.19 रवि एक वस्तु के मूल्य को 50% अधिक अंकित करता है और फिर 20% छूट पर कमल को बेचता है। कमल उसे खरीद लागत से 50 रुपये

अधिक पर बेचता है। यदि बिक्री मूल्य, वस्तु की मूल लागत मूल्य से 30% अधिक है, तो कमल का लाभ % क्या है?

A. 9% **B.** 10% **C.** 6.66% **D.** 8.33%

Q.20 वार्षिक रूप से 12.5% की दर पर, 4 वर्षों के लिए निवेश की गयी राशि पर अर्जित साधारण ब्याज 1495 रु है। मूलधन ज्ञात कीजिये।

A. 4567 रु. **B.** 2990 रु. **C.** 6500 रु. **D.** 1300 रु

Q.21 11 सेमी का एक धातु घन 30 सेमी व्यास के साथ एक बेलनाकार बर्तन में निहित पानी में पूरी तरह से डूबी हुई है। पानी के स्तर में वृद्धि का ज्ञात कीजिए।

A. 1.33 **B.** 2.16 **C.** 11.2 **D.** 3.21

Q.22 A किसी काम को 15 दिनों में और B उसी काम को 20 दिनों में करते है। यदि वे 4 दिनों के लिए इस पर एक साथ काम करते हैं, तो शेष काम होगा:

A. $\frac{1}{4}$ **B.** $\frac{1}{10}$ **C.** $\frac{7}{15}$ **D.** $\frac{8}{15}$

Q.23 निम्नलिखित में से कौन-सी संख्या $(3^{25} + 3^{26} + 3^{27} + 3^{28})$ को पूर्णत: विभाजित करेगी।

A. 11 **B.** 16 **C.** 25 **D.** 30

Q.24 किसी वृत्ताकार पहिए की त्रिज्या $1\frac{3}{4}$ मीटर है। 11 किलोमीटर की यात्रा करने के लिए इसे कितने चक्कर लगाने होंगे? $\left(\pi = \frac{22}{7}\right)$

A. 1000 **B.** 1100 **C.** 900 **D.** 1200

Q.25 एक परीक्षण में छात्रों के एक समूह के स्कोर का अंकगणितीय माध्य 57 था। उनमें से सबसे उष्वल 20% ने 80 का औसत अंक हासिल किया और सबसे कम 25% ने 32 का औसत स्कोर प्राप्त किया। 55% की समाप्ति का औसत स्कोर

A. 45 **B.** 50 **C.** 55 **D.** 60

// स्मार्ट उत्तर पुस्तिका //

सही उत्तर — उन छात्रों का प्रतिशत जिन्होंने प्रश्नों का सही उत्तर दिया था। छोड़ दिया — उन छात्रों का प्रतिशत जिन्होंने प्रश्नों को छोड़ दिया था।

प्रश्न संख्या	उत्तर	सही उत्तर / छोड़ दिया	प्रश्न संख्या	उत्तर	सही उत्तर / छोड़ दिया	प्रश्न संख्या	उत्तर	सही उत्तर / छोड़ दिया	प्रश्न संख्या	उत्तर	सही उत्तर / छोड़ दिया	प्रश्न संख्या	उत्तर	सही उत्तर / छोड़ दिया	प्रश्न संख्या	उत्तर	सही उत्तर / छोड़ दिया
1	A	50.39 % 1.88 %	6	C	18.17 % 4.55 %	11	B	77.26 % 0.0 %	16	D	48.44 % 1.36 %	21	B	87.89 % 0.0 %			
2	A	69.58 % 1.55 %	7	B	66.97 % 1.7 %	12	D	76.88 % 0.0 %	17	A	50.33 % 1.8 %	22	D	64.52 % 1.15 %			
3	B	23.29 % 3.39 %	8	A	54.55 % 1.11 %	13	D	59.11 % 1.37 %	18	C	48.45 % 1.38 %	23	D	60.26 % 1.13 %			
4	C	29.83 % 3.98 %	9	D	45.74 % 1.51 %	14	B	50.86 % 1.26 %	19	D	68.16 % 1.87 %	24	A	80.87 % 0.0 %			
5	A	65.37 % 1.68 %	10	C	84.72 % 0.0 %	15	B	87.63 % 0.0 %	20	B	84.5 % 0.0 %	25	D	60.75 % 1.75 %			

//संकेत और समाधान//

1. त्रिभुज का क्षेत्रफल $=$ (आधार $\times$ ऊँचाई)/2

समद्विबाहु समकोण त्रिभुज के लिए, आधार = ऊंचाई

इसलिए, क्षेत्रफल = (आधार²)/2

$8 \times 2 =$ आधार^2

∴ आधार = ऊंचाई = 4 सेमी

कर्ण = √(आधार² + ऊंचाई²)

= √2आधार²

=√2×8×2

=√32 सेमी

अतः विकल्प (A) सही है।

2. सरलीकरण से हम प्राप्त करते हैं,

$\Rightarrow 560$ के 23% के 19%

$\Rightarrow 560 \times \left(\frac{23}{100}\right) \times \left(\frac{19}{100}\right)$

$\Rightarrow 24.472$

अतः विकल्प (A) सही है।

3. यह दिया गया है कि $\triangle ABC$ में, $AB = 4$ सेमी और $AC = 8$ सेमी

M, BC का मध्य बिंदु है ओर $AM = 3$ सेमी

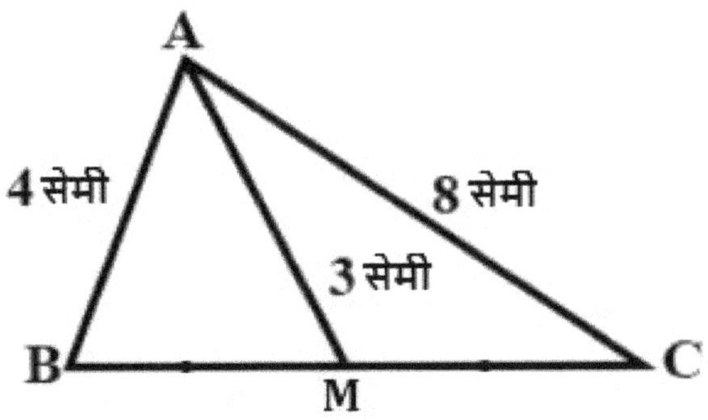

एपोलोनियस की प्रमेय का उपयोग करने पर,

$AB^2 + AC^2 = 2(AM^2 + BM^2)$

$\Rightarrow 4^2 + 8^2 = 2(3^2 + BM^2)$

$\Rightarrow 16 + 64 = 2(9 + BM^2)$

$\Rightarrow BM^2 = 31$

$\Rightarrow BM = \sqrt{31}$

$\because BC = 2BM$

$\therefore BC = 2\sqrt{31}$

अतः विकल्प (B) सही है।

4. 23 लोगों के अंकों का योग = 78 × 23 = 1794

शीर्ष के 12 स्कोरर के अंकों का योग = 12 × 90 = 1080

नीचे के 12 स्कोरर के अंकों का योग = 12 × 65 = 780

23 लोगों और 13वें शीर्ष स्कोरर के अंकों का योग = 1080 + 780 = 1860

13वें शीर्ष स्कोरर के अंक = 1860 -1794 = 66

अतः विकल्प (C) सही है।

5. माना कि कुर्सी का मूल्य x है।

$SP = x - 25\%$ का x

$\Rightarrow 720 = 0.75x$

$\Rightarrow x = 960$

$CP = 960$ रु

इसलिए, 25% लाभ प्राप्त करने के लिए, SP होगा:

$= 960 + 960$ का 25%=1200 रु

अतः विकल्प (A) सही है।

6. माना कि P, Q और R की राशि $3a, 7a$ और $12a$ है।

प्रश्न के अनुसार,

$12a - 7a = 3000$

$\Rightarrow 5a = 3000$

$\Rightarrow a = 600$

यह दिया गया है कि P और Q के शेयरों के बीच का अंतर x है।

$7a - 4a = x$

$\Rightarrow 3a = x$

$\Rightarrow x = 1800$

इसलिए, कुल धन राशि $= 22 \times 600 = 13200$

अतः विकल्प (C) सही है।

7. माना की दूरी x है।

यात्रा में लगने वाला समय $= \frac{x}{120}$

लौटने में समय $= \frac{x}{80}$

औसत गति = कुल दूरी /कुल समय

$= \frac{2x}{\frac{x}{120}+\frac{x}{80}} = \frac{2x \times 240}{5x} = 96$ किमी/घंटा

अतः: विकल्प (B) सही है।

8. फ्रिज का क्रय मूल्य $(CP) = 2500 + 500 = 3000$ रु.

विक्रय मूल्य $(SP) = 3300$ रु.

यह स्पष्ट है कि वह लाभ प्राप्त कर रहा है।

इसलिए, लाभ $= SP - CP = 3300 - 3000 = 300$

लाभ % $=$ (लाभ $\times 100)/CP = \frac{300\times100}{3000} = 10\%$

अतः विकल्प (A) सही है।

9. माना की कुल कार्य 1 इकाई है।

A का 1 दिन का काम $= \frac{1}{15}$,

B का 1 दिन का काम $= \frac{1}{20}$;

$(A + B)$ का 1 दिन का काम $= \left(\frac{1}{15} + \frac{1}{20}\right) = \frac{7}{60}$

$(A + B)$ का 4 दिन का काम $= \left(\frac{7}{60} \times 4\right) = \frac{7}{15}$

इसलिए, शेष कार्य $= \left(1 - \frac{7}{15}\right) = \frac{8}{15}$

अतः विकल्प (D) सही है।

10. पंक्ति चार्ट की जानकारी को नीचे के रूप में सारणीबद्ध किया जा सकता है।

	2013	2014	2015	2016
अमेरिका	320	240	180	210
भारत	280	220	200	220
ऑस्ट्रेलिया	220	170	180	140

सारणी के अनुसार, 2014 में आग दुर्घटनाओं की औसत संख्या $= \frac{(240+220+170)}{3}$

$= \frac{630}{3} = 210$

अतः विकल्प (C) सही है

11. पंक्ति चार्ट की जानकारी को नीचे के रूप में सारणीबद्ध किया जा सकता है।

	2013	2014	2015	2016
अमेरिका	320	240	180	210
भारत	280	220	200	220
ऑस्ट्रेलिया	220	170	180	140

अमेरिका में दुर्घटनाओं की औसत संख्या $= \frac{(320+240+180+210)}{4} = 237.5$

भारत में दुर्घटनाओं की औसत संख्या $= \frac{(280+220+200+220)}{4} = 230$

ऑस्टेलिया में दुर्घटनाओं की औसत संख्या $= \frac{(220+170+180+140)}{4} = 177.5$

अतः विकल्प (B) सही है।

12. पंक्ति चार्ट की जानकारी को नीचे के रूप में सारणीबद्ध किया जा सकता है।

	2013	2014	2015	2016
अमेरिका	320	240	180	210
भारत	280	220	200	220
ऑस्ट्रेलिया	220	170	180	140

सारणी से, हम निष्कर्ष निकाल सकते हैं कि तीन देशों में से किसी के लिए भी लगातार दो वर्षों तक दुर्घटनाओं की संख्या में कोई वृद्धि नहीं हुई है।
अतः विकल्प (D) सही है।

13. पंक्ति चार्ट की जानकारी को नीचे के रूप में सारणीबद्ध किया जा सकता है।

	2013	2014	2015	2016
अमेरिका	320	240	180	210
भारत	280	220	200	220
ऑस्ट्रेलिया	220	170	180	140

तालिका के अनुसार, भारत में 2014 से 2015 में प्रतिशत में परिवर्तन,

भारत में है $= \left(\frac{200-220}{220}\right) \times 100 = -9.09\%$

अतः विकल्प (D) सही है।

14. माना कि कुल दूरी 100 किमी है।

समय = दूरी/गति

औसत गति = तय की गई कुल दूरी/दूरी तय करने में लगने वाला कुल समय

$\Rightarrow$ औसत गति $= \frac{100}{\left[\left(\frac{25}{30}\right)+\left(\frac{50}{45}\right)+\left(\frac{25}{15}\right)\right]}$

$\Rightarrow$ गति $= \frac{100}{\left[\left(\frac{5}{6}\right)+\left(\frac{10}{9}\right)+\left(\frac{5}{3}\right)\right]}$

$\Rightarrow$ गति $= \frac{20}{\left[\left(\frac{1}{6}\right)+\left(\frac{2}{9}\right)+\left(\frac{1}{3}\right)\right]}$

$\Rightarrow$ गति $= \frac{(20\times6\times3)}{13}$

$\therefore$ गति $= 27.69$ किमी/ घंटा $= 28$ किमी / घंटा

अतः विकल्प (B) सही है।

15. शंक्वाकार तंबू की परिधि $= 66$ मी

और ऊंचाई $(h) = 12$ मी

$\therefore$ त्रिज्या $= \frac{c}{2\pi} = \frac{66\times7}{2\times22} = 10.5$ मी

इसलिए, इसमें निहित वायु की मात्रा $= \frac{1}{3}\pi r^2 h$

$= \frac{1}{3} \times \frac{22}{7} \times \frac{21}{2} \times \frac{21}{2} \times 12$ मी ^{3}

$= 1386$ मी ^{3}

अतः विकल्प (B) सही है।

16. दिया हैं:

$1\frac{5}{6} + 2\frac{3}{5} + 4\frac{2}{3}$

$= (1 + 2 + 4) + \left(\frac{5}{6} + \frac{3}{5} + \frac{2}{3}\right)$

$= \left(7 + \frac{25+18+20}{30}\right)$

$= 7 + \frac{63}{30}$

$= 7 + \frac{21}{10}$

$= \frac{91}{10} = 9\frac{1}{10}$

अतः विकल्प (D) सही है।

17. दिया हैं:

कुल राशि $= 9000$ रु.

A का शेयर $= 4x$

$\Rightarrow B$ का शेयर $= 5x$ और C का शेयर $= 6x$

तब, $4x + 5x + 6x = 9000$

$\Rightarrow 15x = 9000 \Rightarrow x = 600$

अब, A का शेयर $= 4 \times 600 = 3600$ रु.

A और C के शेयर में अंतर $= 3600 - 2400 = 1200$ रु.

अतः विकल्प (A) सही है।

18. माना, 1 वस्तु का $CP = x$ रु.

15 वस्तु का लागत मूल्य $= 15x$ रु.

12 वस्तु का बिक्री मूल्य $= 15x$ रु.

1 वस्तु का $SP = 1512$ रु.

लाभ $= \frac{15x}{12} - x$

$= \frac{3x}{12} = \frac{x}{4}$

लाभ % $=$ (लाभ $\times 100)/CP$

$= \frac{\frac{x}{4}\times 100}{x} = 25\%$

अतः विकल्प (C) सही है।

19. माना वस्तु की मूल कीमत $= 100\%$

रवि का अंकित मूल्य $= 150\%$

कमल का क्रय मूल्य $= \frac{80}{100} \times 150 = 120\%$

कमल का बिक्री मूल्य $= 120\% + 50 = 130\%$

$10\% = 50$ रु.

कमल का क्रय मूल्य $= 120 \times 5 = 600$

कमल का लाभ $= \frac{50}{600} \times 100 = 8.33\%$

अतः विकल्प (D) सही है।

20. दिया गया है,

साधारण ब्याज $= 1495$ रु

दर $(R) = 12.5\%$

समय $(T) = 4$ वर्ष

साधारण ब्याज $= \frac{(P \times R \times T)}{100}$

$\Rightarrow 1495 = \frac{(P \times 12.5 \times 4)}{100}$

$\Rightarrow P = 2990$ रु

अतः विकल्प (B) सही है।

21. प्रश्नानुसार,

11 सेमी के घन की आयतन = बेलनाकार बर्तन में विस्थापित पानी की आयतन

$\Rightarrow (11)^3 = \pi r^2 h$

$\Rightarrow 11 \times 11 \times 11 = \frac{22}{7} \times \frac{28}{2} \times \frac{28}{2} \times h$

$\Rightarrow h = \frac{11\times11\times11\times7\times2\times2}{22\times28\times28}$

$= \frac{121}{56} = 2.16$ सेमी

अतः विकल्प (B) सही है।

22. दिया हैं:

A का दिन का काम $= 115$

B का दिन का काम $= 120$

$(A + B)$ का 1 दिन का काम $= \left[\frac{1}{15} + \frac{1}{20}\right] = \frac{7}{60}$

$(A + B)$ का 4 दिन का काम $= \left[\frac{7}{60} \times 4\right] = \frac{7}{15}$

इसलिए, शेष काम $= \left[1\frac{7}{15}\right] = \frac{8}{15}$

अतः विकल्प (D) सही है।

23. दिया है: $= 3^{25} + 3^{26} + 3^{27} + 3^{28}$

$= 3^{25}(1 + 3 + 3^2 + 3^3)$

$= 3^{25}(1 + 3 + 9 + 27)$

$= 3^{25} \times 40$

$= 3^{24} \times 3^1 \times 4 \times 10$

$= 30 \times 4 \times 3^{24}$

जो स्पष्ट रूप से 30 से विभाज्य है।

इसलिए दी गई अभिव्यक्ति 30 से विभाज्य है।

अतः विकल्प (D) सही है।

24. दिया हैं:

11 किलोमीटर $= 1100$ मीटर

वृत्ताकार चक्र की त्रिज्या $r = 1\frac{3}{4} = \frac{7}{4} = 1.75$ मीटर

एक गोलाकार पहिया की परिधि $= 2\pi r$

$= 2 \times \frac{22}{7} \times 1.75$ मीटर

चक्कर की संख्या = कवर की जाने वाली दूरी/वृत्त की परिधि

$= \frac{1100}{2\times\frac{22}{7}\times1.75}$

$= \frac{1100}{11} = 1000$

अतः विकल्प (A) सही है।

25. माना, कि कुल छात्रों की संख्या x है।

सभी छात्रों का कुल प्राप्तांक $= 57x$

20% बुद्धिमान छात्रो का प्राप्तांक $= \left(\frac{20}{100}\right)x \times 80 = 16x$

25% बुद्धिमान छात्रो का प्राप्तांक $= \left(\frac{25}{10}\right)x \times 32 = 8x$

माना कि 55% छातों का औसत y है।

इन छात्रों का कुल प्राप्तांक $= \left(\frac{55}{100}\right)x \times y$

कुल प्राप्तांक $= 16x + 8x + \left(\frac{55}{100}\right)x \times y = 57x$

$\Rightarrow \left(\frac{55}{100}\right)y = 33y$

$\Rightarrow y = 60$

अतः विकल्प (D) सही है।

अनुभागीय टेस्ट 10

Ques (1-3):निर्देश: एक श्रृंखला दी गई है, जिसमें से एक पद लुप्त है। दिए गए विकल्पों में से वह सही विकल्प चुनिए, जो दी गई श्रृंखला को पूरा करे।

Q.1 7, 6, 10, 27, 104, _____

A. 520 **B.** 420 **C.** 525 **D.** 515

Q.2 ZWR, XUO, VSL,?

A. TQI **B.** TQL **C.** SQK **D.** UQK

Q.3 120, 99, 80, 63,48,?

A. 35 **B.** 38 **C.** 39 **D.** 40

Ques (4-5):निर्देश: निम्नलिखित प्रश्न में, दिए गए विकल्पों से संबंधित संख्या का चयन करें।

Q.4 381 : 160 : : 478 : ?

A. 347 **B.** 357 **C.** 247 **D.** 257

Q.5 4 : 48 : : 12 : ?

A. 96 **B.** 246 **C.** 432 **D.** 58

Q.6 निर्देश: निम्नलिखित प्रश्न में दिए गए विकल्पों में से संबंधित अक्षरों को चुनिए।

पंखा : बिजली:: जनरेटर: ?

A. मिट्टी का तेल **B.** डीजल

C. पेट्रोल **D.** हाइड्रोलिक तरल पदार्थ

Q.7 कौन सी उत्तर आकृति, प्रश्न आकृति में पैटर्न को पूर्ण करेगी?

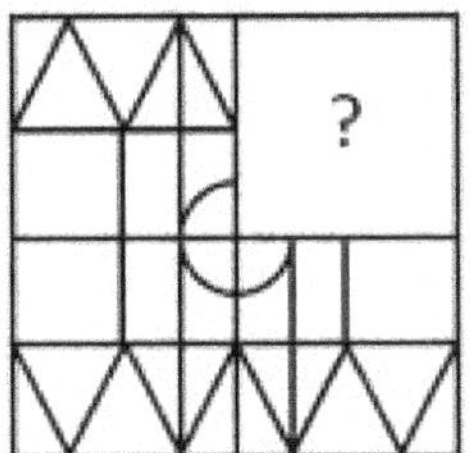

[UP Police Constable, 2019]

A. **C.**

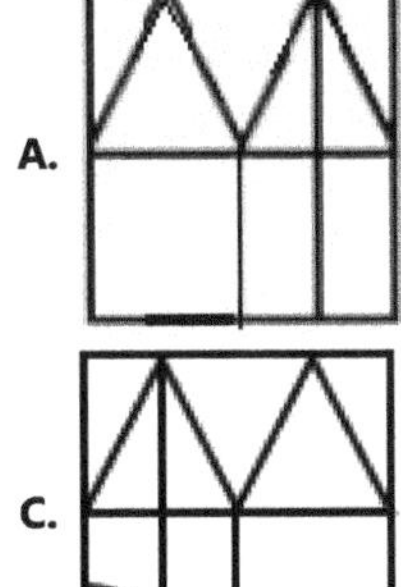

B.

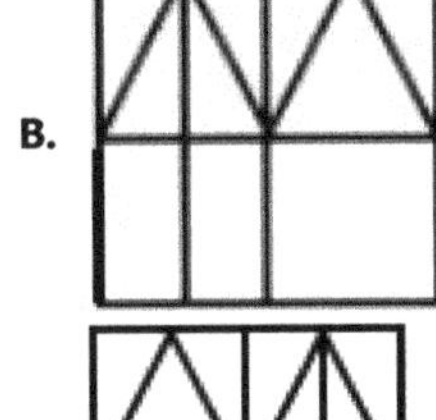

D.

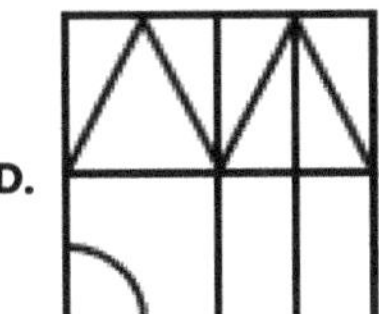

Q.8 उत्तर आकृति ज्ञात करें जिसमें प्रश्न आकृति सन्निहित है?

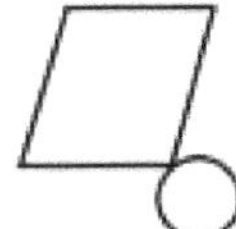

A.

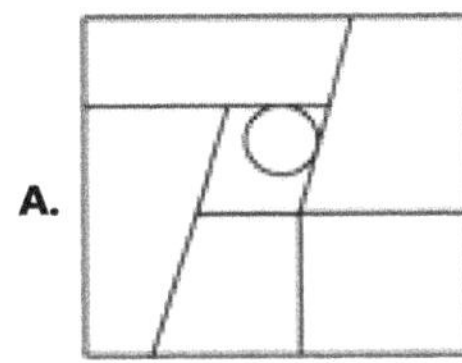

B.

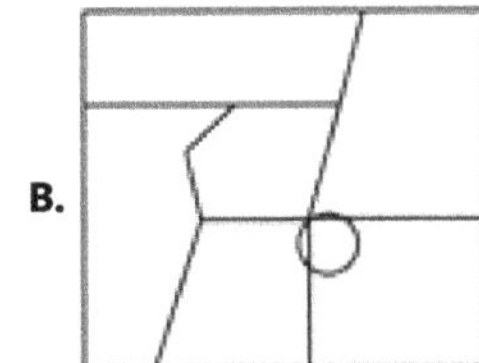

C.

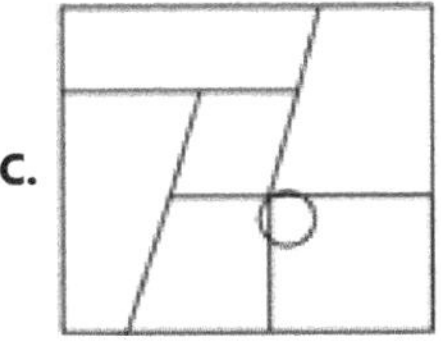

D.

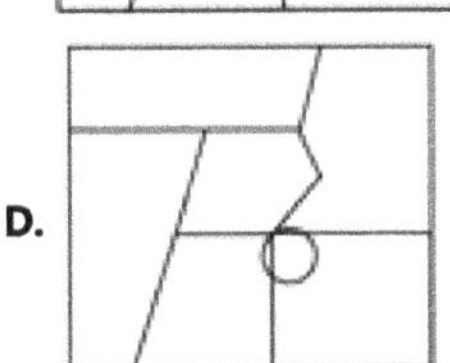

Q.9 निम्नलिखित आकृति को मोड़ कर निम्न में से कौन सी आकृति बनाई जा सकती है?

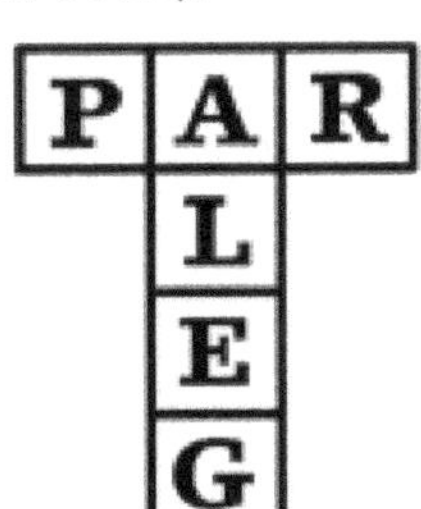

A.

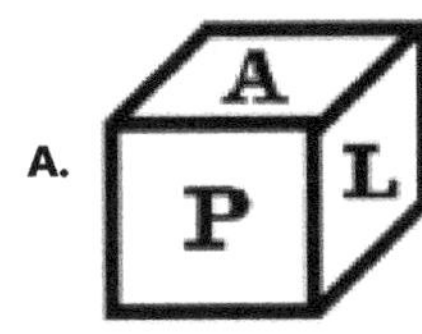

B.

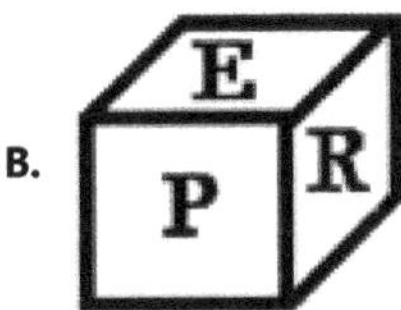

C.

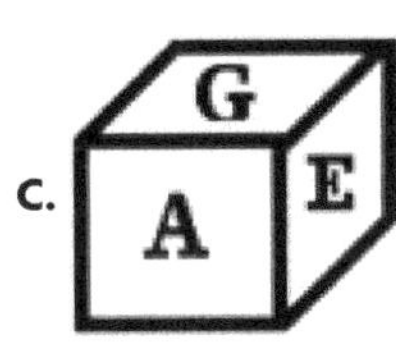

D.

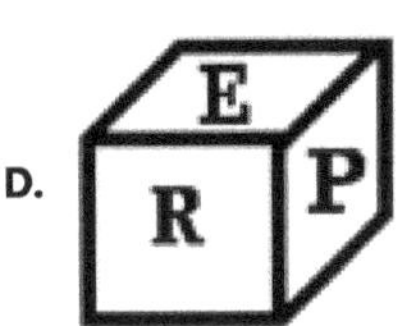

Q.10 एक निश्चित कोड भाषा में,

'134' का अर्थ nice and tasty ,

'478' का अर्थ 'look nice pictures' और

'729' का अर्थ 'pictures are colourful' है।

निम्न में से कौन कोड look के लिए है।

A. 1 **B.** 2 **C.** 8 **D.** 9

Q.11 एक निश्चित कोड भाषा में, "FRAK" को "35" और "MALT" को "45" लिखा जाता है। उस कोड भाषा में "TRIM" कैसे लिखा जाता है?

A. 59 **B.** 60 **C.** 30 **D.** 58

Q.12 किसी निश्चित कोड भाषा में FLOWERS को EKNVDQR लिखा जाता हो तो उसी कोड भाषा में SUPREME को क्या लिखा जायेगा?

A. TQDROLD **B.** RTODQLD
C. TQDDROL **D.** RTOQDLD

Q.13 निर्देश: वह आरेख चुनिए जो नीचे दिए गए वर्गों के बीच संबंध का सही निरूपण करता है।

लड़की, गायक, राजनीतिज्ञ

A. 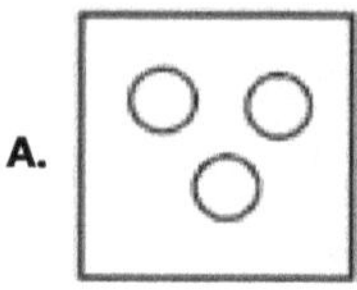 **B.** 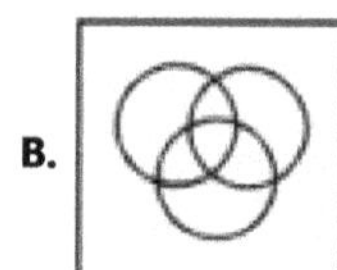

C. 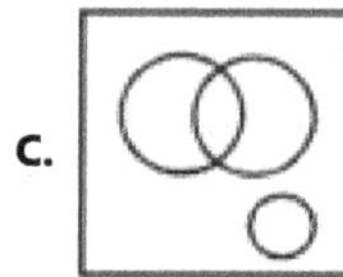 **D.** 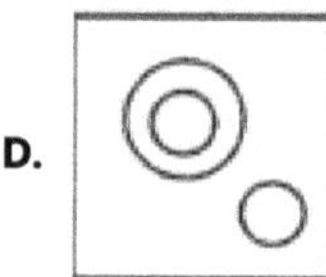

Q.14 दिए गए आरेख में, वृत्त A फुटबॉल के खिलाड़ियों का प्रतिनिधित्व करता है, वृत्त B क्रिकेट के खिलाड़ियों का प्रतिनिधित्व करता है और वृत्त C हॉकी के खिलाड़ियों का प्रतिनिधित्व करता है। कौन सा हिस्सा क्रिकेट के खिलाड़ियों का प्रतिनिधित्व करता है जो फुटबॉल के खिलाड़ी भी हैं?

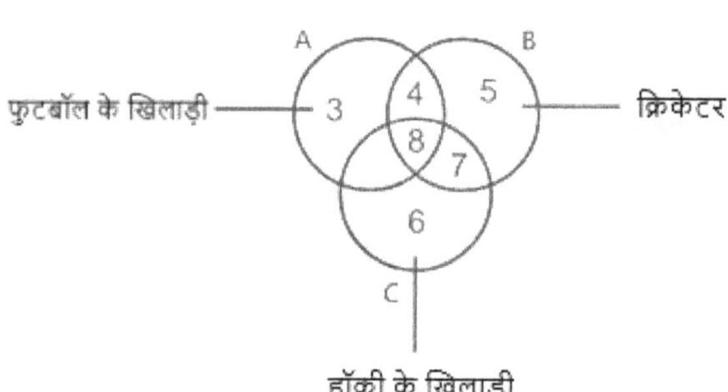

A. 8 **B.** 4 **C.** 7 **D.** 6

Q.15 निर्देश: उस आरेख को पहचानें जो दिए गए वर्गों के बीच संबंधों का सबसे अच्छा प्रतिनिधित्व करता है।

व्यावसायिक, प्रमाणिक सरकारी लेखाधिकारी, महिला

A. 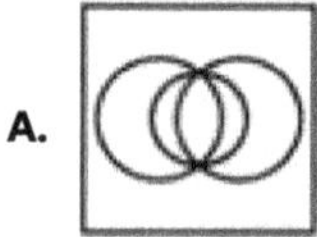 **B.** 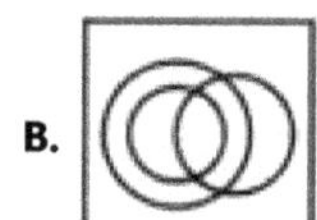

C.  **D.** 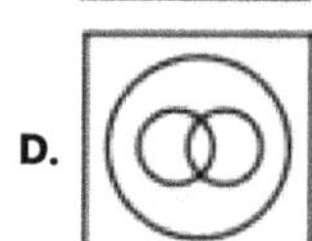

Q.16 विषम का चयन करें।

A. 7251 **B.** 8231 **C.** 9211 **D.** 6321

Q.17 विषम का चयन करें।

A. MLN **B.** ONP **C.** PRQ **D.** UTV

Q.18 विषम का चयन करें।

A. ZM **B.** RH **C.** XL **D.** NG

Ques (19-20):निर्देश: उस शब्द का पता लगाएं जिसे दिए गए शब्द में अक्षरों से नहीं बनाया जा सकता है।

Q.19 WIDESPREAD

A. IDEA **B.** DESIRE **C.** SPEED **D.** REPAIR

Q.20 ENVIRONMENT

A. HOBBY **B.** HAPPY
C. BRIGHT **D.** BRITTLE

Q.21 निर्देश: दिए गए प्रश्न में, निम्नलिखित विकल्पों में से वह शब्द चुनिए जो दिए गए शब्द के अक्षरों का प्रयोग करके नहीं बनाया जा सकता है।

HANDSOME

A. HATS **B.** HOME **C.** NAME **D.** SAND

Ques (22-23):निर्देश: निम्नलिखित प्रश्न में, कुछ निष्कर्ष, कुछ कथनों का अनुसरण करते हैं। दिए गए कथन को सत्य मानतें हुए यह ज्ञात करें कि निम्नलिखित में से कौन सा निष्कर्ष दिए गए कथन का अनुसरण करता है और उपयुक्त विकल्प चुनिएं।

Q.22 कथन:

कुछ कार खिड़कियाँ है।
कुछ खिड़कियाँ पौधे हैं।
कुछ पौधे पहाड़ियां हैं।

निष्कर्ष:

I. कुछ पहाड़ियां कार हैं।
II. कुछ पेड़ कार हैं।
III. कुछ पहाड़ियां खिड़कियाँ हैं।
IV. कोई कार पहाड़ी नहीं हैं।

A. केवल I या II अनुकरण करते हैं
B. केवल I अथवा III अनुकरण करते हैं
C. केवल I अथवा IV अनुकरण करते हैं
D. केवल II अथवा IV अनुकरण करते हैं

Q.23 कथन:

कुछ पेन, चाभी हैं।
कुछ चाभी, ताले हैं।
सभी ताले, कार्ड हैं।
कोई कार्ड, पेपर नहीं हैं।

निष्कर्ष:

I. कोई ताला, पेपर नहीं है।
II. कुछ कार्ड, चाभी हैं।
III. कुछ चाभी, पेपर नहीं हैं।

A. I और II अनुसरण करते हैं
B. केवल I अनुसरण करता है
C. केवल II अनुसरण करता है
D. सभी निष्कर्ष अनुसरण करते हैं।

Q.24 यदि '+' का अर्थ '-', '÷' का अर्थ '+', '-' का अर्थ '×' और '×' का अर्थ '÷' हो तो निम्न में से कौन सा समीकरण सही है?

A. 40-10+10×5 = 92 **B.** 265+11-2×14 = 22
C. 66×3-11+12 = 230 **D.** 2-14×4÷11 = 16

Q.25 किसी कोड भाषा में, '+' का मतलब '×' है, '-' का मतलब '+' है, '×' का मतलब '÷' है और '÷' का मतलब '-' है। निम्नलिखित प्रश्न का उत्तर क्या है?

11 + 50 - 150 ÷ 200 = ?

A. 200 **B.** 500 **C.** 250 **D.** 50

// स्मार्ट उत्तर पुस्तिका //

सही उत्तर उन छात्रों का प्रतिशत जिन्होंने प्रश्नों का सही उत्तर दिया था। छोड़ दिया उन छात्रों का प्रतिशत जिन्होंने प्रश्नों को छोड़ दिया था।

प्रश्न संख्या	उत्तर	सही उत्तर / छोड़ दिया	प्रश्न संख्या	उत्तर	सही उत्तर / छोड़ दिया	प्रश्न संख्या	उत्तर	सही उत्तर / छोड़ दिया	प्रश्न संख्या	उत्तर	सही उत्तर / छोड़ दिया	प्रश्न संख्या	उत्तर	सही उत्तर / छोड़ दिया	प्रश्न संख्या	उत्तर	सही उत्तर / छोड़ दिया
1	D	51.62 % / 1.43 %	6	B	50.41 % / 1.2 %	11	A	77.9 % / 0.0 %	16	D	59.34 % / 1.7 %	21	A	85.73 % / 0.0 %			
2	A	64.7 % / 1.78 %	7	C	41.51 % / 1.71 %	12	D	86.85 % / 0.0 %	17	C	79.55 % / 0.0 %	22	C	63.24 % / 1.86 %			
3	A	56.13 % / 1.23 %	8	C	42.04 % / 1.35 %	13	B	42.74 % / 1.61 %	18	B	69.24 % / 1.01 %	23	D	42.75 % / 1.87 %			
4	D	68.05 % / 1.15 %	9	A	81.0 % / 0.0 %	14	B	83.46 % / 0.0 %	19	D	87.43 % / 0.0 %	24	C	61.54 % / 1.43 %			
5	C	40.66 % / 1.05 %	10	C	45.32 % / 1.64 %	15	B	81.78 % / 0.0 %	20	A	48.03 % / 1.16 %	25	B	67.6 % / 1.65 %			

//संकेत और समाधान//

1. दी गई श्रृंखला के अनुसार,

7 × 1 - 1 = 6

6 × 2 - 2 = 10

10 × 3 - 3 = 27

27 × 4 - 4 = 104

इसलिए, 104 × 5 - 5 = 515

अतः विकल्प (D) सही है।

2. प्रत्येक पैटर्न में पहले अक्षर से 2 अक्षरो को घटाया जाता है जैसे Z और X और V को 2 के क्रम में घटाया जा रहा है इसलिए अगला अक्षर T होगा अब दूसरा अक्षर है उसे भी 2 के क्रम में घटाया है इसलिए अगला अक्षर Q होगा और अब तीसरे अक्षर में 3 के क्रम में घटाया इसीलिए R-3 =O , O-3 = L देता है अब L-3 = I देता है तो अगला शब्द TQI होगा।

अतः विकल्प (A) सही है।

3. पैटर्न है - 21, -19, -17, -15, ...

तो, लुप्त शब्द = 48 - 13 = 35

अतः सही विकल्प (A) है।

4. जैसा कि दिया गया है,

381 - 221 = 160

इसी तरह,

478 - 221 = 257

257 उत्तर है।

अतः विकल्प (D) सही है।

5. जैसे कि,

$4^2 = 16; 16 \times 3 = 48$

इसी तरह,

$12^2 = 144; 144 \times 3 = 432$

इस प्रकार 12 का संबंध 432 से है।

अतः विकल्प (C) सही है।

6. पंखा एक विद्युत उपकरण है जो बिजली से चलता है। इसी तरह जेनरेटर डीज़ल से चलता है।

इस प्रकार जेनरेटर डीज़ल से संबंधित है।

अतः विकल्प (B) सही है।

7.

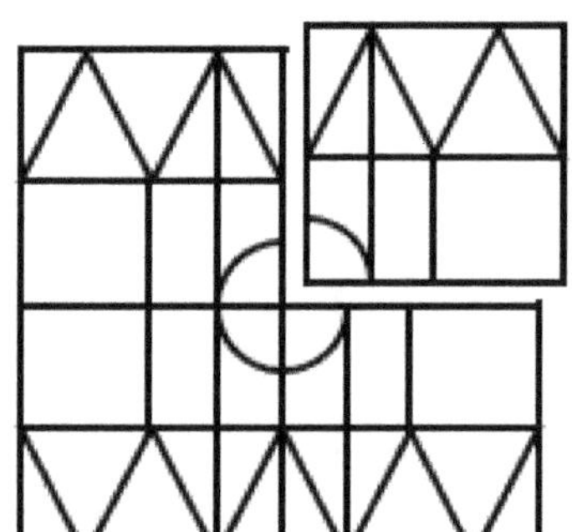

इस प्रकार विकल्प (C), आकृति पैटर्न को पूरा करती है।

अतः विकल्प (C) सही है।

8. उपरोक्त आकृतियों से, हम प्राप्त करते हैं।

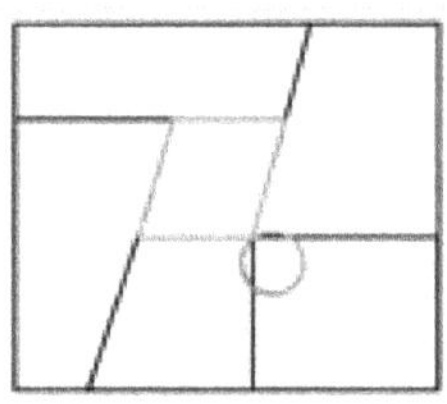

अतः विकल्प (C) सही है।

9. प्रश्न आकृति से सीखें कि विकल्प (B) और (D) में अक्षर P और R संलग्न हैं, विकल्प (C) में अक्षर A और E संलग्न हैं जो संभव नहीं है इसलिए विकल्प (A) सही है जहां A, P & L संलग्न हो सकते हैं

अतः विकल्प (A) सही है।

10. पहले और दूसरे कथन में, सामान्य कोड अंक 4 है और सामान्य शब्द nice है। इस प्रकार, 4 nice के लिए कोड है। दूसरे और तीसरे कथन में, सामान्य कोड अंक '7' है और सामान्य शब्द 'pictures' है। इस प्रकार, '7' का अर्थ है 'pictures'। इस प्रकार, दूसरे कथन में '8' का अर्थ है 'look'।

अतः विकल्प (C) सही है।

11. अक्षरों को अंग्रेजी वर्णमाला श्रृंखला में अक्षरों के स्थितीय मान के योग से घटाकर कोडित किया जाता है।

FRAK = (6+18+1+11)-1 = 35

MALT = (13+1+12+20)-1 = 45

इसी प्रकार, TRIM = (20+18+9+13)-1 = 59

अतः विकल्प (A) सही है।

12. अक्षरों को अंग्रेजी वर्णमाला श्रृंखला में पिछले अक्षर के साथ कोडित किया गया है।

FLOWER ⇒ EKNVDQR

इसी तरह,

SUPREME ⇒ RTOQDLD

अतः विकल्प (D) सही है।

13. कुछ लड़कियां गायक या राजनीतिज्ञ या दोनों हो सकती हैं।

इसलिए, इस संबंध का वर्णन करने वाला सबसे अच्छा आंकड़ा है।

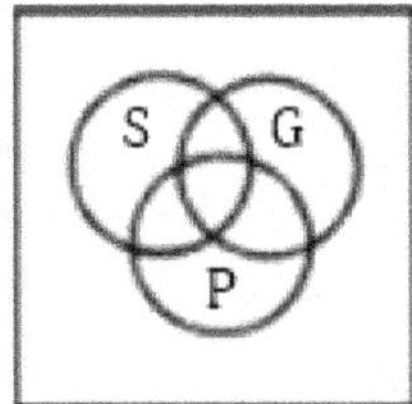

अतः विकल्प (B) सही है।

14. जैसा कि आरेख में वर्गीकृत किया गया है, क्रिकेट खिलाड़ी जो फुटबॉल खिलाड़ी भी हैं, उन्हें संख्या 4 से दर्शाया है।

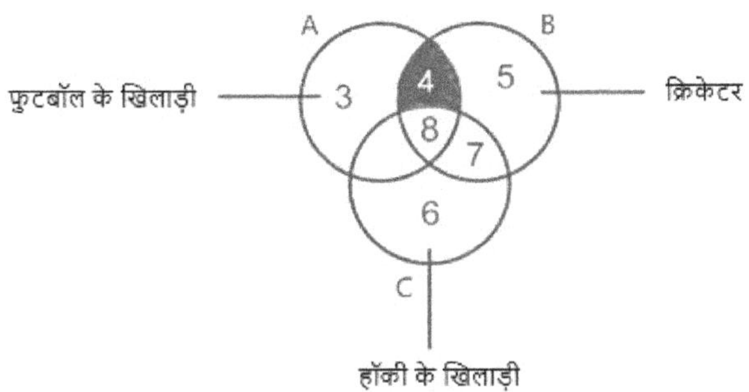

अतः विकल्प (B) सही है।

15. प्रमाणिक सरकारी लेखाधिकारी एक व्यावसायिक है और एक महिला प्रमाणिक सरकारी लेखाधिकारी के रूप में एक व्यावसायिक हो सकती है या शायद नहीं भी।

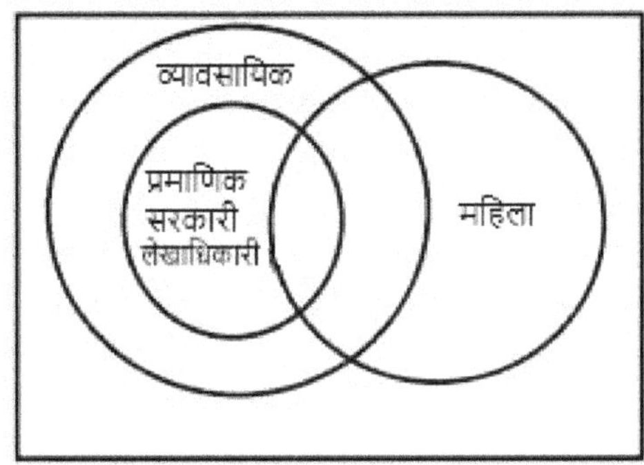

अतः विकल्प (B) सही है।

16. दी गई संख्या निम्नलिखित स्वरूप का अनुसरण करते हैं:

7 × 2 + 5 × 1 = 19

8 × 2 + 3 × 1 = 19

9 × 2 + 1 × 1 = 19

6 × 3 + 2 × 1 = 20 ≠ 19

अतः विकल्प (D) सही है।

17. दिया गया स्वरूप अनुसरण करता है:

$$M(13) \overset{-1}{\rightarrow} L(12) \overset{+2}{\rightarrow} N(14)$$

$$O(15) \overset{-1}{\rightarrow} N(14) \overset{+2}{\rightarrow} P(16)$$

$$P(16) \overset{+2}{\rightarrow} R(18) \overset{-1}{\rightarrow} Q(17)$$

$$U(21) \overset{-1}{\rightarrow} T(20) \overset{+2}{\rightarrow} V(22)$$

अतः विकल्प (C) सही है।

18. 1 वर्णमाला का स्थानीय मान 2 वर्णमाला के स्थानीय मान का दोगुना है।

Z(26) M(13),

R(18) H(8),

X(24) L(12),

N(14) G(7),

8 × 2 = 16 ना कि 18 ,इसलिए RH विषम है

अतः विकल्प (B) सही है।

19. IDEA, DESIRE, SPEED ये सभी शब्द दिए गए शब्द WIDESPREAD से बन सकते हैं।

लेकिन REPAIR शब्द नहीं बनाया जा सकता है, क्योंकि दिए गए शब्द WIDESPREAD में केवल एक R उपलब्ध है।

अतः विकल्प (D) सही है।

20. A) HOBBY: अक्षर Y, REHABILITATION में मौजूद नहीं है, इसलिए इसका गठन नहीं किया जा सकता है।

B) HAPPY: अक्षर P और Y पुनर्मिलन में मौजूद नहीं हैं, इसलिए इसका गठन नहीं किया जा सकता है।

C) BRITTLE: इसका गठन किया जा सकता है, क्योंकि इसमें सभी आवश्यक अक्षर हैं।

D) BRIGHT: अक्षर G, REHABILITATION में मौजूद नहीं है, इसलिए इसे नहीं बनाया जा सकता है।

इस प्रकार, REHABILITATION में प्रयुक्त अक्षरों से BRITTLE का गठन किया जा सकता है।

अतः विकल्प (D) सही है।

21.

H A N D S O M E ⇒ H O M E

H A N D S O M E ⇒ N A M E

H A N D S O M E ⇒ S A N D

चूंकि 'HANDSOME' शब्द में कोई 'T' शामिल नहीं है, इसलिए 'HATS' शब्द नहीं बनाया जा सकता है।

अतः विकल्प (A) सही है।

22.

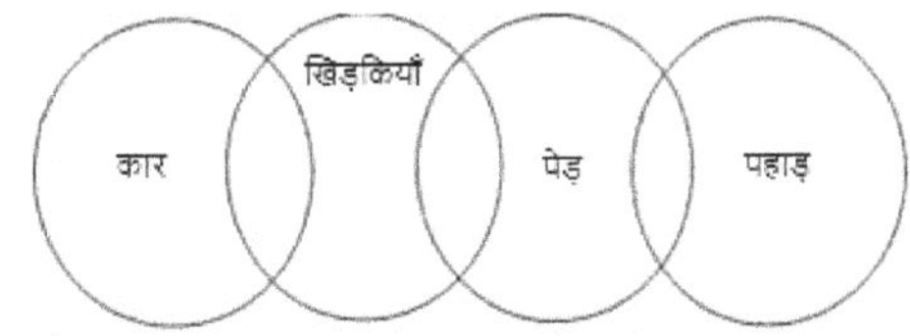

दिए गए आरेख से यह स्पष्ट है कि केवल I और IV अनुसरण करते हैं। जैसा कि निष्कर्ष I और निष्कर्ष IV के बीच कोई सीधा संबंध नहीं है, दोनों में से कोई भी अनुसरण कर सकता है।

अतः विकल्प (C) सही है।

23.

निष्कर्ष 1 से: जैसा कि यह दिया है कि कोई कार्ड कागज नहीं है, तो ताला भी कागज का हिस्सा नहीं हो सकता है।

निष्कर्ष 2 से: यह उपरोक्त आकृति से स्पष्ट है कि चाबी का कुछ हिस्सा कार्ड का एक हिस्सा है।

निष्कर्ष 3 से: चाबी का वह हिस्सा जो कार्ड का भी हिस्सा है, कागज का हिस्सा नहीं हो सकता।

इस प्रकार, सभी निष्कर्षों का पालन करते हैं।

अतः विकल्प (D) सही है।

24. विकल्प (C) समीकरण सही है

दिया है, $66 \times 3 - 11 + 12 = 230$

प्रश्न के अनुसार संकेत बदलने के बाद,

$\Rightarrow 66 \div 3 \times 11 - 12 = 230$

$\Rightarrow 22 \times 11 - 12 = 230$

$\Rightarrow 242 - 12 = 230$

$\Rightarrow 230 = 230$

इस प्रकार, LHS = RHS

अतः विकल्प (C) सही है।

25. उचित प्रतीकों का उपयोग करते हुए, हम प्राप्त करते हैं

$11 \times 50 + 150 - 200 = ?$

अब BODMAS नियम लागू करना,

$11 \times 50 + 150 - 200$

$= 550 + 150 - 200$

$= 700 - 200 = 500$

अतः विकल्प (B) सही है।

अनुभागीय टेस्ट 11

Q.1 यदि, '÷' को 'L', '+' को 'M', '-' को 'N' और '×' को 'P' के रूप में कोडित किया गया है, तो 38 L 2 M 7 P 4 N 22 का मान क्या है?

A. 33 **B.** 25 **C.** 28 **D.** 21

Q.2 दिए गए विकल्प में से विषम शब्द ज्ञात कीजिए।

A. बजरा **B.** सरसों **C.** चावल **D.** गेहूँ

Q.3 निर्देश: निम्नलिखित प्रश्न में, दिए गए विकल्पों में से संबंधित अक्षरों का चयन करें।

SD : YJ :: HK : ?

A. LN **B.** MO **C.** OR **D.** NQ

Q.4 दी गयी श्रृंखला में अगला पद है ?

2, 5, 11, 23, ?

A. 47 **B.** 53 **C.** 42 **D.** 34

Q.5 उस आरेख की पहचान करें जो नीचे दिए गए वर्गों के बीच संबंधों का सबसे अच्छा प्रतिनिधित्व करती है।

वर्णमाला, संख्याएं, स्वर, व्यंजन

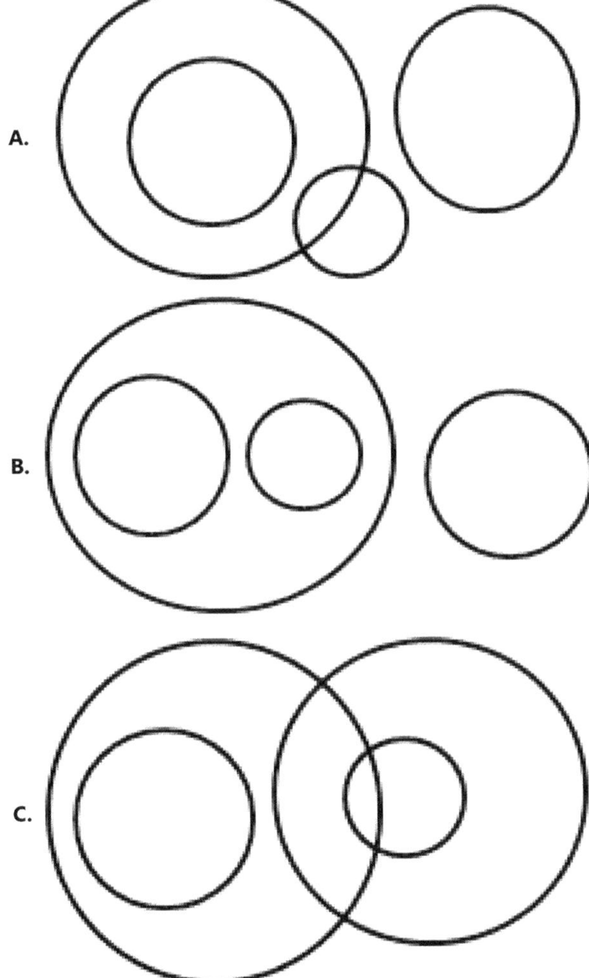

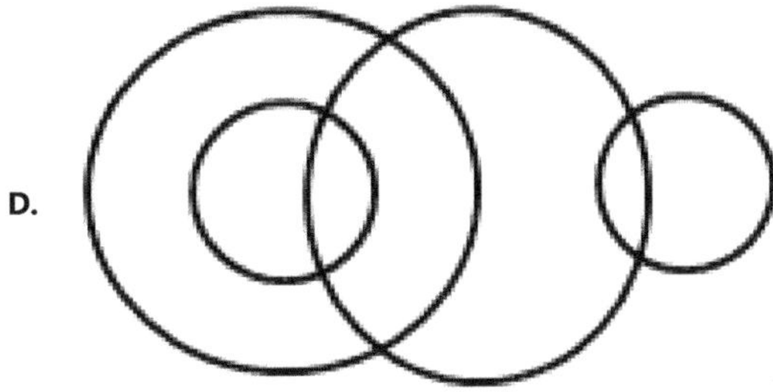

Q.6 यदि '$' का अर्थ '÷', '@' का अर्थ '×', '#' का अर्थ '-' है, तो 10 # 5 @ 1 $ 5 का मान है।

A. 11 **B.** 9 **C.** 13 **D.** 7

Q.7 निर्देश: निम्नलिखित प्रश्न में, प्रत्येक कथन I और II के बाद कुछ कथन दिए गए हैं। यदि आप सामान्यतः ज्ञात तथ्यों से भिन्न प्रतीत होते हैं तो भी आपको कथनों को सत्य मानना होगा। आपको यह तय करना होगा कि दिए गए कथनों में से कौन सा निष्कर्ष, यदि कोई है, का अनुसरण करता है।

कथन:

I. कुछ पीला लाल है

II. कोई लाल काला नहीं है

निष्कर्ष:

I. कोई पीला काला नहीं है

II. कुछ पीला काला है

A. केवल निष्कर्ष I अनुसरण करता है

B. केवल निष्कर्ष II अनुसरण करता है

C. या तो निष्कर्ष I या निष्कर्ष II अनुसरण करता है

D. दोनों निष्कर्ष I और II अनुसरण करते हैं

Q.8 निर्देश: निम्नलिखित प्रश्न में, दिए गए विकल्पों में से संबंधित अक्षरों का चयन करें।

छत : तल :: दुख : ?

A. सताना **B.** कड़वा **C.** मीठा **D.** खुशी

Q.9 एक निश्चित कोड भाषा में "QKAIT" को "SMCKV" और "VGHRS" को "XIJTU" के रूप में कोडित किया जाता है, फिर "BHASR" के लिए कोड क्या है?

A. DLDVT **B.** DKCVT **C.** DJCVT **D.** DJCUT

Q.10 निम्नलिखित में से '?' के स्थान पर कौन सी संख्या आएगी?

34 : 25 :: 47 : ?

A. 55 **B.** 65 **C.** 121 **D.** 39

Q.11 निर्देश: निम्नलिखित प्रश्न में, दिए गए विकल्पों में से संबंधित अक्षरों का चयन करें।

तैरना: डूबोना:: नाव:?

A. समुंद्री जहाज **B.** युद्ध

C. पनडुब्बी **D.** मिसाइल

Q.12 निर्देश: आरेख की पहचान करें जो नीचे दी गई कक्षाओं के बीच संबंधों का सबसे अच्छा प्रतिनिधित्व करती है -

छात्र, शिक्षक, स्कूल

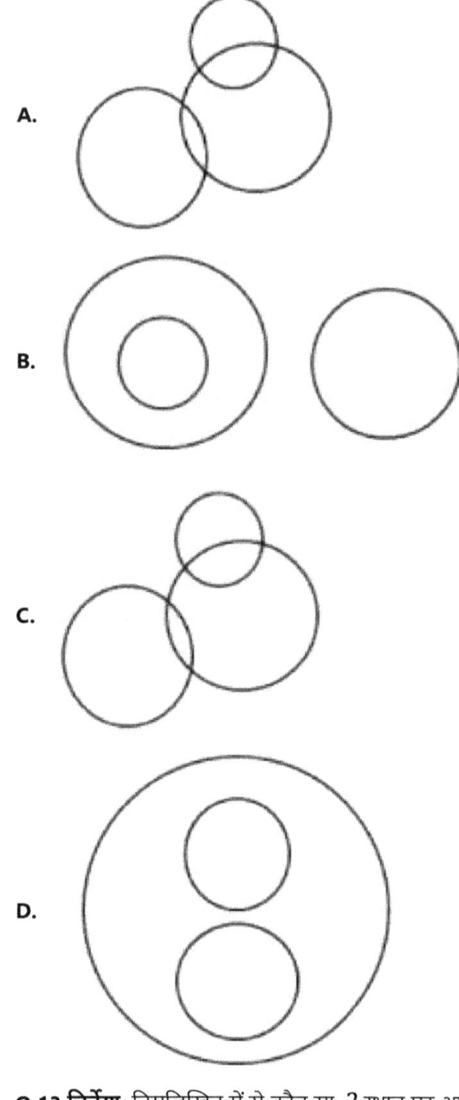

Q.13 निर्देश: निम्नलिखित में से कौन सा ? स्थान पर आएगा।

4224 : 6 : : ? : 8

A. 4960 **B.** 5600 **C.** 4880 **D.** 8632

Q.14 निर्देश: दी गयी श्रृंखला में लुप्त पद ज्ञात कीजिए ?

11,13,16,21,28,39, ? ,69

A. 49 **B.** 55 **C.** 52 **D.** 57

Q.15 निर्देश: निम्नलिखित प्रश्न में, कुछ कथन प्रत्येक के बाद दो निष्कर्ष। और ॥ दिए गए हैं। आपको बयानों को सत्य मानना है, भले ही वे आम तौर पर ज्ञात तथ्यों से भिन्न हों। आपको यह तय करना है कि दिए गए कथनों में से कौन सा निष्कर्ष, यदि कोई है, का अनुसरण करता है।

कथन:

कथन ।: सभी वृत्त वर्ग हैं

कथन ॥: कोई वर्ग एक आयत नहीं है

निष्कर्ष:

निष्कर्ष ।: कोई वृत्त एक आयत नहीं है

निष्कर्ष ॥: सभी वर्ग वृत्त हैं

A. केवल निष्कर्ष । अनुसरण करता है
B. केवल निष्कर्ष ॥ अनुसरण करता है
C. या तो निष्कर्ष । या निष्कर्ष ॥ अनुसरण करता है
D. दोनों निष्कर्ष । और ॥ अनुसरण करते हैं

Q.16 एक निश्चित कोड भाषा में "LISTEN" को "KGPPZH" के रूप में कोडित किया गया है और "MOTHER" को "LMQDZL" के रूप में कोडित किया गया है, फिर "KITTEN" के लिए कोड क्या है?

A. JGQRZH **B.** JHQRZH
C. JGQPZH **D.** JFQPZH

Q.17 निर्देश: निम्नलिखित शब्दों में, उस शब्द का चयन करें जिसे दिए गए शब्द में अक्षरों का उपयोग करके नहीं बनाया जा सकता है

VISIONARINESS

A. Session **B.** Season **C.** Restore **D.** Revision

Q.18 निर्देश: निम्नलिखित प्रश्न में, दिए गए विकल्पों में से संबंधित अक्षरों का चयन करें।

एशिया: जापान :: यूरोप :?

A. दक्षिण अफ्रीका **B.** इंगलैंड
C. अमेरीका **D.** कनाडा

Q.19 निर्देश: निम्नलिखित शब्दों में, उस शब्द का चयन करें जिसे दिए गए शब्द में अक्षरों का उपयोग करके नहीं बनाया जा सकता है।

CARBONISATION

A. Narcos **B.** Satire **C.** Carbon **D.** Sanction

Q.20 निर्देश: दिए गए आरेख के आधार पर, नीचे दिए गए प्रश्न का उत्तर दें। कौन सा अक्षर उन व्यक्तियों के समूह का प्रतिनिधित्व करता है जो तीनों खेल खेलते हैं?

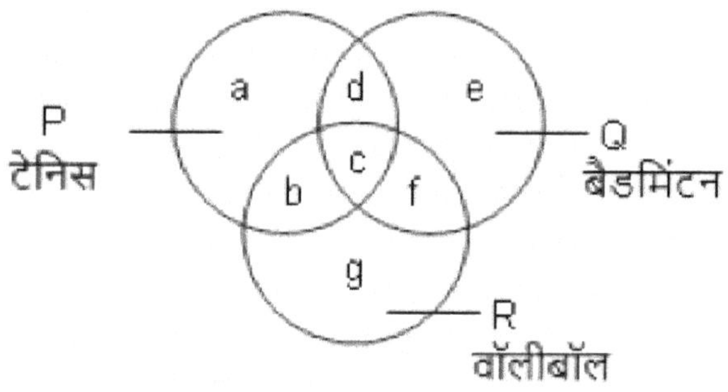

A. b **B.** c **C.** f **D.** g

Q.21 निर्देश: निम्नलिखित प्रश्न का ध्यानपूर्वक अध्ययन करें और सही उत्तर चुनें:

कथन: चेतावनी: सिगरेट धूम्रपान स्वास्थ्य के लिए हानिकारक है।

धारणा: ।. धूम्रपान न करना स्वास्थ्य को बढ़ावा देता है।

॥. वास्तव में, यह चेतावनी आवश्यक नहीं है।

A. केवल धारणा । निहित है
B. केवल धारणा ॥ निहित है
C. या तो । या ॥ निहित है
D. न तो । और न ही ॥ निहित है

Q.22 निर्देश: निम्नलिखित प्रश्न का ध्यानपूर्वक अध्ययन करें और सही उत्तर चुनें:

यदि एक दर्पण को AB पर रखा जाता है, तो विकल्प का कौन-सा विकल्प दिए गए प्रश्न आकृति की सही छवि दिखाता है?

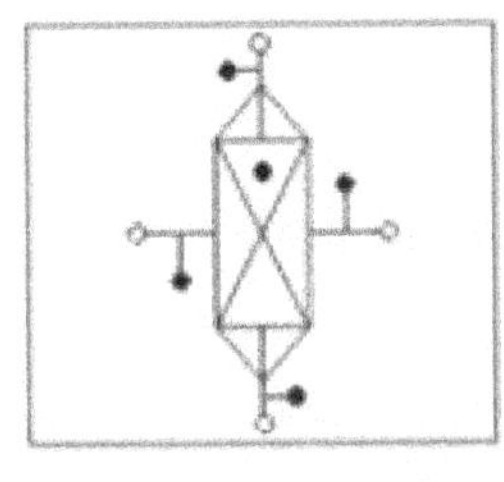

A B

A. 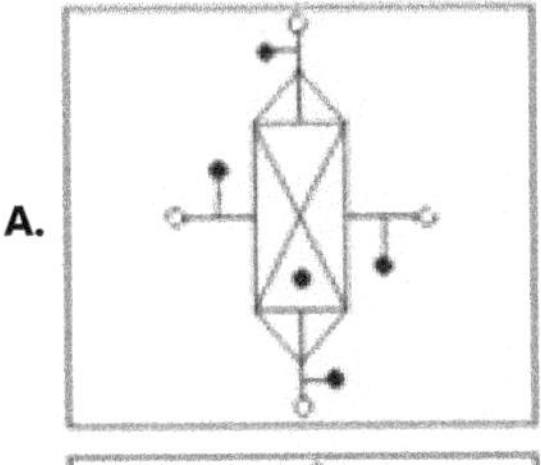

B.

C. 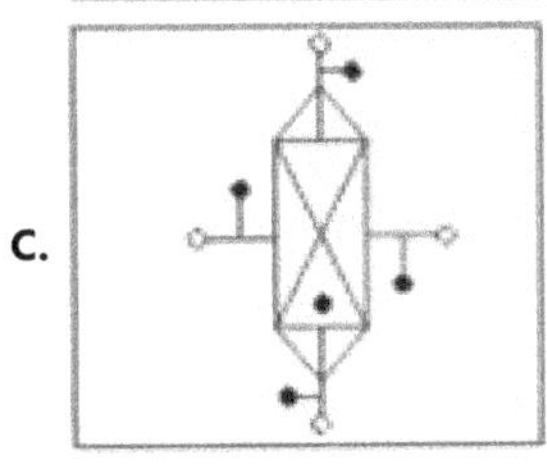

D. 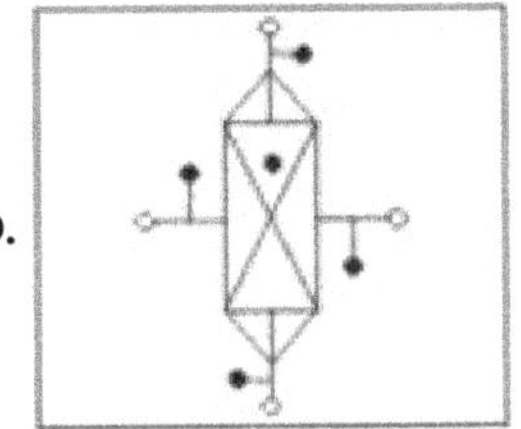

Q.23 निम्नलिखित प्रश्न में दिए गए विकल्पों में से विषम संख्या को चुनिए।

A. 93 **B.** 79 **C.** 97 **D.** 89

Q.24 किसी कुट भाषा में @ से आशय है +, ⊕ से आशय है -, α से आशय है ÷, और 'θ' से आशय है '×' तो निम्नलिखित प्रश्न का हल ज्ञात कीजिये।

107 θ3 ⊕ 64α8 ⊕ 2θ9=?

A. 295 **B.** 290 **C.** 209 **D.** 105

Q.25 एक निश्चित कोड भाषा में "OPERA" को "LKVIZ" के रूप में कोडित किया गया है और "PAROL" को "KZILO" के रूप में कोडित किया गया है, फिर "RAMBO" के लिए कोड क्या है?

A. IZNYL **B.** IZOZL **C.** IZNYO **D.** IZOYO

// स्मार्ट उत्तर पुस्तिका //

सही उत्तर — उन छात्रों का प्रतिशत जिन्होंने प्रश्नों का सही उत्तर दिया था।

छोड़ दिया — उन छात्रों का प्रतिशत जिन्होंने प्रश्नों को छोड़ दिया था।

प्रश्न संख्या	उत्तर	सही उत्तर	छोड़ दिया	प्रश्न संख्या	उत्तर	सही उत्तर	छोड़ दिया	प्रश्न संख्या	उत्तर	सही उत्तर	छोड़ दिया	प्रश्न संख्या	उत्तर	सही उत्तर	छोड़ दिया	प्रश्न संख्या	उत्तर	सही उत्तर	छोड़ दिया	प्रश्न संख्या	उत्तर	सही उत्तर	छोड़ दिया
1	B	82.33 %	0.0 %	6	B	79.36 %	0.0 %	11	C	66.02 %	1.72 %	16	C	61.47 %	1.92 %	21	D	29.84 %	4.43 %				
2	B	85.71 %	0.0 %	7	C	49.01 %	1.69 %	12	D	45.43 %	1.2 %	17	C	54.93 %	1.11 %	22	C	53.68 %	1.82 %				
3	D	80.95 %	0.0 %	8	D	87.62 %	0.0 %	13	D	48.58 %	1.94 %	18	B	50.55 %	1.32 %	23	A	45.28 %	1.2 %				
4	A	46.44 %	1.89 %	9	D	53.66 %	1.94 %	14	C	61.76 %	1.65 %	19	B	83.4 %	0.0 %	24	A	55.25 %	1.88 %				
5	B	84.83 %	0.0 %	10	B	52.55 %	1.65 %	15	A	59.02 %	1.82 %	20	B	40.56 %	1.67 %	25	A	46.77 %	1.33 %				

//संकेत और समाधान//

1. दिया है:

38 L 2 M 7 P 4 N 22

प्रश्नानुसार चिन्हों को बदलने के बाद,

38 ÷ 2 + 7 × 4 - 22

BODMAS का उपयोग करके,

= 19 + 28 - 22

= 25

अतः विकल्प (B) सही है।

2. सरसों को छोड़कर सभी खाद्यान्न हैं, जबकि सरसों एक तिलहन है,

अतः विकल्प (B) सही है।

3. दिए गए अक्षर निम्नलिखित स्वरूप का अनुसरण करते हैं,

S+6 = Y

D+6 = J

इसी प्रकार,

H+6 = N

K+6 = Q

अतः विकल्प (D) सही है।

4. दी गयी श्रृंखला निम्नलिखित स्वरूप का अनुसरण करती है:

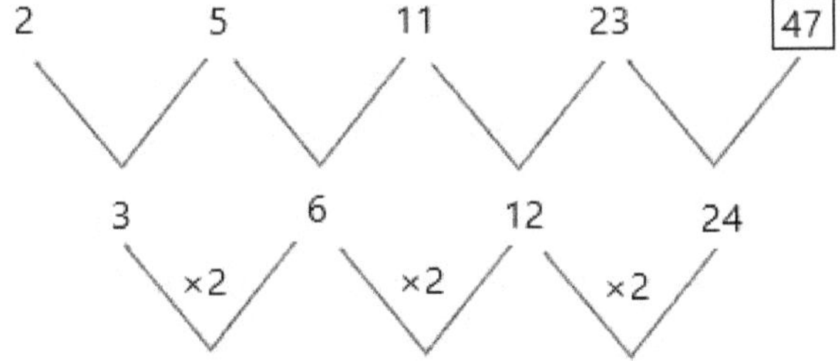

अतः विकल्प (A) सही है।

5. स्वर और व्यंजन वर्णमाला के भाग हैं जबकि संख्या वर्णमाला का भाग नहीं हैं।

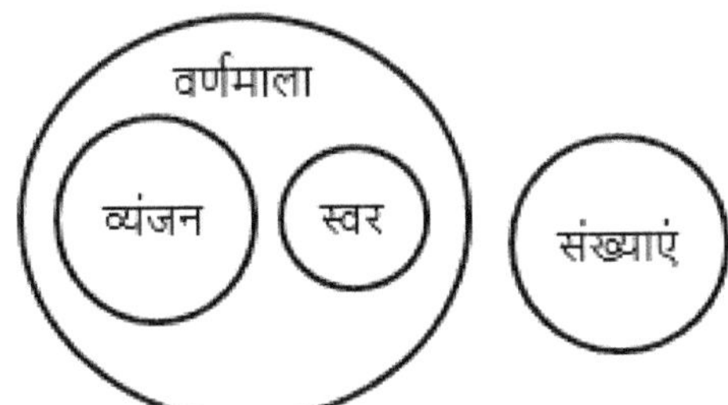

अतः विकल्प (B) सही है।

6. दिया है:

10#5@1$5

प्रश्नानुसार संकेत बदलने पर,

10 - 5 × 1 ÷ 5

BODMAS का उपयोग करके हल करना,

= 10 - 1

= 9

अतः विकल्प (B) सही है।

7. नीचे दिए गए कथनों का उपयोग करके आरेख को खींचा जा सकता है,

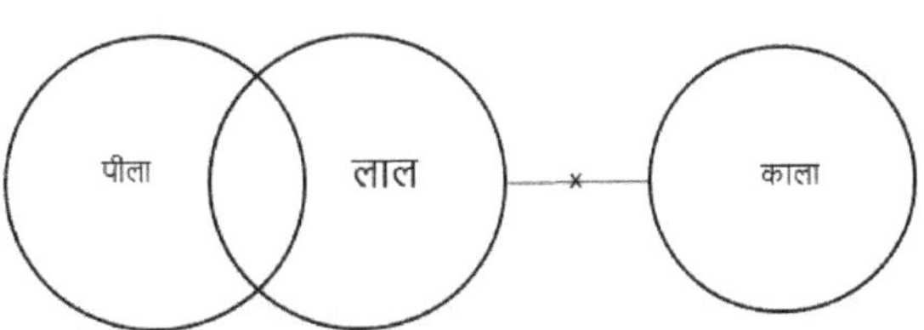

निष्कर्ष I और निष्कर्ष II एक ही समय में सत्य नहीं हो सकते।

इसलिए, या तो I या II अनुसरण करता है।

अतः विकल्प (C) सही है।

8. छत, तल के विपरीत है और इसी तरह दुख, खुशी के विपरीत है।

अतः विकल्प (D) सही है।

9. दिया गया प्रश्न निम्नलिखित अनुक्रम का अनुसरण करता है

Q+2 = S

K+2 = M

A+2 = C

I+2 = K

T+2 = V

इसी तरह VGHRS के लिए,

इसलिए BHASR के लिए आवश्यक कोड है

B+2 = D

H+2 = J

A+2 = C

S+2 = U

R+2 = T

अर्थात, DJCUT

अतः विकल्प (D) सही है।

10. पैटर्न इस प्रकार है,

34 के एक-एक अंकों के वर्गों को योग करने पर

= 3^2+4^2

= 9+16 = 25

इसी प्रकार, 47 के लिए

= 4^2+7^2

= 16+49 = 65

अतः विकल्प (B) सही है।

11. तैरना का मतलब पानी के ऊपर होता है और डूबोना का मतलब पानी के नीचे होता है। उसी तरह, नाव पानी पर तैरती है, और पनडुब्बी पानी के नीचे चलती है।

अतः विकल्प (C) सही है।

12. शिक्षक और छात्र दोनों स्कूल का हिस्सा हैं। इसके अलावा, कोई छात्र शिक्षक नहीं हो सकता है।

अतः विकल्प (D) सही है।

13. हमारे पास $6 \times x = 4224$ है

$x = 704$

इसी तरह,

$8 \times 704 = 5632$

अतः विकल्प (D) सही है।

14. लगातार संख्याओं में अभाज्य संख्याएं जोड़ दी जाती हैं।

$$11 + 2 = 13$$
$$13 + 3 = 16$$
$$16 + 5 = 21$$
$$21 + 7 = 28$$
$$28 + 11 = 39$$
$$39 + 13 = 52$$
$$52 + 17 = 69$$

इसलिए, लुप्त शब्द 52 है

अतः विकल्प (C) सही है।

15. कथनों का उपयोग करके नीचे दिए गया आरेख खींचा जा सकता है।

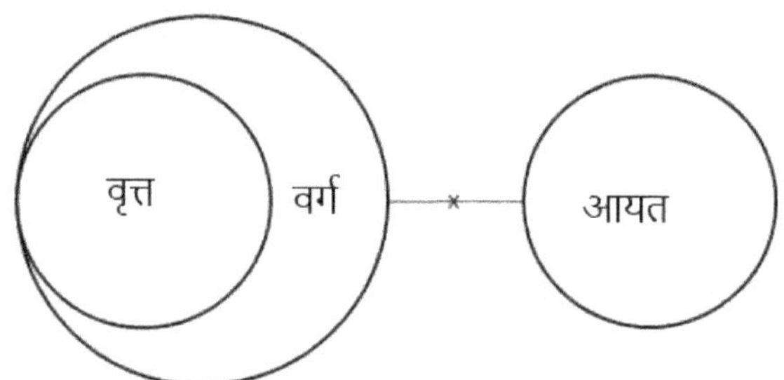

उपरोक्त आरेख से, सभी वृत्त वर्ग हैं जो आयत नहीं हो सकते। इसलिए, निष्कर्ष I सत्य है।

सभी वर्ग वृत्त हैं केवल एक संभावना हो सकती है और एक निष्कर्ष नहीं हो सकता है। इसलिए, निष्कर्ष II सत्य नहीं है।

अतः विकल्प (A) सही है।

16. इस कोड में

L - 1 = K

I - 2 = G

S - 3 = P

T - 4 = P

E - 5 = Z

N - 6 = H

इसी तरह MOTHER के लिए और KITTEN के लिए आवश्यक कोड है

K - 1 = J

I - 2 = G

T - 3 = Q

T - 4 = P

E - 5 = Z

N - 6 = H

अर्थात JGQPZH

अतः विकल्प (C) सही है।

17. दिए गए विकल्प में केवल Restore एक ऐसा शब्द है जिसे दिए गए शब्द में अक्षरों का उपयोग करके नहीं बनाया जा सकता है क्योंकि इसमें कोई "T" अक्षर मौजूद नहीं है।

अतः विकल्प (C) सही है।

18. जापान एशिया में मौजूद है और इसी तरह इंग्लैंड यूरोप में मौजूद है।

अतः विकल्प (B) सही है।

19. केवल "Satire" शब्द, "CARBONISATION" शब्द से नहीं बनाया जा सकता है।

इसके लिए शब्द "CARBONISATION" से एक अतिरिक्त 'E' की आवश्यकता होती है।

विकल्प (A): Narcos का गठन किया जा सकता है।

विकल्प (C): Carbon का गठन किया जा सकता है।

विकल्प (D): Sanction का गठन किया जा सकता है।

अतः विकल्प (B) सही है।

20. आरेख से यह स्पष्ट है कि 'c' अक्षर उन व्यक्तियों के समूह का प्रतिनिधित्व करता है जो तीनों खेल खेलते हैं।

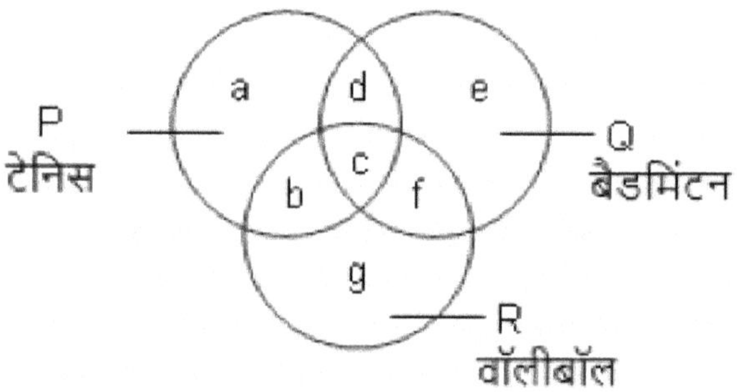

अतः विकल्प (B) सही है।

21. कोई भी धारणा निहित नहीं है। धारणा I दिए गए कथन का मात्र एक रूप है। धूम्रपान निषेध है। इसका अर्थ है कि धूम्रपान न करना हानिकारक नहीं है। इसका अर्थ यह नहीं है कि धूम्रपान न करना स्वास्थ्य को बढ़ावा देता है।

धारणा II, सत्य के विपरीत है। सार्वजनिक चेतावनी केवल तब दी जाती है जब उन्हें आवश्यक मान लिया जाता है।

अतः विकल्प (D) सही है।

22. यदि एक दर्पण रेखा AB पर स्थित है, तो उत्तर आकृतियों के निम्नलिखित दिए गए चित्र की सही छवि है।

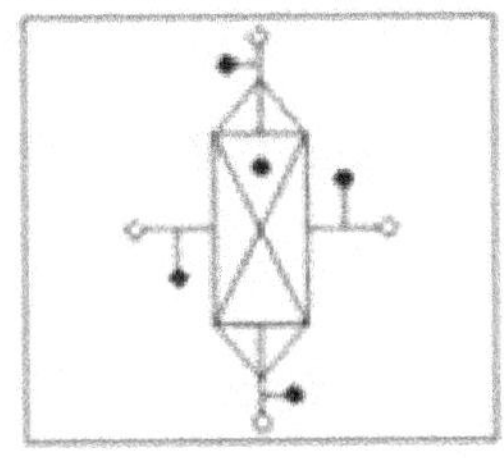

A B

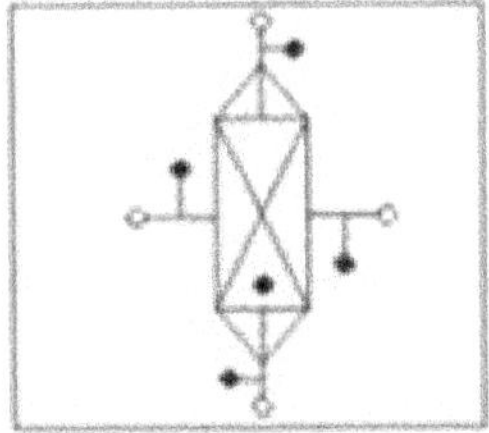

अतः विकल्प (C) सही है।

23. 79, 97, 89 सभी प्राइम नंबर हैं। 93 की अपेक्षा करें जो एक संयुक्त संख्या है।

अतः विकल्प (A) सही है।

24. दिए गए समीकरण के अनुसार,

107θ3 ⊕ 2θ9=?

उचित प्रतीकों का प्रयोग करने पर हमें निम्न संयोजन प्राप्त होता है,

107 × 3 - 64 ÷ 8 - 2 × 9 (BODMAS नियम के द्वारा)

= 107 × 3 - 8 - 2 × 9

= 321 - 8 - 18

= 321 - 26

= 295

अतः विकल्प (A) सही है।

25. इस प्रश्न में, पहले शब्द के प्रत्येक अक्षर को उसके कोड में उसके विपरीत अक्षर से बदल दिया गया है यानी यदि B शुरुआत से दूसरा अक्षर है तो इसे अंतिम दूसरे अक्षर से यानि Y से बदल दिया जाता है।

तो, यदि "OPERA" को "LKVIZ" के रूप में कोडित किया गया है और "PAROL" को "KZILO" के रूप में कोडित किया गया है, तो "RAMBO" को "IZNYL" के रूप में कोडित किया जाएगा।

अतः विकल्प (A) सही है।

अनुभागीय टेस्ट 12

Q.1 निर्देश: निम्नलिखित प्रश्न में दिए गए विकल्पों में से संबंधित शब्द को चुनिए।

ऑर्निथोलॉजी: पक्षी:: ओलॉजी:?

A. पौधे **B.** वायरस **C.** अंडे **D.** शंख

Q.2 निर्देश: निम्नलिखित प्रश्न में, चार विकल्पों में से तीन निश्चित तरीके से एक जैसे हैं इसलिए एक समूह बनाते हैं। उस समूह का पता लगाएं जो उस समूह से संबंधित नहीं है।

A. G 9 **B.** M 15 **C.** S 21 **D.** W 26

Q.3 निर्देश: निम्नलिखित प्रश्न में, चार विकल्पों में से तीन निश्चित तरीके से एक जैसे हैं इसलिए एक समूह बनाते हैं। उस समूह का पता लगाएं जो उस समूह से संबंधित नहीं है।

A. वियना **B.** ओसाका **C.** कोलंबो **D.** ओटावा

Q.4 निर्देश: नीचे दी गई जानकारी पढ़कर उस पर आधारित प्रश्नो के उत्तर दीजिए ?

एक निश्चित कोड भाषा में 'he is smart' को 'mo ta pa' लिखा जाता है, 'he knows nothing' को 'pa la ha' लिखा जाता है और 'smart people knows' को 'mo ki la' लिखा जाता है ।

'is' के लिए कोड है?

A. Ta **B.** La **C.** Mo **D.** Pa

Q.5 निर्देश: निम्नलिखित प्रश्न में दिए गए विकल्पों में से संबंधित शब्द/संख्या को चुनिए।

NEWS: 1452319:: TAPE:?

A. 201165 **B.** 231854 **C.** 115426 **D.** 201056

Q.6 निर्देश: निम्नलिखित विकल्पों में से, उस शब्द का चयन करें जो दिए गए शब्द के अक्षरों का उपयोग करके नहीं बनाया जा सकता है।

REQUIREMENT

A. REQUIRE **B.** RENTAL
C. QUIET **D.** TREE

Q.7 निर्देश: निम्नलिखित आरेख में, वर्ग पुरुष को प्रदर्शित करता है, त्रिभुज प्रबंधक को प्रदर्शित करता है और वृत इंजिनियर को प्रदर्शित करता है। कौन सा संख्या वाला भाग पुरुष का प्रतिनिधित्व करता है जो प्रबंधक हैं लेकिन इंजीनियर नहीं हैं?

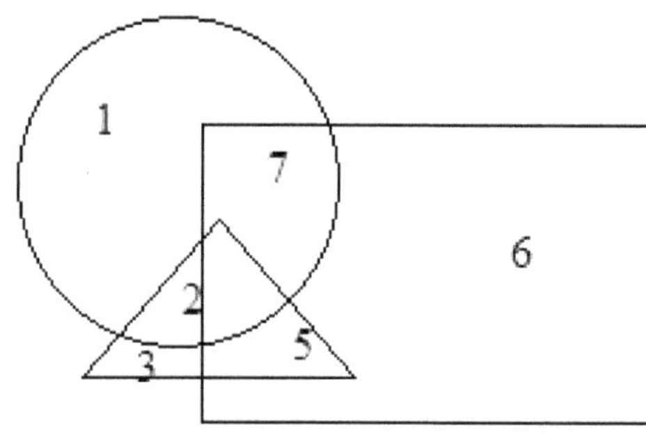

A. 5 **B.** 6 **C.** 2 **D.** 1

Q.8 निर्देश: प्रश्न में दिए गये कथनों तथा दो निष्कर्षों का सावधानीपूर्वक अध्ययन करें तथा उत्तर दें कि (A) यदि केवल I अनुसरण करता है। (B) यदि केवल II अनुसरण करता है। (C) यदि न तो I और न ही II अनुसरण करते हैं। (D) यदि दोनों I और II अनुसरण करते हैं।

कथन:

सभी टावर दरवाजे हैं।

सभी दरवाजे मंदिर हैं ।

निष्कर्ष:

I. कुछ मंदिर टावर हैं।

II. कुछ टावर दरवाजे हैं।

A. (A) **B.** (B) **C.** (C) **D.** (D)

Q.9 यदि 5 × 7 = 24 और 6 × 5 = 22, तब 3 × 4 = ?

A. 18 **B.** 16 **C.** 10 **D.** 14

Q.10 निर्देश: दिए गए विकल्पों में से विषम संख्या ज्ञात कीजिए।

A. 48 – 54 **B.** 38 – 44 **C.** 34 – 40 **D.** 32 – 39

Q.11 एक निश्चित कोड भाषा में, **COMPUTER** को **RFUVQNPC** के रूप में लिखा गया है। उसी कोड भाषा में **MEDICINE** को किस प्रकार लिखा जायेगा?

A. EOJDEJFM **B.** EOJDJEFM
C. MFEDJJOE **D.** MFEJDJOE

Q.12 एक निश्चित कोड भाषा में, 'always tells truth' को 'vo, to, ko' लिखा जाता है, 'truth of life difficult' को 'mo, ko, ri, si' लिखा जाता है और 'life tells everything' को 'ri, to, mi' लिखा जाता है। उसी कोड भाषा में 'everything' को किस प्रकार लिखा जायेगा?

A. si **B.** ri **C.** mo **D.** mi

Q.13 निर्देश: उस शब्द का चयन करें जिसे नीचे दिए गए शब्द से नहीं बनाया जा सकता है-

PHOTOSYNTHETIC

A. THOSE **B.** SCENT
C. PRONE **D.** COTTON

Q.14 दिए गए आंकड़े में, चक्र भारतीय का प्रतिनिधित्व करता है, वर्ग डांसर का प्रतिनिधित्व करता है और त्रिकोण संगीतकारों का प्रतिनिधित्व करता है। भारतीय संगीतकारों के क्षेत्र का पता लगाएं।

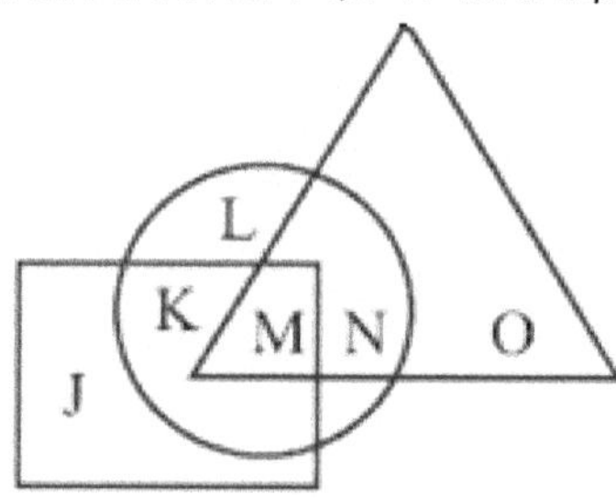

A. M **B.** L **C.** K **D.** N

Q.15 यदि एक दर्पण को MN रेखा पर रखा जाता है, तो दिए गए आंकड़ों में से कौन सी उत्तर आकृति सही छवि है?

प्रश्न आकृति:

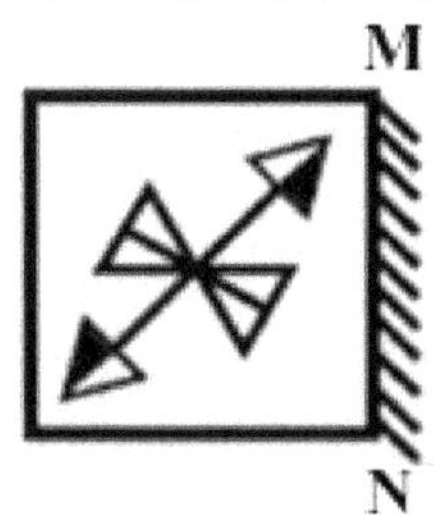

उत्तर आकृति:

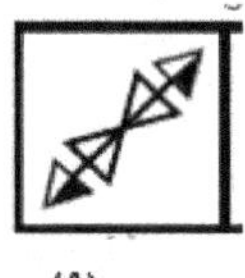
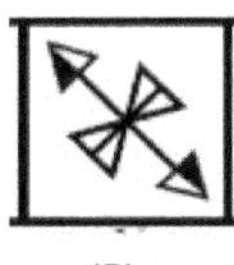

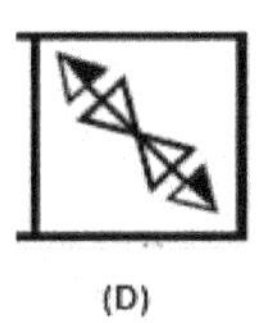

(A) (B) (C) (D)

A. (A) **B.** (B) **C.** (C) **D.** (D)

Q.16 यदि 56 × 11 = 9, 37 × 13 = 6, 42 × 12 = 3, तो 87 × 34 का मान बताइए।

A. 8 **B.** 2 **C.** 3 **D.** 4

Q.17 निर्देश: निम्नलिखित प्रश्न में, निम्नलिखित समीकरण को सही करने के लिए किन दो गणितीय चिन्हों को आपस में बदला जाना चाहिए।

12 ÷ 6 × 5 + 5 – 7 = 20

A. × और – **B.** ÷ और × **C.** × और + **D.** ÷ और –

Q.18 यदि + का अर्थ है ÷, - का अर्थ है ×, × का अर्थ है +, ÷ का अर्थ है -, 45 + 9 - 3 × 15 ÷ 2 = ? का मान ज्ञात कीजिये।

A. 40 **B.** 36 **C.** 55 **D.** 28

Q.19 निर्देश: निम्नलिखित प्रश्न में, दो कथन I और II दो निष्कर्ष दिए गए हैं। यदि आप सामान्यतः ज्ञात तथ्यों से भिन्न प्रतीत होते हैं तो भी आपको कथनों को सत्य मानना होगा। आपको यह तय करना होगा कि दिए गए कथनों में से कौन सा निष्कर्ष, यदि कोई है, का अनुसरण करता है।

कथन:

(I) कुछ थैले गर्म हैं।

(II) सभी गर्म चीज़ें केक हैं।

निष्कर्ष:

(I) सभी केक थैले हैं।

(II) सभी थैले केक हैं।

A. निष्कर्ष I का अनुसरण करता है
B. निष्कर्ष II का अनुसरण करता है
C. न तो I और न ही II का अनुसरण करता है
D. I और II दोनों का अनुसरण करते हैं

Q.20 निर्देश: नीचे दिए गए प्रश्न में कुछ कथन दिए गए हैं जिसके बाद कुछ निष्कर्ष दिए गए हैं। दिए गए कथनों को आपको सत्य मानना है, यदि वे सामान्यतः ज्ञात तथ्यों से भिन्न भी प्रतीत हों, फिर आपको निर्धारित करना है कि दिए गये निष्कर्षों में से कौन सा दिए गए कथनों का तार्किक रूप से अनुसरण करता है।

कथन:

I. सभी फूल खिलौने हैं।

II. कुछ खिलौने बेवकूफ हैं।

III. कुछ फ़रिश्ते बेवकूफ हैं।

निष्कर्ष:

I. कुछ फ़रिश्ते खिलौने हैं।

II. कुछ बेवकूफ फूल हैं।

III. कुछ फूल फ़रिश्ते हैं।

A. केवल निष्कर्ष I और निष्कर्ष II अनुसरण करते हैं
B. केवल निष्कर्ष III अनुसरण करता है
C. सभी निष्कर्ष अनुसरण करते हैं
D. कोई भी निष्कर्ष अनुसरण नहीं करता है

Q.21 निम्नलिखित विकल्पों में से उस शब्द का चयन करें जिसे शब्द के अक्षरों का उपयोग करके बनाया जा सकता है।

PRAGMATIC

A. GUITAR **B.** AGMARK
C. GAME **D.** MAGIC

Q.22 निम्नलिखित विकल्पों में से, नीचे दिए गए शब्द के अक्षरों का प्रयोग करके न बनाए जा सकने वाले शब्द का चयन करें।

INTERNATIONAL

A. LATTER **B.** RELATION
C. TREATMENT **D.** TRAIN

Q.23 निचे एक घन के तीन अवस्थाएँ दर्शायी गयी है। अक्षर 'B' के विपरीत अग्र-भाग पर कौन सा अंक आयेगा?

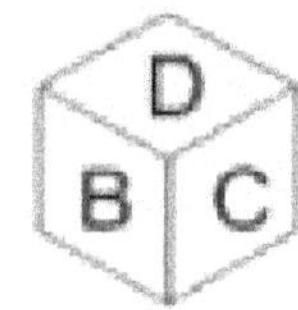

A. C **B.** D **C.** F **D.** G

Ques (24-25):निर्देश: एक अनुक्रम दिया गया है, जिसमें से एक पद लुप्त है। दिए गए विकल्पों में से वह सही विकल्प चुनिए, जो अनुक्रम को पूरा करे।

Q.24 2, 5, 12, 27,?

A. 56 **B.** 57 **C.** 58 **D.** 59

Q.25 ?, 5, 30, 186, 1309, 10480

A. 0.25 **B.** 0.75 **C.** 1.00 **D.** 0

// स्मार्ट उत्तर पुस्तिका //

सही उत्तर — उन छात्रों का प्रतिशत जिन्होंने प्रश्नों का सही उत्तर दिया था। छोड़ दिया — उन छात्रों का प्रतिशत जिन्होंने प्रश्नों को छोड़ दिया था।

प्रश्न संख्या	उत्तर	सही उत्तर / छोड़ दिया	प्रश्न संख्या	उत्तर	सही उत्तर / छोड़ दिया	प्रश्न संख्या	उत्तर	सही उत्तर / छोड़ दिया	प्रश्न संख्या	उत्तर	सही उत्तर / छोड़ दिया	प्रश्न संख्या	उत्तर	सही उत्तर / छोड़ दिया	प्रश्न संख्या	उत्तर	सही उत्तर / छोड़ दिया
1	C	59.35 % / 1.38 %	6	B	55.72 % / 1.38 %	11	B	11.58 % / 4.56 %	16	A	59.02 % / 1.66 %	21	D	45.99 % / 1.45 %			
2	D	59.34 % / 1.8 %	7	A	63.54 % / 1.18 %	12	D	48.81 % / 1.6 %	17	C	57.33 % / 1.54 %	22	C	58.36 % / 1.14 %			
3	B	89.43 % / 0.0 %	8	D	40.98 % / 1.86 %	13	C	44.91 % / 1.09 %	18	D	53.71 % / 1.79 %	23	D	52.93 % / 1.59 %			
4	A	60.89 % / 1.56 %	9	D	47.79 % / 1.58 %	14	D	58.69 % / 1.49 %	19	C	62.93 % / 1.54 %	24	C	58.24 % / 1.08 %			
5	A	80.36 % / 0.0 %	10	D	77.72 % / 0.0 %	15	B	55.02 % / 1.89 %	20	D	68.4 % / 1.49 %	25	A	54.3 % / 1.62 %			

//संकेत और समाधान//

1. ऑर्निथोलॉजी, पक्षियों का अध्ययन है। इसी तरह, ओलॉजी, पक्षी के अंडों का अध्ययन या संग्रह है।

अतः विकल्प (C)सही है।

2. G (स्थिति मान = 7) ⇒ 7 + 2 = 9

M (स्थिति मान = 13) ⇒ 13 + 2 = 15

S (स्थिति मान = 19) ⇒ 19 + 2 = 21

W (स्थिति मान = 23) ⇒ 23 + 2 = 25

इसलिए, W 26 उस समूह से सम्बंधित नहीं है।

अतः विकल्प (D) सही है।

3. ओसाका जापान का एक शहर है इसको छोड़कर सभी देशों की राजधानी हैं।

अतः विकल्प (B) सही है।

4. He is smart → mo ta **pa**

He knows nothing → **pa** la ha

Smart people knows →mo ki la

is → ta, He → pa, Smart → mo, knows → la, People → ki

इस प्रकार 'is' के लिए कोड 'ta' है।

अतः विकल्प (A) सही है ।

5. स्थानीय मान लिखने के बाद

N	E	W	S
↓	↓	↓	↓
14	5	23	19

इसी प्रकार,

T	A	P	E
↓	↓	↓	↓
20	1	16	5

इसलिए ? = 201165

अतः विकल्प (A) सही है।

6. 'RENTAL' को 'REQUIREMENT' के अक्षरों का उपयोग करके नहीं बनाया जा सकता है।

क्योंकि अक्षर A और L, **REQUIREMENT** में मौजूद नहीं हैं

अतः विकल्प (B) सही है।

7. वर्ग और त्रिभुज के लिए उभयनिष्ठ क्षेत्र पुरुष और प्रबंधक को प्रदर्शित करता है जो इंजीनियर नहीं हैं। आवश्यक क्षेत्र संख्या 5 है। जो प्रबंधक हैं लेकिन इंजीनियर नहीं हैं

अतः विकल्प (A) सही है।

8.

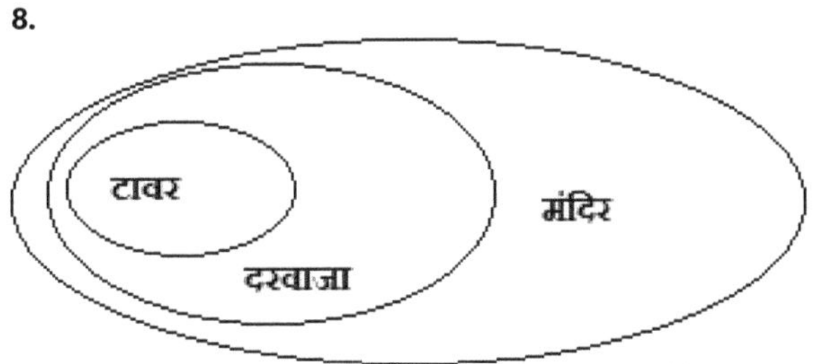

निष्कर्ष I और II दोनों अनुसरण करते है।

अतः विकल्प (D) सही है।

9. जैसे,

5 × 7 = 24 ⇒ (5 + 7) × 2

= 12 × 2 = 24

और

6 × 5 = 22 ⇒ (6 + 5) × 2

= 11 × 2 = 22

इसी प्रकार,

3 × 4 = (3 + 4) × 2

= 7 × 2 = 14

अतः विकल्प (D) सही है।

10. विकल्प (D) के अतिरिक्त, अन्य सभी में संख्याओं के बीच अंतर 6 है।

अतः विकल्प (D) सही है।

11. कोडिंग इस प्रकार है:

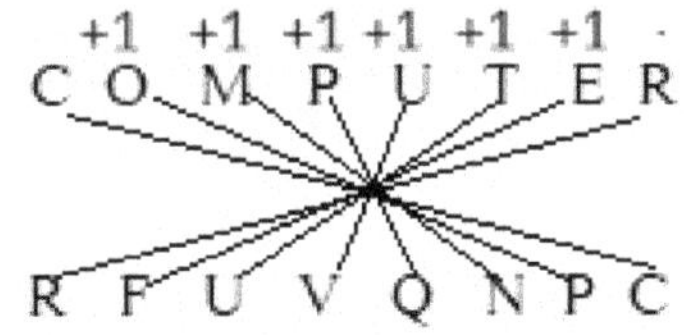

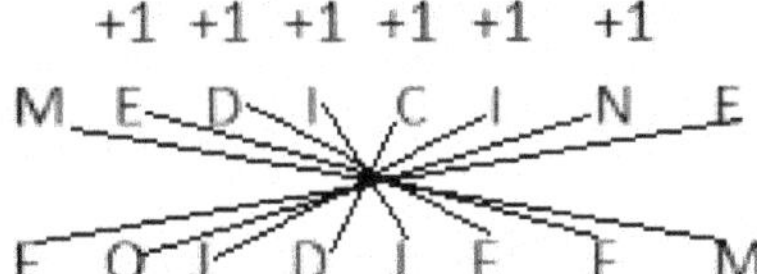

अतः विकल्प (B) सही है।

12. (A) 'Always tells truth' को 'vo, to, ko' लिखा जाता है।

(B) 'Truth of life difficult' को 'mo, ko, ri, si' लिखा जाता है।

(C) 'Life tells everything' को 'ri, to, mi' लिखा जाता है।

(A) और (B) से, 'truth' को 'ko' से कोड किया जा सकता है।

(B) और (C) से, 'life' को 'ri' से कोड किया जा सकता है।

(A), (B) और (C) से, 'everything' को 'mi' से कोड किया जा सकता है।

अतः विकल्प (D) सही है।

13. R शब्द PHOTOSYNTHETIC में नहीं है। इसलिए, PHOTOSYNTHETIC के अक्षरों का उपयोग करके PRONE का गठन नहीं किया जा सकता है।

अतः विकल्प (C) सही है।

14. चूंकि सर्कल भारतीय का प्रतिनिधित्व करता है और त्रिकोण संगीतकारों का प्रतिनिधित्व करता है इसलिए केवल N दोनों में सामान्य है।

अतः विकल्प (D) सही है।

15.

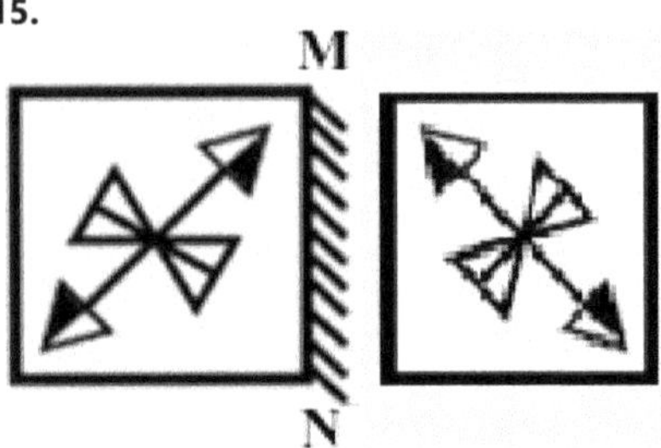

अतः विकल्प (B) सही है।

16. दिया है:

56 × 11 = 9, 37 × 13 = 6, 42 × 12 = 3

दी गई श्रृंखला निम्नलिखित प्रतिरूप का अनुसरण करती है:

(5 + 6) - (1 + 1) = 9

(3 + 7) - (1 + 3) = 6

(4 + 2) - (1 + 2) = 3

इसी तरह, 87 × 77 के लिए:

(8 + 7) - (3 + 4) = 8

अतः विकल्प (A) सही है।

17. विकल्प (C) के लिए,

संकेत चिन्ह × और + को बदलने पर, हमें नए समीकरण मिलते हैं:

12 ÷ 6 + 5 × 5 – 7 = 20

2 + 5 × 5 – 7 = 20

2 + 25 – 7 = 20

20 = 20

अतः विकल्प (C) सही है।

18. दिया हैं:

45 + 9 - 3 × 15 ÷ 2 = ?

प्रतीकों को आपस में बदलने पर,

45 ÷ 9 × 3 + 15 - 2

⇒ ? = 5 × 3 + 15 - 2

⇒ ? = 15 + 15 - 2

⇒ ? = 30 - 2

⇒ ? = 28

अतः विकल्प (D) सही है।

19. दोनों कथनों से निम्न आकृति का निर्माण होता है।

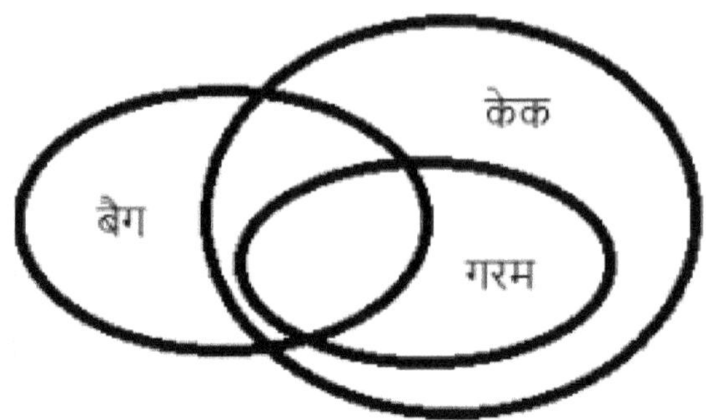

उपरोक्त चित्र के अनुसार, न तो निष्कर्ष I और न ही II काअनुसरण करता है।

अतः विकल्प (C) सही है।

20. दिए गए कथनों का संभावित वेन-आरेख है:

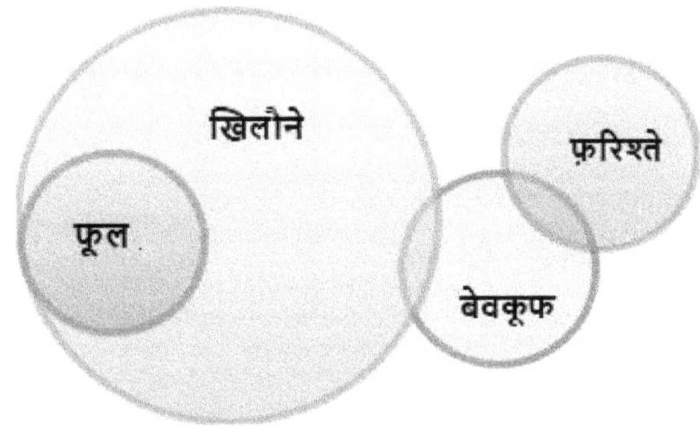

यह स्पष्ट है कि कोई भी निष्कर्ष अनुसरण नहीं करता है।

अतः विकल्प (D) सही है।

21. शब्द 'MAGIC' को दिए गए शब्द से बनाया जा सकता है जैसा कि चित्र में दिखाया गया है:

P R A [G M A] T [I C] ⇒ MAGIC

विकल्प (A) - , 'U' अक्षर नहीं है। इसलिए, 'GUITAR' शब्द नहीं बनाया जा सकता है।

विकल्प (B) - 'K' अक्षर नहीं है। इसलिए, 'AGMARK' शब्द नहीं बनाया जा सकता है।

विकल्प (C) - 'E' अक्षर नहीं है। इसलिए, 'GAME' शब्द नहीं बनाया जा सकता है।

अतः विकल्प (D) सही है।

22. 'INTERNATIONAL' शब्द से जो शब्द बन सकते हैं, वे हैं:

I N [T E R] N A [T] I O N [A L] ⇒ LATTER

I N T [E R] N A [T I O N] [A L] ⇒ RELATION

I N [T] E [R] N [A] T [I] O [N] A L ⇒ TRAIN

'INTERNATIONAL' शब्द में केवल दो 'T' हैं और कोई 'M' नहीं है। इसलिए, 'TREATMENT' शब्द 'INTERNATIONAL' शब्द से नहीं बनाया जा सकता है।

अतः विकल्प (C) सही है।

23. घन 1 और घन 2 को ध्यान में रखते हुए,

B से दक्षिणावर्त दिशा में,

B D C

B F E

इस प्रकार, G, B के विपरीत अक्षर है

अतः विकल्प (D) सही है।

24. दी गई श्रृंखला के अनुसार,

$$2 \times 2 + 1 = 5$$

$$5 \times 2 + 2 = 12$$

$$12 \times 2 + 3 = 27$$

$$27 \times 2 + 4 = 58$$

अतः विकल्प (C) सही है।

25. दी गई श्रृंखला के अनुसार,

0.25 × 4 + 4 = 5

5 × 5 + 5 = 30

30 × 6 + 6 = 186

186 × 7 + 7 = 1309

1309 × 8 + 8 = 10480

अतः विकल्प (A) सही है।

// टिप्पणियाँ //

// टिप्पणियाँ //

www.ingramcontent.com/pod-product-compliance
Ingram Content Group UK Ltd.
Pitfield, Milton Keynes, MK11 3LW, UK
UKHW061703190726
13853UKWH00008B/2377

9 789390 893805